KB042414

# 비교정치행정

주요 국가의 국가운영 체제 및 방식에 관한 연구

박중훈 편

조세현·김윤권·임성근·김경래·김성수
김시홍·김영우·박상철·오종진·이종원

박영사

## 참여연구진

**연구책임자**

박중훈 선임연구위원(한국행정연구원)

**공동연구자**

조세현 연구위원(한국행정연구원)　　　　　김윤권 선임연구위원(한국행정연구원)
임성근 부연구위원(한국행정연구원)　　　　김경래 교수(국민대)
김성수 교수(한국외대)　　　　　　　　　　김시홍 교수(한국외대)
김영우 교수(서울시립대)　　　　　　　　　박상철 교수(한국산업기술대)
오종진 교수(한국외대)　　　　　　　　　　이종원 교수(가톨릭대)

**연구참여자**

윤선영 초청연구위원(한국행정연구원)　　　　　이다솜 연구원(한국행정연구원)

# 서 문
*PREFACE*

우리나라는 1945년 일제로부터의 독립과 1948년 대한민국 정부의 수립 이후 약 70년을 지나는 동안 어느 나라에서도 보기 어려운 엄청나고도 다양한 변화와 경험을 겪고 있다. 정부수립 직후 최대의 위기로 다가온 한국전쟁에도 불구하고 우리나라는 짧은 기간 동안 정치와 경제적인 측면에서 눈부신 발전을 경험하기도 하였다.

하지만 이러한 민주정치의 발전과 경제개발에도 불구하고 우리의 정치사회적 환경은 지금도 다양한 위기와 한계를 경험하고 있는 실정이다. 대통령제 국가로서의 통치형태와 국정운영체제를 채택하고 있는 가운데 대통령에 집중된 권력과 운영방식하에서 자행된 권력의 남용으로 인해 장기집권과 독재를 비롯하여 비리와 불법이 자행되었고 그 결과 다수의 역대 대통령이 탄핵과 추방 또는 투옥되는 슬픈 경험을 하고 있다.

이러한 여건하에서 다시 국가적으로는 현행 통치체제와 국정운영 방식에서 비롯되는 한계와 문제점을 규명하고 이를 개선하기 위한 다양한 요구와 접근이 이루어지고 있다. 그럼에도 불구하고 통치체제와 국정운영방식에 대한 대부분의 논의는 많은 국가에서 적용되고 있는 정치체제에 대한 이해에 있어 지나치게 획일적이고 편협한 분류에 입각하여 이루어지고 있음을 볼 수 있다. 이러한 왜곡되고 편협된 이해에 기초한 개선방안의 모색은 또 다른 문제를 야기할 수 있는 요인으로 작용할 수 있다.

이러한 관점에서 한국행정연구원에서는 다양한 통치형태를 취하고 있는 주요 국가를 대상으로 통치체제를 비롯한 국정운영체제와 방식에 대한 실질적

이고 구체적인 내용을 분석 및 이해하고 시사점을 도출하고자 연구과제를 수
행하였다. 본 저서는 이러한 취지하에서 수행된 한국행정연구원의 연구결과를
학계와 정부 내 관계자는 물론 학생 등 보다 다양한 수요자들에게 확산하고자
박영사의 도움으로 출판하게 되었다.

　　본 저서의 핵심 목적과 내용은 국가의 통치 및 국정운영체제를 비교분석
하는 것이다. 이를 위해서는 특정한 통치체제에 대한 오랜 역사와 안정적인
운영을 수행하는 국가와 더불어 통치체제와 관련하여 특정한 변화와 경험을
체득한 국가를 대상으로 구체적인 내용을 분석함으로써 다양한 통치체제에
대한 이해와 시사점을 얻을 수 있을 것으로 기대된다. 따라서 본 저서에서 분
석 대상이 되고 있는 국가로는 대표적인 통치체제인 대통령제와 내각책임제
를 채택하고 안정적으로 시행하고 있는 국가들이 선정되었으며, 아울러 특정
유형의 통치체제가 아닌 두 가지 유형이 혼합된 형태로 적용되거나 나아가
이들 두 가지 유형의 통치체제를 시기적으로 변화를 경험하고 있는 국가들이
선정되었다.

　　먼저 국가수반으로서의 국왕과 행정수반으로서의 수상/총리 형태의 내각
책임제 국가로서 영국과 일본이 다루어지고 있으며, 같은 내각책임제이나 국
가수반으로서의 대통령과 행정수반으로서의 수상/총리 형태 내각책임제 국가
인 독일 및 이탈리아가 분석되고 있다. 한편 대통령이 국가수반이자 행정수반
의 지위와 역할을 수행하는 대표적인 대통령제 국가로 미국이 대상이 되고 있
으며, 대통령제와 내각책임제 형태가 혼합된 형태의 국가로 프랑스와 오스트
리아가, 그리고 대통령제와 내각책임제 형태가 서로 다른 시기에 적용된 국가
로 터키가 다루어지고 있다.

　　주요 국가의 통치체제를 분석함에 있어 가장 핵심적이고 중요한 사안은
관련 정보에의 접근과 내용에 대한 이해이다. 다양한 국가가 분석 대상이 되
고 있는 만큼 이들 국가의 통치체제 관련 문헌과 자료에 접근하고 나아가 구
체적인 비교분석에 기초한 시사점을 도출하기 위해서는 관련 내용과 실질적인
정치 및 경제상황에 대한 심도 있는 이해가 전제된다. 이를 위해 본 과제에서
는 분석대상이 되고 있는 국가에서 학위과정을 이수하거나 해당 국가에 대한
전공자로서의 전문가를 한국행정연구원 안팎에서 모색하고 섭외하여 각국을
대상으로 한 실질적이고 심도 있는 분석이 수행되도록 접근하였다. 특히 국가
별 전문가로서의 집필진들이 다수의 외부전문가들이 참여한 가운데 수차례의

회의와 토론을 통해 연구에 대한 이해는 물론 내용에 대한 조율과 합의가 이루어지도록 하였다.

각 국가를 대상으로 한 분석과 구성내용은 개별 국가의 정치문화적 환경과 특성으로 인해 동일하게 접근되기 어려운 점도 있으나 가능한 한 다음과 같은 측면에서 접근되고 다루어지도록 하였다.

첫째, 국가 및 정부수반을 중심으로 한 통치체제의 구성내용과 구성방식 및 역할 등을 다루고 있다. 특히 국가 및 행정수반에 기초한 행정부의 구성내용과 의회 및 사법부 등 3부 간의 상호 역할관계 및 수행방식 등이 다루어지고 있다.

둘째, 지역국민을 대표하는 기관으로서의 의회의 구성과 운영체제 및 방식 등이 다루어지고 있다. 특히 정당과 선출방식 등의 측면에서의 의회의 구성방식과 구성된 의회의 운영방식과 더불어 의회의 대 행정부 및 사법부와의 관계 등이 논의되고 있다.

셋째, 간략하나마 사법부의 체제와 함께 사법부를 구성하는 핵심 지위에 대한 선임방식 등이 국가수반 및 의회와의 관계에서 다루어지고, 끝으로 지방자치와 분권 등 새롭게 부각되는 이슈적인 측면에서 중앙정부와 지방정부간의 관계가 다루어지고 있다.

끝으로 다양한 유형의 통치체제와 방식을 구현하고 있는 국가를 대상으로 한 이러한 논의에 기초하여 개별 국가나 상호비교적 관점에서의 내용과 특성을 규명하고 그에 기초하여 헌법개정 등을 통해 통치제제를 개편하고자 하는 우리가 얻을 수 있는 시사점을 도출하고 있다.

본 연구가 수행되고 저서로 발간되기까지는 많은 집필진과 관계자들의 노고를 들지 않을 수 없다. 무엇보다 우선적으로 본 연구가 수행될 수 있도록 한국행정연구원에서 연구과제를 편성하고 나아가 박영사를 통해 출판될 수 있도록 지원해준 것에 감사드린다. 과제가 편성된 이후 본 과제의 수행에 있어 가장 절대적이고 핵심적인 역할을 수행한 한국행정연구원 내 연구진을 비롯하여 외부의 연구진에게 무한한 감사를 드린다. 어렵고 제한된 여건하에서 본 과제가 마무리될 수 있도록 기한 내 연구를 수행해 주신 연구진 모두의 노고 덕분에 본 저서가 출간되는 기회를 갖게 되었다. 또한 본 연구의 진행과정에서의 토론에 참여하여 연구의 내용의 구성 및 기술방식 등에 대한 논의를 통해 연구품질의 향상에 크게 기여해 주신 학계 전문가 및 공직자분들에게도 무한한 감사를 드린다. 이러한 내용적인 측면에서의 기여 외에도 본 저서의 출간은 무엇보다 저서에 담긴 내용의 가치를 인정하고 이를 대외적으로 공유하고 확산하고자 하는 박영사의 안목과 의지에서 비롯되고 있다. 출판이 적기에 잘 이루어질 수 있도록 협조와 지원을 아끼지 않으신 박영사의 손준호 과장님과 송병민 과장님께 감사드린다. 끝으로 본 연구의 수행과정과 더불어 출판과정에서 자료의 취합 및 정리와 일정관리에 있어 수많은 어려움을 감내하면서도 수고를 아끼지 않고 지원하고 도와주신 한국행정연구원의 윤선영 박사와 이다솜 연구원에게 연구를 주관한 책임자로서 무한한 감사를 드린다.

한국행정연구원 박중훈

# 차 례

CONTENTS

# 표 차례

# 그림 차례

# 01 서론
## INTRODUCTION

## 제1절 연구의 배경 및 목적

　최근 우리나라는 민주주의를 공고히 하고 국정운영의 책임성, 대표성, 효율성을 강화하기 위한 개헌 논의에 당면하고 있다. 국내외 정치적, 경제적, 사회적 환경의 급변으로 1948년 헌법 제정 및 그 이후 수차례의 개정 당시와는 다른 차원의 문제가 발생하면서 30년 만에 헌법적 요소의 수정을 통해 해결하고자 하는 것이다. 특히 현재의 개헌 논의는 5년 단임 대통령제 및 중앙집권적 국정 운영의 한계를 보완하여 보다 나은 국정운영체제를 모색하고자 하는 움직임으로 볼 수 있다.

　그러나 국정운영체제 개편에 대한 관심은 대통령제와 내각책임제로 대표되는 지극히 단순화된 통치구조 관련 논의에 지나치게 집중되어 있는 실정이다. 예를 들어, 2017년 대선 당시 권력구조 개편과 관련하여 문재인 후보는 4년 중임 대통령제 개헌을 통한 "긴 호흡의 국정운영과 장기적 비전의 실행"을, 안철수 후보는 권한축소형 대통령제와 이원집정부제를 주장하면서 "의원내각제는 시기상조"라고 하였다. 심상정 후보는 선거제도의 개혁을 전제로 한 권력구조 개편을 주장하였고, 홍준표 후보는 '4년 중임 분권형 대통령제'를, 유승민 후보는 통일 전까지는 4년 중임제 대통령제, 통일 후에는 의원내각제로의 전환이라는 입장을 밝힌 바 있다.[1] 이러한 논의는 대통령제는 막강한 권한을

---

1 전북일보, 대선주자 "2018년 지방선거 때 개헌 국민투표." 2017.4.12.
　http://www.jjan.kr/news/ articleView.html?idxno＝1125598 (검색일, 2017.12.1.)

대통령에게 부여하는 통치형태이고 내각제는 총리에게 권한을 부여하되 대통령제보다는 정치적 불안정성이 높은 통치형태이며, 이원집정부제는 대통령의 권한을 분산시키면서 정치적 안정성을 도모할 수 있는 제도라는 매우 단순화된 가정에서 이루어지고 있는 것이다.

그러나 대통령제나 내각책임제는 그 자체로서의 '이념형(ideal type)'(강원택, 2016: 23)이며 실제로 운영되는 방식과 작동되는 구조는 각 통치 구조를 채택하고 있는 국가별로 다양하게 나타난다(강원택, 2016: 23). 해당 국가의 역사적 경험과 정치문화가 상호작용하여 특수성 있는 제도로 발전해 온 '경로의존적'(강원택, 2016: 218) 성격이 강하게 내재되어 있기 때문에 제도의 운영과 실제 결과는 달라질 수 있다는 것이다. 우리나라만 하더라도 200년간 대통령제를 유지해온 미국식 대통령제를 수입하였지만 내각제의 기초 위에 대통령제가 도입되어 부통령이 아닌 국무총리제도를 운영하고 있다. 또한 미국의 대통령제가 철저한 3권 분립 및 견제와 균형의 원리에 의해 작동되는 반면, 우리나라는 여당의 국회의원이 견제역할을 수행하기보다는 국정 책임의 동반자로서 행정부에 참여하는 내각제적 특성을 나타낸다.

한편 분권형 대통령제로 거론되는 이원집정부제도 외교·국방과 같은 외치는 대통령이, 내치는 총리가 분담하는 것으로 인식되고 있으나 실제 개별국가의 사례를 비교해보면 그렇게 단순화할 수 없다(전진영, 2017: 2). 오스트리아의 경우 대통령은 대외 관계에서 상징적 권한을 갖는 대표인 반면 프랑스 헌법은 대통령의 외교, 국방 권한을 인정하면서도 총리의 국방에 대한 책임도 정하고 있다(강원택, 2016: 191). 또한 이원집정부제는 의원내각제의 한계를 보완하기 위한 방안으로 대통령제적 요소가 가미된 것인 반면, 우리나라에서는 대통령제의 권한 남용 방지 및 책임 정치 구현을 위한 방안으로써 모색되고 있다(김선화, 2017: 1).

의원내각제의 경우도 마찬가지이다. '정치적 불안정성이 높은' 통치구조라는 단순화된 인식에도 불구하고 영국, 독일, 스웨덴과 같은 의원내각제 국가에서와 같이 총리가 강한 리더십을 발휘하면서 연임에 성공하여 장기적으로 국정을 운영하는 사례가 드물지 않다. 반면 이탈리아와 같이 1945년부터 2001년까지의 내각 변동과정에서 평균 집권 기간이 10개월밖에 되지 않는 극단적인 사례도 있다. 그래서 의원내각제라는 통치구조가 그 자체로서 정치적 불안정성이 높다기보다는 선거제도, 정당제도, 의회의 통제로부터의 자율성의 정도에 따라 달리 운영(강원택, 2016: 159)된다는 제도적 맥락에 대한 이해가 요구되는 것이다.

그럼에도 불구하고 대통령제와 내각책임제, 각 통치구조의 장점 및 단점과 같은 단편적 지식에 의존한 평면적 논의가 이루어지다 보니 지금까지는 각 통치구조의 대표적 사례라고 할 수 있는 미국, 영국, 독일, 프랑스 등 소수의 선정된 국가를 대상으로 한 국정운영체제 관련 정보에 한정되어 있고 다수 국가에 대한 종합적 비교 연구는 부족한 실정이다. 기존의 헌정질서하에서 초래되는 한계와 문제를 충분히 인식하고 이를 효과적으로 개선하기 위한 새로운 헌정질서를 모색하기 위해서는 주요 외국 국정운영체제의 헌법적 요소에 대한 이해만으로는 부족하다. 우선적으로 주요 국가들의 통치구조의 하위 차원에서 제도, 운영방식, 실태 차이에 대한 자료수집과 이해를 바탕으로 한 비교분석이 필요하다.

따라서 본 연구는 개별 소수의 선정된 국가가 아닌 지역, 정치체제 등에 기초하여 다수의 국가를 선정하고 이들 국가의 국정수행체제 및 운영방식을 동태적으로 비교 분석한다. 보다 구체적으로 본 연구는 행정부 운영, 의회, 사법부, 중앙정부와 지방정부간 관계 측면에서 통치구조의 하위 차원을 분석하고 시사점을 도출한다. 본 연구가 제시하는 시사점이 본격적으로 제기될 우리나라 국정운영체제 변화에 대한 주요 이슈를 보다 심층적이고 입체적인 관점에서 논의하기 위한 기초자료로 활용될 것을 기대한다.

## 제2절 연구의 대상과 범위

### 1. 연구의 대상 : 분석 대상 국가 선정

본 연구는 대통령제와 내각책임제의 두 가지 국정운영체제 유형으로 분류하고, 비교분석을 위한 주요 사례 국가를 정치적 안정과 경제발전 등에 기초하여 선정하였다. 이원집정부제의 경우 실제 운영되는 사례를 통해서 볼 때 대통령과 의회 권한의 상대적 크기에 따라 대통령제적 요소가 강한 이원집정부제와 내각책임제적 요소가 강한 이원집정부제로 나타난다. 결국 이원집정부제는 대통령제와 내각책임제의 단순한 융합 형태라기보다는 통치 구조 제도화의 역사와 정치적 상황에 따라 두 구조의 연속선상 어느 한 지점에 다양하게 위치할 수 있다(전진영, 2017: 4). 따라서 본 연구에서는 이원집정부제를 별도의 국정운영체제로 분류하지 않는다. 주요 분석대상국가는 대통령제 국가로 미국과 프랑스, 내각책임제 국가로 영국, 스웨덴, 일본, 독일, 오스트리아, 터키, 이탈리아를 선정하였다. 본 연구는 대표적인 이원집정부제 국가로 분류되는 프랑스와 오스트리아를 각각 대통령제 국가와 내각책임제 국가로 분류하였다.

　　내각책임제 국가는 대통령이 국가수반이면서 총리가 행정부의 수반이 되는 독일, 이탈리아, 오스트리아, 터키를, 상징적인 국왕과 총리가 내각을 통할하는 국가로써 영국, 일본, 스웨덴을 선정하였다. 이들 국가는 향후 개헌과정에서 논의될 국정운영체제에 대하여 시사점을 제공해줄 수 있을 것이다.

　　미국은 대통령－부통령 체제의 국가로 대통령제의 원형국가로 분류된다. 대통령이 국가원수이면서 행정부의 수반으로 권력이 집중되어 있음에도 불구하고 고위공직자의 임명에 대한 의회의 동의, 입법권의 의회 독점, 의회 의원의 국무위원 겸직 금지 등 견제와 균형의 원리에 따른 다양한 제도적 장치가 존재한다(제2장 참조).

　　프랑스는 대통령－총리 체제의 국가로 흔히 여소야대에 따른 분점 정부의 문제를 해결하는 데 있어서 중요한 시사점을 제공한다(제6장 참조). 프랑스는 여대야소 상황에서는 총리와 각료 임명, 국무회의 주재, 총리 해임 등 대통령이 총리에 비하여 헌법적으로 우월한 지위를 갖고 있어 대통령제 국가보다 강한 대통령 권한 행사가 가능하다. 여소야대 상황의 동거정부일 때 총리가 강한 리더십을 가지고 국정운영의 책임을 진다. 이러한 상황에서 프랑스는 '동거정부'의 형태로 타협과 관용으로 대통령과 총리 간 갈등을 해소하고 정치적 안정이 지속되어 온 것으로 평가된다(박찬욱, 2004: 196; 강원택, 2016: 194 재인용).

　　독일은 대통령－총리(수상) 형태의 국가로써 독일 대통령은 정치적 실권이 없는 상징적 국가 수반이다(제7장 참조). 이는 바이마르 공화국의 붕괴에 따른 정치적 혼란, 히틀러와 같은 독재자의 등장을 막기 위한 방안으로써 내각책임제가 도입되었기 때문이다(강원택, 2016: 124). 연방총회를 통한 간접선거에 의해 대통령이 선출되는데 대통령 후보 추천 과정에서도 총리(수상)의 영향력이 지대하다. 또한 독일은 내각 구성의 기본 원리로 '수상민주주의'가 지적될 만큼(제7장 참조) 국정운영 과정에서 총리(수상)의 주도적인 권한을 부여하고 있다.

　　대통령－총리(수상) 형태의 국가로써 오스트리아는 총리 중심의 행정부 운영이 이루어지고 대통령은 내각책임제 국가에서와 같이 헌법이 보장하는 대통령의 권한 이외에는 '역할포기'로 상징적 역할을 수행한다(제8장 참조). 대통령이 총리 등 행정부 구성원에 대한 임명권을 갖지만 의회의 불신임이 가능하기 때문에 대통령은 다수당의 대표를 총리로 임명할 수밖에 없는 구조여서 대통령의 권한 행사가 상당히 제한적이다.

이탈리아도 상징적인 대통령과 행정부 수반인 총리 형태의 통치구조를 갖고 있다(제10장 참조). 이탈리아의 대통령은 의회 및 주대표가 선출한다. 이탈리아에서는 다수당 내부의 계파 간 갈등, 연립정권 내 소수당들의 의견 불일치 등으로 자주 정권이 붕괴되는 현상을 노정해 왔다. 따라서 이탈리아는 다당제이면서 단독 집권이 사실상 불가능하여 내각책임제 국가에서 효과적인 정부구성과 국정운영이 어려운 사례로써의 시사점을 제시한다.

터키는 대통령제 국가에서 내각책임제로 변화하였으나 최근 67년간의 내각책임제를 종식하는 국민투표를 실시, 2019년부터 다시 대통령제를 시행할 예정이다(제9장 참조). 독일, 이탈리아, 오스트리아와 같은 내각책임제 국가에서는 대통령이 상징적인 존재인 데 반하여 터키는 대통령의 권한이 막강하다. 내각은 국회에서 신임한 후 기능을 시작하지만 대통령은 국회소집권, 법령 재심요구권, 총리 임명 동의권, 총리의 각료 임명 및 해임에 대한 거부권 등을 행사할 수 있다. 2007년 개헌을 통해 대통령은 국민의 직접 선거에 의하여 선출되며 임기는 5년, 1회에 한해 중임 가능하다. 최근 개헌과 국민투표에 의한 대통령제로의 전환은 의원내각제 시기 동안의 정치적 불안정과 경제 침체, 현 대통령 집권 시기 동안의 비약적으로 성장한 경제가 중요한 요인 가운데 하나로 일컬어진다. 터키는 정치적 민주화와 경제 발전이라는 국가적 목표와 가치 사이에서 국정운영체제2의 변화가 어떠한 역동성을 가지고 변화하고 작동하는지를 보여줄 수 있는 사례이다.

본 연구는 국왕의 상징적 존재를 인정하고 총리가 국정을 책임지는 내각책임제 국가로써 영국, 일본, 스웨덴을 선정하였다. 영국 정부는 입법부와 분리되어 있으나 행정부가 다수당을 구성하는 권력 융합의 형태를 보여주되, 특징적인 것은 단일정당에 의해 구성된다는 것이다(제3장 참조). 영국은 단순다수제 선거제도를 채택하여 당 내 강력한 지지를 받는 총리는 의회 야당이 발동

2 News 1 "에르도안, 막강 권력 갖게 되나…16일 터키 개헌 국민투표", 2017.04.12. http://news1.kr/ articles/?2964901 (검색일, 2017.10.24)

하는 내각불신임결의나 여소야대 현상에서 오는 정치적 대치와 불안정으로부터 비교적 자유롭다(강원택, 2016: 117−123). 따라서 영국은 내각책임제 국가에서의 안정적 국정 운영이 가능한 메커니즘을 보여줄 수 있는 사례라고 할 수 있다.

일본은 미국이나 영국의 하원에 해당하는 중의원 다수당의 총재가 총리로 지명된다. 행정권은 합의기관인 내각이 행사하며 헌법은 행정부처의 장에게 독립성을 보장하고 있지만, 실제 운영에서는 정치적 실권을 가진 총리가 주도한다(제5장 참조). 또한 내각의 신임 및 불신임은 대부분 부결되며 내각은 각의결정을 거쳐 중의원을 해산하지만, 실질적으로는 총리가 주도한다. 2006년 9월부터 2012년 12월까지 총리는 1~2년마다 사임해 교체된 바 있다. 2012년 재집권 이후 96·97대 총리를 잇달아 지낸 아베 총리는 내각지지율이 30%대로 추락하자 2017년 9월 '국난돌파'를 내세우며 중의원을 해산하고,[3] 2017년 10월 치러진 중의원 총선에서 여당인 자민당이 압승한 이후 제4차 내각을 구성하여 최장 연임 총리직을 수행할 것으로 전망된다.[4] 이처럼 일본의 내각책임제는 내각과 의회 간 상호의존체제하에서 정치적 불안정성이 나타나기도 하고 반대로 그것이 정치적 불안정성을 해소하기도 함을 시사한다.

스웨덴은 연립정부를 기초로 하는 의회협치, 장관책임제도 및 내각 집단책임제도의 운영을 통해 정치 안정 및 국정운영의 효과성을 도모하는 국가이다(제4장 참조). 주로 진보정당(사회민주당, 좌파당, 녹색당)과 보수정당(기독교당)이 과반을 차지하여 연립정부를 구성하고, 2017년 현재 8개 정당이 349석을 분점하고 제1당인 사회민주당은 전체의 32%인 113석에 불과하다.[5] 스웨덴은 필요시 연정 파트너가 아닌 정당의 주요 인사를 국가 전체의 영향을 미치는 핵심 정책의 특보로 임명하는 등 대타협을 통한 국정운영을 수행해 왔다. 스웨덴의 이러한 협치 경험은 다당제 상황에서의 효과적 국정운영을 위한 시사

----

3 한겨레 "아베 돌연 중의원 해산 선언 이유는", 2017.09.25.
　http://www.hani.co.kr/arti/international/ japan/812480.html#csidxa0c4ad477834c0a979f0d
　9c1c091b7c
4 오마이뉴스 "아베의 자민당, 총선 압승 전망… '전쟁 가능한 국가' 박차", 2017.10.22. http://
　www.ohmynews.com/NWS_Web/View/at_pg.aspx?CNTN_CD＝A0002370140&CMPT_CD
5 프리미엄 정치뉴스 레이더 P. "다당제 정치의 빛과 어둠…한국, 1988~1990년의 기억". 2018.
　11.28. http://raythep.mk.co.kr/newsView.php?no＝15342 (검색일, 2017.12.8.)

점을 제공해줄 수 있다.


## 2. 연구 범위: 분석요소

본 연구가 다루는 '국정운영체제'는 통치 체제를 구성하는 권력구조에 대한 분석을 기본으로 한다. 권력구조 분석은 정부의 구성 즉 국가수반, 행정부, 입법부, 사법부의 구성체제를 대상으로 할 뿐만 아니라 중앙·연방정부와 지방정부간 관계도 포함한다.

첫째, 행정부에 대해서는 국가수반과 행정수반의 선출방식 및 임기, 고유한 권한과 역할, 의회 및 사법부 등 여타 국정운영체제와의 관계, 내각의 구성권한을 검토한다. 한편 본 연구는 기존의 다른 국정운영체제 연구에서는 심도 있게 다루어지지 않은 분야로써 공직사회에 대해서도 분석한다. 공직사회와 관련해서는 정무직의 범위와 구성 및 운영, 행정수반의 정무직 및 경력직 공무원에 대한 임용권을 다룸으로써 행정수반이 공직사회에 대해서 행사하는 권한의 범위를 파악한다.

둘째, 입법부에 대해서는 의회의 구성 및 운영방식, 의회와 내각 및 사법부와의 역할관계를 주로 분석한다. 특히 정당제도 및 의회체계, 의원의 선출방식, 선거방식은 정당체제뿐만 아니라 그에 부합하는 정부 형태의 구체적인 설계에 영향을 미친다(김종갑, 2017: 1). 따라서 통치 구조의 실질적 운영에 대한 동태적인 분석을 위해서는 의회 구성방식에 대한 논의가 필수적이다. 이 분석은 향후 개헌 과정에서 진행될 통치 구조에 대한 심도 있는 논의의 기반이 될 것이다.

셋째, 사법부에 대해서는 사법부의 구성 및 운영방식, 구성원의 임면에 대하여 분석한다. 엄격한 3권분립을 원칙으로 하는 대통령제 국가에서나 권력의 융합에 의해 국정이 운영되는 내각책임제 국가에서나 사법부는 독립적으로 운영된다. 그러나 행정수반이 직접적으로 임명하는 경우, 위원회 구조를 통해 임명하는 경우, 국왕에 의한 임명, 연방에 의한 임명, 독립적 기관에 의한 임명, 법원의 자율권에 의한 임명 등 다양한 형태로 나타난다. 이러한 다양한 양상에 대한 분석과 함께 어떠한 메커니즘에 의해서 사법부의 독립이 가능하도록 하는지 분석한다.

넷째, 본 연구는 기존 국정운영체제에 대한 논의에서 밀도 있게 다루어지지 않은 중앙·연방정부와 지방정부간 관계를 분석한다. 중앙·연방정부는 한 국가의 통치구조의 기본틀을 구성하는 중요한 축이며, 현 정부는 '연방제 수준의 자치분권 국가'[6]를 만들기 위한 정책을 시행하고 있다. 또한 중앙집권적 권력 구조를 탈피하고 지방분권을 강화하기 위한 헌법 개정이 논의되고 있다. 본 연구는 중앙·연방정부와 지방정부간 상호관계, 권한과 기능 배분의 근거와 내용, 지방정부의 구성과 운영체제에 대하여 분석함으로써 향후 지방분권 개헌 논의를 위한 기초자료를 제공할 수 있을 것이다.

## 제3절 연구의 방법

### 1. 문헌분석

본 연구는 분석대상 국가별로 분석요소와 내용 관련 자료를 수집했다. 우선 기초자료로써 본 연구는 각 국의 헌법을 우선적으로 검토하였다. 각 통치체제의 구성과 운영은 헌법에 기반하므로 헌법에 대한 면밀한 검토와 확인 없이는 국가의 개별적 특성에 따른 운영의 차이를 파악하기 어렵기 때문이다.

또한 본 연구는 헌법이 명시하고 있는 내용이 실제 정치적 상황에서 어떻게 작동하는지에 대한 동태적 파악과 특정 통치 구조가 효율적이면서도 민주적인 국정운영체제에 기여하기 위해서는 어떠한 메커니즘이 뒷받침되어야 하는지를 분석하기 위하여 2차 자료로써 기존의 다양한 연구문헌, 신문 등을 분석하였다.

### 2. 공동연구

본 연구 방법상 특성은 특정 개인에 의한 집필이 아니라 다수의 전문 집필진이 참여하고 연구 과정에서 집필진 간 수차례의 토론, 전문가 및 현직 공무원 초빙에 의한 의견교환을 수행하였다는 것이다. 정치, 사회, 문화적 배경

---

6 연합뉴스, "행안부 "연방제 수준 자치분권·안전선진국 도약" 2017.8.28.
  http://www.yonhapnews. co.kr/bulletin/2017/08/28/0200000000AKR20170828073852004.
  HTML (검색일, 2017.12.8.)

이 다르고 경제적 수준 또한 차이가 있는 9개 국가를 망라하여 국정운영체제를 연구하고 비교 분석을 통한 시사점을 도출하는 것은 개인이 수행하는 것에 한계가 있다. 본 연구는 각 국가에서 학위 과정을 거쳤거나 각국에 대하여 오랜 기간 연구를 수행한 경험을 바탕으로 해당국의 언어전문성, 정치문화와 제도에 대한 전문성을 보유한 집필진이 참여하였다. 각 집필진이 해당국가에 대한 기본적인 분석을 수행하고, 이후 9개국 국정운영체제의 특성과 운영원리에 대하여 집필진 간 토론, 전문가 초빙 의견 교환을 통해 비교론적 시각에서 분석을 수행하였다. 이러한 집단지성의 과정을 통하여 본 연구는 국정운영체제 개헌 논의가 보다 밀도 있게 이루어질 수 있는 기초자료를 마련하였다.

# 02 미국
*AMERICA*

## 제1절 통치체제 및 행정부

### 1. 미국 헌법의 기본 원리

#### 1) 미국 헌법의 기본원리

미국은 선진 자유민주주의 국가에서는 독특하게 연방제와 권력분립에 기반한 대통령중심제를 중심으로 한 통치구조를 발전시켜왔다. 연방제와 권력분립형 대통령제의 정치권력은 수직적으로나 수평적으로 분할하였다. 연방제하의 연방정부-주 정부-지방정부 간에는 수직적·계층적 분업과 협업체계의 다층 거버넌스(multilevel governance)를 구조화시키고 있고, 삼권분립형 권력구조는 대통령제하에서 행정-입법-사법부간 견제와 균형을 추구하는 권력이 다층적 다중심 거버넌스(polycentric governance) 형태를 띠고 있다(김선혁, 2009: 89). 이러한 통치구조는 모두 미국 헌법에 근거하고 있으며, 헌법의 기본 원리로서 연방주의, 권력분립, 견제와 균형, 연방정부의 우월성, 법의 지배 등을 명확히 하고 있다.

#### (1) 연방주의(Federalism)

연방주의는 역사적으로 17세기 유럽에서 배타적 단일주권을 정당화하는 절대국가의 주권에 대하여 '공유연방주권(shared federative sovereignty)'을 주장하기 위하여 일종의 대항개념으로 등장하였다(이옥연, 2006: 163). 하지만 추상적인 개념이던 '공유연방주권' 개념을 미국 연방헌법에서 제도적으로 구현하고 현실 정치에서 실현시키고자 한 점은 미국의 독창적인 시도였다. 미국은 애초 수직적, 수평적 분권을 제도화하여 '공화주의(republicanism)'를 실현시키기 위하여 연방주의를 채택하였다. 건국초기 연방파와 공화파 간 논쟁을 통하여 미국은 왕국인 영국의 식민지 경험에서 비롯된 절대권력에 대한 거부감과 강력한 국가건설에 대한 필요성을 동시에 조화, 절충시키고자 논의하였다 (Hamilton, Madison & Jay, 1961). 미국 전체 차원의 통일성 확보와 주 정부 차원의 지역적으로 기능적인 정부를 동시에 추구하면서 '다수로 이루어진 하나(e pluribus unum)'를 표방하여 '크고 강력한 정부'와 '작고 기능적인 정부'의 장점을 동시에 취하여 미국식 연방제도를 탄생시켰다(김선혁, 2009: 90−91).

당시 헌법주창자들은 새로운 국가가 영국과 같은 강력한 단일 정부로 되는 것은 반대하였지만, 한편으로 하나의 국가로 존속하기 위해서 어느 정도 중앙정부의 권력이 필요함은 인정하고 있었다. 따라서 그들은 정부권력을 연방과 주 정부로 이원화하는 연방제를 도입하였다. 당시 제임스 매디슨은 연방국가 건설의 찬성론자들은 정부권력을 중앙정부와 주 정부가 나누어 가짐으로써 상호 견제할 수 있어 오히려 국민을 정부 독재로부터 이중으로 보호할 수 있다고 주장하였다.

### (2) 대통령중심제(Presidential system)

미국 정치체제에서 연방제 이외에 헌법이 부여한 주요한 특징 중 하나가 바로 권력분립형 대통령제이다. 헌법주창자들은 자유를 침해하지 않으면서도 법의 지배에 의하여 통제되는 행정부의 창설을 의도하였고, 권력분립에 의거하여 단일의 혹은 소수의 부처에 권력이 독점되는 것을 막고자 하여 건국 초기 대통령의 권력은 상당히 제한된 형태로 출범하였고, 20세기 초까지 의회 우위의 의회국가 시기였다. 그러나 대공황과 제2차 세계대전을 거치면서 대통령의 권한은 점진적이고 지속적으로 확대, 강화되어 행정국가가 되었다.

### (3) 권력분립(Separation of powers)

헌법주창자들이 창조해낸 연방제가 연방국가의 단일주권과 권력집중을 막으면서 주 정부와의 이원구조를 만들고 양자 간 독자적 관할권을 창출해내는 작업이었다면, 권력분립론은 연방정부 내에서 다시 권력집중을 막고자 하는 의도에서 고안되었다. 그들은 처음부터 권력이 한 개인이나 한 기관에 집중되는 것을 막고자 하였다. 따라서 몽테스키외의 사상에 따라 국가권력을 입법부, 사법부, 행정부의 3개 기관으로 나누고 각각 다른 구성원들이 그 기능을 수행하되, 3개 기관은 헌법적으로 동등하고 상호 독립성을 인정한다는 삼권분립론을 채택하였다.

즉 법률에 대한 제정권은 의회에, 집행권은 행정부에, 해석권은 사법부에 맡김으로써 상호 간 배타적인 권한을 부여받고 구성도 각기 달리 이루어지도록 하였다. 상·하원 의원, 대통령, 연방판사 모두 각각 다른 방식으로 선출되고, 책임지는 선거구민도 다르게 디자인하였다. 그리고 주 정부도 이원적 연방제의 구조에 따라 연방정부와 같은 방식으로 구성이 이루어지도록 하였다.

하지만 시간이 흘러감에 따라 독립규제위원회나 정부기관들이 규칙을 제정한다든가, 연방대법원의 사법심사(judicial review)를 통해서 사법부가 일종의 법률제정 기능까지 담당하게 되는 등 권력중첩(overlapping of powers) 현상이 발생하고 있다.

(4) 견제와 균형(Checks and Balances)

헌법주창자들은 국가권력의 집중을 막기 위하여 3개 기관의 권력분립에 그치지 않고 상호 견제하도록 설계하였는데 즉, <그림 2-1>과 같이 1개의

▌그림 2-1 미국정부의 삼권분립과 견제와 균형 관계도

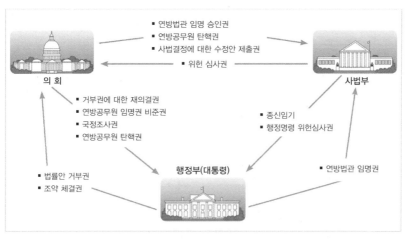

출처: 미국 삼권분립과 견제와 균형. Retrieved from https://www.lsusd.net/cms/lib6/CA01001390/Centricity/Domain/230/Learning_Center_9.pdf(검색일, 2017.11.5)

기관에 2개의 기관이 견제토록 함으로써 3개 기관 상호 간에 견제와 균형을 달성하도록 고안하였다.

### (5) 연방정부의 우월성

헌법은 연방국가를 유지하기 위하여 중앙정부와 주 정부가 국가권력을 공유하고 있다는 것을 인정하면서도 양자 간에 불협화음이 발생할 경우 연방정부가 우위에 있으므로 연방정부가 우선하여 해결할 수 있어야 한다는 것을 명확히 하고 있다(함성득·남유진, 1999: 39). 구체적으로 헌법 제6조는 "헌법과 조약을 포함한 미합중국 법률은 이 나라의 최고법이 된다"라고 규정하여 연방헌법의 우위를 규정하고 명확히 하고 있다. 이는 연방대법원의 판결을 통해서도 확인이 되었다.[1]

### (6) 법의 지배(Rule of law)

미국헌법의 어느 조항에도 '법의 지배(rule of law)'라는 구절은 없으나 헌법주창자들은 법 앞에서 만인이 평등하며, 정부의 기관들도 마찬가지라고 보아 삼권분립의 세 축인 대통령, 연방의회, 사법부도 모두 법의 지배를 받아야 한다는 사상을 가지고 있었다. 헌법수정 제14조는 어느 누구도 출신배경이나 직위에 관계없이 법 앞에서 평등하다는 법의 지배원리가 들어가 있다. 닉슨(Nixon) 대통령의 사임도 법의 지배 원리를 위반하였기 때문이다.

## 2. 대통령

### 1) 대통령의 선출과 자격

삼권분립 체제하에서 미국 대통령은 국민들이 직접선거를 한 후, 각 주에 할당된 선거인단 표수에 의해서 선출되는 선거인단(electoral college)에 의하여 간접선거로 선출된다. 대통령선거인단은 각 주 출신 상·하원 의원 총수가 그 주의 주 선거인단수가 되고, 다시 워싱턴 D.C.에 배정된 수를 합해서 선거인

---

1 McCulloch v. Maryland(1819) 사건에서 연방대법원은 주 정부가 미국 연방은행 볼티모어 지점에 세금을 부과할 수 있다고 판결하여 연방정부의 우월론을 견지하였고, Gibbons v. Ogden(1824)의 판례를 통해서는 선박운항 독점권을 연방정부와 주 정부로부터 동시에 부여받은 경우 권리주장 시 연방정부의 독점권이 우선한다고 판결하여 연방정부의 권한이 더욱 강화되게 되었다(함승득·남유진, 1999: 40).

단 총수가 결정된다. 통상 대통령선거일은 11월의 첫 번째 월요일이 지난 다음의 화요일이 되고, 따라서 그 날을 '슈퍼 화요일'이라고 부른다. 대통령의 임기는 4년이고, 1804년의 제12차 헌법수정에 따라서 대통령 후보와 부통령 후보가 분리되었다. 1951년의 제22차 헌법수정에 의하여 대통령의 3선(三選) 연임을 금지되었고, 대통령이 궐위(면직, 사망 또는 사임으로)된 때에 대통령직을 승계한 경우도 1회에 한해서만 중임하도록 하고 있다. 대통령이 되기 위해서는 반드시 만 35세 이상의 미국에서 태어난 시민으로 최소 14년 이상을 미국에서 살아야 한다고 하여 상·하원 의원보다 엄격한 나이, 출생지, 국적, 거주 제한을 두고 있다.

## 2) 대통령의 권한 강화

미국에서의 권력의 분립은 부처 간 분명한 권력분립(division of powers)이라기보다는 오히려 '권력을 공유하는 분리된 제도(a government of separated institutions sharing powers)'를 의미한다(Neustadt, 1990: 29). 미국 헌법의 기초자들이 행정부의 리더십을 제약하는 체제를 형성하였고, 대통령을 포함한 행정부와 의회 간 끊임없는 상호 견제와 균형 속에서 정부활동이 이루어지도록 헌법적 기초를 만들었다.

건국 초기 매디슨(James Madison)과 해밀턴(Alexander Hamilton)의 논쟁에서 매디슨은 과도한 행정권력은 자유를 위협한다는 것을 역설하였고, 이에 반해 연방주의자인 해밀턴은 강력한 정부와 강한 대통령을 옹호하여 서로 논쟁하였으나, 매디슨의 주장대로 대통령과 행정부는 헌법적으로 다소 약하지만 법의 지배에 의존하는 형태로 설립되었다(The Federalist Papers, 1961). 즉, 미국의 대통령과 행정부는 헌법이나 의회가 정한 한계를 넘는 업무를 할 수 없도록 의도적으로 고안된 일련의 제약 속에서 운영되고 있다. 대통령의 권한 변화는 헌법의 수정보다는 법적 제약과 오히려 의회와의 관계 속에서 '견제와 균형'이라는 미국적 전통에 따라 지속적으로 나타나고 있다. 즉, 대통령 권한과 관련된 새로운 법(Act)의 제정은 대통령직을 강화 혹은 약화시킬 수 있는 효과를 나타내고 있다.

대공황기에 당선되어 4선을 한 루스벨트 대통령 이래로 대통령의 연임제한을 담은 헌법수정 제22조가 1951년에 비준되었고, 그 이후 많은 법안의 제정과 개정에 따라 대통령의 권한이 강화 또는 약화되어 왔다.

■ 표 2-1 **대통령의 법적 권한의 변화**

| 헌법수정(Amendment) | 법(Acts) |
| --- | --- |
| 수정 제20조(1933) - 레임덕 조항 (새 대통령의 취임일을 선거일에 보다 가깝게 정함)<br><br>수정 제22조(1951) - 연임으로 제한하는 불문법적 관행이었던 대통령직 임명을 법제화<br><br>수정 제25조(1967) - 대통령의 탄핵, 사망, 유고 시 부통령의 대통령직 승계와 부통령직 궐위 시 대통령이 부통령을 임명하고 의회가 인준해야 함을 명문화 | • 예산회계법(1921)<br>• 행정부재조직법(1939): 브라운로위원회 제안<br>• 의회재조직법(1946 & 1970)<br>• 고용법(1946)<br>• 케이스법(1972) - 국제비밀 행정협정의 의회 보고 명문화<br>• 전쟁권한법(1973) - '전쟁선포권'을 가진 의회의 승인없는 대통령의 '선언없는 전쟁'을 불법화.<br>• 의회예산및지출거부통제법(CBIC Act, 1974)<br>• 볼랜드수정법(1984) - 니카라과 반군 지원 금지<br>• 항목별 거부권법(1996) - 1998년 위헌판결<br>• 정부성과및결과법(GPRA, 1993) -클린턴정부의 행정개혁에 대한 의회의 대응<br>• 전자정부법(2002) - 전자정부 강화 권한 부여<br>• 국토안보부법(2002) - 국토안보부 창설<br>• 정보부처개혁과테러리즘예방법(IRTPA, 2004) - 국가정보실 (Office of National Intelligence) 창설<br>• GPRA근대화법(2010) - GPRA에 분기별 성과, 미달성 보고<br>• 사이법안보법(2015) - 사이버위협 정보를 연방정부와 민간과 공유 |

출처: 주미영(2004: 139) 참조하여 저자 보완 작성.

　　미국 대통령은 헌법 제2조에 의하여 의회를 통과한 법률안에 대하여 승인하거나 거부할 수 있는 권한, 법률의 범위 내에서 필요한 행정명령(executive order)을 발동할 수 있는 권한, 상원의 동의를 얻어 내각의 장·차관, 부장관의 임면권, 연방의 주요 직위와 대사, 연방법원(대법원·고등법원·지방법원)의 판사의 임명권, 사면권과 형집행 연기권, 상원의 동의로 외국과 조약 체결권, 외교권, 미국 군대에 대한 지휘권, 비상조치, 연두교서를 의회에 보내 의회를 소집할 수 있는 권한 등 여러 가지 강력한 권한을 가진다.

　　헌법 제2조가 부여한 대통령의 집행권(Executive Power)을 구체적으로 살펴보면 다음과 같다.

　　1. 공직 임명권: 공직 임명권은 상원의 인준을 받아야 하나 미국 대통령은 군대를 포함하여 약 7만 5,000명 이상의 공직자에 대하여 직·간접적인 임명권을 가지고 있다.

　　2. 의회 소집권: 대통령은 연두교서(State of the Union Address)를 발표하기

위하여 정기적으로 상·하원 의회를 소집할 수 있다.

3. 거부권(Veto Power): 대통령은 의회가 통과시킨 법률안에 대하여 직접 거부권을 행사하거나, 거부의사를 표명할 수 있다.

4. 항목별 거부권(Line-item Veto): 이는 의회의 세출법안에 대하여 항목별로 거부할 수 있는 권한을 말하는데, 1998년 연방대법원에 의하여 위헌판결을 받아 현재는 대통령 권한이 아니다.

5. 조약 체결권: 대통령은 외국 정부와 조약을 체결할 수 있으며, 이 조약은 상원의 비준을 받아야 효력이 발생한다. 상원은 수정안을 제출할 수도 있으며 역사적으로 약 70% 정도에 대해서 비준해왔다고 하는데, 대통령은 상원의 비준이 용이하지 않으면 행정명령(executive order)이라는 편법을 활용하기도 하였다.

6. 최고 사령관(Commander in Chief): 미국 대통령은 군(육군, 해군, 공군, 해병대)을 지휘 통솔할 수 있는 최고 사령관이다. 그러나 전쟁선포권은 의회가 가지고 있다. 1973년 의회는 전쟁권한법(War Powers Act)을 제정하여 대통령이 의회의 동의 없이는 미국 군대를 해외에 파견할 수 없도록 규정하였다.

7. 사면권: 대통령은 탄핵권을 제외하고, 연방범죄에 관하여 사면권(pardon)과 형집행정지권(reprieve)을 행사할 수 있다.

그러나 미국 대통령에게는 한국과 같은 보다 강력한 대통령제 국가와 다르게 삼권분립의 원칙에 따라 법률안제출권이 없다. 또한 의원내각제 국가와 달리 의회해산권도 주어지지 않는다. 이러한 미국 대통령의 권한을 다른 대통령제 국가들의 대통령 권한과 비교하면, 미국 대통령의 권한이 상대적으로 큰 것은 아니라는 것을 알 수 있다(<표 2-2> 참조).

그럼에도 미국의 대통령은 사실 헌법상의 권한 이외에 자신이 가진 성격(character)과 유권자, 언론, 의회를 대하는 관계기술(relational skill)에 의하여 많은 차이를 가져왔다(Barber, 2008; Lowi, 1986). 헌법상의 권한 외 대통령의 개인적 요소 즉, 대통령의 성격(character)과 스타일(style)이 대통령의 대 국민, 대 의회, 대 사법부에 대해서 영향력을 가져온 것도 사실이다.

▌ 표 2-2  미국과 각국 대통령의 헌법적 권한 비교

| 구분 | 한국 | 미국 | 필리핀 | 인도네시아 | 프랑스 | 타이완 |
|---|---|---|---|---|---|---|
| 순수/분권형 대통령제 | 순수 | 순수 | 순수 | 순수 | 분권형 | 분권형 |
| 입법권한 | | | | | | |
| 법률안 전면거부권 | 2 | 2 | 2 | 0 | 0 | 0 |
| 법률안 부분거부권 | 0 | 0 | 3 | 0 | 0 | 0 |
| 긴급명령권 | 2 | 0 | 0 | 1 | 1 | 1 |
| 예산권 | 3 | 0 | 3 | 0 | 0 | 3 |
| 국민투표 부의권 | 3 | 0 | 0 | 0 | 2 | 0 |
| 소계 | 10 | 2 | 8 | 1 | 3 | 4 |
| 비입법권한 | | | | | | |
| 조각권 | 3.5 | 3 | 3 | 4 | 1 | 4 |
| 각료 해임권 | 4 | 4 | 4 | 4 | 0 | 4 |
| 의회 불신임권 | 3 | 4 | 4 | 0 | 0 | 2 |
| 의회해산권 | 0 | 0 | 0 | 0 | 3 | 1 |
| 소계 | 10.5 | 11 | 11 | 8 | 4 | 11 |
| 총계 | 20.5 | 13 | 19 | 9 | 7 | 15 |

출처: 유종성, "제왕적 한국 대통령, 미국 대통령보다 더 강하다." 프레시안,
http://www.pressian.com/news/article. html?no=147925&ref=nav_search (검색일, 2017.12.6)

## 3) 대통령 대 의회 권력

### (1) 대통령의 거부권(Veto Power)

대통령은 의회와의 관계에 있어서 두 가지의 특별한 권한을 부여받고 있다. 그 하나는 '거부권(veto power)'이고 다른 하나는 '비밀유지 특권(executive privilege)'이다.

미국헌법이 대통령에게 부여한 거부권에는 두 가지 방식이 있다(Wilson, 2009: 248). 그 하나는 의회에서 통과된 법안(bill)에 대하여 10일 이내에 '거부의사(veto message)'를 밝히는 것이고, 다른 하나는 법안이 전달되고 10일 이내에, 그리고 의회가 휴회 중일 때 법안에 서명하지 않음으로써 법률 집행을 거부하는 '보류거부(pocket veto)'를 하는 것으로 법안이 법률(law)로 되는 것을 막는 것이다.

법안이 행정부로 넘어온 다음에 대통령이 서명을 않거나 거부하지 않고, 의회가 계속 열리고 있으면 그 법안은 대통령의 승인이 없어도 자동적으로 법

률이 된다. 그러나 대통령이 10일 이내에 '거부의사'를 표명하여 의회로 다시 넘기는 경우에는 의회는 과반수 의원의 출석과 출석의원 2/3의 의결로서만 재의결할 수 있도록 하고 있고, '보류거부'된 법안은 의회에서 다음 회기에 다시 제출되어야 하도록 하고 있다. 대통령은 전체 법안을 승인하든지, 거부하여야 한다. 즉, 대부분의 주지사에게 부여되어 있는 '항목별 거부권(line‒item veto)'을 행사할 수 없다. 이는 1998년 연방대법원의 위헌판결로 효력이 상실되었다. 사실 항목별 거부권은 대통령이 세출예산의 낭비요인을 제거하고 자신의 정책목표를 예산에 반영하는 데 유용한 수단이 될 수 있었으나, 1998년 연방대법원은 대통령의 '항목별 거부권'이 권력분립에 기초한 입법부, 행정부, 그리고 사법부의 견제와 균형을 강조하는 헌법 정신에 위배된다고 위헌결정을 내렸다.

## (2) 행정명령(Executive order) 발동권

대통령은 의회의 승인을 요하지 않는 '행정명령(executive order)'을 발동할 수 있다. 이것은 행정법학자들이 '행정입법'으로 부르는 것으로 대통령제 국가에서 대통령의 권한으로서 의회의 입법절차를 우회할 수 있는 대통령과 행정부의 묘수로 활용되고 있다. 연방정부 기관에 대하여 대통령의 행정명령이 발동되면 의회의 입법절차 없이도 행정부는 대통령의 명령을 수행하여야 하기 때문에 신속성을 갖고 또 어떤 경우 사회적, 정책적으로 커다란 영향을 미치는 결과도 가져온다. 일본의 진주만 공격 이후 루스벨트(Roosevelt) 대통령이 미국 내 일본인들에 대한 억류조치를 한 것이나, 트루먼(Truman) 대통령이 인종 구분 없이 군대를 통합 운영할 것을 명령한 것, 아이젠하워(Eisenhower) 대통령이 인종분리 학교들을 통합하도록 한 조치들이 모두 '행정명령'에 의해서 이루어졌다.[2]

행정명령에 대해서 의회가 대응할 수 있는 방법은 직접적으로 거부권을 행사할 수는 없고, 행정명령을 취소하거나 수정하는 법률안을 통과시켜야 하며, 그 경우 대체로 대통령은 거부권을 행사하고, 의회는 의결정족수 3분의 2 이상의 찬성으로 취소안이나 수정안을 재의결할 수 있다. 또 사법절차로는 대법원이 행정명령에 대해 위헌이라고 판결을 내리는 방법도 있다. 실제로 루스

---

2 미대통령의 법적 권한. Retrieved from https://www.thoughtco.com/legislative‒powers‒of‒the‒president‒3322195 (검색일, 2017. 11. 18)

벨트 대통령 시기 5개(#6199, 6204, 6256, 6284, 6855)의 행정명령에 대하여 대법원이 이를 뒤집은 적도 있고, 클린턴(Clinton) 대통령이 연방정부가 스트라이크 비참여자(strike-breakers)와 계약을 못하도록 한 조치가 연방항소법원에 의하여 전국노동관계법(NLRA 1935: 일명 와그너법)을 위배하였다고 판결을 받은 경우도 있다.[3] 실상 의회의 행정명령에 대한 취소는 높아진 의결정족수와 의회와 대통령 간 강력한 대립을 예상할 때 정치역학상 일어나기가 대단히 어렵다. 따라서 대통령의 과다한 행정명령의 사용은 의회의 입법권을 침해하여 기존 관련 법률의 취지를 무색하게 할 수 있으므로 그 남용을 막아야 한다는 주장이 제기되고 있다(Gaziano, 2001: 1).

▌표 2-3  대통령의 행정명령 발동 현황

| # | 대통령 | 총 건수 | 연번 # | 재임 연수 | 연평균 행정 명령 수 | 재임시기 |
|---|---|---|---|---|---|---|
| 1 | George Washington | 8 | | 7.95 | 1 | April 30, 1789 - March 4, 1797 |
| 2 | John Adams | 1 | | 4 | 0.3 | March 4, 1797 - March 4, 1801 |
| 3 | Thomas Jefferson | 4 | | 8 | 0.5 | March 4, 1801 - March 4, 1809 |
| 4 | James Madison | 1 | | 8 | 0.1 | March 4, 1809 - March 4, 1817 |
| 5 | James Monroe | 1 | | 8 | 0.1 | March 4, 1817 - March 4, 1825 |
| 6 | John Q. Adams | 3 | | 4 | 0.8 | March 4, 1825 - March 4, 1829 |
| 7 | Andrew Jackson | 12 | | 8 | 1.5 | March 4, 1829 - March 4, 1837 |
| 8 | Martin Van Buren | 10 | | 4 | 2.5 | March 4, 1837 - March 4, 1841 |
| 9 | William H. Harrison | 0 | | 0.08 | 0 | March 4, 1841 - April 4, 1841 |
| 10 | John Tyler | 17 | | 3.92 | 4.3 | April 4, 1841 - March 4, 1845 |
| 11 | James K. Polk | 18 | | 4 | 4.5 | March 4, 1845 - March 4, 1849 |
| 12 | Zachary Taylor | 5 | | 1.34 | 3.7 | March 4, 1849 -July 9, 1850 |
| 13 | Millard Fillmore | 12 | | 2.66 | 4.5 | July 9, 1850 - March 4, 1853 |
| 14 | Franklin Pierce | 35 | | 4 | 8.8 | March 4, 1853 - March 4, 1857 |
| 15 | James Buchanan | 16 | | 4 | 4 | March 4, 1857 - March 4, 1861 |
| 16 | Abraham Lincoln | 48 | | 4.11 | 11.7 | March 4, 1861 - April 15, 1865 |
| 17 | Andrew Johnson | 79 | | 3.89 | 20.3 | April 15, 1865 - March 4, 1869 |
| 18 | Ulysses S. Grant | 217 | | 8 | 27.1 | March 4, 1869 - March 4, 1877 |
| 19 | Rutherford B. Hayes | 92 | | 4 | 23 | March 4, 1877 - March 4, 1881 |

3 미대통령의 법적 권한. Retrieved from https://www.thoughtco.com/legislative-powers-of-the-president-3322195 (검색일, 2017. 11. 18)

| 20 | James A. Garfield | 6 | | 0.54 | 11.1 | March 4, 1881 - September 19, 1881 |
| 21 | Chester A. Arthur | 96 | | 3.46 | 27.7 | September 19, 1881- March 4, 1885 |
| 22 | Grover Cleveland I | 113 | | 4 | 28.3 | March 4, 1885 - March 4, 1889 |
| 23 | Benjamin Harrison | 143 | | 4 | 35.8 | March 4, 1889 - March 4, 1893 |
| 24 | Grover Cleveland II | 140 | | 4 | 35 | March 4, 1893 - March 4, 1897 |
| 25 | William McKinley | 185 | | 4.53 | 40.9 | March 4, 1897 - September 14, 1901 |
| 26 | Theodore Roosevelt | 1,081 | | 7.47 | 144.7 | September 14, 1901- March 4, 1909 |
| 27 | William H. Taft | 724 | | 4 | 181 | March 4, 1909 - March 4, 1913 |
| 28 | Woodrow Wilson | 1,803 | | 8 | 225.4 | March 4, 1913 - March 4, 1921 |
| 29 | Warren G. Harding | 522 | | 2.41 | 216.9 | March 4, 1921 - August 2, 1923 |
| 30 | Calvin Coolidge | 1,203 | | 5.59 | 215.2 | August 2, 1923 - March 4, 1929 |
| 31 | Herbert Hoover | 968 | 5075-6070 | 4 | 242 | March 4, 1929 - March 4, 1933 |
| 32 | Franklin D. Roosevelt | 3,728 | 6071-9537 | 12.11 | 307.8 | March 4, 1933 - April 12, 1945 |
| 33 | Harry S. Truman | 907 | 9538-10431 | 7.77 | 116.7 | April 12, 1945 - January 20, 1953 |
| 34 | Dwight D. Eisenhower | 484 | 10432-10913 | 8 | 60.5 | January 20, 1953 - January 20, 1961 |
| 35 | John F. Kennedy | 214 | 10914-11127 | 2.84 | 75.4 | January 20, 1961 - November 22, 1963 |
| 36 | Lyndon B. Johnson | 325 | 11128-11451 | 5.16 | 62.9 | November 22, 1963 - January 20, 1969 |
| 37 | Richard Nixon | 346 | 11452-11797 | 5.56 | 62.3 | January 20, 1969 - August 9, 1974 |
| 38 | Gerald Ford | 169 | 11798-11966 | 2.45 | 69.1 | August 9, 1974 - January 20, 1977 |
| 39 | Jimmy Carter | 320 | 11967-12286 | 4 | 80 | January 20, 1977 - January 20, 1981 |
| 40 | Ronald Reagan | 381 | 12287-12667 | 8 | 47.6 | January 20, 1981 - January 20, 1989 |
| 41 | George H. W. Bush | 166 | 12668-12833 | 4 | 41.5 | January 20, 1989 - January 20, 1993 |
| 42 | Bill Clinton | 364 | 12834-13197 | 8 | 45.5 | January 20, 1993 - January 20, 2001 |
| 43 | George W. Bush | 291 | 13198-13488 | 8 | 36.4 | January 20, 2001 - January 20, 2009 |
| 44 | Barack Obama | 276 | 13489-13764 | 8 | 34.6 | January 20, 2009 - January 20, 2017 |
| 45 | Donald Trump | 52 | 13765 - ? | 0.865 | 60.1 | January 20, 2017 - present |

출처: 미국 행정 명령. Retrieved from https://en.wikipedia.org/wiki/List_of_United_States_federal_executive_orders (검색일, 2017.12.18)

### (3) 대통령의 인사권

대통령은 국가수반이자 행정수반으로서 연방정부 약 6,500여 명의 직위에 대하여 사실상의 직접적인 인사권을 행사하고 있다(박찬수, 2008; Patterson, 2001).[4] 대통령은 연방정부 고위직과 사법부, 군과 외교관에 대하여 인사를 하

4 박찬수, "청와대, 인사가 만사(晩事)?", 한겨레, 2008.12.24. http://h21.hani.co.kr/arti/politics/politics_general/24029.html (검색일, 2017.11.5) 브래들리 패터슨 브루킹스연구소 선임연

고 있다. 상원의 인준을 필요로 하는 장·차관 등 고위공무원과, 200여 명의 연방판사와 94명의 지역검사장, 200여 명의 각국 대사, 94명의 군 사령관, 미국이 실질적으로 임명권을 행사하는 15개 국제기구의 장과 각종 대통령 자문위원회 위원 등에 대하여 직접적 인사권을 행사하고 있다.

대통령이 임명하는 고위공무원 가운데에는 중앙정보부(CIA), 항공우주국(NASA)의 기관장과, 연방준비제도이사회(FRB) 의장과 증권감독위원회(SEC)와 연방방송통신위원회(FCC)의 위원장과 같은 규제기관의 기관장도 임명한다. 특히 연방준비제도이사회 이사들의 임기는 14년으로 대통령의 임기를 넘어 독립성을 부여받고 있고, 7인의 이사 중에서 임명되는 4년 임기의 의장은 연임할 수 있으나, 대통령이 임명권을 행사함으로써 영향을 미친다.

또한 대통령이 직접 임명하지는 않고, 기관의 장이 임명하는 형식을 취하나, 실제로는 대통령실이 대통령의 의중을 반영하는 인사권을 행사하는 2,100~2,400여 개의 직위에 대하여 인사권을 가지고 있으며, 임시직 혹은 기간직으로 대통령이 직접 임명하는 2,300~2,400여 명의 각종 대통령 자문위원회 위원들에 대한 임명권을 행사한다.

여기에다가 비서실 직원도 대통령이 임명한다. 대통령의 비전과 정책이 결국 인사를 통해서 실현되기 때문에 인사권은 사실상 가장 중요한 권한이라고 할 수 있다. 장·차관과 부장관, 각종 독립규제위원회, 연방판사의 임명은 상원의 인사청문회를 거쳐 인준을 받아야 하는데 그 수가 500여 명에 이른다. 이와 같이 미국 의회는 인준과정을 통해서 대통령의 인사권을 견제할 수 있다.

동시에 행정수반으로서 대통령은 백악관 관리예산처(OMB)와 인사처(OPM: Office of Personnel Management)를 통해서 약 200만 명에 달하는 연방관료제의 공무원의 인사를 감독하고 있다.

(4) 기타 권한

또한 미국 대통령은 거부권 외에 의회가 원할 수 있는 정보를 노출시키지 않을 '기밀유지 특권(executive privilege)'을 행사하고 있다. 이는 권력분립의 원칙 차원에서, 다른 하나는 업무상 특정 정보는 기밀로 취급할 수밖에 없다는

---

구원은 미국 대통령이 직접 인사권을 행사할 수 있는 자리를 6,476개 정도라고 추산하였다 (Patterson, Jr., 2001).

시각에서 대통령들이 주장해왔다.

## 3. 부통령

20세기 중반 이전까지는 미국 부통령은 대통령 유고시 대통령직 승계와 상원의 사회봉을 잡고 가부동수의 경우에만 투표권을 행사하는 미미한 존재로 인식되었다. 그러나 그 역할과 위상이 부통령만큼 커진 기관도 없다. 부통령의 자격 요건은 제12차 헌법수정을 통하여 미국 대통령과 같이 연령, 출생지, 국적, 거주제한이 동일하게 요구되고 있다. 즉, 미국에서 태어나고, 미국시민권자여야 하며, 35세 이상으로 미국에서 14년 이상 거주하여야 한다. 제22차 헌법수정에서는 2회 이상 부통령직을 임명될 수 없게 하였다.

부통령직은 대통령후보의 러닝메이트로서 지명되나, 1945년 루스벨트 대통령의 갑작스러운 사망, 아이젠하워 대통령의 와병, 1963년 케네디 대통령의 암살, 1974년 닉슨 대통령의 중도 사임 등 연속되는 대통령의 유고로 부통령의 직책이 새로이 조망되기 시작했다. 건국 이후 대통령 사망으로 대통령직을 계승한 부통령이 8인에 이르고 있다. 오늘날에는 행정부의 제2인자로서 가장 유력한 차기 대통령 후보로 간주되며, 대통령의 제2기 레임덕 기간 중에는 대통령 상속자로 각광을 받으면서 권력의 중심이 이동되는 현상도 나타나고 있다.

부통령의 위상을 제고시킨 최초의 대통령은 아이젠하워 대통령으로서 닉슨 부통령을 적극 활용하였고, 클린턴 대통령 시기의 알 고어 부통령은 가장 막강한 역할을 수행한 바 있다. 그러나 이는 대통령의 배려에 따른 결과이다. 알 고어 부통령은 당시 많은 태스크 포스를 이끌면서 적극적인 역할을 수행한 바 있으며, 직접 국가성과평가위원회(National Performance Review)의 위원장을 맡아 성과관리를 진두지휘하였고, 환경이슈에 대해서도 주도적인 역할을 한 바 있다.

대통령학 학자인 크로닌(Cronin)은 부통령의 역할을 다음과 같이 12가지로 요약한 바 있다(Cronin, 1982: 326-327). ① 상원의장, ② 국가안보회의 구성원, ③ 각종 국가자문위원회의 의장, ④ 대통령 특사, ⑤ 대통령의 핵심조언자, ⑥ 의회연락책임자, ⑦ 위기조정자, ⑧ 임시조정위원회 감독, ⑨ 대통령 출장시 국무회의 주재, ⑩ 정당의 부지도자, ⑪ 대통령 계승 실습생, ⑫ 미래의 대통령 후보자 등의 역할을 수행한다.

## 4. 영부인(First Lady)

미국 대통령제에서 부통령과 함께 대통령 주변에서 중요한 역할을 하는 인물로 대통령 영부인(First Lady)을 지적할 수 있는데, 선출직도 아니고, 임명직도 아니고, 헌법에 그 지위가 명시된 것도 아니나, 대통령의 동반자, 최측근의 역할을 수행하고 있다.

특히 클린턴 대통령 시절의 영부인 힐러리는 단순한 내조자가 아니라 보건의료개혁 등에서 적극적인 활동을 함으로써 그 자신이 정치적으로 대통령의 강력한 정치적 파트너가 되어 상원의원, 국무장관, 대통령 후보로까지 성장한 바 있어, 영부인의 역할이 개인 역량과 대통령과의 관계에 따라 상당히 달라질 수 있음을 보여주고 있다.


## 5. 대통령의 보좌기관

미국 대통령은 백악관비서실을 왼팔로, 대통령부의 나머지 기구들을 오른팔로 삼아 연방관료제를 운영해가고 있다. 역대 미국 대통령들은 백악관비서실을 통한 '인격화된 대통령제(personal president)', 대통령 보좌기구를 통한 '제도화된 대통령제(institutional president)', 백악관 인사담당관실을 통한 고위공직자에 대한 정치적 임용, 행정재조직화, 새로운 관리기법의 도입과 정책집행, 관리예산처(OMB: Office of Management and Budget)에 의한 사전검토 등을 통해 연방관료제에 대한 영향력과 통제력을 강화해왔다. <그림 2-2>는 미국 연방정부의 조직도를 나타낸 것인데, 입법부와 사법부의 조직뿐만 아니라 대통령부와 행정부 소속기관이 자세히 나타나 있다.

### 1) 대통령부(EOP: Executive Office of the President)

미국의 현대 대통령들은 루스벨트 대통령(1933~1945) 이래 이중 구조의 연방관료제, 즉 대통령부(EOP)와 연방관료제(Federal Bureaucracy)를 관장해왔다. 대공황기인 1937~1939년 브라운로(Brownlow) 행정관리위원회(President's Commission on Administrative Management)가 대통령의 참모 조직이 필요하다는 권고안을 마련함에 따라 대통령실 조직이 확대되기 시작하였다. 1939년 루스벨트 대통령은 '행정부재조직법'에 따라 대통령비서실, 부통령실, 관리예산처(OMB),

▌ 그림 2-2 미국의 연방정부 조직도

국가자원계획위원회, 인사행정위원회, 정부보고서사무국, 인사행정연락사무국
등을 소속기구로 하는 대통령부(EOP)라는 하나의 집합적 기구를 대통령 직속
기구(statutory offices)로 출범시켰다(배정훈, 2007: 114). 당시 의회는 행정부의
목적 달성을 위하여 의회의 추가적 승인 없이도 조직기구를 변경할 수 있도록
권한을 부여하였고, 이렇게 설치된 대통령비서실과 대통령의 효율적 운영을
통하여 대공황과 제2차 세계대전이라는 전대미문의 대격변기 행정수요를 충
족할 수 있었다.

　　대통령실의 조직은 대통령에게 직접적인 자문을 하는 백악관비서실과 연
방정부의 정책관리와 조정을 담당하는 대통령부(EOP: Executive Office of the
President)라고 불리는 조직으로 나누어진다. 백악관비서실(White House Office)
은 과거 한국의 대통령비서실과 같은 소(小)내각제 형태의 조직구조를 가지고

있지 않음에도, 미국의 대통령은 관리예산처(OMB)를 통한 연방정부의 예산, 재정, 조달, 전자정부, 성과관리를 통한 행정부 통제권 행사와, 백악관의 국내 정책수석보좌관과 경제정책수석보좌관을 통한 국내 주요 정책에 대한 기획 및 집행감독권, 안보담당수석보좌관을 통한 안보정책조정을 통해 내각을 강력히 통솔해왔다. 또한 의회담당수석보좌관은 대통령과 의회 사이에서 대통령의 정책을 잘 홍보해서 의회에서 관련 법률안이 잘 통과되도록 하는 책임을 맡고 있다.

비서실장(White House Chief of Staff)은 미국 대통령의 최고위 참모로서 백악관비서실(White House Office)과 대통령부(Executive Office of President)의 수장이다. 비서실장은 대통령을 항시 보좌하는 직책이며, 장관급으로서 각료회의에 들어올 수 있는 자격이 있다. 비서실장을 보좌하기 위하여 2명의 대통령비서실 차장을 둔다. 비서실장은 비서실 직원을 통솔하고 명령체제를 관장하지만, 대통령이 좀 더 많은 정보와 조언을 획득하도록 돕고, 정책형성 및 결정과정에서 최적안을 선택하도록 조언해주며, 대통령에 대한 비난을 막아주는 '방패' 역할을 수행함으로써 백악관의 최고 실세 중 한 명으로 통한다.

대통령의 수석보좌관들과 대통령부의 고위관료들의 권한은 대통령의 권위를 배경으로 하여 행사되는 만큼, 그들이 중앙부처 관리들에 대하여 갖는 권위는 매우 크다. 계선과 참모의 구별에 있어서 참모의 책임이 명확하지 않으므로 참모가 막대한 권한을 행사할 수 있으나, 미국의 경우 한국의 대통령비서실과 달리 월권행위나 권한남용행위가 문제시되지 않는 이유는 철저한 삼권분립주의에 의한 상호견제와 통제 기능이 작동하기 때문이다. 결국 대통령비서실의 개편 및 운영은 대통령이 어떠한 국정운영방식을 택할 것인가에 영향을 받는다고 말할 수 있다.

한편 정부의 크기와 복잡성이 증가함에 따라 비서실 직원의 수, 예산관리실(OMB) 공무원 수, 국가안전보장회의(NSC) 공무원의 수가 점차 증가되었고, 대단히 전문화, 관료화가 진행되었다. 대통령의 사무실 수는 닉슨(Nixon) 대통령 시기에 대폭 증가되었으며, 비서실의 규모는 트루먼(Truman) 대통령 시기에 확대되었고, 국가안전보장회의 직원 수는 아이젠하워 대통령 시기와 닉슨 대통령 시기에 대폭 확대되었다.

전체 대통령부(EOP)는 상당히 방대한 조직이나 그 업무 성격에 따라 정책조정기구, 정책자문기구, 행정사무기구의 세 그룹으로 나누어 볼 수 있다.

**▌ 표 2-3  대통령부(EOP)의 규모(1941-2017)**

| 대통령 | | 사무실 수<br>(임기내 평균) | 비서실(WH<br>Office)/(명) | 예산관리실<br>(OMB)/(명) | 국가안전보장회의<br>(NSC)/(명) |
|---|---|---|---|---|---|
| 루스벨트 | (1941-45) | 4.4 | 51 | 467 | - |
| 트루먼 | (1945-53) | 6.4 | 222 | 564 | 19 |
| 아이젠하워 | (1953-61) | 8.4 | 352 | 437 | 41 |
| 케네디 | (1961-63) | 8.0 | 422 | 497 | 46 |
| 존슨 | (1963-69) | 8.1 | 304 | 575 | 38 |
| 닉슨 | (1969-74) | 15.8 | 491 | 642 | 73 |
| 포드 | (1974-77) | 14.3 | 583 | 712 | 92 |
| 카터 | (1977-81) | 11.3 | 412 | 641 | 73 |
| 레이건 | (1981-89) | 11.6 | 371 | 583 | 64 |
| 부시 | (1989-93) | 16.0 | 380 | 638 | 63 |
| 클린턴 | (1993-01) | 12.4 | 396 | 528 | 49 |
| 부시 | (2001-09) | 14.0* | 405 | 492 | 59 |
| 오바마 | (2009-17) | 18.0* | 450 | 490 | 76 |

출처: 주미영(2004: 148); Stanley and Niemie(2015: 250-251): 중임 대통령의 경우는 두 번의 임기 동안의 평균치 사용. 부시행정부 및 오바마행정부의 평균 사무실수는 Relyea(2008: 32) 참조 작성한 대략치임. 기타 오바마 행정부의 데이터는 다음의 인터넷 사이트 참조함. 오바마 대통령실. Retrieved from https://obamawhite house.archives.gov/ administration/eop (검색일, 2018.1.4), 백악관 종사자 수. https://www.quora.co m/How-many-employees-does-the-White-House-have (검색일, 2017.11.20) 참조하여 저자 작성

첫째, 대통령을 위하여 행정부의 주요 정책의 입안을 조정하고 특정 부처의 편협한 견해나 단편적 사항이 대통령의 주요 관심사항이 되지 않도록 조정역할을 담당하는 기구로 국가안전보장회의(NSC: National Security Council), 관리예산처(OMB: Office of Management and Budget), 미국무역대표부(Office of the U. S. Trade Representative) 등이 있다.

둘째, 대통령에게 정책조언을 하지만 해당 부처 위에서 독립적 권한을 행사하거나 보좌집단을 가지지 못하고 있는 기구로서 과학기술정책실(OSTP: Office of Science and Technology), 환경질자문위원회(Council on Environmental Quality), 경제자문위원회(Council on Economic Advisers), 국가마약통제정책실(Office of National Drug Control Policy) 등이 있다.

셋째, 행정처(Office of Administration)와 같이 백악관 내의 일반사무행정을 담당하는 조직으로 구성되어 있다. 이 중에서 경제자문위원회, 관리예산처, 미국무역대표부 등의 책임자는 특히 책임과 영향력이 크기 때문에 의회의 승인을 받아 임명하도록 하고 있다.

## 2) 관리예산처(OMB: Office of Management and Budget)

많은 보좌기구 가운데 관리예산처(OMB)는 닉슨(Nixon) 행정부 이래로 연방정부의 예산기획 및 재정관리, 성과 및 인사관리, 조달, 전자정부 등을 담당하는 그야말로 대통령의 비전을 실질적으로 연방정부의 각 부처와 기관들이 집행하고 있는지를 내부관리하는 기능을 담당하는 매우 중요한 부서이다. 백악관 홈페이지는 관리예산처의 5가지 책임적 사무를 다음과 같이 요약하고 있다.[5]

1. 예산 개발 및 집행
2. 기관성과, 인적자원, 연방조달, 재정관리, 정보기술에 대한 감독을 통한 관리
3. 연방정부가 수행하는 각종 규제정책에 대한 조정과 심사를 통한 규제
4. 의회에 대한 보고와 조정
5. 행정명령과 대통령의 지침 관리

관리예산처(OMB)의 역사를 보면 1921년 '예산회계법' 제정에 따라 재무부의 부속기관으로 만들어진 '예산국(Bureau of Budget)'이 그 모태이며, '예산국'이 1939년 루스벨트 대통령시절에 대통령의 긴급한 연방정부 관리를 위하여 대통령부로 소속이 이전되었고, 1970년에 닉슨(Nixon) 행정부에 이르러 관리예산처(OMB)로 재조직화된 이후 예산 및 행정관리의 핵심 역할을 담당해왔으며, 1990년에 와서 관리담당 부서와 예산담당 부서를 자원관리실(Resource Management Office)이라는 하나의 부서로 통합함으로써 행정관리의 통합성을 제고하고 있다.

현재 <그림 2-3>은 오바마(Obama)행정부 시기 관리예산처(OMB)의 조직구조를 나타내고 있다. 현재 관리예산처 조직에는 정보규제정책실(Office of Information and Regulatory Affairs), 지식재산집행조정관실(Office of the U.S. Intellectual Property Enforcement Coordinator), 전자정부정보기술실(Office of E-Government and Information Technology), 연방재정관리실(Office of Federal Financial Management), 연방조달정책실(Office of Federal Procurement Policy)이 있다.

---

5 백악관. Retrieved from https://www.whitehouse.gov/omb (검색일, 2017.11.5)

▌ 그림 2-3  관리예산처(OMB)의 조직구조(오바마 행정부)

출처: Office of the Federal Register, National Archives and Records Administration(2014: 88).

이 가운데 관리예산처(OMB)의 처장(Director), 부처장(Deputy Director), 관리부처장(Deputy Director for Management and Chief Performance Officer), 정보규제정책실장(Office of Information and Regulatory Office), 연방조달정책실장(Office of Federal Procurement Policy), 연방재정관리실장(Office of Federal Financial Management)의 6인은 대통령이 지명하고, 상원의 인준을 받아야 하는 직책이다. 관리예산처는 1967년 이래 '정보자유법(Freedom of Information Act)'에 의하여 연방정부의 행정데이터와 문서들을 시민들의 요청에 대응하여 정보를 공개하고 있으며, 이는 행정부의 투명성을 높이는 데 기여하고 있다.

1970년 닉슨(Nixon) 행정부의 '관리예산처' 확대에 대응하여 미국 의회는 1974년 '의회예산재정통제법'을 제정하고 의회가 대통령실에 예산 및 재정관리 및 평가에 의존하는 것을 막기 위하여 그 대응 차원에서 연방정부 조직이지만 의회를 위한 예산 및 재정분야 정책평가 및 자문을 담당하는 '예산정책처(CBO)'를 만든 바 있다. 이 점에서 예산의 편성과 집행에 관하여 대통령과 의회가 상호 견제와 균형을 유지하려 하고 있음이 드러난다.

## 6. 연방관료제

미국 행정부의 경우 선출직인 대통령과 부통령을 제외한 그 이하의 행정 조직은 내각(Cabinet)을 구성하는 부처(departments)와 독립기구로서 독립행정 기구(independent executive agencies), 독립규제위원회(independent regulatory commission), 정부기업인 공사(government corporations)로 구성되어 있다. 현재 내각은 15개 부처, 각 부의 하위조직을 모두 합치면 약 1,300여 개의 부서가 존재하고 있으며, 독립관청으로는 약 87개 이상의 행정기구와 독립규제위원 회, 27개의 정부기업(공사)이 있다. 이들을 몇 가지만 열거하면 다음과 같다.

- 독립관청: 중앙정보국(CIA), 조달청(GSA), 항공우주국(NASA), 연방재난관 리국(FEMA), 환경보호청(EPA) 등
- 독립규제위원회: 국가노동관계위원회(NLRB), 연방준비제도이사회(FRB), 연방통신위원회(FCC), 증권거래위원회(SEC) 등
- 정부기업: 우정공사(USPS), 연방예금보험공사(FDIC), 테네시개발공사(TVA) 등

각 부처(departments)의 최고책임자는 장관(Secretary)이며, 장관은 내각 (Cabinet)의 구성원이 된다. 미국의 장관(Secretary)은 대통령이 지명하고 대통령 에 대하여 책임을 지기 때문에 의원내각제의 장관(Minister)과 다르다. 장관은 각 부의 업무를 통합하고, 집행을 감독하며 대통령에게 직접적인 책임을 진다. 각 장관은 의회 관계에 있어서도 예산확보와 법률 제·개정 작업과 관련하여 의회의 협조를 얻기 위해서 원활한 관계를 유지해야 한다. <표 2-5>에서 보듯이 공무원 수는 부처별로 차이가 있으나 각 부마다 광범한 기능을 수행하 고 있다. 2016년 현재 전체적으로 약 200만 명의 연방공무원들이 근무하고 있 으며, 국방부, 재향군인원호부, 국토안보부에 많은 공무원들이 소속되어 있다.

장관 밑에는 부장관(Deputy Secretary), 차관(Under Secretary), 차관보(Assistant Secretary)가 있어서 장관을 보좌하고 있다. 이들은 정무직(political appointee)으 로 대통령이 상원의 인준을 거쳐 임명한다. 독립관청의 장과 독립규제위원회 위원들도 대통령이 상원의 인준을 거쳐 임명한다. 정무직은 약 3천 명 정도 되며, 그 중 6백 명 정도가 상원의 인준을 거쳐야 한다.

현 트럼프(Trump) 행정부에서는 내각회의 참여자를 대통령, 부통령, 백악

▌ 표 2-5 미국 정부 부처의 설치연도와 규모

| 정부 부처(Department) | 설치 연도 | 공무원수 (천명)(2012) | 공무원수 (천명)(2016)[7] | 2015 예산 (백만 달러) |
|---|---|---|---|---|
| 국무부(State | 1789 | 12 | 13 | 40,300 |
| 재무부(Treasury) | 1789 | 116 | 92 | 13,800 |
| 국방부(Defense)[1] | 1947 | 3,0005 | 7386 | 495,000 |
| 법무부(Justice)[2] | 1789/1870 | 114 | 117 | 27,400 |
| 내무부(the Interior) | 1849 | 71 | 71 | 12,000 |
| 농림부(Agriculture)[3] | 1889 | 110 | 97 | 23,700 |
| 상무부(Commerce) | 1913 | 44 | 46 | 880 |
| 노동부(Labor) | 1913 | 17 | 16 | 11,800 |
| 보건후생부(Health & Human Services)[4] | 1953/1979 | 67 | 87 | 77,100 |
| 주택도시개발부 (Housing & Urban Development) | 1965 | 11 | 8 | 46,700 |
| 교통부(Transportation) | 1966 | 59 | 55 | 9,100 |
| 에너지부(Energy) | 1977 | 109 | 15 | 27,900 |
| 교육부(Education) | 1979 | 5 | 4 | 68,600 |
| 재향군인원호부(Veterans Affairs) | 1989 | 235 | 373 | 65,300 |
| 국토안보부(Homeland Security) | 2002 | 240 | 192 | 38,200 |
| 총계 15부 | | 4,215 | 1,923 | 957,780 |

1. 1789년에 전쟁부(War Department)로 설치됨,
2. 장관이 그 수장인 행정 각부와 다르게, 법무부는 예외적으로 검찰총장(Attorney General)이 그 수장이다. 검찰총장은 1789년에 검찰총장실(Office of the Attorney General)이 만들어질 때만 하더라도 대통령을 위한 1인 임시직이었으나, 업무량 증가에 따라 1870년 법무부(Dept. of Justice)로 확대 개편되었고, 그에 따라 법무부의 수장이 되었다.
3. 1862년에 만들어졌으나, 1889년에 내각에 편입됨.
4. 1953년에 보건·교육·복지부(Health, Education, and Welfare)로 처음 만들어졌으나, 1979년에 보건후생부와 교육부가 분리됨.
5. 실제 국방부 공무원 외에 4대 군대(육. 해, 공군. 해병대)의 군인을 모두 합한 수치임.
6. 연방 국방부 정규직만 계산한 수치이고, 임시직 포함시 1,300천명 정도 되고, 4대 군대를 모두 포함할 때는 2,800천명 정도에 이름.
7. 전체적으로 우체국 직원을 제외한 수치임.
출처: U.S. Census Bureau. Statistical Abstract of the United States 2007. Table 483; Department of Homeland Security; Office of Personnel Management; Department of Defense 자료 참조.

관비서실장, 15개 부처 장관과 무역대표부 대표, 국가정보실장, 유엔대표부 대표, 관리예산처(OMB) 처장, 중앙정보부장, 환경보호청(EPA) 청장, 중소기업청(SBA) 청장의 25인으로 정하고 있다.[6]

6 내각. Retrieved from https://www.whitehouse.gov/administration/cabinet (검색일, 2017.11.5)

　　연방정부의 조직들은 약 15%만이 워싱턴D.C. 지역에 위치할 뿐 나머지 대부분의 조직은 전국에 분산되어 있다. 현재 대략 200만 명이 넘는 공무원이 전국적으로 산재하고 있는 연방정부기관에 소속되어 근무하고 있다.7 미국의 연방관료제는 다른 국가들과 다른 특징을 갖고 있다. 첫째, 삼권분립의 원칙에 따라 정치적 통제권이 대통령, 의회, 사법부에 의하여 분산, 공유되어 있다. 먼저 의회는 관료조직을 조직하거나 해산할 수 있으며, 대통령은 관료들에 대한 임명권을 갖고 있다. 또한 사법부는 관료들을 대상으로 행정부가 행한 모든 행정처분에 대하여 최종적인 법률적 심사권을 행사하고 있으며, 심지어 행정명령이 공포되기 전이라도 정부기관에 대해 명령 금지명령을 내릴 수 있다. 또한 연방법원은 정부기관에게 상대방에게 헌법이 부여하는 적절한 절차적 권리를 부여하도록 명령하고 있다. 둘째, 연방정부의 업무들이 연방제에 따라 주와 지방정부에게 분담되고 있다.

## 제2절 의회 차원

### 1. 미국 의회의 권력

　　미국 헌법 제8절은 의회의 권력으로서 세금 징수권, 연방정부 예산 차입권, 통상규제권, 통화 결정권, 전쟁선포권, 군대 육성 유지권, 각 주 민병대 소집권, 우편체제 건설 유지권, 미국 시민 자격 규정권 등 18개의 조항을 규정하고 있으며, 가장 중요한 부분은 미국 의회로 하여금 헌법이 정부에 부여한 모든 권한을 행사할 수 있도록 "필요하고도 적절한(necessary and proper)" 모든 법안을 만들 권한을 부여하는 18번째 조항으로서, 이 규정에 의하여 연방의회는 실질적으로 모든 분야에 간여할 수 있게 되었고, 실제로 연방정부의 권한을 확대하는 구실로 활용되어 왔다.

　　한편 제9절에서는 연방의회가 할 수 없는 권한을 8개항에 걸쳐서 명시하고 있는데, 이에는

---

7 2016년 현재 우체국 직원을 빼고 독립행정기관들에 속한 공무원들까지 포함했을 때 2,096천 명이 있다. Office of Personnel Management 발표 자료.
　미국 인사처. Retrieved from https://www.opm.gov/ (검색일, 2017.11.5)

- 소급 법률 제정
- 수출 품목에 대한 과세
- 교역상 특정 주에 유리하거나 불리한 법률의 제정
- 귀족 칭호의 수여

등이 있다.

하지만 헌법수정 제10조는 헌법에 의해 명백하게 연방의회에 부과되지 않은 권한은 주 의회와 국민들에게 속하는 것으로 규정하여 연방의회의 권한을 제약하고 있다. 미국 헌법 제1조 8절과 9절에 기술되어 있는 내용은 연방의회 상원과 하원 모두에 적용되지만, 일부 권한은 양자 간 구분이 되어 있는데, 특히 세입권과 대통령 및 공직자의 범죄행위에 대하여 기소할 탄핵권(power of impeachment)은 하원에게만 주어져 있고, 일단 기소가 이루어진 다음에 심판할 권한은 상원에게 주어져 있으며, 출석 상원의원 3분의 2 이상의 동의를 얻도록 하고 있다. 또한 상원은 대통령의 주요 인사 결정(연방판사, 대사, 영사 등 연방 관리의 임명) 및 외국과 체결하는 조약을 승인할 권한을 갖고 있다.

**▌ 표 2-6 하원과 상원의 주요 차이**

| 양자 간 차이 | 하원(The House) | 상원(The Senate) |
|---|---|---|
| 헌법적 차이 | • 세입권<br>• 탄핵절차 및 규정 설정<br>• 2년 임기<br>• 인구대비 435명 | • 대통령의 임명에 대한 "조언과 승인"<br>• 탄핵된 공무원에 대한 심리<br>• 6년 임기(1/3은 매 2년마다 재선거)<br>• 조약의 승인 |
| 운영상 차이 | • 보다 집권화, 공식화, 강한 지도력<br>• 의사운영위(Rules Committee)가 회기 및 규칙 제정으로 강력함<br>• 보다 비정의적(impersonal)<br>• 권력이 불균형하게 배분됨<br>• 위원들의 전문성 높음<br>• 과세와 세입정책을 강조함 | • 덜 집권화, 덜 공식화, 약한 지도력<br>• 의사운영위 없음. 만장일치나 필리버스터 등에 대한 논의에 한계<br>• 보다 정의적(personal)<br>• 권력이 균등하게 배분되어 있음<br>• 위원들이 generalist에 가까움<br>• 외교정책을 강조함 |
| 변화 | • 의장의 자문관에게 권력이 집중됨<br>• 의사절차가 점차 효율화되고 있음<br>• 재선율이 상대적으로 낮음 | • 업무량이 늘어나고 있고, 필리버스터가 잦아짐<br>• 법률안 통과가 점차 어려워짐<br>• 재선율이 상대적으로 중간 정도 |

출처: O'Connor and Sabato(2004: 226).

## 2. 미국 의회의 조직과 구성

### 1) 양원제

미국 헌법은 양원제(bicameral legislature)를 채택하였고, 네브라스카 (Nebraska)주를 제외한 모든 주에서 양원제를 채택하고 있다. 미국은 유럽 국가와 달리 중세 봉건적 신분 질서에 따른 계층 구조가 형성되어 있지 않았음에도 양원제를 채택하였는데, 이는 연방헌법이 마련된 대륙회의에서의 '대타협(Great Compromise)'의 산물이다. 연맹규약의 문제를 해결하기 위하여 소집된 대륙회의에 참여한 13개 주들은 큰 주와 작은 주 간 이해 충돌을 해소하기 위하여 의회를 상원과 하원으로 구분하고 상원에서는 인구수에 관계없이 모든 주가 동등한 대표권을 인정받도록 하였고, 하원에서는 인구 비례에 따라 각 주의 의원 수를 정하도록 한 결과이다.

### 2) 상·하원의 구성

미국 헌법은 상·하원 의원의 자격요건을 다음의 <표 2−7>과 같이 정하고 있다. 하원보다는 상원의 권위를 인정하여 피선거권을 좀 더 어렵게 만들어 놓고 있다. 상·하원의 조직구조는 <그림 2−4>와 같다.

▎ 표 2-7  **상·하원 의원의 자격요건**

| 구 분 | 하원 | 상원 |
|---|---|---|
| 연령하한 | 25세 | 30세 |
| 임기 | 2년 | 6년 |
| 미국국적 보유기간 | 7년 | 9년 |
| 정원 | 435명 | 100명 |
| 선출방식 | 인구비례(55만명당 1인) | 각 주당 2인(매 6년마다 3분의 1인을 선출) |
| 선거구의 특징 | 지방적 | 전국적 |
| 의회지도부 | 하원의장(Speaker)은 다수당의 의원 총회에서 지명 후 하원본회의에서 선출됨. 각 당의 지도자(Leader)와 원내총무(Whip)를 선출 | 부통령이 당연직 상원의장이 됨. 투표권은 없고, 가부동수(可否同數)인 경우에 한하여 투표권 행사. 각 당의 지도자와 원내총무를 선출 |

출처: 함승득·남유진(1999: 75); O'Connor and Sabato(2004: 226) 참조 재작성.

▌ 그림 2-4  상·하원의 조직구조(108차 의회)

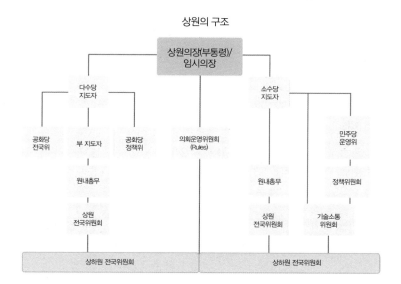

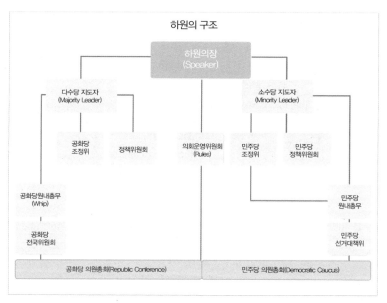

출처: O'Connor and Sabato(2004: 236) 참조하여 작성.

## 3) 위원회

의회에서의 활동은 위원회를 중심으로 이루어진다. 위원회를 통하여 모든 입법 활동과 조사 기능이 수행된다. 위원회의 비중과 전문화 수준은 의원 수도 훨씬 많고 규모가 큰 하원이 상원보다 더 크고 더 높다. 하원은 의원 수가 많다 보니 상임위원회를 세분화한 소위원회(subcommittee) 활동이 활성화되어 있다. 1970년대 들어와 민주당 중심의 의회개혁의 여파로 소위원회화의 경향이 증대되었다.

위원회의 유형에는 상임위원회(Standing Committee), 특별위원회(Select Committee), 합동위원회(Joint Committee), 조정/협의위원회(Conference Committee)가 있다.

▌표 2-8 의회의 상임위원회(115차 의회 : 2017.1 - 2019.1)

| 하원(House of Representatives) | | 상원(Senate) | |
|---|---|---|---|
| 농업 | 천연자원 | 농업·영양·임업 | 사법 |
| **세출** | 감독·정부개혁 | **세출(Appropriations)** | 의사운영·행정 |
| **(Appropriations)** | **의사운영(Rules)** | 군사 | (Rules and |
| 군사 | 과학·우주·기술 | 금융·주택·도시 | Administration) |
| 예산 | 소기업 | 예산 | 소기업·기업가정신 |
| 교육·인력 | 교통·기반시설 | 상업·과학·교통 | 재향군인 |
| 에너지·상업 | 재향군인 | 에너지·천연자원 | |
| 윤리 | **세입** | 환경·공공사업 | |
| 재정(Financial Services) | **(Ways and Means)** | **재정(Finance)** | |
| 외교관계 | | **외교관계** | |
| 국토안보 | | **(Foreign Relations)** | |
| 하원행정 | | 보건·교육·노동·연금 | |
| 사법 | | 국토안보·정부 | |
| <특별위원회> | | <특별위원회> | |
| 정보(Intelligence) (상설) | | 윤리(상설), 정보(Intelligence) (상설), 인디언문제, 노령화(Aging) | |
| <합동위원회> | | | |
| 경제, 도서관, 출판인쇄, 조세 | | | |
| 20개의 상임위원회, 1개의 특별위원회 | | 16개의 상임위원회, 68개의 소위원회, 4개의 합동위원회 | |

출처: 미국하원. Retrieved from http://www.house.gov/와 미국상원. http://www.senate.gov/ (검색일, 2017. 11.5) 참조 작성.

(1) 상임위원회

한 의회 기간 내, 즉 2년 동안 유지되는 위원회로서 법안을 성안하여 본회의에 정식으로 법률안을 제출하는 기능을 담당하며, 행정부와의 정책보고와 협의가 가장 빈번하게 이루어지는 곳으로 새로운 회기가 시작될 때 신설 혹은 폐지되는 상임위원회가 있을 수 있으나 대체로 20여 개의 안정적인 위원회 수를 유지하고 있다. 각 상임위원회 중에서도 하원의 세입위원회(House Ways and Means Committee)와 상원의 재정위원회(Senate Finance Committee)가 조세와 재정정책 등을 다루기 때문에 가장 막강한 영향력을 행사한다. 예산배정권을 행사하는 상·하원의 세출위원회(Appropriations Committee)도 영향력이 큰 위원회로 꼽힌다.

(2) 특별위원회

특별한 목적을 위하여 한시적으로 구성하는 위원회로서 특별한 조사와 연구 기능을 수행하나 법률안 제출권은 없다. 어느 상임위원회에도 속하지 않거나, 정치적으로 쟁점이 되어 심도 있는 검토가 필요한 안건에 대하여 구성되며, 1973년의 상원의 워터게이트 위원회, 1987년의 이란−콘트라게이트 위원회, 2007년 110차~111차 의회의 '에너지 독립과 지구온난화 위원회', 2014년의 리비아 '벵가지(Benghazi) 수용소 폭격 조사위원회' 등이 있었다.

(3) 합동위원회

상·하원 합동으로 구성되는 위원회로서, 현재 경제, 과세, 출판, 도서관에 관한 4개의 합동위원회가 있으며, 관련 정보수집과 경제나 재정에 관한 청문회 개최 등 중요한 역할을 한다.

(4) 조정(협의)위원회

양원에서 통과된 법률안이 상이할 경우 이를 조정해야 할 필요성에서 양원 의원 합동으로 이견조정을 위한 조정(협의)위원회가 구성된다. 이 위원회에서 타협이 이루어지면 양원에 다시 법률안이 송부되는데, 이 경우 양원에서는 의결만 할 수 있고 수정할 수는 없도록 되어 있다.

## 4) 의회의 입법과정

양원에 제출된 법안들은 위원회에 회부되어 조사와 심의과정을 거친다. 회부된 법안은 위원회에서 승인, 수정, 폐기, 무시될 수 있다. 먼저 의원에 의하여 법안이 의장에게 정식 제출되면, 소관 상임위원회(standing committee)에 회부됨으로써 입법과정이 시작되며, 해당 소위원회(subcommittee)에서 청문회, 전문가 의견 청취, 법안 수정 등을 거쳐 상임위원회에 이송된다. 하원에서의 토론은 운영위원회(rules committee)에서 정해준 의사일정을 따라야 하지만, 상원에서의 토론은 거의 제한이 없어서 특정법안 통과를 저지하기 위해서 무제한 의사진행 방해 발언, 즉 필리버스터(filibuster)가 활용되기도 하고, 무제한 수정안을 제출할 수 있도록 하고 있다.

어떠한 법안이든 상임위원회의 승인이 없으면 상·하원의 본회의에 상정될 수 없다. 하원에서 특정 법안에 대하여 위원회의 심의를 면제 청원하기 위해서는 의원 과반수인 218명의 찬성이 필요하며, 상원도 과반수의 찬성이 필요하다. 상임위원회의 심의 절차는 양원의 다수당이 통제한다. 양원의 입법과

▍ 그림 2-5  미국 의회의 입법과정

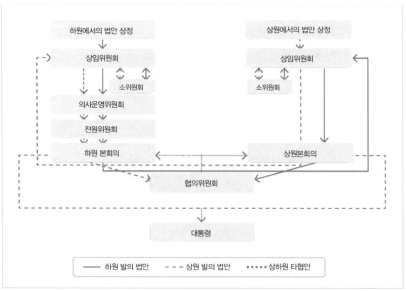

출처: 신유섭·이재묵(2013: 167).

정은 <그림 2-5>와 같다. 양원에서 심의절차가 이루어지고, 양원의 법안에 대한 이견조정을 위하여 양원 합동으로 조정(협의)위원회가 한시적으로 구성되어 이견을 조정하며, 조정된 법안은 대통령에게 이송된다.

### 5) 보조기관

미국 의회의 의사과정은 의원 및 위원회와 같은 공식 조직이 그 중심이지만, 의회의 의사결정과정을 측면에서 지원하는 조직들도 참여하게 되는데, 우선 의원들의 의정활동을 지원하는 의원보좌관(congressional staff)과 의회에서 각종 연구와 조사, 평가업무를 수행하는 소속기관과 관련기구가 있다.

우선 보좌관과 관련하여 하원의원의 경우 총 18명까지의 상근 보좌관과 4명의 비상근 보좌관 비용을 지원받으며, 상원의원의 경우에는 보좌관 수에 제한이 없으며, 무보수 인턴도 활용하고 있다. 보좌관들은 의원들의 의정활동을 직접 돕는 것이 그 임무인데, 의회 내에서의 의원들의 활동, 언론관계 업무, 지역구 봉사 등 여러 활동을 수행하고 있다.

또한 의회는 대 행정부에 대한 감독과 견제를 위하여 의회 자체의 연구, 평가, 감사 관련 조직을 창설해왔는데, 회계감사원(GAO), 의회조사국(CRS: Congressional Research Service), 의회예산처(CBO: Congressional Budget Office), 의회도서관(Library of Congress), 기술평가국(Office of Technology Assessment) 등이 있다.

회계감사원(GAO)은 한국의 감사원(監査院)과 비슷한 조직인데, 1921년 「예산회계법(Budget and Accounting Act)」에 정부의 각종 사업계획을 평가하고 그 결과를 의회에 직접 보고하도록 설립되었으며, 2004년에 현재의 GAO 이름으로 변경되었으며, 직원 수는 약 3,500명에 이르고 있다. 그 책임자는 대통령에 의해 임명되고, 의회에 의해 승인을 받도록 하고 있으며, 임기를 15년으로 하여 당해 행정부의 임기와 무관하게 일할 수 있도록 제도화하고 있으며, 의회조사국(CRS)은 의회의 싱크탱크(think-tank)로서 1914년에 의회도서관 내에 설립되었으며, 600여 명의 직원들이 의원들의 입법 및 정책 활동과 관련하여 자료 조사, 정보와 지식제공, 정책에 대한 분석활동을 수행하고 있다 (Brudnick, 2011: 2).

의회예산처(CBO)는 1974년 「의회예산재정통제법(Congressional Budget and Impoundment Control Act)」에 따라 독립적인 비당파적 연방정부 기구로 설립되었고, 하원의장(The Speaker of the House)과 상원 임시의장(Senate's President pro tempore)이 공동으로 임기 4년의 처장(director)을 임명하며, 200여 명의 직원들이 재정지출을 요하는 정책에 대한 경제적 효과 분석, 정책에 대한 소요 비용 산정, 행정부 제출 예산안에 대한 심사 업무 등을 담당하고 있다(Joyce, 2015: 2). 의회예산처는 1974년 닉슨대통령과 민주당 지배하 의회의 싸움에서 비롯되었고, 의회가 행정부에 대하여 자신의 재정권을 지키기 위해서 만들어졌다. 즉, 의회의 예산심의 전문성도 높이고 백악관의 관리예산처(OMB)에 대한 의존도도 낮추고자 하는 기술적이고도 정치적인 목적에서 창설되었다.

## 3. 의회의 권한과 기능

### 1) 법률안 제정권

입법(legislation)기능은 의회의 가장 기본적인 권한이자 역할로서, 의회의 이러한 법률제정권을 통해서 행정부와 사법부를 견제하며, 이에 대한 삼권분립적 견제수단으로 대통령에게는 거부권(veto power)을, 사법부에는 사법심사권(judicial review)을 부여하고 있다.

미국 헌법은 법률안(bill) 제출권을 의회에만 부여하고 있다. 법률안의 제안은 대통령, 각 부처, 위원회의 보좌관, 이익단체, 개인 등 다양한 곳에서 가능하지만, 법률안을 의회의 심의안건으로 회부할 수 있는 권한은 상·하원 의원에게만 주어져 있다. 양원에 제출된 법률안(bill)은 의회 내 여러 단계의 심의과정을 통과한 후 대통령의 서명으로 확정이 되어야 비로소 법률(act)이 된다.

의회는 행정부가 법률 집행을 위해서 만드는 행정명령과 규칙(regulations or rules)에 동의하지 않을 경우나 법률의 목적을 보다 분명히 하기 위해서 법률을 제·개정할 수 있을 뿐만 아니라, 대통령의 동의를 받지 않고 행정부의 행정처분을 기각할 수 있는 '입법거부(legislative veto)'를 행사할 수 있다. 하지만 입법거부는 행정부의 독단을 견제하는 의회의 권한으로 활용되어왔지만, 1983년 연방대법원에 의해 권력분립의 정신에 어긋난다고 위헌판결을 받아 권한이 상실되었다.

## 2) 행정부 감독권(Oversight)

'감독'의 사전적 의미는 '주의 깊은 보호'이다(Schroeder, 2004: 114). 감독권이야말로 의회가 행정부에 대하여 행사하는 가장 강력한 도구라고 할 수 있으며, 의회의 행정부 감독권은 예산, 인사, 감사, 조사 등의 방법을 통해서 이루어진다. 의회는 이러한 감독권을 통해서 예산의 낭비를 방지하고, 부정을 예방하며, 시민의 자유와 권리를 보호하고, 행정부의 법률 준수를 보증하며, 입법에 필요한 정보를 수집하고, 행정부의 집행성과를 평가한다.

의회의 감독권은 대통령과 전 행정 각부 및 독립규제위원회 모두에 적용되며, 의회의 감독 기능은 다음과 같은 형태로 이루어진다(Schroeder, 2004: 114).

- 위원회의 조사 및 심리(investigations and oversight hearings)
- 대통령과의 정식 자문회의 및 대통령이 보낸 보고서 접수
- 대통령의 임명권이나 조약 체결에 대한 상원의 권고와 동의
- 하원의 탄핵(impeachment) 절차 및 그 후 상원의 탄핵 심판
- 대통령이 직무 능력을 상실하거나 부통령직이 공석이 될 경우, 수정조항 제25조에 따라 상·하 양원의 의사 진행
- 의회와 행정부 관리들 사이의 비공식 회의
- 정부 위원회에서 차지하는 의회 의원들의 지위
- 의회 의원 및 의회예산처(CBO), 회계감사원(GAO), 기술평가국(OTA)과 같은 지원 기관들에 실시되는 조사

## 3) 국정조사권

의회의 비입법적 기능 중 가장 중요한 권한이다. 국정조사권은 헌법에 명시되어 있지만, 연방대법원의 판결에 의하여 조사권이 의회 입법권의 일부로 인정받아왔다. 국정조사는 미래의 입법에 대한 필요한 정보 수집과, 이미 통과된 법률이 얼마나 유효한지, 그리고 공무원들의 자격과 직무 성과를 조사하며, 탄핵의 기초 자료를 확보하는 절차로도 활용된다. 국정조사에서는 외부의 전문가들을 초청해서 의견을 청취하고, 조사에 도움을 받기도 한다. 이 권한은 의회의 상임위원회, 소위원회, 특별위원회, 합동위원회 차원에서 실시할 수 있으며, 해당 기관으로 하여금 조사대상 문제에 대하여 해결방안을 제출하라고

요청할 수 있다. 정부기관 대표들은 위원회에 출두해서 정책보고와 조사활동에 협조하여야 한다.

### 4) 예산심의권

의회는 정부예산에 대하여 실질적인 심사를 통해서 행정부를 통제한다. 의회의 정부에 대한 재정감독 기능은 일련의 법제화를 통해서 이루어졌다. 1921년의 「예산회계법」에 의해서 회계감사원(GAO)과 의회조사국(CRS)이 설치되었고, 1974년의 「의회예산재정통제법」에 의해서 의회예산처(CBO)가 설치되었다.

앞에서 열거한 행정부 감독권 가운데 가장 중요한 것이라고 볼 수 있는 권한이 바로 예결산심의를 통한 재정통제이다. 이 기능은 양원의 세출위원회(Appropriations Committee)에서 담당하고 있으며, 의회는 회계감사원(GAO)을 통하여 연방정부의 예산이 집행된 사업에 대하여 감사를 실시하기도 한다. 상·하원의 세출위원회(Appropriations Committee)는 각 상임위원회에서 통과된 예산액에 대하여 최종 승인권을 행사하며, 예산규모를 증액하거나 삭감할 수 있다. 세출위원회는 예산에 관한 한 각 상임위원회 위에서 정부를 통제 감독하고 있다.

### 5) 조언과 인준

상원은 대통령이 체결한 조약(treaty)에 대하여 비준권과, 그리고 장관, 대사, 연방판사 등의 임명 시 인준권을 행사한다. 조약의 경우 상원의원 3분의 2 이상의 찬성을 얻어야 비준이 되며, 공무원의 임명은 상원의원 과반수의 찬성으로 인준이 성립된다.

## 제3절 사법부 차원

### 1. 미국의 사법제도의 의의

미국의 사법부는 아마 자유민주주의 국가 가운데 가장 강력하고도 최고의 권위를 인정받는 것으로 유명하다. 미국사회의 많은 갈등들이 법원의 판결을 통해서 해결되어 왔고, 그것이 전통이 되어 연방대법원이 미국 사회의 마지막 헌법수호자의 역할을 담당하고 있기 때문이다. 사실 연방법원의 힘은 '사법심사(judicial review)'에서 나온다. 사법심사권은 의회에서 제정한 법률과 행정처분이 헌법과 상이하고 헌법을 위배하고 있다고 판단될 때, 이를 무효화하거나 효력을 정치시킬 수 있는(unenforceable) 권한을 말하는 것으로, 1789년 이후 연방대법원은 100건 이상의 연방법률을 위헌이라고 판결한 바 있다. 연방법원이 가진 바로 이 '사법심사권'이 견제와 균형을 축으로 하는 미국정부의 삼권분립을 사법부 사이드에서 작동시키는 기제가 되고 있다.

## 2. 사법부의 구조

미국의 사법제도는 연방제의 원리에 따라 구성되고 있다. 연방법원과 주법원이 고유의 권한을 갖고 심리를 진행하는 <그림 2-6>과 같이 이원구조(dual track)로 되어 있다. 연방법원은 연방정부와 복수의 주 정부가 관련된 문제를 다루며, 연방법원이나 주법원 모두 기본적으로 3심제의 구조를 가지고 있다.

▌ 그림 2-6  미국 연방대법원의 조직과 관할권

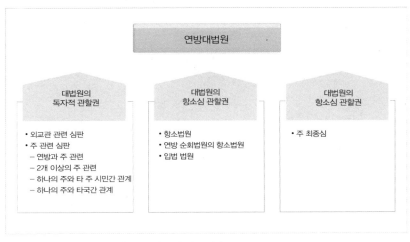

출처: Lineberry, Edwards Ⅲ, and Wattenberg(1991: 606).

1789년 최초로 소집된 의회는 '사법제도법(Judiciary Act)'을 제정하여 3심 연방법원의 초석을 만들었다. 이 법에 따라 연방정부는 1심법원으로 현재 전국적으로 94개의 연방지방법원(District Courts)을 두고, 679명의 연방판사를 배치하고 있다. 1명의 연방판사를 지원하기 위하여 2명의 로클럭(law clerk)을 지원해주고 있다. 이러한 로클럭을 한국에서는 재판연구관이라 부르며 판사로서 보임하지만, 미국의 로클럭은 판사가 아니다.

헌법 제3조에 따라서 의회는 특수 목적의 '법률상 법원(legislative court)'을 설립해왔다. 소액청구법원(Claims Court)과 조세법원(Tax Court), 특허법원(Patent Court), 국제통상법원(Court of International Trade), 연방행정법원(Administrative Court)들이 그것이고, 1심에 불복하는 항소사건은 연방순회항소법원(Court of Appeals for the Federal Circuit)에서 다룬다. 이러한 특수법원의 판사들은 헌법에 의해 임명된 연방판사와 달리 임기가 정해져 있다.

1심에 불복할 경우 13개 권역(11개 지역 순회법원, 워싱턴D.C. 순회법원, 연방순회법원)의 항소법원(Courts of Appeals)에 항소할 수 있도록 되어 있다. 이 항소법원은 원래 1894년부터 1947년까지 순회판사(Circuit Judge)에 의해 재판이

▌ 그림 2-7   연방지방법원과 연방항소법원의 지리적 경계

주: 실선은 지방법원 관할, 일반선은 주 경계를 나타내며, 각 명암별로 항소 법원이 있으며, 워싱턴D.C.에는 전국관할 사건이나 특허법원, 국제통상법원, 연방 행정법원 사건의 2심을 담당하는 항소법원이 설치되어 있음.
출처: 연방지방법원과 연방항소법원. Retrieved from  https://en.wikipedia.org/wiki/List_of_courts_of_the
_United_States (검색일, 2017.12.18)

이루어져 법원(Circuit Courts)이라고도 불렸다. 현재 항소법원에는 179명의 연방판사가 소속되어 있으며, 항소심이 철저하게 법률심이고 사후심이라는 점에서 사실심으로 이루어지는 우리나라와 다르다.

최종심은 연방대법원이 맡고 있다. 연방대법원은 미국 사법부의 최고 법원으로서 대법원장(Chief Justice)과 8명의 대법관(Associate Justice)으로 구성되어 있다. 연방대법원은 독자적 관할권과 연방항소법원에서 상고된 사건을 다룬다. 최고 법원인 연방대법원은 헌법에 의해 창설된 유일한 법원으로서 연방대법원의 판결은 최종심이고 다른 어떠한 법원에도 상소할 수 없다. 다만 의회가 입법권으로서 대법원 판사 수와 심리할 수 있는 사건의 종류를 정할 수는 있겠으나, 헌법에 의하여 연방대법원에 부여된 권한 자체를 변경할 수는 없다.

대법원장과 대법관은 상원의 동의를 받아 대통령이 임명하며, 스스로 사임·은퇴하거나 범죄 행위로 인해 탄핵받지 않는 한 헌법에 의해 종신까지 임기(tenure)를 보장받는다.[8] 대법관 9명의 전원합의체로 재판을 한다. 연방대법원의 구성과 관련하여 헌법에는 아무런 언급이 없어 최초 6명으로 시작하였으나, 점차 늘어나 현재는 9명의 대법관이 연방대법원을 구성하고 있다. 연방대법관들에게는 3명의 로클럭(law clerk)과 비서가 지원된다.[9]

## 3. 연방법관의 임명

미국 사법부제도의 특징은 건국 초기 연방법원을 만드는데 반연방주의자들의 반대가 심했기 때문에, 지방법원이나 항소법원의 판사는 지역사정을 잘 아는 지역주민에 한하여 임명하도록 하였으나, 연방대법원의 경우 그러한 규정이 없다. 연방대법관과 연방법관의 경우 상원의 인준을 받아 대통령이 임명하기 때문에 후보자를 선임할 때 대통령이 능력, 정치적 성향, 인종, 성별 등을 고려하여 지명하고, 대통령의 퇴임 이후에도 자신의 정치철학을 제도적으로 유지하는 방편의 하나로 연방법관 임명권을 활용해왔다. 따라서 미국정치에서는 대통령의 연방법관의 임명권 행사가 전형적인 당파적 배분(partisan

---

8 연방판사의 경우도 종신직이다.

9 Judicial Clerkship. Retrieved from http://law.wisc.edu/career/documents/JudicialClerkship Hand book_000.pdf (검색일, 2017.12.18)

■ 표 2-9 대통령의 연방 법관 임명

| 대통령 | 연방대법원 | 항소법원 | 지방법원 | 총계 | 총 판사 수 | 임명(%) |
|---|---|---|---|---|---|---|
| 존슨 | 2 | 40 | 122 | 164 | 449 | 37 |
| 닉슨 | 4 | 45 | 179 | 228 | 504 | 45 |
| 포드 | 1 | 12 | 52 | 65 | 504 | 13 |
| 카터 | 0 | 56 | 202 | 258 | 657 | 39 |
| 레이건 | 3 | 78 | 290 | 368 | 740 | 50 |
| 부시 | 2 | 37 | 148 | 185 | 825 | 22 |
| 클린턴 | 2 | 66 | 305 | 373 | 841 | 44 |

출처: O'Connor and Sabato(2006: 358).

distribution)으로 나타난다고 평가받고 있다(Bardes et al., 2004: 440).

2017년 기준 연방대법원의 대법관은 존 로버츠 대법원장을 위시해서, 앤서니 케네디, 클레런스 토마스, 루스 베이더 긴즈버그(여), 스티븐 브라이어, 새뮤얼 얼리토, 소니아 소토마요르(여), 엘레나 케이건(여), 닐 고서치 대법관으로 구성되어 있으며, 남성 대법관이 6명, 여성 대법관이 3명이고, 임명권자인 대통령의 소속 정당을 기준으로 구분해보면 공화당이 5명, 민주당이 4명이

■ 그림 2-8  존 로버츠 연방대법원 대법관들의 이념적 성향

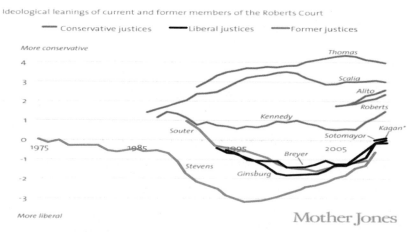

주: 보라색은 공화당 대통령이 지명한 보수적 대법관, 검정색은 민주당 대통령이 지명한 자유주의적 대법관, 회색은 과거의 대법관을 나타냄.
출처: The Supreme Court's Rightward Shift. http://www.motherjones.com/politics/2012/06/supreme-court-roberts -obamacare-charts/ (검색일, 2017.12.18)

다. 이들을 다시 그들의 정치적 성향으로 분류하면 보수성향은 4명(존 로버츠 대법원장, 클레런스 토마스, 새뮤얼 알리토, 닐 고서치 대법관), 진보성향은 4명(루스 베이더 긴즈버그, 스티븐 브라이어, 소니아 소토마요르, 엘레나 케이건 대법관)이며, 중도성향이 1명(앤서니 케네디 대법관)으로서, 중도성향인 케네디 대법관의 입장이 매우 중요한 위치를 차지하고 있다. <그림 2-8>은 연방대법관의 정치적 성향을 나타낸 것이다.

## 4. 정책과정에서의 사법부의 역할

### 1) 사법적극주의와 연방대법원의 역할

엄격한 삼권분립체제에서도 연방대법원의 헌법해석권과 정책과정에서의 간접적 영향력이 행사되고 있다. 의회나 행정부에서 갈등이 첨예하게 대립되었거나 양 기관이 적극적으로 나서기 어려운 역사적, 사회적으로 매우 중요한 의제들에 대하여 역사적으로 연방대법원의 판결을 통하여 주요한 정책결정의 방향과 원칙이 제시됨으로써 사법부가 정책결정에 주요 행위자가 된 사례가 많았다. 물론 이러한 흐름에는 사법철학(judicial philosophy) 차원에서 '사법자제론(judicial restraint)'과 '사법적극주의(judicial activism)'의 대립이 있어 왔다(곽진영, 2013: 236).

'사법자제론'은 연방판사가 선거에 의해서 선출된 선출직이 아니므로 연방대법원의 판결이 정치적 결과를 가져온다면 민주적 과정을 약화시킬 수 있으므로 가능한 법 해석을 통한 다른 정부에 대한 통제는 자제되어야 한다는 관점을 견지하고 있다. 이에 반하여 사법적극주의는 견제와 균형의 원리에 입각해서 볼 때, 결국 법원도 법 해석을 통하여 권력에 대한 견제 역할뿐만 아니라 정당화의 기능도 수행해야 하고, 법원이 직접적으로 입법기능을 갖는 것은 아니나 법 해석을 통하여 헌법정신을 사회에 투영시킬 수 있다고 본다.

점차 '사법적극주의' 관점에서 대법원의 판단이 권위적인 유의성을 갖게 된 데는 사법부의 독립에 대한 국민적 지지와 신뢰가 커다란 영향을 미쳐왔다. 1960~1970년대의 워렌(Warren) 대법원의 판결은 다양한 민권운동의 결과에 따른 소송에서 연방대법원이 새로운 입법을 유도하거나, 사회여론을 반영하여 정책이 실현되도록 하였다는 점에서 연방대법원에 의한 "조용한 혁명(silent revolution)"이라고 일컬어진다(Jacob, 1988).

여기서 사법부, 특히 연방대법원이 정책결정에 커다란 영향력을 미친 판결의 대표적 사례를 몇 가지 열거해보자면 다음과 같다.

## 2) 연방대법원의 주요 판례

### (1) 1789년 '마베리 대 매디슨 재판(Marbury v. Madison)'

1789년 의회가 통과시킨 '사법제도법(Judiciary Act)'이 헌법에 명시되어 있는 연방대법원의 독자적 1심 관할권(original jurisdiction)을 위배했다고 판결하여 대법원의 '사법심사(Judicial Review)' 권력을 확인하였다. 즉, 결과적으로 의회의 결정에 대하여 위헌심사권을 사법부의 권한으로 확정하였다.

### (2) 1896년 '플래시 대 퍼거슨 재판(Plessy v. Ferguson)'

백인혈통 8분의 7, 흑인혈통 8분의 1이던 흑백혼혈 호머 플래시란 사람이 백인전용 객실에 타고 있다가 차장에게 적발되어 흑인전용 객실로 쫓겨난 일이 있었다. 플래시는 이에 격분해 루이지애나(Louisiana)주 법원에 이를 고소했으나 패소하자 다시 연방대법원에 자신에게 패소 판결을 내린 루이지애나 주 법관 존 하워드 퍼거슨을 고소했다. 그러나 연방대법원은 '분리하되 평등(Separate But equal)'이라는 개념을 내세워 흑백분리가 정당하다고 판결했다. 9명 중 오직 한 명만이 반대했는데 그 사람은 존 마셜 할란으로서 그 반대로 인해 그는 추후 '위대한 반대자(The Great Dissenter)'라고 불렸다.

### (3) 1954년 '브라운 대 교육위원회 재판
### (Brown v. Board of Education of Topeka)'

위의 '플래시 대 퍼거슨 재판(Plessy v. Ferguson)' 재판에서 결정된 흑백분리의 정당성은 '브라운 대 교육위원회 재판'에서 얼 워렌(Warren) 대법원장을 필두로 하여 만장일치로 이 판례를 뒤집는다. 즉 공립학교에서의 분리교육(segregation)이 위헌이라고 판시한 것이다. 대법원은 이어 1962년 엥겔 V. 비탈레(Engel V. Vitale) 사건에서는 공립학교에서 매일 특정종교와 관련 있는 기도문을 암송하도록 요구하는 것을 수정헌법 1조에 반하는 비헌법적인 것으로 판시하였고, 결과는 특정 종교교육과 절차를 공립학교에서 할 수 없도록 하는 선례로 작용하였다.

### (4) 1973년 '로 대 웨이드 사건(Roe v. Wade)'

7대 2로 낙태의 권리가 미국 헌법에 기초한 '사생활의 권리'에 포함되어 보장받을 수 있다는 판결이다. 이 사건의 원고인 여성(Roe)은 텍사스주에서 동네 불량배들에게 납치되어 윤간을 당한 후 임신이 되어 병원을 찾아갔으나, 의사는 낙태를 금지하고 있던 텍사스(Texas)주 낙태법 때문에 낙태수술을 거부하였고, 원고(Roe)가 주법에 대해 대법원에 위헌소송을 제기하는 과정에서 출산을 하게 된다. 이로 인해 비록 원고의 출산 문제는 해결되었으나, 재임신의 문제가 있어서 낙태권에 대한 사법심사는 계속되었고, 대법원은 결국 7대 2로 텍사스 주의 낙태금지법을 위헌 판결하였다. 이 판결로 인해 미국 내에서 낙태를 완전히 금지하는 법률은 모조리 폐지되었다. 대법원은 낙태권은 개인의 권리나 태아의 생명권과 임산부의 안전을 고려할 때 임신의 경과에 따라 다르다고 결정하여 이후에 낙태도 늘어났으나, 그 후 엄청난 낙태반대자들의 저항을 불러왔고 낙태찬성파와 반대파 간 치열한 논쟁으로 매년 연방의회와 주의회의 단골 안건이 되어왔다. 이 사례는 대법원의 결정이 상당히 복잡하고 예측불가능하다는 것을 보여준다.

## 5. 사법부에 대한 견제

미국의 연방대법원은 '사법심사권'을 통하여 정책에 중요한 영향력을 행사하고 있으며, 세계에서 가장 독립성이 높다고 평가받는다. 그럼에도 완전한 독립이 주어지는 것은 아니다. 헌법은 견제와 균형의 원리에 따라 사법부에 대한 견제수단도 구비하여 놓고 있다. 따라서 사법집행을 위해서 하급법원에 의존해야 하듯이 대법원도 원활한 사법행정을 위해서 의회와 대통령의 협조도 얻어야 한다.

### 1) 의회의 견제

의회도 사법부에 대한 효과적인 견제수단을 갖고 있다. 예를 들어 의회는 하급법원에 대한 설립권을 가지고 있으며, 법원의 관할범위에 대해서도 변경할 수 있다. 미국 사법제도의 근거규정인 헌법 제3조 1항에는 "미국의 사법적 권한은 대법원과 의회가 제정하는 하급법원에 귀속한다"라고 규정하고 있다.

또 의회는 쉽지는 않으나 대법원의 위헌 판결을 헌법 개정을 통해서 뒤집을 수 있다. 헌법수정 제11조, 13조, 14조, 15조, 16조, 20조가 그렇게 탄생하였다. 또한 판사들의 임명과 지위상실에 절대적 권한을 가지고 있다. 상원의 인준과정을 통해서 사법부의 색깔을 바꿀 수도 있고, 부적격 판사에 대해서는 탄핵권을 행사할 수도 있다. 역사상 15명의 연방판사가 탄핵소추를 당하였고, 9명은 탄핵결정 전 사임하였다(함성득·남유진, 1999: 124-125). 의회는 사법부의 규모에도 영향을 미쳐왔다. 연방대법원의 대법관 수가 최초 6명에서 9명으로 된 것은 대통령의 요구에 의한 것이었으나, 의회가 대통령의 요구를 거부한 경우도 있으며, 1978년에는 152명의 연방판사를 증원, 1984년에 84명, 1990년에 72명을 각각 증원한 바가 있다.

## 2) 대통령의 견제

한편 대통령과 행정부도 대법원의 결정과 집행에 커다란 영향력을 행사하며, 견제할 수 있는 수단들이 있다. 먼저 대통령은 모든 연방판사에 대한 임명권을 행사한다. 대통령이 후보판사 개인의 능력, 성별, 연령, 지역뿐만 아니라 정치적 성향까지 고려하여 지명권을 행사하고 있다. 비록 상원의 인준을 받아서 최종 임명하게 되지만, 대통령의 모든 연방판사 임명권을 주어진 것과 연방지방법원과 항소법원 판사의 공석률과 임명 숫자를 생각할 때 대통령이 사법부 형성에 심대한 영향력을 가지고 있다고 해석된다.

역사적으로 대통령은 연방지방법원 판사를 포함해서 약 100~300명의 판사를 임명해왔다(박천오 외, 2011: 64). 전체 연방판사 수를 876명 정도로 보았을 때 상당수의 판사를 교체할 수 있다는 것이다. 또한 통계적으로 볼 때 1명의 대법원 판사가 평균 22개월 주기로 새로 임명되고 있으므로 대통령이 8년을 재직한다면 대법원 판사 임용을 통해서 대법원의 판결 색깔을 상당부분 바꿀 수 있는 기회가 생긴다. 또한 대통령은 자신의 인기도에 따라 여론형성에 커다란 영향력을 가지는 정치행위자이기 때문에 대통령의 대법원 판결에 대한 지지 혹은 침묵은 사법부에 대한 여론형성에 영향을 미친다. 아울러 대통령은 법무부로 하여금 대법원 결정 위반사범에 대하여 기소권을 엄정 집행하도록 지시할 수도 있다.

▌ 표 2-10　역대 대통령별 연방법관 임명 수

| 대통령 | 대법관 | 고등법원 | 지방법원 | 합계 | 총 연방<br>판사 수 | 임명비율(%) |
|---|---|---|---|---|---|---|
| 존슨(1963-69) | 2 | 40 | 122 | 164 | 449 | 37 |
| 닉슨(1969-74) | 4 | 45 | 179 | 228 | 504 | 45 |
| 포드(1974-77) | 1 | 12 | 52 | 65 | 504 | 13 |
| 카터(1977-81) | 0 | 56 | 202 | 258 | 657 | 39 |
| 레이건(1981-89) | 3 | 78 | 290 | 368 | 740 | 50 |
| 부시(1989-93) | 2 | 37 | 148 | 185 | 825 | 22 |
| 클린턴(1993-01) | 2 | 66 | 305 | 373 | 841 | 44 |
| 부시(2001-09) | 2 | 57 | 287 | 344 | 866 | 40 |
| 오바마(2010-17) | 2 | 55 | 272 | 329 | 867 | 40 |

출처: O'Connor and Sabato(2009: 351); 박천오 외(2011: 65) 재인용.; https://web.archive.org/web/2016073
0115701/ http://www.fjc.gov/public/home.nsf/hisj (검색일, 2017.11.5)


# 제4절 중앙과 지방관계

## 1. 연방제하의 정부 간 관계와 협력

### 1) 연방제하 정부 간 관계

#### (1) 정부 간 관계

　　미국에서의 연방－주－지방정부 간 '정부 간 관계(Intergovernmental relations)'
는 협력적(cooperative)이면서도, 갈등적(conflictual)이고, 경쟁적(competitive)이
면서도, 담합적(collusive)이고, 강압적(coercive)이다(Kincaid, 2002: 33－44). 일상
적인 행정을 하거나 정부를 운영할 때 정부 간 관계는 상호 협력적이었다 할
수 있지만, 연방의회에서의 정책결정은 강압적이었다. 예를 들어 1960년대 이
래 의회는 주와 지방정부에게 보다 많은 명령권과 규제를 행사하였고, 보조금
에 대한 강제규정을 부과하였다. 마찬가지로 주 정부도 지방정부에 대하여 이
전 보다 큰 규제를 부과하였다. 고위직과 정무직을 포함한 중간 수준의 정책
결정에서는 정책이슈에 따라, 그리고 그것에 작동하는 정치적 힘에 따라 그
관계는 다양하게 협력적, 강압적, 담합적, 경쟁적으로 변해왔다고 볼 수 있다.

## (2) 관할권 내 관계

한편 주와 주, 지방과 지방관계와 같은 '관할권 내 관계(interjurisdictional relations)'에서는 협력적(co-operative)이거나, 경쟁적(competitive)이거나, 아예 아무런 관계가 아니거나(non-existent) 하는 현상이 나타났다(Kincaid, 2002: 33-44). 최근에 주 정부들은 주 정부 간 상호관심이 있는 이슈에 대하여 양자 간, 지역적 혹은 전국적 차원에서 다양한 협력의 필요성을 느껴왔다. 지방정부 도 마찬가지로 상호부조나 비용을 절감하고 서비스의 효율성을 제고하는 문제 들에 대해서는 협력의 필요성을 느끼지만 여전히 경제발전과 조세와 같은 영 역에서는 자율성을 바탕으로 상호 경쟁적(competitive)이다. 따라서 주 정부나 지방정부 관리들의 관심은 자연히 관할권 내 관계보다는 정부 간 관계에 더 집중되어 있다.

## (3) 자발적인 협력

미국 헌법은 정부 간 관계나 협력에 관하여 명확한 규정이 없다. 따라서 주 정부와 연방정부 간 협력의 문제는 암묵적으로만(implicitly) 설정되어 있다. 예를 들어 연방정부의 선거와 관련하여 주 정부가 연방 의원들을 선출하거나, 대통령 선거인단을 선발하도록 하는 강제조항도 없다. 그것은 전적으로 주 정 부의 '자발적인 협력'에 의존하고 있다.

한편 연방정부와 지방정부의 직접적 관계에 관해서는 헌법에 아무런 규 정이 없다. 실제로 연방정부와 지방정부 간에 연방정부의 프로그램 집행과 관 련하여 관련이 있음에도 불구하고, 지방정부는 주 헌법에 의하여 창설되는 종 속적 지위에 있기 때문에 연방정부와 지방정부 간 관계에 관하여 헌법규정은 제시되어 있지 않다. 하지만 주 정부-지방정부 간 정부 간 관계와 지방정부 -지방정부 간 관할권 내 관계에 관해서는 주 정부 법률이 다양하게 규정하고 있다. 하와이(Hawaii)주와 같이 일부 주는 집권화(centralization) 정도가 매우 심 하게 지방정부의 권한을 제약하고 있고, 뉴햄프셔(New Hampshire)주를 포함한 일부 주는 주 정부의 우월적 권한을 규정하고 있지 않아 지방정부의 자율성이 크게 확대될 수 있는 주헌법을 가지고 있다. 게다가 실제로는 미국에는 약 9 만 개의 지방정부가 있기 때문에 주-지방정부, 지방정부-지방정부 관계는 통상 협력적(co-operative)이라 하더라도, 실제는 아주 다양한 것이 현실이다.

### (4) 정부 간 협력 기구

1789년 연방정부가 설립된 이래로 연방과 주, 지방정부 등 각 정부의 관리들은 연방제를 채택한 헌법하에서 공동사무와 개별 사무를 잘 처리하기 위해서는 상호 협력이 필수불가결하다는 것을 잘 인식하고 있었음에도, 20세기 중반에 이르기까지 연방정부나 주 정부는 각자의 영역에서 독자적인 과업을 수행해왔고, 연방제하에서 정부 간 관계를 체계적으로 협력할 수 있도록 내부적으로 제도화하는 시스템이 결여되어 있었다.

따라서 미국에서의 정부 간 관계는 언제나 유동적(fluid)이었고, 비공식적(informal)이었다는 평가를 받는다(Kincaid, 2002: 34). 헌법적으로도 정부 간 관계를 단단하게 묶어줄 수 있는 기제가 없었고, 정부관리들도 공식적으로 정부 간 관계를 활성화시키고자 하는 노력을 크게 기울이지 않았다. 같은 연방제 국가라도 미국의 연방제는 캐나다와 같이 '행정적 연방제(executive federalism)'도 아니고, 독일처럼 '합동적 정책결정체(joint decision–making body)'도 없다. 미국의 연방제는 연방정부와 주 정부가 공동주권(co–sovereign)을 갖고 있는 이중구조적(dualistic) 연방제를 특징으로 하기 때문에 주와 연방관리들이 공식적인 정부 간 관계 기구를 설립하는 데 소극적이었다. 하나의 역사적인 예외가 있다면, '정부 간 관계에 관한 자문위원회(Advisory Commission on Intergovernmental Relations)'인데 이 위원회에는 3명의 대통령 각료, 각 3명씩의 상·하원 의원과 주의원, 각 4명씩의 주지사와 시장, 3명의 카운티 커미셔너, 3명의 시민이 참여하여 37년간(1959–1996) 정부 간 관계를 활성화시키기 위하여 활동하였다(Kincaid & Stenberg, 2011: 196).[10]

또 하나의 공식적인 정부 간 관계 기구가 활성화되지 못하는 이유는 미국의 엄청난 규모와 다양성이 그러한 조직구성을 어렵게 만들고 있고, 각 정부수준에서 정파적으로 임명된 정부관리들을 정부 간 관계에 관하여 한 방향으로 합의를 이끌어내도록 하는 것이 어렵기 때문이다. 그런 연유로 사실 50개 주와 9만여 개의 지방정부가 정부 간 관계 문제에 대해서 할 수 있는 것은 겨우 일반원칙을 만드는 수준이었고, 그것을 넘어서는 어떠한 것도 합의하지 못해왔다.

---

10 자문위원회 ACIR. Retrieved from http://www.library.unt.edu/gpo/acir/Default.html (검색일, 2017.11.5)

더욱이 미국의 연방제는 의원내각제 정부가 아니라 이중적인 연방체계 아래에서 정부 내 권력분립에 기초하고 있기 때문이다. 연방의회와 주의회 내에 정부 간 관계를 다루는 위원회가 존재함에도 불구하고, 각 정부수준의 관리들은 집행부 차원에서 독자적으로 자신들의 정부의 이해를 추구하고 연방정부에 합동으로 압력을 가하는 노력을 기울여 왔다. 예를 들어 자발적이고 비영리적인 전국조직, 특히 '전국주지사협의회(National Governor's Association),' '주 정부협의회(Council of State Governments),' '전국주의회총회(National Conference of State Legislatures),' '미국입법교환위원회(American Legislative Exchange Council),' '전국카운티협의회(National Association of Counties).' '전국도시리그(National League of Cities),' '미국시장총회(U.S. Conference of Mayors),' '전국타운십협의회(National Association of Towns and Townships).' '국제도시및카운티관리협회(National City/ County Management Association)'가 각 정부의 협력적 노력의 수단이 되어 왔다. 형식적 측면에서 다양한 협력적 조직들이 있으나, 실제적이고 체계적인 노력을 하기에는 역부족이었고, 정부 간 관계를 다루는 조직이 구성되더라도 자문과 협상을 위한 임시적(ad hoc) 단기적 위원회, 태스크포스나 워킹그룹에 한정되게 되었다. 정부 간 관계도 뉴딜 이후의 '마블케이크(marble-cake) 연방제'보다는 진일보하였지만 하나의 정책영역마다 독립적인 정부 간 관계를 나타내는 '울타리 연방제(picket-fence federalism)'의 형태를 띠게 되었다.[11] 즉, 수백 개의 세목형보조금에 의해서 쪼개져 조정이 결코 쉽지 않은 정부 간 관계가 나타나고 있다.

## 2. 미국 연방주의의 변천

미국의 연방주의의 변천사, 즉 연방정부와 주 정부의 관계는 학자 간 다소의 이견이 있으나 대체로 이원적(이중적) 연방주의(dual federalism), 협력적 연방주의(cooperative federalism), 창조적-우선적 연방주의(creative-cooptive federalism), 신연방주의(new federalism) 시대로 특징지어진다(Wright, 1988).

---

11 Federalism. Retrieved from http://www.wwnorton.com/college/polisci/american-politics
   -today2/ full/ch/03/outline.aspx (검색일, 2017.12.18)

### 1) 이원적(이중적) 연방주의(dual federalism)

이 연방주의는 19세기부터 1932년 루스벨트 대통령 등장 전까지의 모델로 연방정부와 주 정부의 권한과 책임이 이원화되어 있었다. 미국헌법 주창자들의 의도대로 연방정부와 주 정부는 독자적인 관할권을 가지고 각자 자신의 영역에서 동등한 주권(sovereignty)을 행사하는 것으로 간주한다. 연방정부의 제한된 권한에 반하여 주 정부의 독립성이 강조되던 시기에 연방정부와 주 정부는 19세기 말의 공업화 과정에서 발생한 사회문제에 상호 독립적이면서도 경쟁적으로 대응을 하였다.

### 2) 협력적 연방주의(cooperative federalism)

협력적 연방주의 모델은 1930년대의 경제대공황을 겪으면서 연방과 주 정부 간 형성된 새로운 흐름으로 '마블케이크(marble－cake) 연방제'라고 불린다(O'Connor and Sabato: 2004: 82－83). 사실 주 정부와 지방정부가 심각한 경제적 위기에 처하자 연방정부에 재정지원을 요청하면서 연방정부는 재정과 금융, 노사관계 전반에 규제완화를 단행하고, 적극적으로 개입하여 사회복지서비스 제공, 노사관계의 안정화, 국가 기반시설의 발전, 경제발전 정책 등을 추진하였다. 따라서 연방과 주, 그리고 지방정부 간 상호 책임과 재정을 공유하는 새로운 시스템이 구축되었다. 연방정부는 주 정부에 제공하는 보조금을 통하여 주 정부에게 세세한 집행지침을 부과함으로써 주도권을 행사하기 시작했으나, 양자 간 관계가 기본적으로 협력적 관계를 벗어난 것은 아니었다.

### 3) 창조적-우선적 연방주의(creative-cooptive federalism)

1960년대부터 1970년대까지에는 연방정부의 권력이 크게 신장되었는데, 이는 1960년대 존슨(Johnson) 대통령의 '위대한 사회(Great Society)' 건설 비전에 따라 연방정부가 기획한 수많은 복지프로그램을 집행해가는 과정에서 연방정부가 주 정부를 매개하지 않고 직접 지방정부에게 연방보조금을 지불하는 등 연방정부가 전통적인 주 정부의 권한까지 흡수한 시기이다. 연방정부의 보조금 지원을 받기 위하여 주 정부나 지방정부의 관리들까지 연방정부의 직접 개입을 희망하였고, 연방정부도 적극적으로 권한 확대를 추구하였다.

## 4) 신연방주의(new federalism)

1970년대 닉슨(Nixon) 행정부 시기에는 제1차 오일쇼크로 경제불황에 직면하면서 연방정부의 예산지출을 절감하고자 하는 목적에서 종전 연방정부가 지방정부에게 직접 배분하던 개별지정보조금(categorical grant) 체제에서 주 정부를 통한 포괄보조금(block grant) 형태로 연방보조금 지급방식을 변경하되, 주 정부에게 집행의 자율성을 부여해주되 전체 보조금 규모는 축소하고, 연방 프로그램 조정을 위하여 광역정부 간 정부 간 위원회(regional council)를 만들어 세원공유(revenue sharing, 1972－1986)를 보다 유연하게 함으로써 주민들의 증가하는 공공서비스 확대 요청에 적극 대응하여야 하는 주와 지방정부 입장에서는 연방정부에 더욱 의존할 수밖에 없게 되었다. 이 시기 정부 간 관계는 더욱 강압적인(coercive) 모습으로 변모하였다.

## 5) 새로운 신연방주의(new federalism after 1980s)

1980년대에 레이건(Reagan) 행정부도 닉슨 행정부와 마찬가지로 신연방주의(new federalism)를 천명하면서 연방정부의 권력을 주 정부로 되돌리려 하였다. 레이건 행정부는 연방정부의 사회복지 지출이 지나치게 낭비적이고 과다하다고 인식하여 수많은 연방보조금을 삭감하고 해당 기능을 주 정부로 이양시켰으며 1986년에는 세원공유제도 폐지시켰다. 주 정부 입장에서는 포괄보조금 수령자로서 보다 많은 권한을 갖게 되었으나 교부금 감소로 정책집행에 커다란 어려움에 직면하게 되었다. 실제 연방정부나 주 정부로부터 지방정부들에게 재정 지원이 없이 강제로 부과되는 '무(無)재원 하달 사업(unfunded mandates)'은 지방정부의 자율성을 심각하게 침해해왔고, 주 정부들은 지방정부들의 부담을 줄여주기 위하여 연방정부의 '무재원명령'에 대응하기 위하여 환경영향평가서처럼 사업의 추계치를 계산하여 '재무노트(fiscal note)'를 달도록 하였고, 일부 주에서는 지방정부에 대하여 '하달사업 소요경비 반환제도(mandate reimbursement)'를 도입하였다(Kelly, 1994: 4).

## 3. 연방제하 정부 간 권력배분

연방제하의 연방정부, 주 정부, 지방정부의 관계는 먼저 연방정부와 주

▌표 2-11   연방정부와 주 정부 간 권력 비교

| | 연방정부 | 연방정부와 주 정부 (공유) | 주 정부 |
|---|---|---|---|
| 헌법에 의하여 인정된 권력 | 조폐, 외교권, 주 간 통상규제권, 조세부과 및 징수권, 선전포고권, 군대양성지원권, 우체국설치운영권, 하급법원설치권 | 조세부과및징수권, 채무부담, 법률제정 및 집행, 법원설치, 일반 사회복지 제공, 은행 및 회사 설립 | 주 내 통상규제권, 선거관리권, 공중보건. 안전. 도덕증진, 지방자치단체 설립, 헌법수정 비준, 주 방위군 설치 |
| 헌법에 의해 금지된 권력 | 주의 연방가입 승인권, 주 간 거래에 대한 관세권, 권리장전 침해, 주 경계변경권 | 작위나 귀족칭호 부여, 노예제도 도입, 투표권 제한 | 관세부과, 조폐, 조약체결, 계약의무의 손상, 시민의 특권 및 면제권 침해, 법률에 의한 적정절차와 동등한 보호의 위반 |

출처: 함승덕(2002: 101).

정부관계와 주 정부와 지방정부의 관계가 상이하다. 전자는 수평적 관계로 규정될 수 있지만, 후자는 수직적 관계를 보여준다.

　미국헌법은 연방정부와 주 정부가 상호 독립적으로 고유한 권한과 역할을 행사하도록 하고 있다(Bowman & Kearney, 2008: 28−29). 물론 정부수립 초기의 이원적 연방제에서 점차 연방정부의 권한이 확대, 강화되어 왔다고 볼 수 있지만, 그럼에도 연방정부와 주 정부는 <표 2−11>에서 보는 바와 같이 각자 고유한 권한과 조세권 등의 공유된 권력을 보유하고 있는 수평적 관계를 유지하고 있다.

　한편 주 정부와 지방정부의 관계는 기본적으로 상하·주종관계다. 주 정부는 자신의 정책목표를 이행하도록 지방정부에게 행정명령을 하달할 수 있으며, 주의 사무와 관련하여 주 정부가 직접 기본 사무를 수행하거나 주민의 행정편의를 위해서 지방정부에게 행·재정적 권한을 위임하는 형태로 자신의 사무를 집행하고 있다. 또한 주 정부가 지방정부의 형태, 신설과 폐지, 자치권의 범위와 관련하여 직접적인 통제를 행사할 수 있다. 따라서 주 정부와 지방정부의 관계는 수직적 관계에 있다고 말할 수 있다. 이것은 1868년에 아이오와(Iowa)주 대법관 존 딜론(Dillon)이 지방정부의 권한은 주 정부가 부여한 권한에 한정된다고 판결한 이후 '딜론의 규칙(Dillon's Rule)'이라는 이름으로 주 정부와 지방정부의 관계를 규정해왔다(Berman, 2003; Mead, 1997: 31−45).

　그러나 최근에는 지역이 처한 특수한 문제나 기능적인 목적 달성 등을 위해서 지방정부의 역할이 강화되고 있다. 또한 많은 대도시들이 '자치헌장 (Home Rule)'을 제정하여 주 정부의 간섭으로부터 자율성을 확보하려는 움직임이 나타나고 있으며, 주 정부에 따라서는 지방정부에 보다 많은 자율성을 부여해주는 경우가 나타나고 있다. 실제로 알래스카, 아이오와, 매사추세츠, 뉴저지, 뉴멕시코, 오하이오, 유타, 웨스트버지니아 등 10개 남짓한 주를 제외한 대부분의 주가 지방정부의 '자치헌장'을 인정하고 있다.

## 4. 지방정부의 유형과 규모

현재 50개 주에 전국적으로 90,000여 개의 지방정부가 소속되어 있다. 이들은 주 정부의 통제아래 설립되었기 때문에 각 주 정부의 입장과 지역사정에 따라 상이한 형태를 가지고 있다. 일반적으로 지방정부는 광역자치단체인 카운티(county), 기초자치단체인 시(municipality), 타운/타운십(town/township)으로 구성되어 있다. 특별 목적의 지방정부는 교육구(school district)와 특별구(special district)가 있다. 교육구는 전국적으로 지역단위의 공교육 제공의 목적으로 구성되는데, 교육감(superintendent)을 임명해 학구 행정을 담당하게 하고 있으며, 학구 행정의 축소를 지향하는 오랜 믿음에 따라 학구 간 통합이 확대되고 있다. 특별구는 특수한 행정서비스를 제공하거나 관할권이 중첩되는 문제를 해결하고자 설립된 지방정부로 공원, 교통, 소방, 도서관, 물관리, 하수처리, 항만관리 등의 목적으로 많이 형성되고 있다(권성욱, 2009: 257).

지방정부의 현황은 <표 2-12>에 나타나 있으며, 지방정부가 점차로 증가되어 왔음을 알 수 있다. 일반목적의 지방정부는 미미한 증가세가 있고, 큰 차이가 없다고 할 수 있으나, 특별구의 경우는 많은 변화가 생기고 있다. 이는 일반목적 수행 지방정부와 달리 독립적인 행·재정적 권한을 갖고 특수기능을 수행하기 때문에 주민들의 수요에 따라 많은 수적 변화가 생기고 있다. <표 2-12>에 나타난 바와 같이 학교구(school district)는 줄고 있고, 특별구(special district)는 점차 증가하고 있는 추세이다. 이는 다양한 주민들의 요구에 대하여 주 정부가 적극적으로 대응하고 있는 것으로 해석할 수 있다. 설립방식은 주의 특별법을 통하거나, 주민발안 후 주민투표를 하거나, 해당 지방정부들이 합의하고 주의회가 승인하는 방식으로 만들어지고 있다.

한편 그러한 정부수준별 역할의 차이는 소속 공무원 수의 분포에도 반영

**▌ 표 2-12 지방정부의 형태와 수의 변화**

| 구 분 | | 1977 | 1982 | 1987 | 1992 | 1997 | 2002 | 2007 | 2012 |
|---|---|---|---|---|---|---|---|---|---|
| | 지방정부 | 79,862 | 81,780 | 83,186 | 84,955 | 87,453 | 87,525 | 89,476 | 90,056 |
| 일반<br>목적 | 카운티<br>(county) | 3,042 | 3,041 | 3,042 | 3,043 | 3,043 | 3,034 | 3,033 | 3,031 |
| | 시<br>(municipality) | 18,862 | 19,076 | 19,200 | 19,279 | 19,372 | 19,429 | 19,492 | 19,519 |
| | 타운십<br>(township) | 16,822 | 16,734 | 16,691 | 16,656 | 16,629 | 16,504 | 16,519 | 16,360 |
| 특별<br>목적 | 학교구<br>(school district) | 15,174 | 14,851 | 14,721 | 14,422 | 13,726 | 13,506 | 13,051 | 12,880 |
| | 특별구<br>(special district) | 25,962 | 28,078 | 29,532 | 33,555 | 34,683 | 35,052 | 37,381 | 38,266 |
| | 총 계 | 79,912 | 81,830 | 83,236 | 85,005 | 87,503 | 87,575 | 89,526 | 90,056 |

출처: U.S. Census Bureau, U.S. Census 2008, 2014 https://www.census.gov/en.html (검색일, 2017. 12. 5).

**▌ 표 2-13 정부별 공무원 수 변화(1982-2013)**     * 괄호 안은 %, 단위: 천명

| 정부수준 | 1982 | 1987 | 1992 | 1997 | 2002 | 2004 | 2006 | 2013 |
|---|---|---|---|---|---|---|---|---|
| 연방정부 | 2,848<br>(18.0) | 3,061<br>(18.0) | 3,047<br>(16.3) | 2,807<br>(14.4) | 2,690<br>(12.7) | 2,733<br>(12.7) | 2,727<br>(12.3) | 2,751<br>(12.6) |
| 주 정부 | 3,744<br>(23.6) | 4,116<br>(24.0) | 4,595<br>(24.5) | 4,733<br>(24.2) | 5,072<br>(24.1) | 5,041<br>(23.4) | 5,128<br>(23.3) | 5,283<br>(24.2) |
| 지방정부 | 9,249<br>(58.4) | 10.005<br>(58.0) | 11,103<br>(59.2) | 12,000<br>(61.4) | 13,277<br>(63.9) | 13,719<br>(63.9) | 14,199<br>(65.0) | 13,797<br>(63.2) |
| 총 계 | 15,841 | 17,212 | 18,745 | 19,540 | 21,039 | 21,494 | 22,048 | 21,831 |

출처: U.S. Census Bureau, U.S. Census 2008, 2014 https://www.census.gov/en.html (검색일, 2017.12.5); 조태준(2009: 141) 참조하여 확대 수정함.

되고 있다. <표 2-13>에 나타난 바와 같이 연방공무원 수는 18%대에서 12%대 정도를 차지하고 있고, 주 정부 공무원 수는 23~24% 정도이며, 지방정부가 60%를 넘는 분포를 보여 공공서비스의 대부분이 지방정부 공무원들에 의해서 수행되고 있음을 보여준다. 공무원 수 변화의 추이를 보면, 연방정부 공무원 수는 1980년대 증가되었다가 점차 감소하고 있는 반면, 주 정부와 지방정부 공무원 수는 계속 증가되어 왔는데, 이는 그만큼 각 주 정부와 지방정부에서의 주민들의 점증하는 행정수요에 대응하기 위하여 행정공무원들을 확충하였기 때문으로 해석된다.

## 5. 연방제하 정부 간 공공서비스 전달

연방제하에서 정부별로 제공되는 서비스는 상이하다. <표 2-14>는 각 정부별로 제공되는 서비스와 공유되어 있는 서비스의 유형을 정리하였다. 연방정부는 국방, 보훈, 국제관계, 우주, 우편, 자연, 철도 등 국가 본연의 업무를 수행하고 있는 반면에 주 정부는 지방정부에 각종 지원 및 규제업무를 담당하고 있으며, 일부 서비스는 직접 제공하고 있다. 지방정부에서는 주 정부로부터 위임받은 형태로 주민생활에 직접적으로 필요한 교육, 경찰, 소방, 하수, 위생, 공원, 도서관 업무를 담당하고 있다. 일부 서비스는 2개 이상의 정부수준 간 공동으로 제공되고 있다.

▎표 2-14  정부 수준별 제공하는 공공서비스

| 연방정부 | 주 정부 | 지방정부 | 공유 |
|---|---|---|---|
| 국방 및 보훈 | 고등교육 | | 보건(연/주/지) |
| 국제관계 | 기타 교육 및 규제 | 초·중·고 교육 | 일반병원(연/지) |
| 우주연구 | 공공복지 | 설비 | 고속도로(주/지) |
| 우편 | 교도 | 경찰 | 공항(연/지) |
| 자연자원 | 주류판매점 | 소방 | 기타 교통(연/지) |
| 사회보장 | 안전 검수 및 규제 | 하수 | 주택 및 지역사회개발(연/지) |
| 의료보장 | 실업수당 | 위생 | 공무원 연금(연/주) |
| 철도연금 | 고용수당 | 공원, 레크리에이션 | 재무관리(연/주/지) |
| 부정부 보조금 | 정신병원 | 도서관 | 사법행정(연/주/지) |
| 항공규제 | 지방정부 보조금 | | |

출처: Stephens and Wikstrom.(2000: 156).; 권성욱(2009: 244) 재인용.

## 제5절 시사점

미국의 헌정체제는 연방제와 철저한 삼권분립에 기초한 대통령중심제를 채택하고 있다. 이는 독립과정에서 체득한 권력집중의 폐해를 헌정질서에 담고자 한 헌법주창자들의 의도가 반영된 체제이기 때문이다. 미국의 연방제는 연방정부와 주 정부의 공동주권을 인정하는 시스템으로서 엄청난 국가규모와 다양성을 감안할 때 불가피한 측면이 있다. 미국의 대통령제는 삼권분립의 원칙에 따라 대통령과 의회, 사법부에 상호 견제와 균형의 원리를 제도화한 시스템으로서 대통령제 권력구조 형태를 채택한 국가들의 전형이 되고 있으며, 대통령제 권력구조의 순수모형의 역할을 하고 있다. 같은 대통령제 권력구조를 가진 한국과 비교해볼 때 미국의 대통령 권한은 한국에 비하여 월등히 약함에도 대통령의 거부권과 치밀한 대 의회 관계의 기술을 활용하여 의회와의 잠재적 갈등을 극복해나가고 있다. 한국의 대통령제는 미국식 대통령제에 의원내각제적 요소를 가미한 형태이고, 대통령에게 법률안 제출권을 부여하고, 감사원을 대통령 직속으로 두는 등 대통령의 실질적 권한을 강화한 측면이 있으므로 향후 권력구조의 개편을 포함하는 개헌논의 과정에서는 대통령의 권한을 재조정하는 작업에 미국의 대통령제와 여타 대통령제 국가들의 권력양상을 참고하여야 할 것이다.

미국의 대통령제도 시대변화와 대공황, 제2차 세계대전, 두 차례의 오일쇼크에 의한 경제위기, 국제금융위기 등을 거치면서 종전의 입법부 우위에서 행정부로 여러 조직 신설과 제도변경을 통해서 행정권이 확대 강화되어 행정국가로 변모되어 왔다. 특히 1970년대에 백악관에 관리예산처가 확대 설립됨에 따라 예산과 재정통제, 심사평가 기능이 강화되었고, 전자정부가 확대되었으며, 사이버규제가 강화되었다. 9·11테러 이후에는 점증하는 테러위험에 대처하고 국가안보를 위하여 새로 국토안보부가 신설되는 등 행정부 조직도 확대되었다. 이는 행정환경 변화에 따른 자연스러운 현상이라고 생각되지만, 건국 초기의 헌법주창자들이 그렸던 연방제하의 '약한 대통령'의 모습은 아니다. 연방체제도 닉슨–레이건 행정부 이래로 신연방주의가 등장하여 연방정부의 권한이 점차 확대되면서 정부 간 관계가 변모하고 있고, 연방정부 내에서도 대통령과 행정부의 권한과 역할이 확대되고 있으나, 그럼에도 헌법적으로도 정치적으로 의회가 행정부를 견제할 수 있는 메커니즘을 보유하고 있기 때문에 적절한 상호 견제가 이루어지고 있다. 또한 궁극적으로 대통령이 연방판사를 지명한다고 하더라도 사법부의 독립과 연방대법원의 최종 사법심사권을 통하여 국가의 질서를 유지하고 있는 시스템이다. 이 점에서 한국에서는 사법부의 정치화를 예방하고 의회의 활성화를 도모할 수 있는 제반 제도적 방안을 모색하여야 할 것으로 생각된다.

# 03 영국
UNITED KINGDOM

## 제1절 통치체제

### 1. 정부형태 개요

영국은 군주국으로서 국왕이 상징적이고 의례적인 역할을 수행하는 입헌 군주국이다. 대신에 영국은 의회의 지배권을 바탕으로 의회가 법률을 바꿀 수 있도록 허용되는 제도이며, 입법된 사항에 대해서는 국왕이 영국 법원에 이의를 제기할 수 없도록 되어 있다. 이것은 선출된 국민의 대표자인 하원이 상당한 권력을 행사하고 있다는 것을 의미한다.[1]

전통적인 '권력 분립' 시스템과는 달리, 영국 정부는 입법부와는 분리되어 있지만, 행정부는 다수당이 구성하도록 되어 있다. 이것은 종종 '권력의 융합'이라고 일컬어지며,[2] 정부의 법률안이 하원에서 통과될 가능성이 높은 기회를 자동적으로 가지고 있다는 것을 의미한다. 하원의 막대한 권력을 견제하기 위해 종신 의원들로 구성된 상원은 하원의 권력 남용에 대한 내부 견제장치로서 기능한다. 상원 의원들의 임기는 종신이기 때문에 하원이나 시민들을 두려워하지 않고 법률에 대한 거부권을 행사할 수 있다.

영국의 통치체제는 수세기 간 이어져 온 불문헌법의 관습을 이어오고 있

---

1 Governing Principles. Retrieved from https://ourgoverningprinciples.wordpress.com/the−uks−westminster−system (검색일, 2017.10.20).

2 Encyclopedia Britannica. Retrieved from https://www.britannica.com/topic/Privy−Council−United−Kingdom−government (검색일, 2017.10.23).

다. 이는 사법부에 의해 특별히 보호되는 일련의 적절한 권리들과 헌법적 가치들이 없다는 것을 의미한다. 하지만, 영국은 권력의 융합에 관여하지 않는 별도의 사법부를 가지고 있다. 사법부는 법을 뒤집을 수는 없지만, 행정부가 법률을 위반할 때 정부에 도전할 수 있다. 영국의 통치체제 구성요소와 그들 간의 관계를 도식화하면 <그림 3-1>과 같다.3

▌ 그림 3-1  영국의 통치체계

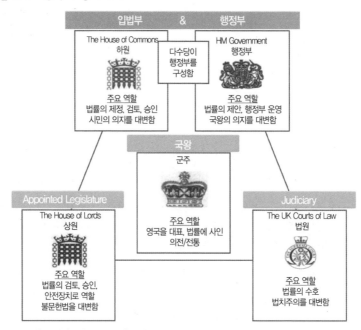

출처: Governing Principles. Retrieved from https://ourgoverningprinciples.wordpress.com/the-uks-wes
tminster- system (검색일, 2017.10.20).

## 1) 국가수반, 행정부, 입법부, 사법부의 구성체계

### (1) 국가수반의 구성체계

영국의 군주는 한때 정치체제의 핵심이었으나 이제는 대부분 의식적인

---

3 Governing Principles. Retrieved from https://ourgoverningprinciples.wordpress.com/the-
uks-westminster-system (검색일, 2017.10.20).

역할만을 수행하고 있다. 그러나 아직도 정부 권력의 중요한 일부는 군주에게 부여되고 있으며, 군주의 이러한 권한은 '군주의 특권'(The Royal Prerogative)이라고 알려져 있다.[4] 군주의 특권에는 여전히 의미 있는 비당파적인 기능들인 수상의 임명, 의회의 구성과 해산, 새로운 법안의 발효를 위한 서명 등을 포함한다.

이러한 국왕의 역할들은 간혹 과소 평가되기도 하지만, 영국 전통수호뿐만 아니라, 정치인들에 대한 불신이 뿌리 깊은 영국인들을 위해 중립적인 대표자로서의 역할을 수행한다는 점에서 국왕의 존재는 중요하며, 국제적인 견지에서 영국연방을 하나로 묶어내는 상징적인 역할을 수행한다.[5]

근본적으로 영국에서 국가수반인 군주의 역할을 요약한다면, '충고하고, 충고 받으며, 경고하는'(to advise, to be consulted, and to warn) 역할을 수행하는 것으로 이해할 수 있다.[6]

## (2) 행정부의 구성체계

영국 행정부는 영국 정부체계에서 집행부로서의 역할을 수행하며, 본토와 해외 영토를 관할하는 영국의 중앙정부[7]이다. 영국 행정부의 수장은 총리이며, 총리는 각 부처의 장관으로 구성된 내각을 관할한다. 전통적으로 하원 다수당

---

4 Encyclopedia Britannica. Retrieved from https://www.britannica.com/topic/Privy—Council —United—Kingdom—government (2017.10.23).

5 PeopleLoving. Retrieved from http://www.peopleloving.co.kr/aboutuk/0105.html (검색일, 2017.10.20).

6 Governing Principles. Retrieved from https://ourgoverningprinciples.wordpress.com/the—uks—westminster—system (검색일, 2017.10.20).

7 영국 정부라는 명칭에 대한 검토가 필요하다. 우선, 여왕 폐하의 정부(Her Majesty's Government)는 영연방 진영, 그 구성 지방, 주, 영역 등에서 지칭되는 공식 용어이다. Retrieved from https://en.wikipedia.org/wiki/Her_Majesty%27s_Government_(term) (검색일, 2017.10.5). 영국 정부(Government of the United Kingdom)는 여왕 폐하의 정부(Her Majestry's Government in the United Kingdom: HM Government)로서 일반적으로 영국 정부(UK government 또는 British government)로 언급되며, 이는 United Kingdom of Great Britain and Northern Ireland의 중앙정부(central government)를 의미한다. Retrieved from https://en.wikipedia.org/wiki/Government_of_the_United_Kingdom (검색일, 2017.10.5). 한편, Whitehall은 런던 중심가인 웨스트민스터 시의 도로인데, 이 도로는 영국 정부의 중심으로 인지되며 수많은 부처 건물들이 자리 잡고 있다. 결과적으로 Whitehall이란 명칭은 영국 공무원과 정부(British civil service and government)로 은유적으로 사용된다. Whitehall. Retrieved from https://en.wikipedia.org/wiki/Whitehall (검색일, 2017.10.5).

의 지도자가 수상으로 임명되며, 수상은 재무부 수석장관(First Lord of Treasury)
과 인사장관(Minister for Civil Service)을 겸직한다. 수상의 권한은 하원에서의
지지를 바탕으로 부처의 장관들에 대한 임면권을 가진다.[8]

형식적으로 추밀원(Privy Council)이 국왕의 고문들로 구성된 행정부 최고
기관으로 되어 있다. 추밀원은 18세기까지 국가 행정의 중심 기관으로 기능하
였으나 추밀원의 위원회로부터 발전한 각 정부 부처에 실질적인 기능을 이양
하여 지금은 유명무실한 기관으로 남아 있다. 그러나 형식적으로나마 국왕의
의회 구성과 해산, 선전포고 등을 추인하는 역할을 수행한다.[9]

오랜 정치권력들 간 견제의 유산으로 영국의 행정부는 다소 복잡한 구조
를 띤다. 보통 Secretary가 장(長)으로 있는 장관급 부처들과 Minister가 장(長)
으로 있는 비장관급 또는 부장관(副長官)급 부처로 나누어지며, 장관급 부처들
은 총리가 관할하는 내각에 소속되어 있는 경우가 많다. Minister들은 내각에
소속되지 않으며 고위공무원이 직무를 수행한다.[10]

### (3) 입법부의 구성체계

영국은  모든  주권은  의회에  주어지는  의회주권주의(Parliamentary
Sovereignty)를 택한다. 따라서 의회는 권력의 핵심적인 위치에 있으며, 국가의
모든 주요 의사결정은 의회를 통해서 이루어진다. 정당을 통한 국민 의사의
정치체제로의 투입도 의회로 수렴되어 있다(임도빈, 2016: 307).

여왕은 집행부의 형식적 책임자이며, 입법부의 책임자이기도 하다. 영국
의 입법부는 내각책임제를 채택한 다른 나라와 같이 상원과 하원으로 구성되
어 있다. 그러나 귀족적 전통이 강한 영국에서는 의회의 구성 방식이나 상하
원 사이의 관계가 약간 다르다. 양원 중 하원은 지역구를 대표하는 646명의
선출직 의원으로 구성된다(2001년 선거 당시 659개 지역구였으나, 스코틀랜드 지역
구 변경으로 2005년 선거에서 646개로 축소). 반면, 상원은 세습 귀족들과 국가에
대한 공헌을 인정받은 의원들로 종신직으로 되어 있다. 따라서 상원은 하원
(House of Commons)과 대비되는 명칭으로 House of Lords(귀족원)로 불리며,

---

8 영국 정부. Retrieved from https://www.gov.uk/ (검색일, 2017.10.24).

9 Encyclopedia Britannica. Retrieved from https://www.britannica.com/topic/Privy-Council
-United-Kingdom-government (2017.10.23).

10 영국 정부. Retrieved from https://www.gov.uk/ (검색일, 2017.10.24).

발의된 법안에 대한 개정권을 가진다.[11]

상원과 하원은 법률의 제정과 정부 감사의 역할을 수행하며, 상원은 하원이 승인한 법안을 심의·검토·수정을 요구할 수 있다. 특별한 경우에, 상원은 하원이 상정한 법안을 지연시키거나, 하원으로 하여금 법안을 재심의하게 할 수 있는 권한을 행사할 수 있다.[12]

(4) 사법부의 구성체계

지역별로는 잉글랜드, 웨일스, 스코틀랜드 및 북아일랜드가 제각기 다른 법체계와 법정을 유지하며, 지역별 법체계가 별도로 존재한다. 그러나 근래 들어 제정된 성문법은 영국 전체에 적용되곤 한다.

영국도 기본적으로 3심제가 존재한다. <그림 3-2>에서 보듯, 1심 법원으로 고등법원(High Court of Justice 또는 High Court)은 기능적으로 Queen's Bench Division(QBD), Chancery Division, Family Division으로 분리되어 있다. QBD는 일반적인 민사소송을 담당하며, Chancery Division은 특허법원,

▌그림 3-2  영국의 사법체계

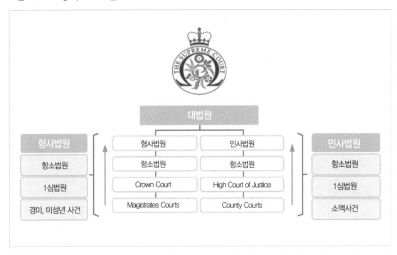

출처: 영국의 사법제도. Retrieved from http://blog.naver.com/PostView.nhn?blogId=mbc761225%logNo =220941760069 (검색일, 2017.10.28).

---

11 영국 정부. Retrieved from https://www.gov.uk/ (검색일, 2017.10.24).
12 영국 정부. Retrieved from https://www.gov.uk/ (검색일, 2017.10.24).

Family Division은 가정법원의 역할을 담당한다. 2심법원은 1심법원에서 심리한 자료를 기초로 하여 사건을 재심하는 기능을 하며 새로운 증인 및 증거의 채택과 제출이 허용되지 않으므로 1심 재판에서의 변론이 매우 중요한 역할을 담당한다. 3심의 기능은 상원이 담당하였으나, 2009년 제정된 헌법개혁법(the Constitutional Reform Act 2005)에 의해서 대법원이 상원과 분리되어 구성되었다. 통상 5명의 재판관이 심리를 담당한다.[13]

### 2) 중앙정부와 지방정부의 구성 및 관계

#### (1) 중앙정부와 지방정부 구성의 맥락

영국에서의 근대적 의미의 지방정부의 탄생은 1888과 1894년 지방정부법(Local Government Act) 제정에 의해 카운티 의회와 지구(District) 의회의 두 개 계층으로 구성되었다. 이렇게 형성된 지방자치제도는 1963년의 런던카운티(Great London County: GLC)의 창설과 1972년 런던 인근 대도시 지역의 6개 카운티(Metropolitan County)의 설치, 1992년부터 신공공관리론의 영향을 받은 지방자치위원회의 설치 및 단층제 중심 행정계층의 개편 등의 과정을 거쳐 발전하여 왔다.[14]

특히, 1998년의 스코틀랜드, 웨일스, 북아일랜드에 대한 대대적 권한이양을 통해서 각 지역에 별도의 의회를 구성하였다. 지역정부 수준으로 대폭적인 권한을 이양함으로써 영국의 지방자치제도는 새로운 양상을 띠게 되었다.[15]

#### (2) 중앙정부와 지방정부의 관계

영국의 중앙과 지방정부 간 관계는 의회의 법률에 의해 좌우되며, 법률 내에서 중앙과 지방정부는 각자의 권한을 행사한다. 지방정부는 지역 내 공공서비스를 제공하며, 지방정부의 정치적 주체는 지역주민 선거로 구성되고, 대다수 지방자치단체는 지방세를 징수할 권한을 가진다.[16]

---

13 영국의 사법제도. Retrieved from http://blog.naver.com/PostView.nhn?blogId=mbc761225%logNo=220941760069 (검색일, 2017.10.28).

14 영국 의회. Retrieved from http://www.parliament.uk/ (검색일, 2017.10.25).

15 영국 의회 구성 및 현황. Retrieved from http://www.parliament.uk/mps-lords-and-offices/mps/ (검색일, 2017.10.9).

16 영국 의회 및 정부 관계. Retrieved from https://en.wikipedia.org/wiki/Parliament_of_the_United_Kingdom (검색일, 2017.10.9).

영국의 중앙정부와 지방정부 관계의 가장 큰 특징은 실질적으로 의회가 지방정부의 구조를 변화시킬 권한을 갖고 있으며, 지방정부의 자치권을 회수할 수 있다. 그러나 중앙정부와 지방정부 간의 갈등 양상은 크게 나타나지 않는다. 이는 중앙과 지방 그리고 광역과 기초자치단체 간의 권한, 역할과 의무 등 사무배분이 명확히 구분되어 있기 때문이다. 다시 말해, 지방정부는 법률의 범위 내에서 각종 규제를 제정하고, 재산세를 징수하는 권한을 행사만을 담당한다.[17]

## 2. 국가와 행정수반 및 내각

### 1) 국가수반

#### (1) 선출방식 및 임기

영국의 국가수반은 국왕이며, 국왕의 지위는 영국에서 가장 오래된 세속제도(Secular Institution)에 의해 수립된 제도이다. 영국의 국왕권은 청교도 혁명 당시 크롬웰에 의해 1649~1660년 간 단 한 차례 중단된 것을 제외하고는, 왕실의 교체는 간간히 있었으나 세습제의 원칙에 따라 현재까지 유지되고 있다. 따라서 영국에서의 국왕은 국가의 원수(Head of State)일 뿐만 아니라 영국 본토 및 17개 영연방 국가들의 통합의 상징이다.[18]

#### (2) 핵심 권한

법적으로 영국의 국왕은 행정부의 수장이자 성공회의 수장이다. 그러나 1215년 명예혁명으로 인해 영국의 국왕은 "군림하나 통치하지 않는다"라는 협약을 준수하고 있으며 행정행위는 상징적으로 영국 국왕을 수반으로 하는 중앙정부(Her Majesty's Government)에 의해 수행되고 있다.[19]

그러나 여전히 국왕으로서 몇 가지 주요한 권한을 행사하고 있는데 수상

---

17 영국 의회 및 정부 관계. Retrieved from https://en.wikipedia.org/wiki/Parliament_of_the_United_Kingdom (검색일, 2017.10.9).

18 영국 의회 전반. Retrieved from https://en.wikipedia.org/wiki/Parliament_of_Great_Britain (검색일, 2017.11.7).

19 영국 의회 전반. Retrieved from https://en.wikipedia.org/wiki/Parliament_of_Great_Britain (검색일, 2017.11.7).

임명권, 의회 소집 및 해산권, 법안의 승인권, 정부 고위관리 및 외교관 임면권, 사면, 감형 등 사법권, 국가수반으로서 국가승인, 조약체결, 영토 통합 및 할양 등을 재가하는 권한을 가지고 있다. 다만, 이러한 권한들은 의회의 권고에 따르게 되어 있다.[20]

또한, 영국 여왕은 ⅰ) 귀족작위, 기사작위 및 기타 서훈수여 권한, ⅱ) 총리나 담당 각료의 조언에 따른 중요한 해외 국빈방문, ⅲ) 조약의 체결, 전쟁이나 평화 선언, 외국 국가원수 및 정부 승인, 영토의 확장 및 인도 권한, ⅳ) 추밀원 회의 주관 권한을 갖는다. 여왕의 특권은 헌법상 관례에 따라 통제되는 정부권력을 대부분 포함한다. 여왕의 특권과 관련된 대다수 조항들은 의회 담당 각료가 수행하며, 이들은 정책에 관한 질문을 받을 수 있다. 의회는 특권을 폐기 또는 제한할 권한이 있다. 또한, 여왕은 국정 전반에 관한 보고를 받거나 논의할 뿐만 아니라 담당 각료에게 자신의 개인적 견해를 피력할 수 있다.[21]

### 2) 행정수반과 내각

#### (1) 행정수반의 선출방식 및 임기

행정부 수반인 총리는 다수당의 당수를 영국 국왕이 승인하는 방식으로 선출된다. 따라서 영국의 행정수반 선출은 영국 국민의 민의를 반영하는 방식으로 형식적으로 영국 국왕의 재가를 받아 이루어진다. 내각을 구성하는 장관의 임명은 총리 주도하에 이루어진다. 총리와 다른 행정수반의 장관들인 수석 장관들은 내각이라고 불리는 최고 의사결정위원회에 소속된다. 행정부 각료들은 의회와 밀접하게 관련되어 있으며, 2011년 고정임기법(Fixed-terms Parliaments Act 2011) 이후 5년마다 새로운 하원을 선출하기 위해 총선이 개최된다.[22]

#### (2) 행정수반의 구성

행정수반과 관련한 조직으로는 우선 추밀원(Privy Council)이 존재한다. 추

---

20 영국 의회 전반. Retrieved from https://en.wikipedia.org/wiki/Parliament_of_Great_Britain (검색일, 2017.11.7).

21 영국 정부. Retrieved from https://www.gov.uk/ (검색일, 2017.10.24).

22 영국 정부. Retrieved from https://www.gov.uk/ (검색일, 2017.10.24).

밀원은 국무에 관한 고문관들의 집합체로서, 18세기까지는 국가의 행정권력의 중심기관이었으나, 추밀원 내 위원회들이 발전되어 구성된 각 정부 부처에 대부분의 권한이 위임되어서 현재는 형식상으로만 행정부의 최고기관으로 되어 있다.[23]

수상(Prime Minister)은 전통에 따라 국왕이 하원의 다수당 지도자를 수상으로 임명한다. 수상은 재무부 수석장관(First Lord of Treasury)과 인사장관(Minister for Civil Service)을 겸직한다. 행정부 수반으로 불리기 시작한 것은 18세기 이후이며, 수상의 권위는 하원에서의 다수의 지지확보 및 장관들을 선택하고, 이들을 개별적으로 해임할 수 있는 권한에서 파생되었다. 수상이 하원에 의석을 갖는 것이 근대적 전통이다.[24]

영국 정부는 일반적인 행정권, 재정집행권, 위임입법권, 공무원의 임명권과 같은 권한을 갖는다. 그리고 지방자치단체와 법무부 등의 정부조직은 중앙정부에 대해 독립성을 보장받는다. 또한, 정부의 권력은 의회제정법과 보통법 등을 통해 제한된다. 그리고 법원의 사법심리 역시 정부의 행정을 규제할 수 있다.[25]

### (3) 행정수반의 권한과 역할

행정부의 수반인 총리는 보통 하원 다수당의 리더가 총리에 오르는데, 국왕이 총리를 임명한다. 군에 대한 상징적 통수권은 왕실에 있지만, 헌법적 관행에 의해 전쟁 개시나 실질적 군통수권은 총리에 있다. 총리는 장관 선임권 및 해임권, 의회 해산권을 갖는다. 결국, 영국의 총리와 내각은 왕실과 의회와 정당 그리고 유권자들에게 정책과 행동에 대한 공동책임을 진다. 총리는 업무 전반을 국왕에게 보고하는데, 이 경우, 국왕은 단지 경고나 격려 등을 할 수 있다. 또한, 하원 내 다수당의 지도자로서 매주 정기적으로 하원에 출석해 의원들의 질의에 답할 의무가 있다.[26]

대체로 내각제 국가에서 총리와 의회 간 정치적 대립이 발생되면, 의회는

---

23 Encyclopedia Britannica. Retrieved from https://www.britannica.com/topic/Privy−Council −United−Kingdom−government (2017.10.23).

24 영국 정부. Retrieved from https://www.gov.uk/ (검색일, 2017.10.24).

25 Encyclopedia Britannica. Retrieved from https://www.britannica.com/topic/Privy−Council −United−Kingdom−government (2017.10.23).

26 영국 정부. Retrieved from https://www.gov.uk/ (검색일, 2017.10.24).

내각불신임결의를 발동하고, 총리는 의회를 해산해서 의원 총선거가 이루어진다. 일반적으로 내각 전체는 총리가 속한 동일 정당 출신 의원들로 구성되며, 내각제에서는 총리도 의원이므로 의회가 해산되면 자동으로 지위를 상실한다. 2011년에 제정된 고정임기법에 의해 총리가 임의로 하원을 해산할 수가 없다. 고정임기법 이후에 영국 하원이 해산될 수 있는 요건은 두 가지로 제한되는데, 하나는 불신임 결의가 하원에서 의결된 경우이고, 또 하나는 의회의 2/3 이상 동의로 조기 총선이 의결된 경우이다.[27]

### (4) 내각 구성원

영국의 헌법은 명시되어 있지 않은 불문법으로 행정은 명목상 군주의 통치 아래에 있으나, 선거에서 당선된 총리가 내각을 이끌고 행정의 전권을 행사한다.[28]

행정부의 수반은 영국 총리이며, 총리는 다른 부처의 장관을 지명한다. 총리 및 주요 부처의 장관은 최고의사결정 기구인 내각을 구성한다. 내각제인 영국 정부의 내각 장관은 일반적으로 영국 의회 의원들로 구성되며, 내각은 의회에 대한 책무를 진다. 대부분의 장관들은 하원 소속이지만 일부는 상원 의원이다.[29]

미국과 같은 대통령 제도에서 대통령은 단독 행정관으로 활동하지만, 영국의 경우 장관은 자신과 함께 일할 내각에서 행정관을 임명한다. 영국의 경우, 행정부를 언급할 때 정치 행정관(Political Executive)이라는 용어를 사용하고, 정책을 집행하는 업무에 대해 말할 때 공식 행정관(Official Executive)을 사용한다. 핵심 행정관(Key members of the Executive)은 위기 상황에 대응하며, 국가 내부 및 국제관계의 결정 및 관리에 초점을 맞춘다.[30]

---

27 영국 정부. Retrieved from https://www.gov.uk/ (검색일, 2017.10.24).

28 영국 정부. Retrieved from https://www.gov.uk/ (검색일, 2017.10.24).

29 Government of United Kingdom. Retrieved from https://en.wikipedia.org/wiki/Government _of_the_United_Kingdom (검색일, 2017.10.5).

30 Government of United Kingdom. Retrieved from https://en.wikipedia.org/wiki/Government _of_the_United_Kingdom (검색일, 2017.10.5).

# 제2절 관료제 및 지방행정체제

## 1. 관료제

### 1) 정무직 구성과 범위 및 운영

#### (1) 정무직 구성과 범위

명예혁명 이후 수립된 입헌군주제에서 영국 국왕은 상징적이고 의례적인 역할을 한다. 의회는 실질적인 권한이 적은 상원과, 사실상의 권한을 갖는 하원으로 구성된 양원제로 운영된다.

군주제와 의원내각제의 정치체제를 갖고 있는 영국은 정무직 활용이 매우 활발하다. 군주제의 특성상 군주가 신임하는 신하를 관직에 임명하는 정실주의는 자연스러운 현상이며, 의원내각제에서 의회와 내각의 구성은 신축적으로 형성된다는 측면에서 정무직은 필연적이다.

수상(Prime Minister)은 의회 내 하원의 다수당 당수가 국왕의 형식적인 임명절차에 의하여 임명되는 것이 일반적인 관례이다. 즉, 영국의 수상은 총선에 의해서 실질적인 변화가 이루어지고, 국왕이 그 결과를 통해 내각의 수상으로 임명하는 절차라 할 수 있다. 내각을 구성하는 실질적인 권한은 수상이 장관들을 국왕에 제청하는 것에서 구현된다.

우리나라와 달리 영국은 정무직에 해당하는 여러 장차관을 두고 있다. 장관(Secretary of State), 국무장관(Minister of State), 정무장관(Parliamentary Secretary), 정무차관(Parliamentary Under Secretary of State)은 모두 각료[31]로서 이들의 관계는 서로 독립적이고, 협력하는 관계이며, 상하 관계가 있어 명령·지시하는 관계는 아니다(양현모, 2010: 191).

장관은 내각회의에 참석하여 정부의 주요 정책에 대해 의사를 개진하고,

---

31 각료에 관한 직무규정을 보면, ⅰ) 모든 정부 각료에게는 정부 결정에 대한 공동책임 원칙이 적용된다. ⅱ) 정부 정책이 결정되기 전에 각료들은 비공개된 자리에서 제약 없이 그들의 의견을 충분히 피력할 수 있어야 한다. ⅲ) 각료들은 의회에 그들의 부처와 기관들이 관련된 정책결정 및 집행 관련 사항에 대해 설명할 의무를 가진다. ⅳ) 각료들은 그들의 권한을 소속 정당의 이익을 위해 사용하지 말아야 한다. ⅴ) 총리는 행정부의 전반적인 조직구성과 부처를 담당하는 각료들 사이의 업무분담에 대한 책임을 진다. ⅵ) 부처의 수장과 책임운영기관의 기관장은 회계담당관으로 임명된다(양현모, 2010: 191-2).

그 결과에 대해 내각 전체의 명의로 책임진다. 이들은 동시에 하원 의원이며, 총리의 추천에 따라 국왕이 임명한다. 국무장관은 장관을 보좌하여 부처를 총괄하지만, 동시에 고유한 업무 영역이 있다. 부처에 따라 1~3명의 국무장관이 있으며, 이들은 하원 의원이다. 정무장관은 보통 실무 부처에는 없고, 내각사무처 등 일부 행정기관에만 있는 직위로서 실무 부처의 국무장관과 비슷하다. 일부 독자적인 업무를 수행하며, 의회와의 협력 업무도 담당한다. 대부분 하원 의원이며, 주로 총리와 부총리를 보좌하여 정치개혁 및 헌법 개정 업무, 사회적 기업 문제 등 사회의 주요 의제에 대한 직무를 수행한다(양현모, 2010: 192-193).

우리가 주목할 것은 정무차관이라 할 수 있다. 정무차관은 국무장관 또는 정무장관보다 직위가 낮은 정무직 공직자로서 주로 의원이 임명된다. 정무차관은 의회와의 연락 업무뿐만 아니라 국무장관과 마찬가지로 부처 내에서 일부 행정적 업무를 맡아 수행한다(양현모, 2010: 193). 정무장관은 현재 3곳(Department for Communities and Local Government, Department for International Development, Home Office)에 있다. 정무차관은 다수 부처 간 업무조정을 맡으며, 지방자치단체(local authorities), 각 지역에 이양된 행정 그리고 비정부조직과 협조를 한다. 최근에는 시리아 난민 2만 명을 정착시키는 것을 맡고 있다.[32]

또한, 영국에선 부장관의 업무수행을 지원해주는 부장관비서실(Ministerial Private Office)과 특별고문(Special Advisers)이 있다. 부장관비서실은 공무원으로 구성되며 부장관이 부처를 효과적으로 이끌도록 도와주는 역할을 한다. 반면, 특별고문은 중립성이 요구되는 공무원에게 부적당한 정치적 과제를 도와주는 역할을 한다. 이외에도 많은 부처는 전략적 정책개발을 맡는 전략부서(strategy units)를 운영한다(Lodge et al., 2013: 22-5).

부장관비서실은 소위 '부장관의 평생지원 기계'(Minister's life support machine)로 묘사되며, 보통 6~12명의 공무원으로 구성되며, Principal Private Secretary가 책임을 맡는다. 부장관비서실은 부장관에게 개인적 지원을 해주며, 서신, 일정, 견해, 부처의 정보와 자문을 부장관에게 제공한다. 부장관비서실은 부처의 부장관이 직면하는 문제를 해결해주는 역할을 하며, 장관(Secretary of State)과 사무차관 그리고 기타 고위공무원 간의 관계가 원만하고 효과적으로

---

32 영국의 정무차관. Retrieved from https://www.gov.uk/government/ministers/parliamentary
-under-secretary-of-state--56 (검색일, 2017.11.30).

작동하도록 해주는 엔진 역할을 한다. 그렇지만, 부장관비서실은 완전히 공무원의 일부이다(Lodge et al., 2013: 23).

특별고문은 장관에 의해 임명된 임시공무원으로서 경력직 공무원이 수행하기에 부적절한 쟁점에 대해 장관을 보좌하는 역할을 한다. 특별고문은 장관뿐 아니라 수상과 정부를 위해서도 업무를 수행한다. 특별고문의 구체적 역할을 보면, ⅰ) 특수 분야에 대한 자문 등 부처관리를 지원하고, ⅱ) 부처 내 장기 정책구상과 정책기획에 기여하고, ⅲ) 경력직 공무원들이 마련한 자료에 정치 내용을 담은 연설을 작성하고, ⅳ) 정부 정책과 관련하여 당과 연락하고, 당대표와 의회에 연락 역할을 하고, ⅴ) 장관의 견해를 매체에 홍보하고, ⅵ) 외부 이익집단과의 연락도 담당한다. 따라서 특별고문은 경력직 공무원이 요구해야 하는 정치적 중립성과 객관성으로부터 면죄된다. 2016년 기준으로 83명의 특별고문이 있다(Everett & Faulkner, 2017: 4).

(2) 정무직 운영

의원내각제를 채택하는 국가들과 유사하게 영국도 정무직을 활용한다. 의회의 다수당이 내각을 구성하고 내각의 장관과 부장관으로 임명된다. 영국 내각의 정무직이라면, 주로 수상 및 각 중앙행정기관의 장관, 부장관, 정무차관, 특별고문 등으로 분류할 수 있다.

영국의 내각(The Cabinet)은 모든 부처의 장관 및 기타 부장관으로 구성된다(Secretaries of State from all departments and some other ministers). 영국의 minister는 수상(Prime Minister), 22명의 내각 장관(Cabinet ministers), 94명의 기타 부장관(Other ministers)으로 구성되어 총 117명의 장차관급(total ministers)이 있다. 한편, 영국의 부처(Government departments)는 크게 25개 장관급 부처(Ministerial departments)와 20개 청급 부처(Non-ministerial departments)로 구분된다. 여기서 청급 부처는 고위공무원단(SCS) 및 비장관급(not ministers)이 책임을 진다. 그 외 부처 소속으로 300여 개의 책임운영기관 및 공공기관이 있다.[33]

최근 영국 공무원 임용과 평가 측면에서 부장관(ministries)의 역할을 증가시키고, 개별 공직자의 개인적 책임성을 명확히 하는 최근의 변화들이 일어나

---

33 영국의 내각(The Cabinet). Retrieved from https://www.gov.uk/government/how-government-works (검색일 2017.11.20); 김윤권(2017: 52)에서 재인용

고 있다. 인사실(Civil Service)과 내각장관(Cabinet Secretary)의 역할은 2012년
분리되었다. 임명절차의 규정은 인사위원회의 책임으로 되었다. 사무차관
(Permanent Secretaries)은 인사위원회가 감독하는 선발과정을 준수해야 하며,
총리에 의해 공식적으로 임용된다. 부장관은 절차 과정에서 심의를 받는다. 이
과정에서 내각장관도 역시 밀접히 간여한다. 총리가 사무차관 임명을 하는데,
부장관은 사무차관 임명에 거부권을 갖는다. 사무차관은 인사위원회의 감독을
받으면서 자신의 부처 내에서 신규채용을 책임진다(Paun & Harris, 2012: 27).

「헌법」 개정, 「거버넌스 법령 2010」, 「인사실 규정(code)」이 확립되면서
영국 고위공무원단34 직위는 비정치적인 실적 기반으로 임용된다. 영국에서
정규적인 실적 기반 충원체제에서 벗어난 정치적 임명은 80여 명 정도인데 대
부분 특별고문에 임용되어 있다. 영국 의회는 공무원 임용절차 과정에서 역할
을 발휘하지 않지만, 초대 인사위원회 내부 임용은 선정위원회가 주도한 사전
임용검증에 기속되었다. 사무차관 임용은 고정임기 기반에 적용되지 않는다.
사무차관은 법적 회계 공직자 역할을 하지만, 반면에 사무차관이 개인적으로
책임을 지는가에 대해서는 상대적으로 불투명하다. 정부는 사무차관을 위한
성과목표를 공표하고, 사무차관은 내각 장관이나 인사실장에 의해 평가를 받
는다(Paun & Harris, 2012: 27).

## 2) 공무원 관리체계 및 인사권

### (1) 인사관리체제

중립성과 실적제의 근간으로 인식되는 Northcote와 Trevelyan 보고서
(1854년) 이후 영국의 공무원 개혁은 오늘에 이르고 있다(Paun et al., 2013: 10).
이들은 실적제 기반의 경쟁시험과 승진을 제안하였다. 성공적인 개혁의 시도
는 정치적이고 관료적인 관점에서 150년 동안 이어졌다. 오늘날 영국 중앙정
부(Whitehall)는 150년, 40년, 20년 전보다도 엄청나게 다르다. 그러나 여러 차

---

34 영국의 고위공무원단은 기존의 일반행정가가 지배하던 전통적 관료집단의 틀을 깨뜨리고 전
문성과 능력에 의한 인사관리를 가능하게 해주었으며, 통치권자는 관료집단에 대한 자신의
영향력을 보다 확대할 수 있게 되었다. 따라서 영국의 고위공무원단은 1855년 이후 영국 공
무원 사회를 지배하였던 일반행정가 중심의 관료사회를 전문가 중심의 관료사회로 바꾸고,
이들 관료집단에 대한 정치적 통제력을 강화하기 위한 목적에서 설립되었다(한인근, 2010:
69-70).

례의 개혁 시도를 통해서 ⅰ) 운용, 스킬, 문화를 통한 채용과 훈련, ⅱ) 공무원의 구조와 헌법적 역할, ⅲ) 성과, 책무성, 그리고 리더십 등에 주로 관심과 초점을 두었다(Haddon, 2012: 4).

1855년 추밀원령이 제정되면서 인사행정이 재무성과 인사위원회로 이원화되었으며, 공무원의 보수와 연금은 재무성이 맡고, 공무원 임용은 독립된 기관인 인사위원회가 담당하게 되었다. 그 후 1870년 추밀원령에 의해 중앙인사관리에 관해서는 재무성의 통제가 강화되었고, 인사위원회가 공무원 시험 및 채용에 관한 제반 사항에 대하여 재무성의 승인을 받는 등 인사위원회의 고유기능이 약화되었다. 1870년 추밀원령에 의하여 본격적인 실적주의가 확립된 이후 1968년 풀턴위원회(Fulton Committee)의 보고서 등 많은 인사개혁 운동에 의하여 인사기관의 다양한 분화가 이루어졌다(강성철 외, 2011: 105).

1855년 공무원인사위원회(Civil Service Commission)가 수립된 이후 160여 년이 흘렀다. 당시 공무원인사위원회는 공무원의 모든 채용을 조직화하는 것을 책임지고, 공무원의 입직은 각 부처 업무를 수행하는 데 필수적인 내용에 부합하는 적격자를 확보하는 것이었다. 공무원인사위원회에 채용할 인력도 여러 자격(읽기, 쓰기, 수리, 영작, 지형, 역사 등)을 요구하였다. 오늘날 공무원인사위원회는 당시와 상당히 다르지만, 자격요건의 기준인 정직성, 성실성, 객관성, 중립성을 가진 공무원을 공정하고 개방적인 실적제 기반으로 선발하는 핵심은 그대로 유지되고 있다. 다만, 21세기에 효과적으로 적용될 수 있는 시기 적절한 원칙을 확보할 필요가 있다(Civil Service Commission, 2015: 9).

1855년 개인적 혹은 정실적 임용이 아니라 실적제를 토대로 임명한다는 공무원인사위원회의 원칙은 오늘날에도 영국의 헌법적 해결에 핵심적 일부이다. 2010년 모든 정당은 만장일치로 의회에서 공무원인사위원회의 헌법적 해결의 중요한 수호자 역할을 재확인하였다. 2010년 통과된 '헌법개정 및 거버넌스법'(the Constitutional Reform and Governance: CRAG)은 공무원인사위원회에 두 가지 핵심 기능을 법률화하였다. 하나는 위원회가 공정, 공개, 실적 중심의 채용을 최후로 담보하는 권한을 가진다. 이를 위해서 채용 원칙, 부처의 채용원칙 준수, 이런 원칙의 미준수에 따른 공무원 불만에 대한 청문회 등을 수행한다. 또 하나는 공무원규정(Civil Service Code)과 충돌하는 행위에 대한 공무원 불만을 청취한다. 공무원인사위원회는 5년 단임으로 수상이 추천하고 국왕이 임명한다(Civil Service Commission, 2015: 11-12).

2010년 CRAG이 통과되면서 영국인사실(UK Civil Service)은 법률화의 핵심이 되었다. 초기에 공무원 권한이 선제적 권력에 좌우된 이후 정부 의지대로 변경될 수 있었다. 2010년 CRAG를 통해 영국 공무원인사위원회의 기능이 강화되었고, 공무원의 가치도 제고되었다. 그렇지만, CRAG는 공무원의 원칙과 중앙정부의 구조와 관행에 관해 명확하게 규정하지 않으며, 공무원의 역할에 대한 규정이 불명확하다. 최근에 영국 정부는 부장관이 추천자 중에서 사무차관을 선택할 수 있다는 의지를 밝혔지만, 공무원인사위원회는 장관의 관여가 실적제 원칙에 부합하지 않는다고 하면서 장관의 선택은 효력을 발휘할 수 없다고 명백히 하였다(Harris, 2013: 2-3).

영국 인사관리체계에서 주목할 것은 고위공무원단(Senior Civil Service)이다. 1980년대 신공공관리가 부각되면서 모든 부서와 기관에 경쟁 지향적인 구조로 나타난 것이 바로 1996년 수립된 고위공무원단(SCS)이다(Horton, 2010: 2). 고위공무원단[35]은 사무차관 외에 중앙정부의 부처와 기관에 속하는 사무차관 아래 관리직 3계급이 포함하며, 대략 4천 명 정도로 구성된다(Waller, 2014: 3).

또한, 영국 공무원제도에서 주목할 것은 속진임용(Fast Stream)이다. 속진임용은 현대의 역동적 공직을 형성하고 이끌어 갈 수 있는 재능과 태도를 가진 인재를 채용하는 제도로 주로 과학, 엔진, 디지털, 기술 분야 졸업자를 확보한다. 대학졸업자나 다른 인재가 공직으로 진입하는 유일한 경로는 아니지만, 속진임용은 가장 유능한 대학 졸업자를 미래 공직 리더로 성장시키려는 중앙에서만 운영하는 제도이다. 속진임용은 ⅰ) 공무원에게 역량, 신축성, 비용효과적인 자원을 제공하여 정부 업무에 즉각 배치할 수 있게 하고, ⅱ) 현재와 미래 공직에서 요구되는 기술과 경험을 가진 고위공무원단에 다양한 인재를 진입시키고, ⅲ) 공직이 가장 유능한 인재를 확보할 수 있는 매력 있는 고용자로서 만들려는 목적을 가진다.[36]

속진임용은 법률과 정책 분야를 제외하고 모든 핵심 전문가는 졸업-입직 과정을 거친다. 일반직 공무원의 속진임용은 고위공무원 역량을 위한 주된 통

----

35 1급(tier 1)은 사무차관(Perm Sec), 2급(Director General), 3급(Directors), 4급(Deputy Director)이 고위공무원에 해당된다. 고위공무원 이하 명칭은 부서에 따라 자유로운데, Assistant Directors, team leaders, team members, policy advisers 등으로 불린다(Waller, 2014: 4).

36 Fast Stream. Retrieved from civilservicecommission.independent.gov.uk/wp-content/uploads/2014/02/Fast-Stream-report.pdf (검색일, 2017.12.3).

로의 하나이다. 2010년에 사무차관의 절반이 속진임용을 통해 공직에 입직하였다(McCrae & Gold, 2017: 31). 공무원인사위원회는 속진임용 채용과 선발이 공정과 공개경쟁을 기반으로 하는 실적제의 법적 요건을 준수하는지를 조사한다.

<표 3-1>에서 보듯, SCS의 비중은 전체 공무원 중 약 12%에 해당한다. 영국의 공무원 직급은 책임도(responsibility level)를 기준으로 SCS, Pay Band A(Grade 6, Grade 7), Pay Band B(Senior Executive Officer, Higher Executive Officer, Executive Officer), Pay Band C2(Administrative Officer), Pay Band C1(Administrative Assistant) 등 5개로 등급화되어 있으며, 2016년 말 현재 총 418,343명의 공무원이 재직 중에 있다.

**┃ 표 3-1  책임도 수준별 공무원 인사통계(2016)**

| 책임도 수준 | 남성 | 여성 | 총합 |
|---|---|---|---|
| SCS | 2,966 | 1,982 | 4,948 |
| Grade 6, Grade 7 | 21,801 | 17,699 | 39,500 |
| Senior and Higher Executive Officers | 50,706 | 46,930 | 97,636 |
| Executive Officers | 47,394 | 62,222 | 109,616 |
| Administrative Officers and Assistant | 63,796 | 90,038 | 153,834 |
| 조사 무응답 | 4,918 | 7,891 | 12,809 |
| 총계 | 191,581 | 226,762 | 418,343 |

출처: Office for National Statistics. Civil Service Statistics. Retrieved from https://www.ons.gov.uk/employ mentand labourmarket/peopleinwork/publicstorpersonnel/datasets/civilservicestatistics (검색일, 2017.10.25).

(2) 공무원 인사권

영국 공무원의 임명권자는 총리와 장관을 임명하는 국왕을 제외하면 영국의 경력직 공무원 채용은 실적주의에 입각한 공개경쟁 선발제도를 고수하고 있다. 즉, 오늘날 공무원 임용은 정치적 신념이나 개인적 접촉이 아니라 경쟁 채용 과정을 통해서 임용된다.

2010년 '헌법개혁 및 거버넌스 법'(Constitutional Reform and Governance Act)은 공무원 임용에 궁극적인 권한이 인사부장관(the Minister for the Civil Service)(즉, 관습상 수상이 맡음)에 있다고 구체화하고 있다. 즉, 수상이 공무원을 임용할 권한을 갖는다고 명백히 규정하고 있다. 다만, 외교부 공무원은 수상보다는 외무부 장관이 관리할 권한이 있다. 물론, 수상이 실질적으로 외교관이나 핵심 대사를 임용할 때 밀접히 관여하고 있다. 수상은 공무원 임용에 후보자 지지를 보류함으로써 거부권을 행사할 수 있다. 그러나 동법은 공무원 임용에 대해 수상에게 무제한의 권한을 부여하지는 않는다. 공무원 임용은 반드시 공정하고 공개경쟁에 따라야 한다. 수상은 자문을 받으며, 공무원인사위원회의 결정이나 권고를 무효화할 수 없으며, 임용결정에서 이러한 원칙을 반드시 준수해야 한다(Paun et al., 2013: 15-6).

공무원이 부장관에게 책임을 지고, 부장관은 의회에 책임을 지는 것이 영국 정부의 핵심 장치이다. 그러나 현실적으로 공무원 채용은 장관(Secretaries of State)이 임명하는 것이 아니라 실적제를 토대로 작동되고, 서비스 및 자율관리의 지속성, 공무원의 정치적 중립성 등이 준수되어야 하기 때문에 책임기제의 실현이 쉽지 않다(Lodge et al., 2013: 13).37

부장관과 공무원의 관계는 근본적으로 상충적인 가치를 어떻게 균형화시키는가에 달려 있다. 공직은 정치적 정향과 무관하게 모든 시민에게 공공서비스를 공정하게 전달하기 위해서 현 정부에 충분히 응답(responsiveness)을 해야 한다. 동시에 정치적 지배자로부터 독립성(independence)을 확보해야 한다. 영국은 부장관과 공무원 관계를 최선으로 관리할 수 있는 방법을 찾으려는 개혁을 추진하고 있다(Lodge et al., 2013: 4).

현실적으로 보면, 부장관은 공식적인 절차보다는 비공식으로 강한 역할을 한다. 왜냐하면 공직은 부장관이 사무차관에 확신을 가질 필요가 있으며, 비록 어떠한 공식적인 거부권을 갖지 못하지만, 부장관이 개입하려는 노력이 있고, 그 과정이 폭넓게 만족하는지를 점검하려고 한다(Lodge et al., 2013: 17).

### (3) 정무직과 공무원 관계

어느 조직이든 성공과 실패는 적재·적소·적시(the right people into the

---

37 영국 행정체계의 특징은 공직의 독립성을 확보하기 위해서 장관이 그들의 고위공무원, 즉 사무차관이나 부서장을 공식적으로 임명할 수 없다는 것이다. 모든 수준의 공직자(Civil Service) 임명은 공정성과 공개경쟁을 토대로 하는 실적제에 기초한다. 수상은 공직을 임명할 권한을 가지고 있지만, 관습에 따라 이 권한은 내각장관(Cabinet Secretary)과 사무차관에게 위임되었다. 그렇지만 법률은 공직의 모든 임용은 공정성과 공개경쟁을 토대로 한 실적제에 토대를 둘 것을 요구한다. 공무원인사위원회의 역할은 부처 충원이 법률을 준수한 것인지를 정규 감사하는 것이다. 모든 사무차관은 공무원인사위원회의 승인을 필요로 하며, 선발과정을 어떻게 할 것인지를 결정할 수 있다(Lodge et al., 2013: 15).

right jobs at the right time)에 따라 좌우된다. 사무차관과 다른 고위공무원을 어떻게 충원하고 임명하는가가 효과적인 정부를 결정하는 가장 중요한 이슈이다 (Paun et al., 2013: 10).

의원내각제 특성으로 정무직이 활성화되어 있지만, 정치의 회오리에 관계없이 실적제로 작동되는 직업공무원제가 제대로 작동하고 있다. 여기서 주목할 필요가 있는 것은 바로 영국의 고위공무원단이며, 고위공무원단에서 가장 높은 직위인 사무차관(Permanent Secretary)의 역할이다.

영국에서 사무차관은 부장관(a department of Ministry) 부처의 행정수장이다. 사무차관은 경력직 공무원으로서 특정 정부에 상관없이 임기가 보장된다. 이는 행정의 지속성을 균형화 시키는데 중요하며, 민주주의에 기초인 정치적 민감성 때문에 발생하는 예측하기 어려운 통치를 막아준다(Larson & Coe, 1999: 3; Zinyama & Tinarwo, 2014: 25에서 재인용).

장관과 경력직 공무원의 가교 역할을 수행하는 사무차관은 고위공무원단의 1급(tier 1)에 해당하며, 경력직 공무원의 최고위직이라 할 수 있다. 사무차관은 내부 관리구조의 수장으로서 의회에 회계의 효율성과 적절성에 대해 책임을 진다(Waller, 2014: 5). 영국 정부는 실무적·정책적 경험을 가진 사무차관을 확보하려고 노력한다(Paun et al., 2013: 6). 사무차관은 일반직 공무원의 실질적인 인사권을 행사한다. 정치적으로 임명되는 장관, 부장관, 정무차관과 달리 사무차관은 경력직 공무원으로서 정치적 중립성을 지키는 보루라 할 수 있다.

장관(Secretaries of State)과 사무차관은 서로 밀접한 관계를 갖지만, 그 관계는 계속해서 껄끄럽다(strained). 즉, 장관과 사무차관 사이에는 긴장, 상호 의심과 불신이 있으며, 장관이 전직 부장관이나 공무원에게 정부 고위층에 존재하는 문제가 무엇이고 개혁할 것을 찾으려 하기 때문에 사무차관과의 관계는 불편하다(Riddell, 2013: 1).[38]

---

38 부장관과 공무원 간의 아슬아슬한 동거(governing marriage under strain)는 몇 가지 이유에서 비롯된다. ⅰ) 부장관들은 공무원에게 정책자문을 원하고 자신들의 아이디어를 정책에 반영하여 효과적으로 집행할 수 있는 공무원을 원한다. 그러면서도, 부장관은 거대 인프라 및 기술 프로젝트에 관해 공무원의 역량, 능력, 성과를 계속해서 비판한다. ⅱ) 부장관은 자기가 임명하지 않은 공무원이 취한 행위와 무대책(inaction)으로 비난받는 것을 꺼린다. 장관은 그가 책임을 지는 의회에 대해 모든 행정행위에 관한 개인적 책임을 기대하지 않는다. 그러나 정치적으로 부장관은 그들의 책임성과 권한 간에 불일치가 있음을 느끼며, 자신들의 결정이 공무원들에 의해 봉쇄되거나 의도적으로 좌절되는 것에 불만을 갖는다. ⅲ) 공무원

영국에서 부장관과 공무원 관계는 명확하게 규정되어 있지 않다. 관습상 부장관과 공무원 간에는 입법적으로 분리가 되어 있지 않다. 사무차관이 수행하는 역할은 부장관들의 업무와 관심사에 대한 성향, 우선순위, 스타일에 따라 다양화될 수 있다(Harris, 2013: 2).

부장관은 사무차관을 통해서 책임성을 이행할 수 있다. 사무차관의 역할은 다음 세 가지로 나타난다. ⅰ) 부장관에게 복잡한 기술적·관리적·법적·재정적 이슈에 관한 정책자문을 한다. 부장관은 정책목표를 구체화하고 사무차관은 이를 달성할 실질적 선택을 고안하는 상호작용 과정을 띤다. ⅱ) 부처의 수장이다. 사무차관은 부장관을 대신하여 법률에 따라 지도·관리를 한다. 사무차관은 부장관의 우선순위와 지침 및 이해를 반영하는 방식으로 부처 행정을 맡는다. 사무차관은 민주적으로 선출된 정치적 수준의 권위를 존중할 의무가 있으며, 정책을 최대한 이행해야 한다. 사무차관은 핵심 과제의 기획·조직화·집행·통제·평가를 이행해야 한다. 이러한 의무를 이행하지 않을 경우, 사무차관에게는 많은 제약이 따른다. 가령, 고용, 해고, 승진, 보상 등에 제한을 받으며, 조달에 제약을 받는다. ⅲ) 공공서비스의 최고관리 팀의 구성원이다. 사무차관은 총체적으로 공공서비스를 관리할 집합적 책임성을 공유한다(Larson & Coe, 1999: 6−7; Zinyama & Tinarwo, 2014: 25−6에서 재인용).

최근에 영국 정부의 공무원 개혁 과제의 하나는 중앙정부(Whitehall)에서 책임성(responsibility) 기제를 어떻게 확보하는가에 놓여 있다. 관습상 공무원에 의한 운영 및 행정상의 책임은 바로 부장관들(ministers)이 져야 한다는 것이었다. 그러나 행정부의 저성과에 대해서 부장관들이 책임을 지는 것은 비효율적이라는 것이다(Paun & Harris, 2012: 3).

결과적으로 영국 행정부에서 개별 공직자의 개인적 책임성을 명확하게 하기 위한 취지라 할 수 있다. 가령, 전통적인 회계 공직자 역할을 확대한다는 것이다. 이러한 개혁은 공무원이 의회에 대해 보다 더 직접적인 책무성을 져야 한

---

들은 상당수의 사무차관들이 직위를 갑자기 혹은 조기에 그만두는 경우가 발생함에 따라 끊임없이 불안을 느낀다. 특히, 공무원들이 응답할 수 없는 것에 관해 실명을 거론하면서 부장관과 그들의 특별고문들이 공무원을 언론에 무책임하게 비난하기 때문에 공무원들은 이에 상당히 민감하다. ⅳ) 의회 자체는 미디어와 대중과 함께, 부장관뿐만 아니라 공무원들의 성과 책임을 확실히 통제하길 원한다. 공공회계위원회(Public Accounts Committee)는 필요하다면, 현직뿐만 아니라 전직 사무차관을 소환하여 증거를 확보하여 공무원들에게 더 많은 개인적 책임을 지도록 요구한다는 점이다(Riddell, 2013: 2−3).

다는 것이다. 이러한 공무원 개혁은 공공회계위원회(Public Accounts Committee)의 의장이 요구했던 것이다. 동시에 영국 정부는 부장관들이 고위 공직자를 임명하고 성과관리를 하는 데 보다 확대된 역할을 주어야 한다고 제안하고 있다. 즉, 부장관들이 부처 책임을 져야 한다면, 부장관들이 임명과 퇴출 권한을 확보하여 직접적으로 문제를 해결할 수단을 가져야 한다는 논리이다(Paun & Harris, 2012: 3).

이러한 개혁 의제는 두 가지 방향에서 접근할 필요가 있다. 한편으로 공무원 개인에게 공식적인 책무성을 부여하기 위해서는 정치적 통제로부터 상당한 정도의 독립성을 확보해야 한다는 점이다. 또 한편으로 공직자에 대한 부장관의 권한을 강화시키려면 부장관들 자신들이 어떠한 경우에도 부처 실패에 대해 더 많은 책임성을 져야 한다는 것이다(Paun & Harris, 2012: 3).

## 2. 중앙과 지방정부 간의 관계

### 1) 중앙과 지방의 관계

#### (1) 중앙과 지방의 관계 맥락

영국의 중앙정부와 지방정부 간의 관계는 중앙정부에게 우월한 법적 지위를 인정한 의회 절대 권력주의와 월권무효의 원칙(Principle of Ultra Vires), 선출직 지방정부의 수립을 규정한 1835년 도시정부법, 자치주 구(county boroughs)와 교구(parish) 정부를 중심으로 한 지방분권의 전통 등에 의하여 공식적으로 결정되었다. 즉, 영국은 군주제와 벤덤(Bentham)의 공리주의의 영향하에 의회 절대 권력주의와 월권무효의 원칙이 수립되면서 공식적인 정부간 관계가 형성된 것이다. 반면, 왕립헌장과 밀(Mill)의 자유주의의 영향하에 19세기 말부터 태동한 도시 사회주의, 전후 사회복지 국가를 건설하기 위하여 형성된 합의정치의 정신, 1979년부터 경제위기를 극복하고자 추진하였던 보수당 정책을 둘러싼 대결정치, 1997년 노동당 정부의 출범과 함께 재생된 협력정치 등은 비공식적인 관계를 결정했다고 볼 수 있다(Kingdom, 1991; Wilson & Game, 1998; 김순은, 2005: 10-11에서 재인용).

의회절대 권력주의와 월권무효의 원칙이라는 틀 속에서 영국의 중앙정부와 지방정부 간의 공식적인 정부 간 관계는 법률, 내각의 부령, 중앙정부의 각종 지침, 법원의 판결, 감독 및 대집행권, 중앙정부의 재정권을 통하여 나타났다(김순은, 2005: 11).

이러한 중앙과 지방의 관계는 중앙의 지방에 대한 입법적 관여, 행정적 관여, 재정적 관여로 구현되고 있다. 첫째, 입법적 관여로는 중앙정부가 법률을 통해 지자체의 권한을 신설하거나, 폐지, 재편 또는 수정할 수 있다. 둘째, 행정적 관여로는 일부 개별 법령에서 중앙정부 각료가 지자체의 행위에 관여하거나 지자체의 직무권한을 정지, 회수 또는 타기관에 이양할 수 있다. 셋째, 재정적 통제로는 예산 상한선을 설정할 수 있다. 즉, 지역사회, 지방자치부 장관은 지자체의 예산지출 및 세금인상이 과도하다고 판단될 경우, 계획된 예산에 상한선 설정이 가능하다(외교부, 2013: 51−52).

### (2) 중앙집권과 지방분권의 현실

영국은 수세기 동안 분권의 전통을 이어오고 있다. 19세기에 지방정부가 탄생하면서 지방정부는 서비스를 전달하고 지방 공동체가 직면한 문제들을 처리한다. 예를 들면, 지방정부는 가스 발굴, 전기 공급, 학교나 병원 건립, 공공시설 운영 등을 수행한다(House of Commons, 2009: 6).

그러나 오늘날 영국은 가장 중앙집권적인 민주주의 국가의 하나이다. 중앙이 사실상 모든 세금을 통제하고, 재정권한을 가지고 있다. 1945년 이후 영국 정체체제에서 권력과 권한이 모두 상층부(upwards)로 이동된 것이다. 복지국가가 출현하면서 개인 삶의 향상에 관해서 정부의 책임성이 부각되고, 의회와 정부의 관심은 해외 영토를 통치하는 것에서부터 국내 정책을 직접 챙기는 것으로 전환된 것이다(House of Commons, 2009: 6).

강력한 지방 차원의 쟁점인 건강, 교육, 주택, 계획, 경제회복 등이 전부 혹은 일부가 지방정부에서 중앙정부의 책임으로 옮겨진 것이다. 결국, 지방정부가 독특한 지방 역할을 해야 한다는 강조점이 시들어졌다(House of Commons, 2009: 6). OBE 교수는 "지난 30여 년 간에 중앙정부는 지방자치단체(local authorities)를 중앙정부의 집행기관으로 간주하고 있으며, 지방정부는 중앙정부 부처와 다를 바가 없다"고 언급하였다. 이렇듯 지방정부의 역할이 제한되고, 권한이 중앙집권화되면서 개인이나, 지방 공동체나 민주주의를 위해서 이는 매우 부정적인 결과를 초래하고 있다(House of Commons, 2009: 6).

영국의 차기 정부들은 중앙에서 지방으로 더 많은 권한과 의사결정을 이양하려 할 것이다. 그러나 현재 모든 정부는 공공정책에 관한 모든 이슈에 관해 무엇인가를 해야 한다는 대중과 미디어의 요구에 더욱 귀를 기울이고 있다. 그리고 소홀히 할 수 없는 공정성과 서비스 규제에 대한 기대가 크다(House of Commons, 2009: 6).

이처럼 영국 정부는 지방에 대해 종종 일방적 통제를 한다. 교부금(Rate Support Grant) 정책의 경우, 특히 1979년 이후 지방정부에 의해 과도하게 지출되면서 개정되었다. 경기 침체나 IMF로부터의 정부 대출 등 국가적 위기에 처하면, 영국 지방협회는 교부금정책 협상에서 정부의 지침을 받아들일 수밖에 없다. 그러나 정부가 일방적 통제를 하는 것은 대가를 치러야 한다(Nagata, 2017: 10).

이처럼 심화되는 중앙집권화를 완화하려는 개혁이 이어지고 있다. 지방정부의 최근 재정비는 19세기 도시개혁에서 기원을 둔 점증적 대책의 결과이다. 20세기에 지방정부의 구조는 개편되고 합리화되고 있다. 즉, 지방정부가 소수화 및 대규모화 되고, 지방 의회의 기능은 재조정되고, 지방자치단체의 기금 수여 방식은 주기적이고 유의미한 개혁에 따르고 있다.[39]

(3) 중앙과 지방의 구조

영국의 정부간 관계(inter-governmental relations)를 이해하기 위해서는 영국의 정식 국가 명칭을 확인할 필요가 있다. 영국의 정식 국명은 그레이트 브리튼 및 북아일랜드 연합왕국(The United Kingdom of Great Britain and Northern Ireland)으로 일반적으로 United Kingdom(연합 왕국)이라는 명칭이 활용된다(외교부, 2013: 3). 즉, 영국은 잉글랜드, 스코틀랜드, 웨일스, 그리고 북아일랜드로 구성된 연립형태의 국가이다(외교부, 2013: 3).

따라서 영국연방(Commonwealth of Nations)으로 불리는 용어는 과거 영국 본국과 구(舊)영제국 내의 식민지에서 독립한 국가들로 구성된 연방체를 의미한다. 영국연방의 구성원(국)은 영국 본국과 대등한 지위를 가진 주권국가라는 점에서 흔히 연방국가로 불리는 미국(United State of America)의 연방과는 다른 의미이다(안경환, 1993: 248).

------------------------------------------------------------

39 영국 지방정부 재정비. Retrieved from https://en.wikipedia.org/wiki/Local_government_in _England (검색일, 2017.12.18).

**▍ 표 3-2  영국의 정부 계층**

| 중앙정부 | | 지역정부 | 지방정부 |
|---|---|---|---|
| 국왕 | | 스코틀랜드 | |
| 행정부 | 추밀원40 | 웨일스 | 지역정부 이하의 광역 및 |
| | 총리 | 북아일랜드 | 기초자치단체 |
| | 내각 | 잉글랜드 | |
| 의회41 | | (지역 정부 없음) | |
| 사법부 | | | |

출처: 외교부(2013: 17-34, 44-48)의 내용을 바탕으로 재작성

영국의 중앙-지역-지방 정부의 관계는 다음과 같이 도식화될 수 있다. 즉, 국왕·행정부·의회·사법부로 구성된 중앙정부, 스코틀랜드·웨일스·북아일랜드 등 세 개의 지역정부, 그리고 지방정부로 구성된 3계층으로 구성된다. 잉글랜드는 지역정부가 없는 2계층이다.[42]

<표 3-2>에서 보듯, 영국의 중앙정부는 국왕 및 행정부 등의 정부를 의미하며, 지역정부는 잉글랜드를 제외한 3개의 지역정부을 지칭하며, 지방정부는 우리나라의 광역자치단체 및 기초자치단체에 해당한다고 볼 수 있다.

영국은 중앙정부-지역정부-지방정부의 체계로 구성되며, 구체적으로 지역정부 이하의 자치단체는 다음과 같다.[43] 첫째, 광역자치단체이다. 광역자치단체는 런던광역시와 자치주(County)의 2원화된 구조를 갖고 있다. 둘째, 기초자치단체는 런던 광역시 이하 33개의 자치구(Borough)로 구성되어 있으며, County 아래로는 인구 10만 명 수준의 지구(District)로 구성된다. 셋째, 단일통합형 자치단체로는 맨체스터, 버밍엄, 리버풀 등의 대도시권 주(Metropolitan County)가 해체되면서 만들어진 특별자치구(Metropolitan District)는 권역 내 기초자치단체가 광역지자체의 기능을 흡수하여 수행한다. 넷째, 자치단체 간 통합(광역-기초, 기초-기초)을 통해 기존 광역 및 기초지자체의 기능을 통합하여 수행한다. 다섯째,

---

40 국무에 관한 고문관 집단으로 형식적인 행정부 최고기관(외교부, 2013: 18)

41 영국 의회는 최고 입법기관으로 여왕, 하원 및 상원으로 구성되며 형식상 입법을 위해서는 3자의 합의가 필요하다(외교부, 2013: 21).

42 잉글랜드 지역 정부는 주민투표가 부결되어 지역 정부가 구성되지 않았으며, 이에 따라 잉글랜드 지역은 중앙정부-지방정부의 이원 구조로 이해할 수 있다(외교부, 2013: 44-48).

43 이하의 내용에서 지방정부는 지역정부를 제외한 중앙-지방정부간 관계를 포괄적으로 설명한다.

▌ 표 3-3  영국의 지방자치단체 현황

| 지역 | | 단일구조 | | 이원구조 | |
|---|---|---|---|---|---|
| | | 도시 | | 런던 | 비도시 |
| 잉글랜드 | 353개 | 광역도시권 (런던 제외) | 기타 지역 | 런던 | 27 (County) |
| | | 36 광역도시 (District) | 55 통합시 | 33 (Borough) | 201 (District) |
| 스코틀랜드 | 32개 | 32 통합시 | - | - | - |
| 웨일스 | 22개 | 22 통합시 | - | - | - |
| 북아일랜드 | 26개 | 26 통합시 | - | - | - |

출처: 외교부(2013: 48)에서 발췌 및 재작성

준(quasi) 지방자치단체로 영국 성공회의 교구제도에 근거를 둔 소도시(town)와 주민 직선의 교구회(Parish Council) 등이 운영된다(외교부, 2013: 46−47).

종전 이원구조(The old−style two−tier system)는 자치주 의회(County Councils)와 지구 의회(District Councils)로 구성된다. 자치주 의회는 교육, 사회 서비스, 도서관, 도로, 무역 표준, 공공교통 및 일부 지방 기능을 맡고, 지구 의회는 쓰레기 수거, 교부금 계획 승인 및 의회 건물, 여가, 지방도로, 환경보건 등을 책임진다. 새로운 단일구조(The newer single−tier system)는 통합단체(Unitary Authorities) 형태를 띠고, 1계층의 지방정부로 구성되며, 지구(District)와 자치주(County Council) 기능을 결합한 방식이다. 대런던(Greater London)이 유일한 이원구조를 가지며, 이원구조의 권력은 런던 자치구(Borough) 의회와 대런던 자치단체(선출직 시장이 수장) 간에 공유된다. 교구(Parish)는 교회와 국가 간 구별이 약할 때 형성된 최하위 수준의 지방정부이다. 주로 마을 혹은 소규모 공동체에서 형성된다. 소규모 교구는 제한된 자원을 가지고 역할도 적다. 다소 큰 교구회는 작은 지구의회와 유사한 역할을 한다.44

1972년 이후 지방(권한)구조(authority structures)에 대한 개혁이 상당히 이루어졌다. 개혁의 전반적인 효과는 단체(authorities)와 의원(councillors)을 줄이는 것에 초점을 두었으며, 이원구조(two−tier structure)에서 탈피하여 단일구조(unitary structure)를 지향하고 있다(Sandford, 2017: 17).

----

44 Local Government in the United Kingdom. Retrieved from http://slideplayer.com/slide/29
   62138/ (검색일, 2017.12.13).

▌표 3-4  1972년 이후 영국 지방정부 구조 변화

| 1986 | • 6개 대도시 자치주 의회(county councils) 및 대런던 의회를 폐지하고, 이들 기능을 동일 지역 공동 위원회 및 자치구(borough) 의회로 이관함 |
|---|---|
| 1994 | • 스코틀랜드와 웨일스의 이원구조를 32개 및 22개 통합단체로 전환함 |
| 1996 ~ 98 | • 잉글랜드 전역에 46개의 새로운 통합단체를 형성함 |
| 2003 ~ 04 | • 북동부, 요크셔 및 험버, 북서지역에 통합단체를 제안하고, 잉글랜드 북부에 선출된 지역 의회 도입을 계획하였으나 모두 실패 |
| 2007 ~ 09 | • 신청 기반 과정을 통해서 영국 전역에 9개의 새로운 통합단체를 형성 |
| 2014 ~ 15 | • 북아일랜드에 26개 지구(district) 의회를 병합하여 11개의 대규모 지구 의회로 전환<br>• 웨일스에 22개의 통합단체를 합병하여 10 ~ 12개의 대규모 통합단체로 병합할 것을 제안 |

자료: Sandford(2017: 17)

## 2) 지방정부 역할

### (1) 지방정부의 역할 근거[45]

영국 지방정부 체계(local government system)는 병렬적이지만, 각자 발전을 하고 있다. 지방정부는 스코틀랜드, 웨일스, 그리고 북아일랜드로 이양되어 있다. 지방정부는 영국 지방정부의 구조와 기능, 그리고 선거와 역사적 발전을 내포한다(Sandford, 2017: 4).

영국 지방정부의 역할을 이해하기 위한 핵심 근거는 보충성의 원칙 (principle of subsidiarity)이다. 영국은 노동당 집권 후 유럽평의회(Council of Europe)의 '지방자치 헌장'(European Charter of Local Self – government)에 서명하였다. 지방자치 헌장은 중앙정부의 모든 활동에 지방정부의 참여를 강조할 뿐만 아니라, 지방정부의 권한 강화 및 재원의 보장, 정부 간 분쟁의 사법적 처리 원칙, 보충성의 원칙을 제시한다(김순은, 2001: 103 – 104).

지방자치 헌장의 개념은 당초 EU에 포함된 모든 국가가 준수해야 하는 원칙으로 각 회원국이 달성할 수 없는 문제를 해결할 때에 한정적으로 EU가 개입해야 한다는 개념에서 출발하였다(마스트리히트 조약 제G조 5).[46] 즉, 주민의 생활과 직결된 정부기능은 기초 지자체에서 결정하고, 정책의 효과가 보다

---

45 지방정부를 지역정부를 포괄하는 개념으로 기술한다.

46 EU 가입. Retrieved from http://www.mofa.go.kr, (검색일, 2017.11.24).

넓은 기능은 광역 지자체에서 결정하며, 중앙정부는 지방자치단체가 수행하기 어려운 기능만 한정적·보완적 수준에서 결정해야 한다는 원칙이다(김석태, 2005: 3). 즉, 영국 지방정부의 역할은 보충성의 원칙에 따라 지방정부 단위에서 수행하기 어려운 기능을 제외한 거의 모든 기능이 지방정부에서 결정되고 집행된다.

더 나아가 2007년 지방정부협회 의장과 공동체 및 지방정부 장관 간에 조인된 중앙-지방 협약(Concordat)은 중앙정부와 지방정부의 각자의 역할과 책임성을 명확히 하였다. 이 협약은 중앙정부와 지방정부가 어떻게 공공문제를 공동으로 수행해야 하는지에 관한 원칙적인 내용을 담고 있다. 협약 원칙은 중앙정부와 지방정부 간 권력균형을 추구하려는 장기적인 노력을 제기하고 있다. 중앙정부와 지방정부는 파트너이며, 그들 공동체에서의 우선권을 해결할 권한을 가지며, 각자 지역에서 공공서비스를 선도적으로 전달하고 불필요한 지시나 통제 없이 자신의 미래를 형성할 수 있다고 규정한다. 그리고 지방분야 협정(Local Area Agreements)의 성공은 중앙정부 부처, 기관, 정부기관, 평의회, 지방 파트너 간의 행태와 실천에서의 주요한 변화에 좌우된다. 협약은 지방정부와 중앙정부가 평의회에 기금조성에 상당한 신축성을 부여하고, 정책 및 보건서비스 같은 핵심 공공서비스에 관한 지방의 민주적 책무성을 증가시키는 것을 표명하고 있다(House of Commons, 2009: 53-54).

## (2) 지역정부의 역할

1997년 집권한 노동당의 블레어 정부가 본격적으로 자치권 이양을 추진하였다. 스코틀랜드법(1998), 웨일스정부법(1998), 북아일랜드법(1998) 제정으로 권한이양의 법적 기초를 마련하였다. 그러나 영국 의회의 주권적 지위는 유지되고 있다. 헌법, 법률로 자치권이 보장되는 연방제와 달리, 영국 의회는 자치권을 이양한 법률 자체를 폐지 또는 수정할 수 있다. 지역별로 권한에 차이를 두는 비대칭적 이양을 추진 중이다. 스코틀랜드와 북아일랜드는 입법권 이양을, 웨일스는 집행권 이양을, 잉글랜드는 영국 의회에서 직접 관장을 한다(외교부, 2013: 44).

보다 자세히 보면, 스코틀랜드는 영국 의회에서 유보되지 않은 분야에서 자치권을 행사할 수 있는 네거티브 시스템으로서 광범위한 권한을 행사할 수 있다. 유보 사항은 헌법, 외교, 국방·국가안전, 재정·경제정책, 교역·산업, 에너지, 교통, 연금, 사회보장, 고용, 방송, 이민·국적, 고용 등이다. 웨일스는 집행 및 행정적 분권으로 기본 법률을 제정할 수 없으며, 영국 의회가 법률로 유보한 범위 안에서 부수입법 제정권을 보유한다. 부수입법은 시행령, 행정명령, 규칙, 규정, 제도, 시행규칙 등이다. 권한을 행사할 수 있는 분야는 스코틀랜드와 달리 열거주의 형태로 규정한다. 즉, 농·어업, 문화, 경제발전, 산업, 교육·훈련, 사회복지, 환경, 보건, 고속도로, 주택, 지방자치, 스포츠, 관광, 도시개발 등이다. 영국 의회에서 일정한 산정공식에 따라 보조금을 교부하며, 웨일스 의회는 소득세 조정권한이 없다. 북아일랜드는 법률상 스코틀랜드와 유사한 형태로 입법적 분권이 있으나 차이점은 치안, 사회안전, 교도소, 형사법 기능은 이양을 유보하고 있다. 북아일랜드 자치권은 개신교·통합주의자와 카톨릭·민족주의자 진영 간의 분쟁 및 소위 평화 과정과 연계되어 이양과 회수를 반복하다가 2007년 3월 총선을 통해 5월에 연합정부가 구성되면서 자치권 행사가 재개되었다. 잉글랜드는 1998년 런던을 제외한 8개 지역에 지역개발청(RDA)과 임명제 지역의회(Regional Chamber)를 설치하였다. 2000년에는 런던광역시를 설치하였다(외교부, 2013: 45−6).

### (3) 지방정부의 역할

지방분권 강화와 관련된 법률적 지원을 위하여 2009년 「지방민주주의, 경제발전 및 건설법」이 제정되었다. 또한, 2011년 제정된 「지방주권법」, 그리고 2016년 제정된 「도시 및 지방분권법」 등을 통해 지방의 권한이 지속적으로 확대되고 있다(이원섭, 2017: 2−3).

단일구조(unitary structure)에서 지역의 의회는 모든 기능을 수행하고, 단일구조나 이원구조 모두에 부여되는 책임성도 있다. 1972년 지방정부법 제101조에서 자치주(County)와 지구(District)는 서로 기능수행을 자유로이 합의할 수 있다. 이 경우, 기능의 책임성은 법적으로 의회에 남게 된다(Sandford, 2017: 6).

많은 공공서비스는 지방정부 차원이 아니라 국가조직에 의해서 전달된다. 예를 들면, 보건서비스는 국가보건서비스(NHS)에 의해서, 복지혜택, 고용서비스, 보호관찰, 교도소 등도 국가기관에서 이루어진다. 정부에 의해서 더 많은 국가조직들이 설치되어 기능을 수행하고 기금을 배분하며, 이는 지방정부에 책임을 지지 않는다. 예를 들면, 환경기관, 잉글랜드자연기관, 내국공동체기관, 잉글랜드고속도로기관, 예술위원회, 재능기금기관, 교육기금기관 등이다. 많은 지방자치단체는 이들 기관들 간의 관계를 통해서 수행되지만, 이들 기관의 책임은 이들을 지원하는 중앙정부 부처에 귀속된다. 이들은 비부처 공공기관(non-departmental public bodies), 또는 자치권이 있는 비정부기관(Quangos)이다(Sandford, 2017: 6).

잉글랜드의 모든 부분은 적어도 지역발전협력(Local Enterprise Partnership: LEP)과 연계된다(Sandford, 2017: 6). LEP는 지방자치단체와 기업 간에 지원적 협력(voluntary partnership)이며, 해당 지역에서 지방경제 우선순위를 결정하고 경제성장과 일자리 창출을 유도한다. 2012년 폐지된 광역개발청(RDA)이 수행한 일부 기능을 맡는다. 현재 38개 LEP가 운영되고 있다.[47] LEP들은 해당 지역에서 지방자치단체와 밀접한 업무 관련성을 갖지만, 지방자치단체에 공식적으로 책임을 지지는 않는다(Sandford, 2017: 6).

## 제3절 입법부 및 사법부 차원

### 1. 의회 구성 및 운영방식

#### 1) 의회구성

#### (1) 영국 정당

① 정당체계

영국 정치구조는 기본적으로 사회경제적 계급이라는 변수에 기초하고 있다(Hancock, 1998: 18-19; 임도빈, 2016: 312에서 재인용). 국민들에게는 계급이 지지 정당을 결정하는 가장 큰 변수가 되고, 이를 바탕으로 정당 중심의 정치가 이뤄진다. 계급은 강한 이데올로기가 내포되어 있는데, 이는 부의 불평등한 배분에 근거한다(임도빈, 2016: 312).

영국의 정당은 다음과 같은 특징을 가진다(Kavanagh, 1991). 첫째, 실용적이다. 좌파(노동당), 우파(보수당)라는 이데올로기적 차이와 더불어 실질적인 정책

---

47 LEP. Retrieved from https://en.wikipedia.org/wiki/Local_enterprise_partnership (검색일, 2017.12.15).

에서 양당은 명료한 정책을 제시하고 유권자들은 이를 중심으로 자신이 투표할 정당을 선택한다. 둘째, 정당 내부의 규율이 엄격하다. 물론, 정당에 따라 조직과 정강이 상이하게 규율되고 있다. 전국적으로 통일적인 조직과 정당이 필요한 노동당은 보다 강력한 중앙조직을 갖는 반면, 보수당은 다소 느슨한 체제를 갖고 있다. 이는 후보선출 과정에서도 나타난다(임도빈, 2016: 31에서 재인용).

② 주요 정당

영국 정당체계(party system)의 역사는 18세기부터 발전하기 시작하였으며, 헌법을 수행하는 필수적인 요소로 볼 수 있다. 제2차 세계대전 이후에는 영국의 모든 정부기관들이 보수당(Conservative Party) 또는 노동당(Labour Party)에 근거하여 형성되었다고 볼 수 있다(<표 3-5>).[48]

▌표 3-5  영국의 주요 정당

| 주요 정당 | 주요 내용 |
|---|---|
| 보수당(Conservative Party) | • 국방 및 경제 등의 활동에 중점을 둔 우파적 성향의 정당 |
| 노동당(Labour Party) | • 사회 평등 및 사회의 정의에 중점을 둠 |
| 민주노조당(Democratic Unionist) | • 사회적·경제직 자유주의에 근거한 민족주의적 성향 |

출처: 영국 정당. Retrieved from http://www.parliament.uk/about/mps-and-lords/members/partysystem/ (검색일, 2017.10.9).

영국 유권자 32,204,124명, 후보자 3,304명, 선거구 650곳에서 벌어진 2017년 총선거 결과를 보면, 과반수를 차지한 정당은 없다. 보수당(Conservative)이 가장 많은 의석과 득표율(317석, 42.3%)을 차지하였다. 이는 2015년도 36.8%보다 상승한 것이다. 노동당(Labour)은 2015년 232석 및 30.4%에서 2017년 262석 및 40%로 상승하였다. 자유민주당(Liberal Democrats)은 12석으로 7.4%를 차지하였다. 스코틀랜드민족당(SNP)은 2015년 56석에서 2017년에는 35석으로 줄어들었으며, 웨일스민족당(Plaid Cymru)은 4석을 차지하였고, 북아일랜드에서는 민주노조당(Democratic Unionist Party)이 10석을, 아일랜드공화주의정당(Sinn Féin)이 7석을 얻었다(<그림 3-3>).[49]

48 영국 정당. Retrieved from http://www.parliament.uk/about/mps-and-lords/members/party system/ (검색일, 2017.10.9).

49 General Election 2017. Retrieved from http://researchbriefings.parliament.uk/ResearchBriefing/Summary/CBP-7979 (검색일, 2017.10.29).

▌그림 3-3 2017년 총선 결과 정당별 의석수

출처: House of Commons(2017: 3)

(2) 의회제도

① 의회중심주의

영국의 의회중심주의를 웨스트민스터 모델이라 칭한다. 기본 개념은 행정
이 정치에 종속되는 베버 모델이라고 할 수 있다. 웨스트민스터 시스템은 상
징적이지만 주요 문제의 승인권을 국왕과 의회의 다수당을 기반으로 구성되는
내각, 그리고 중립적인 입장에서 법을 집행하는 직업공무원제로 구성된다. 즉,
이들 간 견제와 역할 분담이 이뤄지고 있는 모델이다(Galligan & Brenton, 2015;

임도빈, 2016: 316에서 재인용).

영국 의회의 이익대표 방식은 미국형(지역구 대표들의 집합)보다 유럽형(국민 천체의 대표로 비례선거제, 지역구와 직접 연계 부족)에 가깝다. 의원은 소속 정당에 더욱 책임을 지며, 출신 지역구보다는 국가 차원의 정책목표와 국익 실현에 더 충실한 경향이 있다. 의원들이 지역구에 거주할 의무가 없으므로, 많은 경우 자신들의 지역구에 거주하지 않아도 지역구 이익 대변의 문제로부터 상대적으로 자유롭고, 의원들은 보통 당의 정책 방향에 따라서 투표하지만, 윤리적인 문제 및 소수인종 등과 같은 문제에 대해서는 당 정책과 별개로 의회에서 자유토론을 하는 것도 허용된다(Hancock, 1998: 40−41; 임도빈, 2016: 317에서 재인용).

대의민주주의를 택하는 영국은 의회가 주권(sovereign)[50]을 행사한다고 볼 수 있는데, 이는 모든 중요한 문제가 하원의원에서 결정되기 때문이다. 성문헌법이 없는 상황에서는 의회가 결정할 수 없는, 즉 권한에 주어지는 제약은 없다. 의회에서 통과된 법률의 위헌성을 심리하는 헌법재판소도 존재하지 않는다. 이 점에서 프랑스, 독일 등 유럽대륙 국가와도 구별된다. 이와 더불어 집행부와의 관계에서 의회가 중심이라는 점에서 영국은 미국과 더 유사하다(임도빈, 2016: 317).

② 양원제

영국은 근대 의회주의의 가장 전형으로 간주된다. 즉, 의회제도를 통해 정치가 이루어지는데, 총선거(General Election)에서 승리한 다수당을 중심으로 하원이 구성되며, 이들은 또한 정부부처, 즉 내각의 주요 구성원으로 임명되게 된다.

영국 의회(Parliament)는 양원제로 상원(House of Lords)과 하원(House of Commons)으로 구성되어 있다. 하지만 상원과 하원간의 권력은 불균등하여 하원 우위의 양원제라고 할 수 있다(이영우, 2013: 428). 2017년 현재 상원 의원의 수는 799명, 하원 의원의 수는 650명이다.[51]

........................................................................

50 의회주권은 영국 정체(constitution)의 원칙이다. 의회주권은 의회가 최고 법령 권한을 가지며, 법률을 만들거나 폐지할 수 있다. 일반적으로 법원은 의회의 입법을 취소할 수 없다. 의회주권은 영국 정체에서 가장 중요하다(Retrieved from http://www.parliament.uk/about/how/role/sovereignty/ 검색일, 2017.12.2).

51 영국 의원 구성. Retrieved from http://www.parliament.uk/mps−lords−and−offices/mps/ (검색일, 2017.10.9).

▌그림 3-4  영국 의회 구성도

| 하원(646명) | | 상원(700명) | |
|---|---|---|---|
| 야당 | 여당 | 여당 | 야당 및 무소속 |
| | **정 부** | | 그림자 장관 |
| 그림자 장관<br>원내총무<br>평의원 | 수상<br>장관<br>원내총무 | 장관<br>원내총무 | 원내총무<br>평의원 |
| | | 평의원 | 법귀족<br>주교 |
| | 평의원 | | |

출처: 영국 의회 구성도. Retrieved from http://news.bbc.co.uk/2/hi/uk_news/politics/6999499.stm (검색일, 2017.10.29).

상원 의원은 주로 고위 성직자(성직 귀족, Lords Spiritual)나 세습귀족(세속귀족, Lords Temporal), 또는 종신귀족 등으로 구성된다. 그리고 고용법원의 판사 중에서 대법관으로 임명된 종신귀족을 법률귀족(Lords of Appeal in Ordinary)이라 부른다.52 이들의 경우 실질적인 정치적 권한은 없다. 하원 의원(Member of Parliament, MP)들의 경우, 선거를 통해 선출되며, 실질적인 권한을 가지고 있다. 또한 이들은 자신 지역구의 선호에 부합하는 정책에 대해서도 목소리를 낸다.

<그림 3-4>에서 보듯, 영국 의회의 구성은 하원과 상원으로 구성되어 있다. 하원 및 상원 의원은 그들의 정당에 따라 야당(opposition party)과 여당 (governing party)에 소속되어 있으며, 하원의원 중 야당의 경우 그림자 장관 (Shadow Minster)은 제1야당에 소속된 장관이다. 또한, 원내총무(Whip), 평의원 (Back-bencher)의 경우는 야당과 여당 모두에 속해 있으며, 여당의 수장은 수상으로 임명된다. 이와 유사하게 상원의 경우에도 여당 출신의 의원들은 장관과 평의원 등으로 임명되어 내각에서 활동하며, 야당 및 무소속(cross-bencher)의 경우 그림자 장관, 원내총무, 평의원, 법률귀족(Law Lord), 주교(Bishop) 등이 활동한다.

(3) 의회구성

① 의원수와 임기

영국의 의원 수는 상원과 하원에 따라 다르다. 영국 의회에서 공개하고 있는 상원 의원의 수는 798명이다. 이 중 성직자 24명을 제외한 나머지 의원들은

---

52 2009년 이후부터 대법원이 상원에서 분리되어 새로운 법률귀족의 임명은 발생되지 않고 있다.

**┃ 표 3-6  정당별 상원 의원의 구성 및 현황**

| Party/group | Life peers | Excepted hereditary peers | Bishops | Total |
|---|---|---|---|---|
| 주교(Bishops) | 0 | 0 | 24 | 24 |
| 보수당(Conservative) | 201 | 49 | | 250 |
| 무소속(Crossbench) | 150 | 32 | | 182 |
| 노동당(Labour) | 195 | 4 | | 199 |
| 자유민주당(Liberal Democrat) | 96 | 4 | | 100 |
| 비계파(Non-affiliated) | 28 | 1 | | 29 |
| 기타(Other) | 13 | 1 | | 14 |
| 합계 | 683 | 91 | 24 | 798 |

주1): other의 경우 Democratic Unionist Party, Green Party, Independent Labour, Independent Social Dem
ocrat, Independent Ulster Unionist, Plaid Cymru, UK Independence Party, Ulster Unionist Party 등의
정당이 포함됨

주2): 종신귀족(life peers)의 구성은 Appellate Jurisdiction Act 1876과 Life Peerages Act 1958의 법에 근거하
며, 국가에 큰 공로가 있는 자에 대해 여왕이 임명하는 것임

주3): 세습귀족(hereditary peers)은 정당 또는 상원 전체에서 선출됨

출처: 영국 의회 구성 및 현황. Retrieved from http://www.parliament.uk/mps-lords-and-offices/lords/com
position- of-the-lords/ (검색일, 2017.11.7. 기준)

대부분 출신 정당이 있는데, 주로 보수당과 노동당 출신이다(<표 3-6>).

한편, 하원 의원은 소선거구제에서 직접선거를 통해 선출된다. 2017년 선
거 결과에 따르면, <그림 3-5>에서 보듯, 보수당이 317석, 노동당이 262석

**┃ 그림 3-5  2017년 총선 결과 하원 의석수 현황**

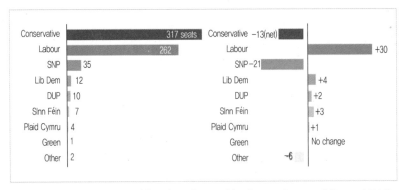

출처: General Election 2017. Retrieved from http://researchbriefings.parliament.uk/ResearchBriefing/Sum
mary/ CBP-7979 (검색일, 2017.10.29)

그리고 스코틀랜드민족정당(Scottish National Party: SNP)이 35석을 차지하였다. 보수당의 경우, 13석이 감소하였으며, 노동당은 30석이 증가하였고, 그리고 SNP는 21석이 감소하였다(House of Commons, 2017: 3).

의원의 임기는 최장 5년으로 보장되지만 일반적으로 임기의 만료 1~2년 전에 총선이 실시된다. 하지만 제2차 세계대전과 같이 특수한 경우에는 총선이 실시되지 않았으며 임기가 연장되었다. 선거는 수상이 권고하여 여왕이 최종적으로 승인하고 명령한다.[53]

② 의원 선출방식

영국은 650개의 선거구(constituencies)로 분류되며, 선거 중에는 해당 선거구의 하원 의원 후보자에 대한 투표가 가능하다. 가장 많이 득표한 후보자가 다음 선거 전까지 해당 지역의 하원 의원으로 선출된다. 총선거(General elections)의 경우, 모든 선거구가 공석이 되며, 하원 의원은 입후보를 통해 선출된다. 일반선거는 5년마다 실시된다. 하원 의원이 사망하거나 은퇴할 경우, 해당 선거구에서는 새로운 하원 의원을 선출하기 위해 보궐선거(by-election)가 실시된다.[54]

영국 총선거는 의회 해산에 따라 개최된다. 영국 의회를 구성하는 모든 의원(MPs)은 선거 25일 전에 해산되며(근거: 2011년 정례의회 법안 Fixed-term Parliaments Act 2011), 모든 의회 역할이 중단된다. 하원 해산 및 총선은 수상의 권고에 따라 여왕의 명령으로 이루어진다.[55]

정당(Political parties)의 측면에서 대부분의 하원 의원들은 영국의 주요 정당으로 볼 수 있는 노동당, 보수당 그리고 자유민주당에 속해 있다. 기타 하원 의원들의 경우, 소수 야당 또는 무소속에 속해있다. 주요 정당의 하원 의원이 되기 위해서는 정당의 공천 관리자(nominating officer)의 승인을 받아야 하며, 선거구에서 최다득표를 통해 승리해야 한다.

(4) 선거관리

의회선거구획정위원회(Parliamentary Boundary Commissions)는 독립적·비

---

53 영국 의회. Retrieved from http://www.parliament.uk/ (검색일, 2017.10.25).

54 2015~2017년에 보궐선거는 모두 10번이 치러졌는데, 3번은 의원 사망으로, 7건은 의원 사직으로 이루어졌다(House of Commons, 2017: 76).

55 영국 의회. Retrieved from http://www.parliament.uk/ (검색일, 2017.10.25).

당파적 공공기관으로서 선거구 경계를 결정할 책임성을 갖는다. 잉글랜드, 스코틀랜드, 웨일스, 북아일랜두 각각의 획정위원회(Boundary Commission)가 설치되어 있다. 1986년 '의회선거구법' 이후 2011년 '의회투표체계 및 선거구 법'(the Parliamentary Voting System and Constituencies Act 2011)으로 이어졌다. 2011년 제6차 검토에서 4개 획정위원회가 출범하였고, 650곳 선거구에서 600곳으로 줄일 것이 검토되었다. 잉글랜드 502곳, 북아일랜드는 16곳, 스코틀랜드는 52곳, 웨일스는 30곳으로 공식화되었다. 그러나 2013년 의회는 각 획정위원회는 법에 따라 선거구를 적어도 매 5년마다 검토할 수 있게 하였다.[56]

각 선거구의 유권자의 편차는 영국 유권자 할당 5% 이내로 규정되어 있다. 이는 '선거구당 평균 인구수를 산출한 다음, 허용 기준'을 적용한다. 선거구 획정은 유권자와 지역 요건 외에 규모, 지형, 접근성, 지방정부 경제, 선거구 변경으로 인한 지역 연대 훼손 혹은 불편 등을 고려할 수 있다. 장관(Secretary of State)에게 획정위원회의 권고를 수정할 권한을 주었지만 거의 실행되지 않고 있다. 이러한 경계획정은 게리멘더링을 확연히 줄였다.[57]

최근 의회선거구경계획정을 검토하여 2018년까지 보고서(2018 Review)를 제출할 예정이다. '의회투표체계 및 선거구 법'에 따라 모든 새로운 선거구는 대략 동일한 유권자를 가지며, 71,031보다 많고 78,507보다 적어야 하는 요건을 충족해야 한다. '2018 Review'에 따르면, 영국 전체 선거구 650곳을 600곳으로 줄이고, 특히 잉글랜드 선거구를 533곳에서 501곳으로 줄일 것을 제안하고 있다. 영국 정부는 잉글랜드 경계획정위원회의 권고를 입법초안으로 만들어 의회에 제출한다. 의회가 승인하면, 변경된 권고가 입법화된 이후 다음 총선에서 적용된다(Boundary Commission for England, 2016: 2-7).

---

56 선거구획정위원회. Retrieved from https://en.wikipedia.org/wiki/Boundary_commissions_(United Kingdom) (검색일, 2017.12.3).

57 선거구획정위원회. Retrieved from https://en.wikipedia.org/wiki/Boundary_commissions_(United Kingdom) (검색일, 2017.12.3).

## 2) 의회 역할과 운영

### (1) 의회 역할

의회(Parliament)는 주로 입법부(Legislature)로 간주된다. 법령제정이 가장 중요한 의회의 기능이지만, 이것이 유일한 역할은 아니다. 영국 웨스트민스터 시스템을 모방한 국가들에서 의회로 알려진 입법부는 법령제정 외에 민주제도 즉, 대표성 및 집행부를 감독할 중요한 기능을 가진다. 이러한 목적을 달성하기 위해 의회 과정에는 특권(privileges), 권력(power), 면책특권(immunities)을 갖는다(Blunt, 2015: 2).

영국 의회의 주요 업무 내용은 4가지로 분류된다. 첫째는 정부의 국정운영에 대한 철저한 검토, 둘째는 입법의 기능, 셋째는 중요 이슈에 대한 논의, 넷째는 정부 예산에 대한 승인 등이다.[58] 이러한 의회는 실질적인 최고 입법기관으로 형식적으로는 여왕과 상원 그리고 하원의 합의가 필요하다. 또한, 의회와 집권여당의 수장인 총리가 의회를 소집하고 해산하는 권리를 가지고 있으며, 형식적으로 임명절차에 있어 여왕의 동의가 수반된다(<표 3-7>).

실질적으로 하원과 상원 의원의 기능 및 권한은 다소 차이가 존재한다. 상원은 하원과 유사하지만 그 범위와 권한이 제한적인데, 이를테면 하원에서 통과된 법안에 대해서 지연시키는 등의 견제는 할 수 있지만, 거부권을 행사

▍표 3-7  영국 의회의 주요 역할

| 국정운영<br>검토 | • 의회의 상원과 하원은 정부정책 및 활동에 대해서 유사한 방법으로 검토하고 있음<br>(절차상에서 매우 다양함)<br>• 이는 장관들에 대한 질의, 위원회 조사활동 등을 통해 이루어짐 |
|---|---|
| 입법 | • 의회의 주된 업무 중 하나는 법의 승인이며, 의회에 공식적으로 상정되기 이전에,<br>법의 초안(draft)을 검토함 |
| 정책<br>논의 | • 정책 논의는 새로운 법의 제안, 정책 이슈에 대한 논의를 주로 목적으로 하며, 하원<br>의원의 경우는 해당 지역구의 선호와 이해를 반영할 수 있는 기회로 활용됨 |
| 지출 및<br>조세 감사 | • 정부의 조세(과세)제도 승인<br>• 정부 지출 감사 |

출처: 영국 의회 역할. Retrieved from https://www.parliament.uk/about/how/role/ (검색일, 2017.11.15)

---

58 영국 의회 역할. Retrieved from https://www.parliament.uk/about/how/role/ (검색일, 2017.11.15).

하지는 못한다. 이에 비해서, 하원의 경우는 법률제정과 정부의 운영과 관련된 광범위한 국정운영을 담당하게 된다.[59]

(2) 의회 운영

영국 의회의 회기(session)는 일반적으로 1년 단위로 분류되어 시행되며, 10월 말부터 11월 초에 시작된다. 평균적으로 개회 기간은 하원 160여 일, 상원 140여 일로 하원이 조금 더 길다. 영국 의회는 토론이 매우 자유롭게 이루어진다.

영국 의회의 내부의사결정 과정을 보면, 미국처럼 의회 내에서는 위원회가 중요한 역할을 한다. 그러나 차이점은 위원회의 구성원 중 오직 핵심 멤버만 고정적이고 나머지는 다루어지는 이슈에 따라 달라진다. 또한, 위원회 심의가 본회의 전이 아니고, 먼저 본회의에서 법안에 대한 정치적인 토론을 거친 후에 위원회에서 검토된다. 따라서 위원회는 정치적 논쟁이 끝난 사안에 대하여 법안을 심화·발전시키는 역할을 한다(Hancock, 1998: 42; 임도빈, 318에서 재인용).

영국 의회의 위원회는 하원 및 상원의 의원들이 참여하여 논의를 통해 이루어진다. 특히, 하원이나 상원 의원 중 10~50명 정도가 참여하게 된다. 이들 위원회는 정부 정책과 새롭게 제안된 법률, 그리고 경제와 같은 이슈에 대해서도 논의한다. 보다 구체적으로 보면, 영국 의회는 특별위원회(Select Committees), 합동위원회(Joint Committees), 일반위원회(General Committees), 대위원회(Grand Committees) 등의 주요 위원회가 성립되어 있다(<표 3-8>).[60]

영국 하원의 위원회는 두 가지 유형으로 분류된다. 하나는 정부 부처에 대한 감독을 위해 구성된 특별위원회(departmental select committee)이다. 또 하나는 한시적으로 구성되어 법안을 심리할 목적으로 구성된 일반위원회(general committee)이다. 일반위원회의 경우, 공법안위원회(Public Bill Committees)가 포함되며, 과거에는 상임위원회(Standing Committee)로 불렸다(국회입법조사처, 2013: 2).

영국이 의회중심주의 국가이지만, 실제로 법률안과 행정법령이 차지하는 비율을 보면, 후자가 높다. 구체적인 것을 행정법령으로 해결하는 행정국가화

59 영국 의회 권한. Retrieved from https://www.parliament.uk/about/how/role/scrutiny/ (검색일, 2017.11.18).

60 영국 의회 위원회. Retrieved from http://www.parliament.uk/about/how/committees/ (검색일, 2017.11.17).

▌ 표 3-8 영국 의회의 위원회

| 구분 | 주요 내용 |
|------|-----------|
| 특별위원회 | • 특별위원회는 상원 및 하원 의원으로 구성·활동함<br>• 부처의 경제정책과 관련된 다양한 내용을 조사·보고하는 기능 담당 |
| 합동위원회 | • 합동위원회는 하원 의원들과 상원 의원들로 구성되며, 특별위원회와 유사한 수준의 권력을 가짐<br>• Human Right Joint Committee와 같이 영구적으로 설치되는 경우도 있음<br>• 보통, 구체적인 목적을 위해 설치됨(법안의 제안에 대한 검토 등) |
| 일반위원회<br>(상임위원회) | • 일반위원회는 하원에만 형성되는 특수한 위원회이고, 주로 구체적인 입법 내용에 대한 조사를 목적으로 함<br>• 일반위원회는 정치적 구성이 반영되며, 정부 여당이 항상 다수를 차지함 |
| 대위원회 | • 하원은 3개의 대위원회를 구성하고 있는데, 이는 스코틀랜드, 웨일스, 북아일랜드에 대한 내용을 검토하기 위해 형성됨<br>• 상원에서의 대위원회는 Lords Chamber 이외의 법안에 대해서 검토함 |

출처: 영국 의회 위원회. Retrieved from http://www.parliament.uk/about/how/committees/ (검색일, 2017. 11.17)을 근거로 작성함

의 경향은 영국도 예외일 수는 없다. 단지 법률이 커다란 정책 방향을 결정한 다는 점에서 중요성이 더 큰 문제를 다룬다고 볼 수 있다(임도빈, 2016: 320).

### (3) 의회와 행정부 및 사법부와의 관계

#### ① 의회와 행정부 관계

영국 의회는 기본적으로 내각책임제 의회이기 때문에 하원의 다수당 의 원들이 정부 부처의 주요 구성원으로 임명되는 경우가 많다. 즉, 의회와 내각 의 상호관계는 일정한 성문헌법이나 법률 없이 암묵적으로 존재한다고 볼 수 있다(이영우, 2013: 426).

그럼에도 불구하고, 영국 의회는 정부에 대한 예산 심의 및 승인을 담당 하고 있다. 이는 정부 부처 장관들에 대한 질의와 위원회의 논의를 통해 진행 된다.[61] 실질적으로는 정부 및 내각에 대한 상원의 견제 권한이 존재하지 않기 때문에, 선거를 통해 선출된 하원 의원들이 의회의 주요 기능으로 볼 수 있는 입법, 재정, 정부통제를 수행하고 있다(이영우, 2013: 428).

---

[61] 영국 의회 권한. Retrieved from https://www.parliament.uk/about/how/role/scrutiny/ (검 색일, 2017.11.18).

조세 및 재정지출관계 법안(Money Bill)을 제외한 모든 법률안은 원칙적으로 상·하 양원을 통과하여야 하나, 1911년 및 1949년의 의회법에 따라 하원은 상원의 동의를 받지 못한 법안이라도 1년을 기다린 후에는 국왕의 재가를 요청할 수 있게 되었다. 결국, 입법권에서 하원이 실무적인 역할을 수행하고 상원은 주로 법안을 수정하거나 지연시키는 기능을 하고 있다. 또한, 조세 및 재정지출 관계 법안의 경우, 하원 통과 후 상원에 회부되어 1개월이 지나면 상원의 동의 여부와 관계없이 입법화된다.[62]

한편, 영국의 경우 의회가 유일한 입법기관인 것으로 규정하고 있지만 내각에서의 법률안 제출 그리고 의원이자 내각구성원들이 의회에서 출석하여 발언하는 것 등이 인정되어서 실질적으로는 입법과정에서 내각의 구성원과 의회의 구성원이 크게 차이가 없다고 볼 수 있다(김승조, 2000: 40).

하지만 제2차 세계대전과 같은 특수한 상황에서는 전쟁수행을 목적으로 정부제출 법률안의 심의를 촉진하기 위하여 의원제출 법률안의 심의를 의식적으로 회피하였다(김승조, 2000: 40). 이러한 의미에서 영국과 같은 의원내각제하에서는 내각과 의회, 즉 행정부와 입법부의 연계를 통해 입법이 이루어지며, 실질적으로는 행정부가 입법부를 지도하는 것으로 볼 수 있다(김승조, 2000: 41).

② 의회와 사법부 관계

영국의 의회는 성문헌법이 존재하지 않기 때문에 다양한 내용을 포함한 입법이 무제한적으로 가능하다고 볼 수 있다. 사법부의 경우, 의회가 제정하는 입법에 대해서 심리할 수 없기 때문에 실질적으로는 관습법(Common Law)에 따른 관례 및 전통 그리고 국민의 여론을 의식하여 입법행위가 이루어진다고 볼 수 있다.

영국 의회와 사법부와의 관계를 사법부의 측면에서 보면, 독립성을 상당히 중요시한다고 볼 수 있다. 실제로 "영국 사법부는 사법적 독립성(judicial independence)과 사법적 책임성에 따른 결과를 상당히 중요하게 인식하고 있다."고 밝히며, 독립성의 가치를 중요하게 밝히고 있다.[63]

........................................................................................

62 영국 의회 입법권. Retrieved from http://www.parliament.uk/archives (검색일, 2017.10.30).
63 영국 의회와 사법부. Retrieved from https://www.judiciary.gov.uk/about−the−judiciary
/the−judiciary−the−government−and−the−constitution/jud−acc−ind/ (검색일, 2017.11.18).

대법원(the Supreme Court) 판사는 의회의 구성원으로 포함될 수 없으며, 법관으로서의 전임(full-time) 자격을 유지해야 한다. 사법부는 의회가 입법한 내용에 대해서 1998년에 제정된 인권법(Human Right Act)을 위반했을 경우에만 파기가 가능하다. 그 이외에 대해서는 권한이 없다고 볼 수 있다. 법관은 의회 위원회에 등에 출석하여 조언(advice)을 할 수는 있지만 의회의 구성원이 될 수는 없다. 과거에는 법관이 상원 의원으로 있는 경우도 있었지만, 2009년 10월 1일 이후부터는 이를 금지시켰다.

## 2. 사법부 구성과 운영체제

### 1) 사법부 구성

#### (1) 영국 사법부 맥락과 특징

영국은 사법부의 역할과 권한을 설명하는 성문법이 없기 때문에 사법부의 권한은 전통적으로 특별한 사법 결정에서 유추하거나 추론한다. 역사적으로 영국의 혼합적 정부 모델은 선출된 입법부에 강하게 종속된다. 의회주권 원리에서 유래한 헌법적 계층에 따라 사법은 의회에 종속되도록 고안된 것이다. 법원은 법조문을 해석하고 법을 명확히 하며, 의회가 위임한 권한에 따라 단지 제한된 심리 권한을 행사한다. 헌법적 지위에 대한 법원의 종속성은 파급력이 크다. 1842년에서 영국의 EU가입(1973년 1월)에 이르기까지 의회의 궁극적인 입법권한 제한의 흠결 여부에 관해서 하원에 단 한 차례의 사례도 접수되지 않았다. 제2차 세계대전부터 1960년대까지 헌법 발전 과정에서 법원의 취약성이 부각되었다(Murkens & Masterman, 2014: 2).

영국의 불문헌법은 권력 간의 부분적 융합이라기보다는 권력 간의 약한 분리를 갖는다. 의회주권주의가 핵심 원칙이기 때문에 사법에 의해서 통제되지 못한다. 국왕이 모든 고위 법관을 임명하고, 모든 기소는 국왕의 명의로 이루어진다. 사법의 독립성은 2009년 대법원이 설치되고 나서야 가능해졌다. 입법, 사법, 행정 간의 관계를 명확히 하기 위해서 그리고 사법체계의 투명성을 높이려는 목적으로 일련의 개혁이 추진되었다.[64]

---

64 The British Judiciary. Retrieved from slideplayer.com/slide/57044731 (검색일, 2017.12.22).

영국 사법의 특징은 다음과 같다.[65] ⅰ) 영국 전체에 적용되는 단일한 사법체계가 없다. 잉글랜드와 웨일스의 사법 조직과 권한은 스코틀랜드와 북아일랜드와는 다르다. ⅱ) 별도의 행정법원이 없다. 공무원을 위한 분리된 법원이 없으며, 지배자나 피지배자 모두 동일한 법원과 동일한 법률의 적용을 받는다. ⅲ) 비록 영국 전역에 적용되는 단일한 사법체계는 없지만, 영국 법원은 세계에서 가장 잘 조직화되고, 모든 법원은 대법관 지휘 아래 단일한 중앙 시스템으로 연계된다. ⅳ) 사법심리가 없다. 의회가 주권을 갖고 있기 때문에 설령 법률이 헌법 규정에 어긋나더라도, 법원은 위헌 여부를 선언할 수 없다. 영국에서 헌법은 주권이 아니기 때문에 사법심리 권한은 영국 법원에 주어지지 않는다. ⅴ) 사법부는 시민 권리의 수호자(custodian)이다. 영국인은 헌법적 권리는 없지만 법치가 존재하기 때문에 자유를 누릴 수 있다. 법원은 국민의 권리를 지키려는 수호자이다. ⅵ) 영국의 법관은 매우 공정하다. 법관은 정직하고 불편부당하며, 신속하게 절차를 진행한다. ⅶ) 재판의 공정성을 유지하기 위해서 법관의 독립성이 가장 본질적이다. 법관은 행정부의 통제와 영향을 받지 않는다. 법관은 정년을 보장 받으며, 탄핵 외에는 물러나지 않는다. ⅷ) 영국 사법체계의 특수성은 배심원제에 있다. 유능하고 교양 있는 배심원은 법관과 더불어 사법집행 기능의 실수나 잘못을 바로 잡는 역할을 수행한다. ⅸ) 법원 스스로 절차를 개시하여 심리·재판하는 직권주의(inquisitory)가 아니라, 소추기관의 소추에 의하여 법원이 절차를 개시하는 소추주의(accusatorial)를 채택하고 있다. ⅹ) "사법 지연은 정의가 거부되는 것이다"라는 표현처럼 사법절차 진행이 신속하다. 사법절차의 신속한 진행은 두 가지 요인에 의해서 가능하다. 하나는 법관이 법령 문구 자체를 적용함에 상당한 재량을 가지고 있으며, 사법절차 규정은 대법관과 10명의 법률 저명인사로 구성된 특별규칙위원회가 제정한 사법절차규칙이 신속한 사법 진행을 가능케 한다.

........................................................................

65 British Judiciary. Retrieved from http://www.pompeicollege.in/pdf/ba−ivth−sem/BRITIS H%20JUDICIARY.pdf (검색일, 2017.11.18).

## (2) 영국 사법부 구성

### ① 사법부체계

영국의  사법부(Courts  and  tribunals  Judiciary)는  2005년  헌법개혁법 (Constitutional Reform Act 2005)에 따라 설립된 대법원(The Supreme Court),[66] 최 고법원인 상소법원(The Court of Appeal), 고등법원(The High Court), 형사법원 (Crown Court), 치안판사법원(Magistrates' court), 지방법원(Country Court), 가정 법원(Family Court) 등으로 구성되어 있다(<그림 3-6>)(Judicial Office, 2016: 6).

영국의 사법부 체계는 사전에 계획적으로 설계된 것이 아니라 역사적으 로 1,000년이라는 장기간에 걸쳐 발전되었기 때문에 다소 복잡하다. 사례의 특성에 따라 구체적인 법정에서 이러한 문제를 다루게 되는데, 이를테면 형사 사건(criminal case)의 경우, 경범죄를 담당하는 치안판사 재판소(Magistrates' Court)에서 실시되지만, 중범죄의 경우는 영국형사법원(Crown Court)으로 이첩 되어 처리된다. 형사법원에 대한 항소는 고등법원이나 항소법원, 심지어는 대 법원으로 이첩되어 처리되는 경우도 존재한다.

**▌ 그림 3-6  영국 사법부의 구성 및 체계**

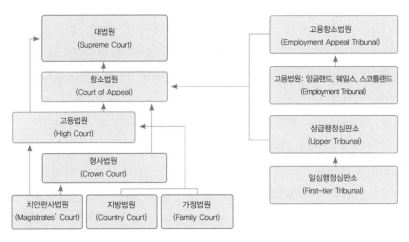

출처: United Kingdom Judicial Office(2016: 6)

- - - - - - - - - - - - - - - - - - - - - - - - - - - - - - - - - - - - - - - - - - - - - - - -

66 영국 법원 및 사법부. Retrieved from https://www.judiciary.gov.uk/about-the-judiciary /the-judiciary-the-government-and-the-constitution/how-the-judiciary-is-go verned/ (검색일, 2017.11.18).

영국의 법원은 원칙적으로 3심제를 유지하고 있으며(<표 3-9>), 사안에 따라서 사건을 담당한다.

▌표 3-9  영국의 3심제

| 1심 법원<br>(High Court<br>of Justice) | • Queen's Bench Division: 계약 위반 불법행위 소송 등 일반적인 법률 분쟁을 담당<br>• Chancery Division: 특허, 신탁, 회사의 판산 및 조세 분쟁의 항소법원 등의 역할 담당, 하위 법원으로 특허법원과 회사법원이 있음<br>• Family Division: 이혼, 상속, 재산 분할 등 우리나라 가정법원과 유사함 |
|---|---|
| 2심 법원<br>(Court of<br>Appeal) | • 우리나라의 고등법원 역할을 담당하며, 3인 재판관이 재판부를 구성<br>• 재판 절차는 High Court상의 소송기록 및 변호사의 변론만으로 심리하는 재심 형식을 취하므로 새로운 증인의 채택, 증거의 제출 등은 받아들여지지 않음<br>• 따라서 사실관계를 입증하는 1심법원의 변론 절차가 매우 중요함 |
| 대법원<br>(Supreme<br>Court) | • 대법원장격인 Lord Chancellor와 고위 법관직을 역임한 귀족에 의해 관할되는 법원으로 상원의 일부 조직으로 구성되었음<br>• 그러나 2009년의 헌법개혁법(the Constitutional Reform Act)에 따라 상원과 분리된 조직이 됨<br>• 대법원에 상고하기 위해선 상고허가를 받아야 심리진행이 가능하고 총 5명의 재판관이 재판부를 구성함 |

출처: 영국 대법원. Retrieved from https://www.supremecourt.uk/news/index.html (검색일, 2017.10.9).

민사의 경우, 대부분 영국의 치안판사(magistrate)를 통해 해결되지만, 법정으로 가는 경우도 있다. 영국의 사법체계는 이러한 사례와 항소를 처리하기 위한 자체적인 구조를 가지고 있지만, 결정은 2007년 법원집행법(Courts and Enforcement Act)을 통해 형성된 Upper Tribunal의 각 원(chamber)을 통해 이루어진다. 이러한 영국의 사법체계는 잉글랜드와 웨일스 지방을 포함하게 되며, 일부 사례(case)는 북아일랜드와 스코틀랜드의 경우도 포함한다.[67]

형사소추제도(Prosecution)에 있어서 수사관과 기소권은 각각 경찰과 검찰에 분리되어 있어서 경찰은 검찰의 지휘를 받지 않고 수사를 하며, 검찰은 경찰의 수사결과에 기초하여 기소 여부를 판단한다. 특히, 스코틀랜드는 잉글랜드와 웨일스와는 별도의 소추기관 및 법원을 가지고 있으나, 수사권과 기소권의 분리는 타 지역과 일치한다.[68]

---

67 영국의 사법체계. Retrieved from https://www.judiciary.gov.uk/about-the-judiciary/the-justice-system/court-structure/ (검색일, 2017.11.18).

68 형사소추제도. Retrieved from http://gbr.mofa.go.kr (검색일, 2017.10.25).

② 사법부 임용

2005년 헌법 개정 전에 대법관(Lord Chancellor)은 수상의 자문에 따라 국왕이 임명하였다. 대법관은 법무부 부장관(정부 구성원)으로서 신임법관을 임명하고, 고위(senior) 법관과 사법 수장으로서 상원 사법위원회를 주재하였고, 의회 의원으로 상원 의장이었다. 이러한 맥락은 권력분립과 사법독립의 원칙에 어긋나는 것이었다. 법률귀족(Law Lords)은 상원 의원이며, 잉글랜드와 웨일스의 최고 법원인 항소위원회 법관으로 영국 사법 쟁송의 최종 중재자이다.[69]

2006년 4월 3일에 효력을 발휘한 개혁은 대법관 역할의 개혁, 새로운 대법원 설치, 사법임용체계의 개혁에 초점을 두었다. 법관은 이제야 진정으로 독립성을 갖게 되었고, 사법 독립성은 공식적으로 입법화된 것이다. 대법관의 역할을 대폭 변화시켜 대법관실에 있던 사법 기능을 폐지하였다. 분명한 차이점은 법관임용 방식과 항소 방식에서 나타났다. 2005년 헌법개혁 이후 ⅰ) 대법관은 법무부 부장관(내각 구성원)이고 의회 의원이지만, 더 이상 상원 의장도 아니고 더 이상 법관을 임용할 수 없다. 사법기능은 잉글랜드와 웨일스 대법원장에게 이관되었다. ⅱ) 잉글랜드와 웨일스의 대법원장은 잉글랜드와 웨일스의 사법 수장으로 법관의 훈련, 지도, 배치에 책임을 지고, 잉글랜드와 웨일스의 사법부 견해를 의회와 부장관에게 표명한다. ⅲ) 영국 대법원은 2009년 10월에 설치되었고, 상원의 항소위원회를 대체하였으며, 상원으로부터 독립하여 독립적 임용체계, 직원, 예산, 자체 건물 등을 가졌으며, 법률귀족실은 대법원으로 되었으며, 상원에서의 발의 및 투표 권한은 상실되었다. ⅳ) 사법임용위원회는 법무부 장관에게 사법임용을 위한 후보자 선택 책임을 부여하였다.[70]

복잡한 법원체계와 사법선발체계를 가진 미국과 달리 잉글랜드와 웨일스는 단일 법원체계와 단일한 임용체계를 가지고 있다(Street, 2013; 116). 사법부의 권한이 확대되면서 헌법적으로 적합한 고위법관 임용체계가 뒷받침되어야 한다. 민주적 정당성은 선출된 의원이 통과시킨 법률을 판결할 법관을 임용함에 있어서 상당한 정도로 의원의 개입이 요구된다. 고위법관 임용에서의 다양성(diversity)은 단지 바람직한 목적이 아니라 본질적인 헌법적 원칙이다. 사법부 독립의 핵심은 결국 공정성을 확보하는 것이다. 법관 구성의 다양성 역시

69 The British Judiciary. Retrieved from slideplayer.com/slide/57044731 (검색일, 2017.12.22).
70 The British Judiciary. Retrieved from slideplayer.com/slide/57044731 (검색일, 2017.12.22).

실질적인 사법 집행에 직접적으로 영향을 준다. 사법 결정은 불가피하게 사법적 배경 및 인식(특히, 최고 법원 이전 단계의 법적 쟁점 관련)에 의해 영향을 받는다. 실적제 기반의 제도 역량은 다양성에 취약하다. 집합적 의사결정체로서 대법원의 역량은 사회를 구성하는 다양한 시각과 경험이 배합되어야 한다(Paterson & Paterson, 2012: 5).

현재 영국의 고위법관 중에서 취약한 사회경제적 배경을 가진 여성과 BAME(Black, Asian, Minority, Ethnic)이 매우 적어서 구조적인 장벽에 직면하고 있다(Justice, 2017). <표 3-10>에서 보듯, 항소법원과 대법원에서 2016년 기준으로 BAME은 단 한명도 없으며, 여성은 단 1명에 그치고 있다. 고등법원과 임시법원(Circuit Court) 역시 1/4 수준에 머물고 있다.

▌ 표 3-10  영국 고위법관의 다양성

|  | 1995 | 2007 | 2016 |
|---|---|---|---|
| 대법원 | 여성: 0%(0)<br>BAME: 0%(0) | 여성: 8.3%(1)<br>BAME: 0%(0) | 여성: 8.3%(1)<br>BAME: 0%(0) |
| 항소법원 | 여성: 3.1%(1)<br>BAME: 0%(0) | 여성: 8.1%(3)<br>BAME: 0%(0) | 여성: 20.5%(8)<br>BAME: 0%(0) |
| 고등법원 | 여성: 7.3%(7)<br>BAME: 0%(0) | 여성: 9.3%(10)<br>BAME: 0.9%(01 | 여성: 20.8%(22)<br>BAME: 1.9%(2) |
| 임시법원 | 여성: 5.6%(29)<br>BAME: 1%(5) | 여성: 11.4%(73)<br>BAME: 1.4%(9) | 여성: 25.6%(160)<br>BAME: 3.7%(23) |

출처: Justice(2017: 15)

현재 고위법관 임용은 목적을 달성하지 못하고 있다. 법관임용을 위한 헌법적 원칙인 독립성, 책무성, 다양성 간의 균형을 확보하기 위해서는 적절한 과정이 필요하다. 적절한 과정을 수립하는 것은 사법체계의 민주적 정당성을 향상시킬 뿐만 아니라 법관 자체의 권한과 역할 수행을 향상시킬 수 있다(Paterson & Paterson, 2012: 5). 다양성의 결핍을 해결하기 위해서 사법임용의 체계적인 변화가 필요하다. 인종, 성별, 사회적 구성을 반영하지 못하고 있는 상급법원은 심각한 헌법적 사유이다. 정당성, 품질, 공정성이란 관점에서 다양성을 강화시켜야 한다. 고위 법관은 남성, 백인, 상류층이어야 한다는 관념에서 벗어나야 한다(Justice, 2017: 71).

영국의 1심법원으로 볼 수 있는 고등법원(High Court)의 판사는 최소 10년

(일반적으로 15년) 이상의 변호사(Barrister) 중[71]에서 대법원장의 제청에 따라 형식적이지만 국왕의 임명을 통해 선임이 이루어진다. 이러한 법관은 업무상 행위와 판결에 대해서 면책특권을 지닌다. 대법관은 종신제를 원칙으로 하지만, 재판과 관련된 업무는 75세까지 가능하다(국회입법조사처, 2014: 2).

사법부는 사법 구현에서 결정적 역할을 한다. 따라서 공정성과 공개경쟁을 통한 실적제에 바탕을 둔 법관 후보자를 선발하는 것은 매우 중요하다. 비록 사법부를 구성하는 절차가 있지만, 사회가 요구하는 사법부의 서비스가 적절하게 반영되지 못한 점이 있다. 이를 개선하기 위해서 사법부는 2012년 고등법원, 항소법원, 대법원에 파트타임 근무 도입을 제시하였다. 이러한 개혁은 사법부와 행정부 간의 균형을 확보하고, 독립된 책임성을 토대로 사회의 다양한 수요를 반영할 수 있다. 실적제를 기반으로 임용하고, 신속하고 품질 좋은 서비스를 제공하고, 법원과 재판은 국민의 납세에 대한 가치를 구현할 수 있다(Ministry of Justice, 2012: 3-4).

## 2) 사법부 역할과 운영

### (1) 사법부 역할

다차원 거버넌스 구조와 권리 보호가 강조됨에 따라, 중앙과 지방 모두에서 의회와 정치인이 지배하는 권력을 법원이 점차 확보할 수 있는 반복적인 기회가 주어지고 있다. 법원은, 특히 권리보호 차원에서 전국적으로 동일성을 제공할 뿐만 아니라 지역 및 지방 그리고 국제적 차원에서 결정적인 관할권을 감시할 유일한 위치에 있다. 따라서 영국 대법원은 더 많은 권한을 확보할 것이다. 그러나 사법의 권한 확대가 의회주권을 약화시킬 것인지는 더 지켜봐야 할 것이다(Delaney, 2014: 605).

사법의 권한 확대는 사법부의 헌법적 지위를 재평가하게 되었다. 영국 최고 법원은 점차로 공법으로 발전하고 있다. 가령, 의회는 영국 대법원에 헌법적 법원과 상응하는 기능을 부여하였고, 준헌법적 권한(quasi-constitutional power)을 명확히 주었다. 예를 들어, 대법원은 유럽위원회법(1972), 인권법(1998), 영

---

[71] 영국 변호사 제도의 주요 특징은 일선에서 고객을 만나 사건을 수임하지만 법정변론권이 없는 사무변호사(Solicitor)와 상급법원의 법정에서 변론을 담당하는 법정변호사(Barrister)로 구분되는 이원적 변호사제도를 두고 있다(고영미, 2017: 647).

국의 이양입법(UK's devolution legislation) 아래 준헌법적 심리 권한을 부여받은 것이다(Murkens & Masterman, 2014: 2).

2005년 헌법개혁법을 통해서 이양된 주체(스코틀랜드 의회, 웨일스 국회, 북아일랜드 의회)에게 법령 권한을 이양하는 과정에서 발생하는 이양 쟁점(devolution issues)과 관련된 법적 분쟁을 결정할 권한을 법원이 갖게 되었다. 입법에 의한 준헌법적 심리 권한과 더불어 재판결정 자체의 결과에서도 나타났다. 관습헌법 관련 아이디어의 발전(헌법적 권리의 실체를 갖게 되는 법원의 점진적 발전, 그리고 헌법적 규정과 비헌법적 규정의 명확화)은 법원이 의회에 종속적 역할을 한다는 전통적 관념을 무용지물로 만들고 있다. 사법부의 헌법적 역할과 기능의 존중에 대한 미래의 어떠한 결정도 반드시 의회주권과 법치 간의 긴장을 해소해야 할 것이다. 의회주권과 법치는 동등한 것으로 접근함으로써, 민주적 정부와 법치 모두가 헌법적 가치의 준수를 확립해야 한다(Murkens & Masterman, 2014: 2−3).

### (2) 사법부 운용

영국의 사법은 잉글랜드와 웨일스, 북아일랜드, 스코틀랜드의 법률체계로 분리된 사법제도이다. 그러나 영국 대법원, 특별이민항소위원회, 고용법원, 고용항소법원, 그리고 영국 법원체계 등은 영국이 포괄적인 재판관할을 갖는다.[72]

영국 사법은 매우 비당파적이고 권한이 취약하다. 의회주권이 영국 사법 권력을 취약하게 한다.[73] 영국은 최근 수세기 동안 견지한 영국 입헌제도에 도전하는 극적인 변화를 경험하고 있다. 지난 15년 동안 영국 의회는 권리에 관한 준 헌법적 법안을 입안하였고, 입법 권한을 스코틀랜드, 웨일스, 북아일랜드에 이양하였고, 새로운 대법원을 만들었다(Delaney, 2014: 543).

영국 사법(부)(judiciary)의 권한은 어느 정도인가? 사법이 너무 강해도 혹은 충분히 강하지 않아도 둘 다 부정적으로 보거나 사법을 비난한다. 의회는 정치권력의 궁극적인 원천이다. 사법은 의회 법률을 강제해야 하지만, 법치(The Rule of Law)의 변화를 제안할 수 있다. 현재 영국 사법운영에서 나타나는

---

72 영국의 사법 관할. Retrieved from https://en.wikipedia.org/wiki/Judiciaries_of_the_United_Kingdom (검색일, 2017.12.15).

73 영국의 사법 권한 취약성. Retrieved from https://www.slideshare.net/aquinaseconomics/the−judicial−branch−the−us−supreme−court (검색일, 2017.12.22).

현실적 쟁점74을 검토하면, 영국 사법(부)의 다양한 관점을 이해할 수 있다.

첫째, 사법은 어떤 권력을 가져야 하는가? 사법의 권력과 역할은 다음을 포함한다. ⅰ) 인권법이 사법에 상당한 권력을 부여하고 있다. ⅱ) 사법심리(judicial review)의75 활용과 효과성이 확대되고 있다. ⅲ) 사법이 정부를 좌절시킨 사례는 상당하다. ⅳ) 사법의 독립성이 상당히 확대되고 있다.

둘째, 사법은 이러한 권력을 어떻게 제약할 수 있는가? 사법의 권력을 제한하는 것은 다음을 포함한다. ⅰ) 의회주권에서 정부는 사법을 무시할 수 있다. ⅱ) 사법은 천부적 정의(natural justice)라는 목적을 갖더라도 법률 관할을 초월하여 판단할 수 없다. ⅲ) 사법은 사법심리가 요청되지 않는 한 입법을 비평적으로 심리할 권한이 없다.

셋째, 사법은 행정부를 어떠한 권력으로 견제할 수 있는가? 효과적인 통제의 사례로는 ⅰ) 사법심리를 활용하여 정부 결정과 행위를 조사한다. ⅱ) 웨스트민스터 의회 입법과 달리 재판은 EU법률 혹은 유럽인권협약을 위반하는 공공기관의 행위를 무효로 할 수 있다. ⅲ) 관습법 혹은 인권법에 규정한 권리와 자유를 침해하는 것으로 간주되는 입법에 관한 의견을 표명할 수 있다. ⅳ) 극단적 사례의 경우, 부장관(ministers)이나 공공기관이 정당한 권한을 남용하는 것을 방지할 수 있다. ⅴ) 사법은 법치의 원칙을 준수한다. ⅵ) 어느 때보다 최근에 고위법관들이 법률, 명령, 사법정책에 관해 의회 안팎의 토론에 참여하고 있다.

넷째, 사법이 행정부와 입법부를 어떻게 효과적으로 견제할 수 있는가? 효과적인 통제를 확보하기 위해서는 ⅰ) 사법심리를 활용한다. 주요 입법(의회법령)을 심리할 수 없지만, 입법부가 위임한 범위에서 부장관이 취한 행위를 심리할 수 있다. ⅱ) 인권법을 활용한다. 특별한 행위로 인해 개인이 관련된

---

74 영국의 사법 권한 문제. Retrieved from https://www.slideshare.net/PhilosophicalInvestigations/is−the−judiciary−too−powerful−or−not−powerful−enough−june−2013 (검색일, 2017.12.22).

75 사법심리는 행정부나 입법 법령을 검증할 수 있는 법원의 권한이다. 헌법적 원칙과 모순되면 그 법령을 무효과할 수 있다. 사법심리는 재판이 공공기관 및 정부의 권력을 점검할 수 있는 방법에서 중요하다. 이는 매우 논쟁적인 권력이다. 왜냐하면 재판이 선출직 정치인을 무효화할 수 있는 권한을 갖기 때문이다. 이것이 항상 옳은 것인가? Retrieved from https://www.slideshare.net/PhilosophicalInvestigations/is−the−judiciary−too−powerful−or−not−powerful−enough−june−2013 (검색일, 2017.12.22).

인권을 침해할 경우, 인권법을 적용하여 판단할 수 있다. iii) 토론에서 효과적인 통제에 관여한다. 판사는 논쟁적 쟁점(비록 중립성 쟁점에 영향을 줄지라도)에 관한 토론에 참여할 수 있다. iv) 법치를 활용한다. 판사는 법치를 확인한다.

반면에, 정부에 대한 통제가 비효과적이라면 다음이 발생할 수 있다. ⅰ) 인권법의 조건을 약화시킬 수 있다. ⅱ) 재판은 선제적으로 할 수 없고 쟁송에 이르렀을 때 재판을 할 수 있다. iii) 의회주권은 의회를 통제하는 재판 권한을 제한할 수 있다. 재판은 의회 법령에 대한 사법심리이든, 인권법을 통해서이든 의회 법령을 뒤집을 수는 없다. iv) 비록, 사법이 사법심리에 관한 무엇인가를 부결시킬 수 있다고 하더라도 의회는 부결된 것이 효력을 발휘할 수 있는 법률을 제정할 수 있다. ⅴ) 정부는 인권법을 침해할 수 있는 입법을 여전히 통과시킬 수 있다.

다섯째, 사법이 행정부를 견제할 때 얼마나 권한이 커야 하는가? 이러한 통제의 한계로는 ⅰ) 의회가 주권을 보유하고 있는 영국 의회의 입법을 재판이 부결시킬 수 없다는 사실이다. ⅱ) 부장관이나 공공기관에 의한 결정이 법원에 의해 무효로 되는 경우에 정부는 이러한 정책과 결정을 허용하는 주된 입법을 통과시킬 것이다(가령, Belmarsh 사례나 Davis 사례는 익명의 목격 증언을 허용함). iii) 재판은 항소를 기다려야 하며 선제적으로 취할 수 없다. iv) 비록 최근 재판이 공론화에 개입되고 있지만, 재판은 정치적 중립성을 유지해야 한다.

## 3) 사법부와 입법부 및 행정부 관계

영국의 행정부와 입법부 그리고 사법부의 구조적인 관계는 헌법의 유지와 법의 지배(rule of law)의 관점에서 필수적인 것으로 인식되어 왔다. 2000년대에 들어서면서 이러한 관계가 상당히 변하고 있는데, 이러한 변화는 거버넌스의 변화와 광범위한 사회적 변화에 기인한다(House of Lords, 2006: 7).

영국에서 제시된 사법심리에 대한 헌법개혁(constitutional reform)의 효과는 세 가지로 예상할 수 있다. 첫째는 현상유지인데, 현재 사법심리제도의 결함을 그대로 유지하는 것이다. 둘째는 효율성 기반 사법심리 개혁이다. 이는 잠재적 함의를 매우 신중히 검토하여 얻은 편익이 없다면 예측할 수 없는 헌법적 결과를 낳을 것이다. 이러한 검토는 법치의 어떠한 의미가 채택되어야 하고, 개혁이 어떻게 법치 원칙과 일치할 수 있는가를 고려해야 한다. 셋째는 효율성 개혁을 초월하는 것이다. 이는 둘째 논의에 덧붙여 정부의 의견에 사법심리를 향상시킬 잠재성도 있고, 또한 다른 의견에 대한 사법심리를 악화시킬 가능성도 있다. 유의미한 헌법적 함의는 한편으로는 정부와 의회 간 불일치가 발생할 수 있다. 다른 한편으로는 사법부가 입법부의 의지를 집행하지 않으려는 수단을 찾을 위험과 더불어 개혁이 법치와 부합되는지에 관한 사법부와 의회 간의 불일치이다(Street, 2013: 55).

사법부와 내각의 관계는 헌법개혁법(Constitutional Reform Act, CRA)과 인권법(Human Rights Act, HRA)이 통과된 이후 달라졌다. 헌법개혁법의 경우, 전통적인 영국의 헌법 모델에서 벗어나 권력의 분립을 더욱 지향하려 한다. 헌법개혁 이후 사법부와 행정부의 관계가 법 그 자체에 의해서 운영되어진 것으로 볼 수 있다. 영국의 대법원장(Lord Chief Justice)은 "법관으로서 우리는 이제 확실히 독립했다"고 밝힌 바 있다(House of Lords, 2006: 15). 또한 "가장 큰 변화는 사법적 임명으로, 판사를 임명할 수 있는 독립적인 위원회가 있다. 그리고 이것은 매우 중요하다고 볼 수 있다."(House of Lords, 2006: 118) 이를 통해서 기존의 행정부와 사법부와의 관계가 상대적으로 독립적이지 않았음을 알 수 있다.

이러한 변화를 통해 사법부는 법관들의 고충을 해결할 수 있는 독립적인 기구가 형성된 것이다. 행정부와 사법부 관계의 조화를 위해서는 행정부 부처의 장관들이 사법부의 독립성을 훼손하지 않도록 보장하는 것이다(House of Lords, 2006: 21). 결국, 입법부인 의회와 사법부 간의 관계와 마찬가지로, 행정부인 내각과 사법부 간의 관계, 역시 독립성이 상당히 중요한 요소인 것이다. 즉, 법관의 임명에 대해서 사법부의 자율성이 보다 보장되어야 하며, 법과 규범에 근거하여 사법부의 법관들이 내각으로부터 독립성이 보장될 때, 효율적인 법의 집행이 이루어진다고 볼 수 있다.

특히, 폐해를 치유하는 방향으로 제시된 헌법개혁은 사법제도의 개혁에 중점을 두고 있다. 종래 상원이 담당하고 있었던 최고법원의 지위를 폐지하고 새로운 최고법원을 신설하는 것과 법관임명제도에 대한 개혁이 헌법개혁의 핵심이 되고 있기 때문이다(이재석, 2007: 6; 김용훈, 2015: 3에서 재인용).

결국, 영국의 사법부는 미국, 독일 등의 강력한 사법부와 같은 지위와 위상을 부여할 수 없다. 하지만 역사적으로 영국은 의회 제정법과 법원 판결, 그리고 관습법 등을 통해 헌법 문제를 해결하고(이병규, 2010: 90; 김용훈, 2015: 12에서 재인용), 영국 헌정주의의 주요한 버팀목으로 사법부의 역할을 해왔다. 즉,

보통법의 성립과 유지에 법원이 주요한 역할을 수행하고 있기 때문이다. 결국, 영국의 사법부는 의회지상주의 내의 사법부로, 따라서 당해 의회지상주의의 유지와 운영을 위한 제한적 사법부로 상정할 수밖에 없다(김용훈, 2015: 12).

## 제4절 시사점

### 1. 통치체제의 시사점[76]

#### 1) 국가수반의 특징과 시사점

영국은 입헌군주제 국가로서 국가수반인 국왕은 국가의 중대한 사안을 결정하는 권한을 행사한다. 국왕은 총리와 각료의 임명권, 의회의 구성과 해산권, 제정된 법률의 선포권, 사면권, 조약의 체결·비준, 전쟁 선포권 등을 포함하여 내무와 외무와 관련한 '대권'(Royal Prerogative)을 가진다. 그러나 국왕은 명목상·의전상의 국가수반으로서 정부와 행정에 관한 의례적·형식적인 권한을 행사할 뿐이다.

오늘날 국왕의 권한이 제한적으로 행사되기는 하나 영국 정부의 공식 명칭이 '여왕의 정부'(Her Majesty's Government)인 바와 같이, 국왕은 행정부 권한의 원천이다. 행정부는 명목상 군주의 통치 아래에 있으며, 여전히 국왕의 자문기구인 추밀원(Privy Council)을 통해 정부운영 전반에 대해 관여할 권한을 가진다. 이를 위해 총리와 각료들은 군주의 자문기관인 추밀원의 위원이 된다.

대통령제 국가인 우리나라와 달리, 영국은 입헌군주제 국가로서 "군림하나 통지하지 않는다"라는 말로 설명되듯, 국가수반으로서의 국왕의 역할은 상징적이다. 국왕으로서 행정수반인 수상에 대한 임명권, 의회 해산권, 법안 승인권 등을 행사하고 있으나, 의회의 권고에 따라 행사되므로 국왕의 권한과 역할은 형식적일 뿐만 아니라 제한적이다. 국왕이 내각의 각료에 대한 임면권을 행사하나, 총리의 조언에 따라 각료들을 임명 또는 해임하는 것이 일반적이다.

---

76 이 부분은 이경호 서기관(행정안전부 조직진단과) 자문을 기반으로 작성함 (2017.11.11).

## 2) 행정수반의 특징과 시사점

영국의 국왕은 하원(평민원)의 다수당 당수를 행정부 수반인 총리(수상)로 임명한다. 총리는 내각회의의 의장으로서 내각과 행정부의 정책과정을 주도하고, 각부 장관(각료)에 대한 임면권을 실질적으로 행사한다. 그러나 의원내각제의 특성상 각료를 임면하는 대상 범위가 여당의 인사에 한정된다는 점에서 대통령제 국가인 우리나라 대통령에 비해 각료 임면권이 제한적이라 할 수 있다.

국가수반인 국왕이 존재하지만 총리는 대외적으로 국가를 실질적으로 대표하고, 대내적으로 다수당의 지도자로서 의회에서 정부를 대표하는 역할을 수행한다. 총리는 여당의 당수로서 내각의 각료에 대한 임면권을 통해 의회 여당 내에서 의원들에 대한 실질적인 지배력을 미친다. 우리나라의 대통령은 국내외적으로 국가를 대표하고 행정부 수반으로서의 지위를 가지는 점에서 영국의 총리와 유사하나, 삼권분립 원리에 따라 국회가 제정한 법률안에 대한 거부권 및 공포권 등을 제외하고는 의회에 대한 통제 권한이 미약하다.

영국의 총리는 형식적으로 국왕의 임명을 통해 지위를 부여받지만, 실질적으로 행정부 수장으로서 내각과 행정부를 관장하는 강력한 권한을 가진다. 우리나라의 국무총리는 헌법(제86조)에 따라 대통령을 보좌하고, 대통령의 명을 받아 행정각부를 통할하는 역할을 수행한다는 점에서 차이가 있다. 그러나 총리가 의회와 정치적 갈등이 발생하여 대립하는 경우, 의회는 내각불신임권을 발동하여 총리와 내각을 사퇴시킬 수 있어 총리의 對의회 책임성과 정치적 리더십이 중요하다.

## 3) 행정부(내각)의 특징과 시사점

영국은 정당정치를 기반으로 하는 하원 우위의 양원제 의원내각제 국가로서 소선거구 다수대표제를 통한 양당제가 정착되어 있다. 영국에서 하원 의원 선거는 총리를 중심으로 하는 행정부에 대한 신임을 묻고 내각의 구성 권한을 결정하는 정치적 선택으로서의 성격이 강하다. 이로 인해 대통령제를 채택하고 있는 우리나라와 달리 영국의 행정부는 입법부의 의회정치와 밀접히 연계되어 있고, 행정부의 구성과 운영이 입법부의 권력에 의존적인 구조적 특성을 가진다.

영국의 장관(각료)은 주로 다수당의 의원 중에서 임명되고, 의원내각제의 특성상 의원직을 유지한 상태로 장관직을 수행하므로 의회에 대한 책임성이 높은 편이다. 장관들은 대부분 하원 의원이지만 일부는 상원 소속이다. 우리나라도 국회의원 중에서 장관을 임명하는 경우가 있으나, 대통령제 국가의 특성상 국회의원 출신보다는 관련 분야 저명인사를 임명하는 경우가 많다. 한편, 야당은 일명 '그림자 내각'(shadow cabinet)을 구성하여 총선거를 통한 집권에 대비하고, 여당의 내각에 대응하여 의회 내·외에서 정부의 정책을 비판하고 대안을 제시하는 등 정치적 활동을 한다.

영국은 의회중심주의 원리에 따라 의회와 행정부가 권력 융합형으로 구성되어 운영된다. 삼권분립의 원리에 따라 권력 분립형으로 구성·운영되는 우리나라와는 다른 특성을 가진다. 영국은 행정부의 구성과 운영을 내각의 결정에 따르므로 유연하고 탄력적인 정부운영이 가능하다. 행정부와 의회가 밀접히 연계되어 책임정치를 실현하나, 상호 간 견제를 위해 내각은 의회해산권이 있으며, 의회는 내각에 대한 불신임권을 가지고 있다. 따라서 행정부와 입법부 간 원활한 공조와 협력이 이루어지는 경우에는 신속하고 효율적인 국정운영이 가능하지만, 행정부와 입법부 간에 정치적·정책적으로 대립하고 갈등이 격화되거나, 군소정당이 난립하여 다수당 독자적인 내각 구성이 어려워지는 경우에는 국정운영의 안정성을 저해할 수 있다.

정부조직의 설치와 운영 측면에서 우리나라의 정부조직법과 같이 정부조직의 구성과 운영에 대한 대강(大綱)을 정해 놓은 일반법이 존재하지 않는다. 이는 행정환경 변화에 따라 정부조직의 구성과 운영을 유연하고 탄력적으로 관리할 수 있는 장점으로 작용할 수 있다. 영국의 정부조직은 각료급 행정기관(Ministerial Department)과 비각료급 행정기관(Nob-Ministerial Department)으로 구분할 수 있다. 각료급 행정기관은 내각의 각료가 기관장을 맡는 행정기관으로서 우리나라에서는 국무위원이 기관장을 맡은 중앙행정기관(部)에 해당되며, 비각료급 행정기관은 비국무위원이 맡은 중앙행정기관(處, 廳) 등과 유사하다.

## 2. 관료제 및 지방행정체제의 시사점

### 1) 공직사회의 특징과 시사점[77]

우리나라와 영국의 공직 사회는 유사점과 차이점이 있다. 두 국가가 공유하고 있는 유사성은 직업공무원제가 계급제를 근간으로 하고 있으며, 고위공무원단을 설치하여 고위직에서의 직위분류제적 요소를 가미하고 있다. 영국은 의원내각제이고, 우리나라는 대통령 중심제로 정치 형태가 상이함에도 불구하고 우리나라도 영국과 같이 의회 내 의원이 정부 내 정무직인 장관 및 국무총리로 임명될 수 있다는 점도 유사성을 지닌다고 할 수 있다. 또한, 경력직 공무원을 공개경쟁채용 제도를 근간으로 직업공무원을 선발하고 있다는 점도 두 나라의 공통점이라 할 수 있다.

그러나 극명한 차이점을 보면, 영국은 공무원 선발에 대한 인사권한을 부처에 대폭 이양함으로써 부처 실정에 맞게 자체 기준을 설정하여 자율적으로 선발할 수 있는 권한을 보장하고 있다. 반면, 우리나라는 중앙 및 지방공무원을 국가가 중앙집권적인 방식으로 선발하고 있다는 점이다. 또 다른 차이점은 영국은 정무직과 경력직 공무원을 구분하여 운영한다는 점이다. 한시적인 정무직이 직업공무원에 부당한 인사개입을 방지하기 위해 사무차관 제도를 도입하고 있으나, 우리나라는 장관 등의 정무직 공무원이 직업공무원의 인사권을 가지고 있다는 점이다.

우리나라와 대비되는 영국의 인사제도로부터 도출될 수 있는 첫 번째 시사점으로 우리나라의 공무원 채용도 중앙인사기관의 획일적인 기준에 의한 선발 방식에서 부처의 특성을 고려하여 부처에서 필요한 인력을 자율적으로 선발할 수 있는 권한을 전면적 또는 제한적으로라도 허용할 필요가 있다. 정부 부처마다 업무 영역이나 조직문화가 상이함에도 국가가 획일적으로 공무원 지원자를 모집·선발·배정하는 것은 매우 비효율적일 수 있다. 공직 지원자가 자신의 재능과 소질에 적합한 부처를 선택하여 지원하게 하는 것이 사람과 조직 간의 정합성(Person-Organization Fit) 측면에서도 바람직하다고 판단된다.

두 번째 시사점은, 우리나라도 영국과 같이 정무직과 경력직 공무원의 가

77 이 부분은 이건 교수(경기대) 자문을 기반으로 작성함 (2017.11.15).

교 역할을 하는 사무차관 제도의 도입을 고려해볼 필요가 있다. 한시적인 정무직이 직업공무원에 대한 인사권을 과도하게 행사하는 것이 직업공무원의 정치적 중립성을 훼손시킬 수 있다는 위험성이 있다. 장·차관 및 청와대 수석비서관 등의 정무직 공무원들의 권한남용으로 인하여 일부 부처의 직업공무원들의 신분이 박탈되거나 인사상 불이익을 당한 사례가 발생된 바 있다. 이는 정치적으로 임명된 한시적인 공무원에 의하여 헌법에서 보장하고 있는 직업공무원제가 훼손될 수 있음을 의미한다. 우리나라도 직업공무원들의 위협이 될 수 있는 임명직 공무원들의 부당한 압력으로부터 완충 역할을 할 수 있는 사무차관 제도를 도입하여 경력직 공무원에 대한 인사권을 사무차관에게 부여함으로써 직업공무원의 신분안정 및 정치적 중립성의 확보를 제도적으로 보장할 필요가 있다.

## 2) 지방행정체제의 특징과 시사점[78]

영국은 연립정부의 구성원인 지역정부의 권한을 강조하지만, 세 개의 지역정부 권한의 수준은 상이하다. 이와 같은 특성은 연립정부의 주체인 지역정부와의 역사적 관계 및 시민의 요구를 반영한 것이다. 또한, 지방정부의 권한 강화를 통해 중앙정부 및 지방정부의 권한을 명확하게 법률에서 설정하고 있다. 즉, 지역 및 지방정부의 독립성과 권한이 보장된다. 다만, 연립정부라는 상이한 형태를 보이므로 우리나라의 중앙-지방 정부관계에 직접 대입하기는 어려울 것이다.

그럼에도 불구하고 영국의 성공적인 지방분권 사례는 우리나라에 다음과 같은 시사점을 제공한다. 첫째, 노동당 정권의 강력한 리더십이 지방분권 추진에 원동력이 되었다. 1990년대 이후 노동당 정권이 정권을 잡은 후, 지방분권은 국가적 차원에서 일관적이며 점진적으로 추진되어 왔다. 즉, 지방분권의 성공은 집권 여당의 가치를 반영한다. 이와 같은 특성은 우리나라의 지방분권 추진 형태와도 유사하다. 예를 들어, 2017년 새 정부 출범 이후 국정과제에 지방분권 및 균형발전 이슈를 5대 국정목표로 강조하고 있다. 이와 같은 측면에서 향후 우리나라의 지방분권을 확대·강화하려는 수요는 지속적으로 증대될 것이다.

78 이 부분은 조태준 교수(상명대) 자문을 기반으로 작성함 (2017.11.5).

둘째, 영국은 재무 및 지방분권과 관련된 부처를 중심으로 지방분권을 지원하였다(이원섭, 2017: 6). 즉, 영국의 지방분권 성공 요인으로 영국 재무부 및 지방분권과 관련된 부처가 주도적인 역할을 통해 소관 중앙부처의 양보를 이끌어냈기 때문이다(이원섭, 2017: 6). 따라서 향후 우리나라의 지방분권도 주무부처 등을 통해 주도적으로 시행할 필요가 있다. 즉, 지방분권과 관련된 로드맵 등을 통해서 지방분권에 필요한 각종 내용과 수단, 그리고 중앙정부와 지방정부 간 관계 등을 심도 있게 논의하고 추진할 필요가 있다.

셋째, 영국은 협상 창구를 일원화하여 지방분권의 효율성을 증대하였다. 기능 이양과 관련된 지방자치단체는 개별 지역의 이해관계에 매몰되지 않고 중앙정부에 대한 공동 대응전략을 취했다(이원섭, 2017: 6). 즉, 지방분권의 성공 요인으로 지역 간 업무 역량의 편차나 지역이기주의를 극복하고 지방정부 간 공동의 대응을 위한 동반관계의 구축이 요구된다.

넷째, 영국은 지방정부의 수요를 적극적으로 반영하였다. 중앙정부의 기능이 이양될 때 정부기능 이양의 추진 주체는 지방자치단체이다. 또한, 기능 이양은 주민의 편익과 직결된다. 이와 같은 측면에서 향후 지방분권은 지역주민과 지방정부의 이양 수요를 반영한 상향식 접근이 요구된다. 현재 우리나라의 지방분권은 지방발전위원회 등의 권고에 따른 하향식 관점을 취하고 있는데 이와 같은 방식은 지방의 행정수요를 적극적으로 반영하고 있다고 보긴 어렵다. 즉, 중앙정부－지방정부－전문가－수요자 간 일원화된 협의체의 구성이 필요하며, 해당 협의체는 충분한 권한이 부여되어야 한다.

영국의 중앙－지역－지방 정부 관계를 요약하면, 강력한 리더십, 특정 부처의 지방분권 주도, 협상창구의 일원화, 시민과 지방정부의 수요 반영 등의 네 가지 요소가 영국의 성공적인 지방분권 영향요인이라 이해할 수 있다.

## 3. 입법부 및 사법부의 시사점

### 1) 입법부의 체제와 운영상 특징 및 시사점

입법 행사의 궁극적인 법적인 권위는 의회에게 있다는 것이 바로 의회주권주의이다. 의회는 영국 헌정주의에서 핵심적이고 중심적인 위상을 갖는다. 집행부의 수상이 의회에서 선출되며, 수상은 각료를 인선하여 내각을 구성함으로써 집행부의 성립이 의회에게 의존한다. 상원과 하원이 분리되어 하원 의석수가 고정되어 있는 반면, 상원은 의석수는 고정되어 있지 않다. 상원의 심리는 하원이 발의한 법안에 구속력을 갖지는 못하지만, 하원이 제출한 법안을 재숙고하게 할 수 있다. 다만, 상원의 업무는 위원회 구성과 법률심리가 전부이고 법률심리도 구속력을 갖지 못한다(House of Lords, 2006).

의회가 내각에 대한 견제 장치로 내각 불신임권을 행사할 수 있다. 이에 상응해 총리는 의회를 해산할 수 있다. 서로 간의 견제 및 협의를 통해 헌정을 유지하고 있다. 또한, 의회의 의원은 행정부의 장관을 겸직할 수 있고 총리는 의회의 법률안을 제출할 수 있다. 이와 같은 의회 민주주의 체제는 의회가 내각을 불신임할 수 있기 때문에 국민의 요구에 민감하게 대처하여 책임 정치를 실현할 수 있다. 또한, 의회와 내각의 협조 관계를 통해서 능률적이고, 신속한 행정이 가능하다. 따라서 권력이 어느 개인에게 집중되지 않고 대체로 내각이 집단적으로 책임을 지는 정치체제이다. 그러나 의회와 내각을 한 정당이 독점하는 경우 다수당의 횡포가 우려되고, 소수정당이 난립할 경우에도 정국이 불안정해 질 수 있는 단점을 가지고 있다(Cromartie, 2006).

영국은 의원내각제를 통해 의회가 행정부보다 비교적 우위에 있기 때문에 정부조직의 변화와 개편이 상당히 신축적이다. 무엇보다 총리의 국정과제 수립과 정책을 지지하기 위한 다수당의 협조가 용이하기 때문에, 조직개편에 적극적인 견제가 따르지 않는다(김석은, 2017: 266). 이러한 특징은 우리나라의 조직개편에도 함의를 제공할 수 있다. 우리나라의 경우, 정권이 바뀔 때마다 다양한 이유로 인해 정부조직의 개편이 시도되었는데, 정부조직의 신설, 통합 등의 변화는 필수적으로 비용과 자원이 요구된다. 따라서 효율적이고 연속성 있는 행정체계의 집행은 상당히 중요하다고 볼 수 있다. 무엇보다 영국의 사례에서 나타나듯이, 의회의 긴밀한 협조와 지지를 통해 불필요한 정치적 갈등을 최소화할 수 있다. 이러한 노력을 통해 정책 및 의사결정 과정상에서 발생하는 혼선을 줄이고 효율적인 개편으로 평가될 수 있을 것이다.

## 2) 사법부의 체제와 운영상 특징 및 시사점[79]

영국은 헌법적 전통이 상당히 오랜 기간에 걸쳐 축적되었다. 이에 따라서 영국의 헌정주의(British Constitutionalism)의 핵심적인 가치는 법의 지배와 의회

---

[79] 이 부분은 윤성일 박사(한국지방재정공제회) 자문을 기반으로 작성함 (2017.11.2).

주권주의, 그리고 권력분립의 원리로 볼 수 있다(김용훈, 2015: 7). 이와 더불어 2005년 추진된 헌법개혁법에서도 법치주의의 원리가 명시되어 있는데, 이의 주요 목적은 행정부－입법부－사법부 등의 국가기관 간의 견제 및 균형에 대해서 주목하고 있다.

입법, 사법, 행정부 간의 건설적 관계는 헌법과 법치를 효과적으로 유지하는데 필수적이다. 거버넌스 및 사회의 변화에 따라 인권법(1998), 헌법개혁법(2005), 법무부 신설(2007) 등이 이루어지면서 입법, 사법, 행정 간의 관계는 상당한 변화가 이뤄지고 있다(House of Lords, 2007: 7).

영국이 오랜 전통에도 불구하고 이러한 개혁을 실시했다는 것은 우리나라의 경우에도 큰 시사점을 제공할 수 있다. 김용훈(2015: 10)에 따르면, 영국은 여전히 의회지상주의에 대해서 신뢰를 나타내고 있으며, 무엇보다 "의회가 제정하는 법률에 대한 심리를 타 기관이 행하는 것에 대해서 적지 않는 반감이 존재하고 있다." 이러한 사례는 비록 영국이 기존의 문제점을 해결하기 위해 2005년 개혁법을 실시하였지만, 여전히 이에 대한 갈등이 존재한다는 것을 의미한다고 볼 수 있다. 따라서 우리나라의 경우에도 헌법의 개정과 법조인 선발 등 국내의 사법제도 변혁에 대해서 엄격한 법치주의에 근거한 충분한 논의가 필요하다고 볼 수 있다.

또한, 영국 사법부의 주요 구성원인 법관의 경우, 우리나라와는 달리 판사 간의 상하가 존재하지 않는 특성이 존재한다. 즉, 보수와 지위 등이 동일하며, 대법원장과 같은 고위직의 임명에 변호사 출신이 바로 임명이 가능할 수 있으며, 변호사에서 1심법원에 대한 판사로도 임명이 가능하다. 이러한 다소 파격적인 인사 시스템은 영국 특유의 사법체계로 볼 수 있으며, 우리나라의 사법개혁에도 시사점을 제공할 수 있을 것이다.

# 04 스웨덴
*SWEDEN*

## 제1절 통치체제

### 1. 정부형태 개요

#### 1) 국가수반, 행정부, 입법부, 사법부 구성 체계

스웨덴은 입헌군주국이다. 국왕은 국가를 상징적으로 대표하는 국가수반이나 실권은 갖고 있지 않으며 국가의 모든 권력은 국민으로부터 생성된다고 헌법이 보장하고 있다. 이는 의회민주주의의 기본이다. 전 국민은 동등한 권리를 부여받고 있으며 자신의 의견을 표현할 수 있는 평등한 기회를 보장받고 있다. 또한 모든 국민은 정치인과 공공기관에 부여된 권한과 권력을 행사하는 방식을 면밀하게 조사 및 감시할 수 있다.

의회민주주의를 운영하고 있기 때문에 국민을 대표하고 있는 공식국가기관은 스웨덴 의회인 릭스닥(Sveriges Riksdag)이다. 국가와 관련된 모든 결정은 의회에서 이루어지고 있으며 의회에서 결정된 사항을 정부가 실행하게 된다. 또한 정부는 새로운 법률제정 및 개정안을 의회에 제출할 수 있는 권한을 갖고 있다. 국가를 실질적으로 통치하는 국가기관은 정부이며 정부는 의회에 통치에 관한 모든 사항을 설명할 의무를 갖게 된다. 또한 의회는 정부를 구성하는 대표자인 수상(Prime Minister)을 선출하며 선출된 수상은 각부 장관을 선정하고 내각(Cabinet)을 구성하여 정부를 운영하게 된다. 스웨덴 헌법은 정부가 국가의 수반이 아닌 행정결정 권한만을 인정하고 있다(The Swedish Institute, 2014: 2).

행정부 내 각 중앙부서 장관은 정부를 구성한 의회의 다수당 의원으로 구성되며 대부분의 경우 각부 장관은 의원직을 겸직하게 된다. 이 경우 장관을 대리하는 비례대표 의원이 장관으로 선임된 의원의 의무를 수행하게 된다. 동시에 장관으로 선임된 의원은 의회 내 투표에 불참하며 투표권을 행사하지 않는다. 그러나 행정부 내 모든 장관은 의회에 출석하여 토론에 참석할 수 있는 권한을 갖게 된다.

매년 9월 의회가 개회되는 시기에 수상이 직접 정부정책 성명을 발표하면서 정부정책의 목표와 국내 및 국제관계에서의 정책목표 우선순위 등을 설명한다. 이러한 정책을 수행하기 위하여 정부는 관공서 및 360개의 중앙정부기관의 지원을 받고 있다. 내각은 정부정책 결정에 전적으로 책임을 진다. 그러나 각 중앙부서의 장관은 일반적인 업무는 각자 스스로 결정하며 형식적으로 정부의 승인을 받게 된다. 정부정책 수행에 대한 책임은 집단책임원칙(Principle of Collective Responsibility)을 따른다(The Swedish Institute, 2014: 2-3).

행정부인 정부 및 입법부인 의회와 더불어 국가기관으로 중요한 역할을 수행하는 곳이 사법부이다. 의회민주주의 근간인 삼권분립원칙에 의하여 사법부는 행정부와 입법부로부터 정치적인 독립성을 부여받고 있다. 사법부를 구성하고 있는 사법체제는 전 국민에게 법치주의 및 법률적 안전을 강화시키는 것이 주요 목적이다. 이러한 사법체계를 유지하는 가장 중요한 요소인 법원이 사법부의 목적을 달성하기 위하여 그 역할을 수행하고 있다.

법에 의한 지배(Rule of Law)를 의미하는 법치주의에 따라 법률수행과 관련된 모든 정부기관은 업무수행이 예측가능하여야 하고 지속적이며 높은 수준의 서비스를 제공하여야 한다. 또한 법률적 안전(Legal Security)은 각 개인 및 법률주체가 생명, 건강, 자유, 재산, 온전성 등을 침해하는 범죄로부터 보호받는 것을 의미한다(the Ministry of Justice, 2015: 5).

사법부의 정치적 독립을 보장하기 위하여 사법부의 활동을 주도적으로 수행하는 법원은 독립기관의 지위를 부여받고 있다. 즉, 입법부인 의회, 행정부인 정부 및 정부기관은 법원이 판결하는 모든 재판에 관여할 수 없다. 그러나 동시에 법원의 공정성을 유지하기 위해 일반국민은 헌법이 보장하고 있는 표현자유법(Freedom of Press Act)에 의해 법원판결 과정에 참여할 수 있으며 이에 관한 자료 및 문서에 접근할 수 있는 권리를 부여받고 있다. 다만 개인의 사생활 보호 및 공공의 안전과 관련된 사항에서는 이러한 권리가 제한될 수 있다(the Ministry of Justice, 2015: 18).

## 2) 중앙정부와 지방정부의 구성 및 관계

2014년 9월 선거에서 승리한 사회민주당은 녹색당과 연합하여 진보정권을 수립하였다. 2015년부터 구성된 현 정부는 10개 중앙정부 부서, 1개 수상실(Prime Minister's Office), 1개 중앙행정업무실(Office for Administrative Affairs) 등 12개로 구성되어 있다. 이전 중도보수정부에서 존재하였던 지방문제부(Ministry of Rural Affairs)는 기업혁신부(Ministry of Enterprise and Innovation)로 통합되었다. 중앙정부 부서의 장은 수상이 맡게 되며 동시에 정부를 대표하는 정부수반이기도 하다.

10개의 중앙부서에서는 1명 이상의 장관이 임명되는 복수장관제도를 운영하고 있으며 각 장관은 중앙부서 내 업무영역을 분담하여 중앙부서를 이끌고 있다. 각부의 장관은 정치적으로 지명할 수 있는 정부비서(State Secretary), 정치고문(Political Advisor), 언론담당비서(Press Secretary) 등을 고용하고 있다. 중앙행정업무실은 행정부 내 사무차관(Permanent Secretary)이 책임자로서 업무를 관장한다(Government Offices of Sweden, 2016: 5). (<표 4-1> 참조)

**▌표 4-1 스웨덴 중앙정부 구성**

| | | |
|---|---|---|
| 정부 | 정부<br>기구 | 중앙행정실(Office for Administrative Affairs) |
| | | 법무부(Ministry of Justice) |
| | | 보건사회부(Ministry of Health and Social Affaris) |
| | | 외교부(Ministry of Foreign Affairs) |
| | | 재정부(Ministry of Finance) |
| | | 환경에너지부(Ministry of the Environment and Energy) |
| | | 기업혁신부(Ministry of Enterprise and Innovation) |
| | | 고용부(Ministry of Employment) |
| | | 교육연구부(Ministry of Education and Research) |
| | | 국방부(Ministry of Defence) |
| | | 문화부(Ministry of Culture) |
| | | 수상실(Prime Ministr's Office) |

출처: Government Offices of Sweden(2016: 5)

중앙정부 부서 내 4,500명의 공무원이 근무하고 있으며 이 중 200명은 정치적으로 임명된 정무직 공무원이다. 중앙정부 부서 내 공무원 대다수는 중앙정부의 행정능력과 권한이 미치는 모든 부문에서 부여된 직무를 수행하고 있다. 중앙정부 공무원의 주요 업무는 중앙정부가 내리는 정책결정을 위한 자료수집 및 정책제안을 위한 지원업무를 수행하는 것이다. 그리고 국내 및 국외 중요 정책사항들을 심의하는 업무도 수행한다(Government Offices of Sweden, 2016: 6).

스웨덴의 정부구성은 국내와 관련해서는 중앙정부, 지방정부, 지역자치단체 등 세 가지 형태로 구성되어 있다. 이외에도 1995년 이후 유럽연합(EU) 회원국으로 가입하면서 유럽연합 차원의 정부역할 중요성이 증가하고 있다. 국내정부 형태로 지역차원에서 지방정부(County Council)가 20개 존재한다. 지방정부의 업무영역은 지방자치단체가 스스로 진행할 수 없는 행정영역을 수행하는 것이며 대표적인 것이 의료보장부문이다. 이는 다수의 지방자치단체를 포함하여 진행하는 것이 효율적이기 때문에 지방정부 내 지방자치단체 간 조정이 필요한 행정영역이다. 지방정부는 의료보장정책 수행을 위한 비용을 조달하기 위하여 자체적인 소득세를 조정할 수 있는 권한이 있다(The Swedish Institute, 2014: 3).

지방정부는 자체적인 지방행정위원회(County Administrative Board)가 있으며 지방정부 정책을 수행하는 지방정부 집행위원회(County Council Executive Committee)와 선거로 선출되는 지방정부의회(County Council Assembly)가 있다. 지역의 최소단위인 지방자치단체(Municipality)는 290개가 있으며 각 지방자치단체에는 선거로 선출되는 자체적인 지방자치단체의회가 있다. 지방자치단체의 업무영역은 주택, 도로건설 및 보수, 식수공급 및 쓰레기처리, 초등 및 중등교육, 공공복지, 노인 및 아동복지 등이다. 지방자치단체의 행정서비스는 지방정부보다 광범위하며 실질적으로 운영되고 있다.

지방자치단체정부를 구성하는 조직은 지방정부와 동일하게 지방자치단체 집행위원회(Municipal Executive Committee)와 지방자치단체의회(Municipal Assembly)로 구성되어 있다. 지방자치단체도 수행하는 정책비용을 조달하기 위하여 소득세율을 자체적으로 조절할 수 있는 조세권을 확보하고 있다. 따라서 지방자치단체는 의무적으로 수행하여야 할 행정서비스를 제공할 뿐만 아니라 경제상황에 맞게 제공할 수 있는 행정서비스를 스스로 결정할 수 있는 권한도 함께 보유하고 있다(the Ministry of Finance, 2005: 4; The Swedish Institute, 2014: 3). (<그림 4-1> 참조)

스웨덴 지방정부 및 지방자치단체 체제는 1862년 지방정부 개혁에 의하

▌ 그림 4-1   스웨덴 정부구성

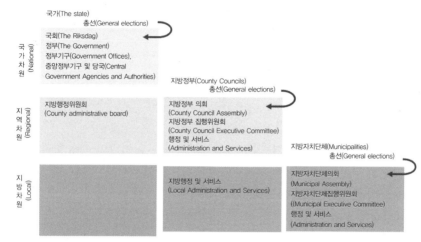

출처: Ministry of Finance(2005: 4)

여 지방은 교구 그리고 각 시는 한 개의 지방자치단체를 구성한다는 원칙에
의하여 경계가 확정되었다. 이 원칙에 의하여 2,498개의 지방자치단체 그리고
25개의 지방정부가 구성되었다. 이후 1950년대 초에 현대산업사회가 완성되
면서 도시로 많은 인구가 유입되어 지리적으로나 인구수에 따라 지방자치단체
의 경계가 재구성되는 것이 현실적인 방법으로 대두되었다. 따라서 1962년에
서 1974년까지 제2차 지방정부 및 지방자치단체 경계가 재구성되었다. 그 결
과 지방자치단체의 수가 278개로 대폭 감소하였으며 1990년대 말에는 다수의
지방정부가 합병되어 남부지방에 스코네 지방정부(Skåne County Council), 서부
요타란드 지방정부(Västra Götaland County Council)가 탄생하였다. 이후 2005년
에 현재의 지방정부 형태인 290개의 지방자치단체와 20개의 지방정부를 구성
하였다(the Ministry of Finance, 2005: 5).

　　스웨덴은 지방정부 자치전통을 19세기 중반부터 확립시켜왔다. 1862년
지방정부법(Local Government Ordinances)을 제정하였으며 1974년에는 지방자
치정부를 헌법에 명시하여 강력한 지방자치제도를 구축하였다. 지방자치정부
는 지방정부기관이 독립된 기관으로 특정영역의 제한을 제외하고는 자체적인
결정을 할 수 있는 자유를 의미한다. 대표적인 예로 지방정부의 자체적인 세
제권이 있다. 이후 1992년 1월에 지방정부법(Local Government Act)이 제정되었
으며 이 법은 지방정부 및 지방자치단체의 지리적 경계부터 의회 및 행정위원

회의 업무영역에 관한 사항을 규정하고 있다(the Ministry of Finance, 2005: 6).

## 2. 국가 및 행정수반과 내각

### 1) 국가수반

국가수반은 입헌군주제로 국왕 혹은 여왕이 공식적으로 국가를 대표하고 있다. 왕위계승은 헌법에 명시된 왕위계승법(Act of Succession)에 의하여 진행되며 국가수반인 국왕 및 여왕은 최소 18세 이후에 취임이 가능하다. 입헌군주제이기 때문에 국가수반에 대한 임기는 공식 업무수행이 가능한 시기까지 가능하며 다음 왕위가 진행될 때까지 수행하는 종신제이다.

왕위계승법은 프랑스 장군인 장 밥티스테 베르나도테(Jean Baptiste Bernadotte)가 왕위계승자로 결정된 이후 1810년에 제정되었다. 이 법은 현재 국왕의 후손 중 누가 왕위를 계승할 수 있는지에 관한 사항을 규정하고 있다. 현재 규정에 의하면 칼 구스타브 16세(Carl XVI Gustaf)의 후손 중 남성 및 여성 모두 왕위승계권을 가지며 장자 혹은 장녀 자손우선원칙이 설정되어 있다 (Sveriges Riksdag, 2016: 56).

국가수반은 정치적 권한은 부여받지 못하지만 국가를 대표하는 행사에 참석할 의무를 지게 된다. 그러나 국가수반은 수상으로부터 국내 및 국외 정치 상황에 관하여 상세하게 설명 듣게 된다. 이를 위하여 국가수반이 의장으로 운영되는 국가특별위원회(Special Council of State) 구성을 헌법이 보장하고 있다(Sveriges Riksdag, 2016: 35).

국가수반은 정부가 교체될 시 국가특별위원회를 주재하며 의회를 정식으로 개회하고 외교자문위원회(Advisory Council on Foreign Affairs) 모임을 주재한다. 또한 국제법에 따라서 외국대사의 공식방문을 접견하고 외국으로 보내는 스웨덴 대사를 임명하는 최종임명장에 서명하는 권한을 갖고 있다. 이외에도 국가를 대표하여 외국을 공식적으로 방문하고 외국사절 방문을 공식 접견한다. 국가수반이 공식의무를 수행할 수 없는 경우에는 섭정을 수행할 수 있는 왕위계승자가 국가수반의 의무를 지게 된다(Sveriges Riksdag, 2016: 35).

국가수반과 관련된 행정조직은 왕실청(Royal Court)이 담당하고 있으며 왕실청은 국가수반과 왕실가족을 지원하는 업무를 수행하고 있다. 왕실청의 구성은 국왕 혹은 여왕이 왕실청 위원회 의장의 역할을 수행하고 왕실집행관

(Marshal of Realm)은 실무를 담당한다. 왕실청 직원은 203명이며 국가수반의 공식 업무를 지원하는 업무를 수행한다. 왕실청 내 운영위원회는 매달 2회 회의를 진행하며 이 회의를 주재하는 의장은 왕실집행관이다. 운영위원회는 왕실청 내 주요부서의 책임자를 선임하여 운영한다.[1]

## 2) 행정수반과 내각

입헌군주제도를 채택하고 있는 스웨덴은 매 4년 9월 세 번째 일요일에 시행되는 총선에서 의회의 다수의석을 확보한 다수당이 행정부를 구성할 수 있는 내각책임제도를 운영하고 있다. 우선 다수당의 리더가 의회 내에서 선거후 2주 내에 수상으로 선출되면 수상은 내각을 구성하는 책임을 부여받게 된다. 의회 내 수상후보에 대한 지지가 과반수를 넘지 못하면 수상에 임명될 수 없다. 의회에서 선출된 수상은 중앙정부를 운영하는 각 부서의 책임자인 장관을 임명하게 된다. 수상의 임기는 의회선출기간인 4년이나 차기 선거에 승리할 경우 수상을 연임하여 재직할 수 있기 때문에 실질적인 임기는 총선의 결과에 따라서 결정된다. 이처럼 스웨덴 헌법은 의회에서 수상선출 및 수상의 장관임명권을 헌법 제6장에 근거하여 보장하고 있다(Sveriges Riksdag, 2016: 35).

스웨덴 헌법은 수상이 임명하는 장관의 최소인원을 5명으로 규정하고 있으며 최대인원에 대한 제한은 없다. 2014년에 선출된 사회민주당과 녹색당 연합정부는 24명의 장관으로 구성되어 있다. 이는 중앙부서가 10개 그리고 수상실 및 중앙행정업무실 등 총 12개 부서로 구성되어 있으나 몇몇 주요 중앙부서에는 2명 이상의 복수가 장관직을 수행하고 있기 때문이다(Sveriges Riksdag, 2016: 35).

수상으로부터 임명된 각부의 장관은 의원직을 보유할 수 있으나 타 직장에서 임금을 받는 직업은 보유할 수 없으며 공공성을 저해하는 사익활동 및 추구를 할 수 없다. 또한 수상은 필요시 자신의 업무를 대행할 수 있도록 장관 중 한 명을 지정하여 부수상(Deputy Prime Minister)의 직책을 선정할 수 있다(Sveriges Riksdag, 2016: 35, 78).

행정수반인 수상의 원활한 업무수행을 지원하는 정부기관은 수상실(Prime

1 Kungahuset, The Royal Court Retrieved from http://www.kungahuset.se/royalcourt/monarchy theroyalcourt/theroyalcourt.4.396160511584257f2180003480.html (검색일, 2017.10.15)

Minister's Office)이다. 수상실은 수상이 대표하고 있으며 동시에 내각의 정책조정 및 에너지부(Ministry of Policy Coordination and Energy) 장관이 포함되어 있다. 수상의 업무를 직접 지원하는 부서는 수상실 내 비서실이 전담하여 행정부 내 정치적 전략에 관하여 다루고 있으며 매스미디어와 관련된 업무를 수행하는 언론전담부서가 있다.[2]

비서실에는 수상실 업무를 총괄하는 비서실장(Prime Minister's State Secretary)과 수상실 내 비서실장 업무를 보좌하는 비서실장 정무비서(State Secretaries at the Prime Minister's Office) 두 명이 근무한다. 수상실 비서실장의 업무는 행정부 수반이며 동시에 모든 행정기관의 장인 수상이 업무를 원활하게 수행할 수 있도록 지원하고 수상실 전담업무를 관장한다. 비서실장을 보좌하는 두 명의 정무비서는 외교 및 유럽연합(EU) 문제, 그리고 국내문제 및 수상의 업무일정에 관하여 전문적으로 업무를 분담한다.

이외에도 수상실 내 전문 업무영역을 수행하는 정책조정사무국(Policy Coordination Secretariat), 유럽연합조정사무국(EU Coordination Secretariat), 법률담당 사무총장실(Office of the Director General for Legal Affairs), 법률 및 언어초안수정사무국(Secretariat for Legal and Linguistic Draft Revision), 행정부내부감사실(Government Offices Internal Audit Office) 등이 있다.[3]

스웨덴은 입헌군주제를 채택하고 있기 때문에 국가수반인 국왕 및 여왕은 국내정치에 그 어떠한 책임도 지지 않는다. 정치적 실권은 의회민주주의를 기초로 매 4년마다 정기총선을 거쳐서 국민다수의 지지를 획득한 정당이 의회에서 수상을 선출하면 수상이 정부수반으로 정치적인 실권을 행사하고 정부의 수반으로 모든 정치적인 책임을 지게 된다. 따라서 국가수반과 정부수반과의 관계는 업무영역이 제도적으로 엄격하게 분리되어 경쟁하는 관계가 아니며 국가발전을 위하여 상호 협력하는 관계이다.

정부수반인 수상에 대한 선출은 선거 후 다수당의 대표가 2주 이내에 의회의 표결을 거쳐서 선출되도록 규정하고 있으며 선출 시 국회의장은 국회부

---

2 Government Offices of Sweden. Retrieved from http://www.government.se/government
  −of−sweden /prime−ministers−office/organisation (검색일 2017.10.16).

3 위 사이트. Retrieved from http://www.government.se/government−of−sweden/prime−
  ministers−office/organisation (검색일, 2017.10.16).

의장과 함께 각 정당의 수상선출 대표를 소집하여 의견조정과정을 거치며 안건이 상정되면 4일 이내에 표결을 하도록 헌법에 규정하고 있다. 의회에서 과반수 찬성으로 수상이 선출되며 과반수 이하일 경우 부결된다. 수상선출 부결이 4회에 걸쳐 지속되면 총선을 다시 실시하여 다수당을 결정하게 된다(Sveriges Riksdag, 2016: 78).

의회는 수상 및 각 부처 장관의 업무수행능력이 부족하다고 판단되면 수상 및 해당 장관을 불신임할 수 있는 권한을 헌법으로 보장받고 있다. 국회의장은 수상 및 각부 장관을 불신임할 수 있으며 수상은 각부 장관을 불신임할 수 있다. 의회가 특정장관을 불신임하게 될 경우 수상이 일주일 내 의회에 예비선거를 요청하면 해당 장관은 해임되지 않는다.

의회가 수상과 각부 장관을 불신임한다고 하여도 수상이 의회를 해산하는 경우는 아직 존재하지 않는다. 그 이유는 스웨덴의 의회민주주의가 영국의 의회민주주의와 매우 상이하기 때문이다. 첫째로 스웨덴 정부는 내각중심의 합의를 중요시하는 정치적 전통과 문화를 갖고 있다. 따라서 의회해산은 수상실에서 정치적인 판단에 의하여 행해지는 것이 아니라 내각전체의 합의를 전제로 이루어지는 것이다. 둘째로는 스웨덴의 선거제도는 매 4년마다 9월 세번째 주에 정기적으로 시행되며 의회를 해산하여 선거에 승리하였다고 해도 임기를 새롭게 4년을 보장받는 것이 아니라 이전 선거 이후 나머지 임기를 보장받는 것이다. 세 번째는 새로운 선거를 실시하기 위해서는 최소한 세 달이라는 긴 준비기간이 필요하다. 따라서 수상이 의회를 해산하여 새로운 선거를 실시하는 것은 실질적으로 불가능하며 이는 국내정치안정에 크게 기여하고 있다(Holm, 2014: 85).

## 3. 우리나라와의 비교 및 시사점

### 1) 국가수반의 비교 관점에서의 특성과 시사점

스웨덴과 우리나라의 국가수반은 입헌군주제와 대통령제의 민주주의 제도상의 차이로 인하여 매우 다르다. 우선 입헌군주제는 국가수반이 국가를 대표하는 상징적인 의미이지만 대통령제는 국가수반이 국가를 대표할 뿐만이 아니라 정치적인 실질적 권한과 책임을 지게 된다. 따라서 체제상의 근본적인 차이가 존재하기 때문에 특성도 크게 다르다.

다만 국가수반에 대한 스웨덴 국민의 높은 존경심은 우리나라에 시사하는 점이 매우 크다. 스웨덴 국왕은 입헌군주제를 갖고 있는 국가 중에서도 국민의 높은 존경심을 받고 있으며 이는 국왕이 민주주의를 신봉하고 국민의 권익향상에 오랫동안 노력한 결과이다. 따라서 국왕이 국가의 구심점으로 역할을 수행하고 있으며 정치적 중립을 확립하여 정치적 안정에도 기여하고 있다.

## 2) 행정수반의 특성과 시사점

스웨덴의 행정수반은 다수당 당수이며 행정부를 대표하여 정치적인 실권을 행사하고 있다. 우리나라의 행정수반은 국무총리가 수행하고 있지만 대통령제도하에서 헌법이 보장하고 있는 권리를 실질적으로 행사하는 것으로 한계를 나타내고 있다. 스웨덴의 행정수반인 수상은 각부 장관의 임명권을 갖고 있으며 일반적으로 각부 장관이 책임을 지고 중앙부서를 이끌고 있는 장관책임제도를 운영하고 있다. 이 제도에 따라서 각부 장관은 자신의 업무영역에서 집권당의 정치철학에 입각하여 전문적인 행정조직을 통하여 정책을 수행하며 정책수행에 대한 책임을 지게 된다. 따라서 행정부 임기 내에는 장관이 교체되는 일은 매우 극소수이며 다음번 선거까지 지속되는 경향이 매우 강하다.

의회에서 선출되는 수상은 다수당제도를 운영하는 의회의 구조상 독단적으로 정책을 수행할 수 있는 구조가 아니기 때문에 의회 및 행정부가 협력하여 정책을 수행하는 협력정치의 전통을 이어가고 있다. 또한 내각제도 내에서 합의를 중시하는 정치문화로 인하여 수상이 독단적으로 정책을 결정하는 경우는 거의 존재하지 않는다. 이는 정치안정과 합리적 의사결정에도 크게 기여하고 있다.

## 3) 행정부 구성 및 운영상 특성과 시사점

행정부 구성은 스웨덴은 입헌군주제로 수상이 각부 장관을 임명하지만 우리나라는 대통령제로 대통령이 각부 장관을 임명한다. 스웨덴의 특성은 중앙부서 복수의 장관이 업무영역을 분담하여 전문화 및 특성화 시켜서 진행하는 것이다. 또한 중앙정부 부서와 중앙정부청(National Agency)이 분리되어 행정전문가 집단인 중앙정부청이 정책을 제안하면 중앙정부 부서가 이를 검토하여 의회에 입법을 요청하는 전 행정영역에 전문 공무원이 행정업무를 진행하고 있는 점이 우리나라에 주는 시사점이다.

## 제2절 관료제 및 지방행정체제

### 1. 공직사회

### 1) 정무직 구성과 범위 및 운영

공직사회 내 정무직은 일반적으로 중앙정부 부서에 해당하며 그 범위는 매우 좁다. 중앙부서의 장은 장관이며 한 중앙부서 내 장관의 수를 복수로 하고 있으며 중앙부서의 업무영역을 전문화하여 복수 및 다수의 장관이 중앙부서를 운영하는 형태를 유지하고 있다. 각부 장관은 정부비서(State Secretary), 정치고문(Political Advisor), 언론담당비서(Press Secretary) 등을 고용하고 있다. 따라서 중앙정부 부서는 소수의 인원으로 운영되며 각부 장관을 회원으로 운영하는 장관위원회(Council of Ministers: Statsråd)는 전체합의를 원칙으로 운영된다. 따라서 정부수반인 수상이 단독으로 국정을 운영하는 것이 아니라 장관위원회에서 합의에 도달한 후 국정을 운영하는 방식이다.[4]

의회민주주의를 운영하는 입헌군주국가로 중앙정부 부서 내 장관 및 차관 등 위계질서를 나타내는 직급을 운영하기보다는 복수 및 다수의 장관을 선임하여 중앙부서 내 업무영역의 전문화를 통하여 정무직의 역량을 충분히 발휘하도록 하는 운영방식이 특이하다.

### 2) 경력직 공무원

경력직 고위공무원이라는 공무원 집단은 공식적으로 존재하지 않는다. 이는 공무원 채용을 중앙집권화 형식으로 진행하는 것이 아니라 지방분권화로 진행하는 결과이다. 그러나 편의상 정부가 임명하는 공무원 그룹 중 상위그룹은 구체적으로 두 가지 형태의 그룹으로 구성되어 있다. 첫째 그룹은 중앙정부기관의 책임자에 해당하는 중앙정부청(National Agency)의 청장 및 사무총장, 지방정부 지사(County Governor), 국립대학 총장, 지방정부 부지사(Deputy County Governor), 지방정부 부서 책임자(County Director) 등 약 280명이 있다. 이외에도 중앙정부 부서에서 공무원에게 행정업무, 법률서비스 등을 제공하는

---

4 Eurostat Statistics. Retrieved from http://ec.europa.eu/eurostat/statistics—explained/index. php/Public_employment_—_Sweden (검색일, 2017.10.17)

정무비서(State Secretary) 및 공공기관 단체장(Director General) 등 약 80명이 해당한다.[5]

스웨덴 정부고용청(Swedish Agency for Government Employers: SAGE, Arbetsgivareverket)은 중앙정부 소속 250개의 중앙정부기관(National Agency)이 회원으로 가입된 기관이다. 이 기관의 통계에 의하면 2015년 정부로부터 임금을 받는 중앙정부부문 공무원의 수가 약 250,000명에 달한다. 정부고용청의 주요 업무는 중앙정부부문 노조와의 임금협상과 고용조건과 관련하여 협상을 수행하는 것이다. 구체적으로 정부고용청은 회원인 중앙정부기관의 고용법률 및 규정에 관여하고 노동분쟁과 관련된 법률서비스를 제공한다. 이외에도 정부의 고용주정책을 개발하고 정부고용기관의 이해관계를 보호하고 국가가 고용 및 고용정책의 주체라는 인식하에 공공토론에 지식을 제공하는 업무를 수행한다.[6]

중앙정부 공무원 중 중앙정부 부서에 근무하는 공무원의 수는 매우 소수이다. 다수의 중앙정부 공무원은 중앙정부기관인 중앙정부청(National Agency) 소속의 공무원으로 상당한 수준의 자율권을 확보하고 있다. 중앙정부청의 주요 업무는 중앙정부 부서의 정책수립, 목표설정, 조사 등을 지원하는 것이다. 또한 중앙정부청에 소속된 공무원은 대다수가 전문인력으로 구성되어 있으며 중앙, 지방, 지방자치단체 단위의 행정사무소를 운영하고 있다. 중앙정부청은 중앙정부 부서와 함께 공공정책을 실질적으로 수립하여 수행하는 책임을 갖고 있다.

중앙정부청의 책임자는 중앙정부가 임명하며 이사회(Board of Directors)를 구성하여 운영되고 있다. 이사회의 구성원은 중앙정부가 임명한다. 중앙정부청은 정부조직상 중앙정부 부서의 한 개의 과(Ministry Department)에 소속되어 있지만 조직구성, 의사결정, 인력채용 등과 같은 핵심 업무를 독자적으로 수행할 수 있는 자율권을 보장받고 있다. 이러한 전문적 업무와 관련된 자율권 보장은 자체적인 규정에 의해서 진행되고 있으며 동시에 헌법에 중앙정부 장관

5 Eurostat Statistics. Retrieved from http://ec.europa.eu/eurostat/statistics−explained/index. php/Public_employment_−_Sweden (검색일, 2017.10.17)

6 Arvetsgivaverket: Swedish Agency for Government Employers. Retrieved from http://www. arbetsgivarverket.se/in−english/ (검색일, 2017.10.18)

이 소속 중앙정부청의 업무에 관여하지 못하도록 규정하고 있으며 이러한 전통은 17세기 이후부터 지속되고 있다.

이외에도 중앙정부의 행정력이 미치는 지방정부 차원의 중앙정부행정은 지방정부행정이사회(County Administration Board)와 자체적인 지방조직을 운영하고 있는 중앙정부기관인 사회보장이사회(Social Insurance Board), 경찰(Police), 국가고용청(National Employment Authority) 등으로 이원화되어 있다. 전자인 지방정부행정이사회는 다양한 중앙정부기관을 위하여 지방에서 활동하는 지방행정기관이다. 중앙정부 이외의 차원에서 두 가지 형태의 정치기관으로 지역의 교통 및 병원 등을 관할하는 지방위원회(County Council)와 지방의 모든 행정서비스와 정책을 수행하는 지방자치단체(Municipality)가 있다. 이러한 두 가지 형태의 하부구조를 보유하는 정부형태는 17세기 이후부터 현재까지 지속되고 있다. 중앙정부의 행정이 지방정부에 적합하게 이행되지 못할 때 그 책임은 중앙정부가 임명한 지방정부 지사(County Governor: Landshövding)가 전적으로 책임을 진다.[7]

스웨덴에서 국가공무원은 공무수행이 특별한 조건하에서 수행되는 경우가 있다고 하더라도 공무원 고용과 관련된 법률은 일반직장 고용과 동일한 법령이 적용된다. 공무원 직무수행과 관련하여 1994년에 제정된 국가공무원법(Civil Service Act)은 공무원 권리 및 의무에 관하여 기본적인 규정을 적시하고 있으며 1994년에 제정된 공공고용법(Public Employment Act)은 징계방법 등을 명시하고 있다.

일반적으로 공공부문과 일반부문 전체, 국가적 차원에서 고용과 관련된 국가구조는 고용법에 그 기초를 두고 있다. 이 법은 1974년 고용법(Employment Act) 이후 1976년 및 1978년에 개정되어 고용법의 근간을 이루고 있다. 따라서 스웨덴 고용법은 공무원고용과 관련하여 공무원의 기본적인 의무사항을 제외하고는 단순하게 구성되어 있다. 즉, 노동시장과 관련된 사항과 유사하게 공무원 고용조건은 법령으로 규정되고 있는 것이 아니라 법률제정을 보완하는 형태로 부문별 합의에 의하여 운영되고 있다. 따라서 공무원 고용과 관련하여 중앙정부 차원의 합의와 지방정부 및 지방자치단체 차원의 합의가 존재한다.

----

7 앞 사이트. Retrieved from http://ec.europa.eu/eurostat/statistics-explained/index.php/Public_ employment_-_Sweden (검색일, 2017.10.17)

중앙정부는 중앙정부 부서 공무원을 제외하고 대부분의 중앙정부 공무원이 근무하고 있는 250개 중앙정부청(National Agency)에 자체적인 공무원관리 의무를 부여하고 있다. 각 중앙정부청은 중앙정부가 직접 임명하는 책임자인 청장을 제외하고 자체적으로 공무원을 채용, 관리, 해고한다. 각 중앙정부청은 외교관, 경찰, 직업군인을 제외하고 공무원 승진과 관련된 공식적인 프로그램을 1990년대 이후에는 거의 운영하고 있지 않다.

각 중앙정부가 임명한 중앙정부청 청장은 임기 6년을 보장받으며 전문지식과 전문영역에서 활동한 경험을 기초로 하는 전문가로 구성되어 있으나 소수의 경우 정치권에서 임명된다. 각 중앙정부청의 이사회는 청장이 이사회 의장으로 활동하며 다수의 이사로 구성되는데 이사는 중앙정부청 업무에 장시간 근무한 중앙정부청 내 전문 고위공직자, 이해관계를 대표하는 기관, 해당인구그룹의 대표로 구성되며 특별한 경우 정치인이 선정되기도 한다. 이사회 이사는 전원 중앙정부가 임명하고 이외의 공무원은 중앙정부청이 자체적으로 고용한다(Ministry of the Presidency, 2010: 238).

중앙정부 부서 및 장관은 중앙정부청이 수행하는 업무에 관여할 수 없다. 중앙정부청은 독립성을 보장받고 있으며 소속된 중앙정부 부서의 가이드라인에 따라서 다양한 정책제안을 제출할 의무를 갖고 있다. 정책제안은 대부분의 경우 중앙정부청이 수행하는 업무와 관련된 법률개정에 관한 것이며 이러한 정책제안은 공청회를 거쳐서 위원회보고서로 제출된다.[8]

정부공무원은 노동조합을 구성할 권리를 보유하고 있다. 그러나 동시에 종신고용을 향유할 수 없다. 따라서 정부부서의 합병 및 효율화를 위한 재조직 과정에서 잉여 노동인력은 정리해고될 수 있다. 따라서 1991년 직장안전재단(Job Security Foundation)은 정리해고된 잉여인력이 노동시장에서 새로운 직장을 얻을 수 있도록 가이드라인을 제공하고 있다. 이외에도 정부공무원은 내부비밀로 규정된 내용을 제외하고는 언론에 자유롭게 자신의 의견을 표현할 수 있는 자유를 향유하고 있다. 또한 단체교섭권, 노동조합구성 자유, 단체행동권 등이 보장되고 있다.

---

8 Eurostat Statistics. Retrieved from http://ec.europa.eu/eurostat/statistics-explained/index.php/Public_employment_-_Sweden (검색일, 2017.10.17)

## 2. 중앙정부와 지방정부 관계

### 1) 중앙정부와 지방정부 체제

중앙정부와 지방정부 체제는 19세기 중엽인 1862년 헌법에 지방정부법 (Local Government Act)이 제정되면서 형성되었다. 지방정부법에 의해 지방 및 도시에 도시민을 위한 업무가 설정이 되었고 이를 지방자치단체(Municipality) 가 실행하고 중앙정부 정책의 일정부분을 수행하는 지방정부(County Council) 를 설립하게 되었다. 이후 제2차 세계대전 이후에 국가정책의 최종목표가 복지국가 건설이 되어 지방정부 및 지방자치단체의 역할이 지속적으로 증가하면서 1952년과 1974년 지방정부관련 법률개정을 거쳐 현재의 지방정부법이 확립되었다.

대부분의 서유럽국가가 지방정부 체제를 지방정부와 지방자치단체로 이원화 시켜서 운영하고 있는 것처럼 스웨덴도 지방정부와 지방자치단체로 구성되어 있다. 그러나 스웨덴 지방정부 체제는 독자적으로 다양한 복지정책을 수행하고 이에 대한 책임도 스스로 지고 있다. 1862년에 최초로 시작된 지방정부법에 의하여 지방정부(County Council)는 인구수에 의하여 설정되었으며 지방자치단체는 종교적 교구에 의하여 설정이 되었다. 따라서 지방정부는 21개가 설정이 되었고 지방자치단체는 최초 2,500여 개에 이르렀으나 산업화로 인한 도시화 발전으로 인구가 이동되면서 290개로 감소하였다(Lindström, 2015: 417).[9]

중앙정부와 동일하게 지방정부(County Council: Landsting) 및 지방자치단체 (Municipality: Kommune)도 지역주민에 의한 선거를 통하여 구성하게 된다. 20개 지방정부는 선거를 통하여 지방의회를 구성하여 지방정부의 입법부 역할을 담당한다. 그러나 지방정부의 행정부 역할을 하는 지방정부(County Administrative Board: Länsstyrelser) 구성은 중앙정부에서 임명한다. 한편 지방자치단체는 지역주민의 선거를 통하여 지방자치단체의회에서 다수의석을 획득한 정당이 지방자치단체 행정부(Municipality: Kommunstyrelser)를 중앙정부와 동일한 방식으로

---

9 스웨덴 지방정부(County Council)의 공식적인 수는 21개이나 실질적으로는 20개이다. 그 이유는 스웨덴 동부 발틱해에 위치한 섬인 고트란드(Gotland)는 행정구역상 1개의 지방정부(County Council)이나 1개의 지방자치단체(Municipality)밖에 보유하고 있지 못하기 때문이다.

구성한다. 지방정부 및 지방자치단체 선거는 중앙정부선거와 동일한 방식으로 동일한 시기에 진행하여 선거의 효율성을 극대화하고 정치적 안정을 최대한 확보하고 있으며 풀뿌리 민주주의가 뿌리 깊게 정착되어 있다.

## 2) 중앙정부 및 지방정부의 기능 구분 및 역할

중앙정부와 지방정부 체제는 헌법이 보장하고 있으며 이 체제는 1974년 개정된 스웨덴헌법(The Instrument of Government)에서 지방자치정부원칙 (Principle of Local Self Government)을 인정하고 있다. 이후 지방정부법(Local Government Act)은 1991년에 재차 개정되어 현재에 이르고 있다. 스웨덴 중앙 정부, 지방정부, 지방자치단체는 헌법이 보장하는 권리에 의하여 각 정부가 수 행하는 역할이 분명하게 구분되고 있다. 중앙정부의 주요업무는 외교정책, 공 공안전, 고등교육, 노동시장, 사회보장 및 이전지출(Transfer Payment) 등을 수 행하는 것이다. 지방정부법에 의하여 지방정부는 복지정책을 지속적으로 확대 하여 실행하였기 때문에 지방의 주민으로부터 높은 지지를 받게 되었으며, 지 역주민은 지방정부가 자체적인 복지정책을 수행하고 이에 대한 책임을 지고 있기 때문에 지방정부가 복지체제에 매우 중요한 역할을 수행하고 있다고 평 가하고 있다(Micallef & Behr, 2005: 2)(<표 4-2> 참조).

중앙정부 및 지방정부의 기능구분은 스웨덴헌법에 의하여 규정되고 있다. 즉, 헌법 제1장은 정부구성에 관한 기본원칙을 규정하고 있으며 제1조는 모든 권력은 국민으로부터 시작된다고 정하고 있다. 이에 근거하여 지방정부 및 지 방자치단체도 자체적인 정부를 구성하여 민주적인 절차에 의하여 지역주민의 투표에 의하여 결정되고 있다.

▌ 표 4-2 중앙정부, 지방정부, 지방자치단체 업무영역

| 업무영역 | 중앙정부 | 지방정부 | 지방자치단체 |
|---|---|---|---|
| 법률적 영역 | 외교정책, 공공안전, 고등교육 및 연구, 노동시장, 사회보장 및 이전지출 | 건강 및 의료보험, 지역개발 | 사회보장 서비스제공, 초등 및 중등교육, 지역계획, 건강 및 환경보호, 쓰레기 및 오물수거, 대피서비스, 수자원관리 |
| 자발적 영역 | 없음 | 문화 활동 및 공공 운송 지원 | 오락서비스, 문화, 주택, 에너지, 산업 설비, 공공교통 |

출처: Berling. (2009: 5)

특히 헌법 제14장은 지방정부기관에 관하여 규정하고 있으며 제1조는 지방정부 및 지방자치단체는 의사결정이 지역주민이 선출한 의회에 의하여 운영되어야 한다고 규정하고 있다. 제2조는 지방정부와 지방자치단체의 정책결정에 대한 책임, 제3조는 지방정부와 지방자치단체의 자체적인 한계점, 제4조는 자체적인 조세권, 제5조는 지방정부 및 지방자치단체의 발생비용 지불의무, 제6조는 법률에 의한 적법한 규제관련 등을 규정하고 있다.[10]

이처럼 지방정부 및 지방자치단체의 자율권한이 최대한 보장되어 분권형 정부를 구성하고 있으나 동시에 국가전체의 이익을 확보하기 위하여 국가적 차원에서 지방정부 및 지방자치단체의 자율권이 제한되고 있다. 지방정부 및 지방자치단체의 자율권이 제한되는 경우는 국가적 차원에서 경제적 안정성 및 발전에 필수적인 상황일 경우와 국민이 교육 및 건강보험서비스와 같은 부문에서 전국적으로 동일한 수준의 서비스를 요구할 경우이다. 이를 위하여 지방정부와 지방자치단체의 자율권이 정상적으로 작동하여 지역의 서비스제공 수준이 국가적 차원에서 목표를 달성하고 있는지에 관한 평가는 중앙정부기관이 정기적으로 수행한다.[11]

## 3. 우리나라와의 비교 및 시사점

### 1) 공직사회 구성 및 운영상 특징과 시사점

스웨덴 공직사회 구성은 전문가 집단이 운영하는 것이 특징이며 그 구성은 이원화되어 있다. 즉, 중앙정부 부서는 최소한의 인원이 근무하며 이를 뒷받침하는 조직은 중앙정부기관이며 해당부문 전문가로 정책입안을 위한 연구 및 실무에 전문가적인 오랜 경험을 축적하고 있다. 동시에 중앙정부기관은 중앙정부 부서가 업무분야 및 운영에 간섭할 수 없기 때문에 높은 수준의 자율권을 확보하고 있다. 중앙정부 부서는 감독기능을 갖고 있으며 중앙정부기관이 정기적으로 보고서를 제출하도록 하는 권한이 있다.

---

10 스웨덴 헌법. Retrieved from https://www.parliament.uk/documents/commons−committees /political−and−constitutional−reform/PresentationSweden.pdf, (검색일, 2017.11.24)

11 스웨덴 헌법. Retrieved from https://www.parliament.uk/documents/commons−committees /political−and−constitutional−reform/PresentationSweden.pdf, (검색일, 2017.11.24.)

　　이외에도 스웨덴 공직사회는 최소한의 정무직 공무원을 허용하고 있으며 고위공직자 수도 매우 한정적으로 중앙정부가 임명하고 있다. 그 이유는 중앙정부 부서가 최소한의 인력으로 운영되고 있으며 내각책임제를 운영하면서 내각 집단책임제도 및 장관책임제도를 운영하고 있기 때문이다. 따라서 수상실에 인위적으로 각 중앙정부 부서 업무를 지원 및 통제하는 수석비서관제도를 수상이 운영할 필요가 없다. 이는 중앙정부 기능을 효율화하고 투명하게 하는 기능을 수행하고 있다.

### 2) 지방행정체제 및 운영상 특징과 시사점

　　스웨덴 지방행정체제는 타 유럽국가와 비교해도 매우 특이하다. 지방정부가 이미 존재하지만 실질적으로 다양한 정책을 시행하는 정부는 지방자치단체이다. 중앙정부와 동일하게 지역주민의 선거에 의하여 지방자치단체 정부가 구성되고 지역이 필요로 하는 대부분의 정책을 시행한다. 이러한 정책시행은 스웨덴헌법에 보장되어 있으며 이를 기초로 강력한 분권형 지방자치제도를 운영하고 있다. 동시에 지방자치권을 행사하면서 이에 대한 책임도 스스로 지게 된다. 이를 위하여 자체적인 조세권을 확보하고 있다.

　　이외에도 스웨덴 지방행정체제의 특징은 지방정부와 지방자치단체가 수행하는 업무가 전문화되어 있어 상호 충돌하지 않고 상하관계가 아닌 수평적 협력관계를 구성하고 있다는 점이다. 이는 지방정부 및 지방자치단체 행정수행의 효율성을 극대화시키는 기능을 한다.

## 제3절 입법부 및 사법부 차원

### 1. 의회 구성 및 운영방식

### 1) 정당제도 및 의회체제

　　스웨덴 의회는 릭스닥(Riksdagen) 혹은 스바리에스 릭스닥(Sveriges Riksdag)으로 불린다. 스웨덴 의회의 역사는 1435년 봉건제도하에서 중세유럽의 세 신분인 성직자, 귀족, 평민이 아르보가(Arboga)에서 최초의 모임을 갖고 각 신분계급을 대표하는 기능을 수행하는 기관을 창출하면서 시작되었다. 이후 1809

년 정부구성법(Instrument of Government)이 헌법에 명시되고 1866년 양원제도를 채택하여 상원(Upper Chamber: Forsta Kammaren)과 하원(Lower Chamber: Andra Kammaren)을 구성하였다.[12]

릭스닥은 국가의 최종 의사결정기관으로 역할을 수행하고 1971년 이후 단원제도(Unicameral Legislature)를 운영하고 있으며 총 의원 수는 349명이다. 릭스닥의 의원은 각 정당에서 비례대표제도로 선출되며 전 의원이 정당별 비례대표제도로 선출되는 매우 특이한 선거제도를 운영하고 있다. 1994년 이후 현재까지 의원의 임기는 4년이며 매 4년마다 9월 두 번째 일요일에 시행되는 총선에 의하여 선출된다.[13]

총 의원 349명 중 310명은 중앙선거관리위원회(Election Authority)가 각 정당이 득표한 득표수에 비례하여 정당별 홀수로 배정하고 나머지 39석은 수정의석으로 배분하는 방식을 적용하고 있다. 이는 국가 전체차원에서 의석을 배분하는데 공정성을 최대한 적용하기 위한 방식이다. 즉, 수정의석의 배분은 첫째가 정당별로 배분하는 것이고 둘째는 지역구에 배분하는 방식을 활용하여 국가차원에서 형평성을 확보하는 것이다.[14]

릭스닥의 기능은 스웨덴 헌법에 명시되어 있으며 가장 중요한 기능인 정부구성은 정부구성법(Instrument of Government: Regeringsformen)에 따르고 있다. 이외의 의회 자체적인 세부적인 기능은 의회법(Riksdag Act: Riksdagsordningen)에 의하여 시행된다. 즉, 의회법 제1장은 의회구성, 제2장은 정기의회, 제3장은 의정활동 내역, 제4장은 의정활동 준비, 제5장은 의정활동 완료, 제6장은 대정부질의, 제7장은 의회 내 선거에 관한 사항, 제8장은 의회기구 및 직원, 제9장은 의회 내 직원 배정, 제10장은 유럽연합관련 사항 등으로 구성되어 있다.[15]

의회민주주의가 확고하게 정착된 20세기 이후 내각책임제도를 운영하고 있는 스웨덴 정부는 매우 안정적인 정치체제를 유지하고 있다. 따라서 정부가

---

12 Riksdag. Retrieved from https://en.wikipedia.org/wiki/Riksdag, (검색일, 2017.11.25)

13 Sveriges Riksdag: The Swedish Parliament. Retrieved from http://www.riksdagen.se/en/how−the−riksdag−works/democracy/elections−to−the−riksdag/ (검색일, 2017.12.8.)

14 Sveriges Riksdag: The Swedish Parliament. Retrieved from http://www.riksdagen.se/en/how−the−riksdag−works/democracy/elections−to−the−riksdag/ (검색일, 2017.11.27)

15 Sveriges Riksdag: The Swedish Parliament. Retrieved from http://www.riksdagen.se/sv/global/sok/?q=riksdag+act+(pdf,&st (검색일, 2017.11.25)

의회에서 불신임을 받아서 재선거에 임한 경우는 1958년 6월 1일 단 한 번에 불과하다. 당시 불신임에 대한 이유는 국가추가연금(National Supplementary Pension)에 관한 정책이 정당 간 합의를 보지 못했기 때문이다. 의회가 해산 되면 각 정당은 최소 3개월 후에 재선거를 통하여 그 결과에 따라서 새로 운 정부를 구성하게 된다. 재선거를 통해서 정부를 구성한다고 하여도 새 정부의 임기가 새롭게 4년이 보장되는 것이 아니라 이전 정부의 잔여임기 를 보충하는 방식을 따르고 있기 때문에 각 정당은 재선거를 선호하지 않 게 되어 정치적 안정이 제도적으로 보장받고 있다. 이외에도 선거 후 의회 에서 국회의장이 지명한 수상이 네 번 부결이 되면 정부구성이 무효가 되 어 재선거를 실시하게 된다. 그러나 이러한 경우는 아직까지 한 번도 발생 하지 않고 있다.[16]

2017년 중앙선거관리위원회에 등록된 정당의 수는 22개이다. 그러나 2014년 9월 선거에 의하여 의회에 의석을 확보하고 있는 정당은 8개가 있으며 이 정당은 2014~2018년 의회 회기연도에 의회정당으로 활동하게 된다. 이들 정당은 사회민주당(Social Democratic Party), 중도당(Moderate Party), 스웨덴 민 주당(Sweden Democrats), 녹색당(Green Party), 중앙당(Center Party), 좌파당(Left

▌ 표 4-3  각 정당별 의석 수(2014~2018 회기연도)

| 정당 | 의석수 | 비율(%) |
|---|---|---|
| 사회민주당 | 113 | 31.0 |
| 중도당 | 84 | 23.2 |
| 스웨덴민주당 | 49 | 12.9 |
| 녹색당 | 25 | 7.34 |
| 중앙당 | 22 | 6.11 |
| 좌파당 | 21 | 5.72 |
| 자유당 | 19 | 5.42 |
| 기독교민주당 | 16 | 4.57 |
| 합계 | 349 | 100 |

출처: Sveriges Riksdag(2017). Retrieved from http://www.riksdagen.se/en/members-and-parties/
(검색일 2017.11.27.)

・・・・・・・・・・・・・・・・・・・・・・・・・・・・・・・・・・・・・・・・・・・・・・・・・・・・・・・・・・・・・・・・・・・・・・

16 Sveriges Riksdag: The Swedish Parliament. Retrieved from http://www.riksdagen.se/en/
how-the-riksdag-works/democracy/elections-to-the-riksdag/ (검색일, 2017.11.27)

Party), 자유당(Liberal Party), 기독교민주당(Christian Democrats) 등이다. 현재는 진보정당인 사회민주당, 녹색당, 좌파당의 연합정부가 구성되어 있다. 각 정당별 의석수는 <표 4-3>과 같다.

22개의 정당이 정치에 참여하며 의회에서 의석을 확보하고 있는 정당은 8개 정당이다. 즉, 다수당 제도가 정착되어 있으며 현 정부 또한 소수정부임에도 불구하고 정당의 이해관계보다는 정책의 합리성에 기초한 정당 간 합의를 도출하는 협치가 일반화되어 있기 때문에 정치적 안정을 달성하고 다양한 정치집단의 이해관계를 조정하는 정치문화를 정착시켜서 민주주의가 고도로 작동하는 의회민주주의를 구성하였다.

## 2) 선거구 설정 및 선거관리

스웨덴 내 총 선거구는 29개이다. 각 선거구에서는 선거투표 결과를 득표수에 따라서 정당별 그리고 후보자별로 구별한다. 29개 선거구는 거의 동일한 수준이나 수도인 스톡홀름(Stockholm), 남부지방을 대표하는 스코네(Skåne), 서부지방인 서부요타란드(Västra Götaland)는 한 개의 선거구로 간주한다.

각 선거구에는 10명에서 12명의 의원이 당선되지만 각 선거구마다 당선되는 의원의 수는 상이하다. 가장 많은 의원을 배출하는 지역구는 스톡홀름 지역구로 39명의 의원을 배출하고 가장 적은 지역구인 고트란드(Gotland) 지역구는 2명의 의원을 배출한다.

각 선거구에서 실시한 투표결과에 따라서 의회의 의석이 배정되는 비례대표제도를 선택하고 있으며 군소정당의 의회진출을 제도적으로 제공하기 위해서 투표비율이 4%가 넘게 되면 군소정당이 의회에 진출하게 된다. 또한 한 지역구에서 12% 이상을 획득한 정당은 해당 지역구에서 의석을 확보할 수 있는 제도를 마련하고 있다.

선거관리는 선거 당일 각 투표소가 투표를 마감할 때 선거관리위원회 직원이 투표결과에 대한 출구조사를 진행하고 그 결과를 선거당일 밤에 국영방송국을 통하여 특별 방송한다. 이후 최종개표결과는 선거 다음날부터 개시되며 개표진행은 각 지방정부 행정위원회(County Administration Board)에서 공개적으로 수행하며 전 과정은 일반에게 투명하게 공개된다. 총선은 의회선거뿐만이 아니라 지방선거, 지방자치단체 선거를 동시에 진행하여 선거의 효율성

을 극대화하는 제도를 정착하였다.[17]

### 3) 의회운영 및 위원회 구성방식

　　스웨덴 의회는 349명의 의원으로 구성되어 있으며 의회 내 15개 위원회가 구성되어 있다. 각 위원회는 17명의 의원으로 구성되어 있으며 의석을 확보하고 있는 정당별 의석수를 기준으로 배분된다. 위원회 수는 홀수로 구성되며 최소 위원 수는 15명이다. 각 위원회는 해당부문 정책심의 및 의결을 담당하고 있다. 각 위원회는 위원장과 부위원장을 선출한다. 일반적으로 위원장은 정부를 구성하고 있는 집권당의원이 선출되고 부위원장은 야당의원으로 구성된다. 이외에도 각 위원회는 한 명의 사무총장을 선임하게 되며 이를 보좌하는 의회직원은 5명에서 10명으로 구성하게 된다. 사무총장을 보좌하는 의회직원은 위원회 보고서를 작성하고 정치적 성향을 표현하지 못하며 위원회에 소속된 모든 정당의 의견을 대변하는 업무를 수행한다.[18]

　　의회 내 위원회의 가장 중요한 업무는 정부가 건의한 법률안을 심의하고 이를 위원회에서 채택 혹은 부결 등의 권리를 행사하는 것이며 위원회에서 채택된 법률안은 의원총회에서 투표를 거쳐서 법률안이 통과 혹은 부결되는 민주적인 절차를 거치게 된다.

　　각 위원회는 매주 화요일과 목요일에 개최되며 그 활동상황은 일반에 공개되지 않는다. 각 위원회는 상정된 법안과 관련된 방문활동 및 방문자를 접견하고 관련문서에 대한 지속적인 학습을 수행한다. 또한 각 위원회 소속 의원들은 해당 법률안이 소속된 정당의 정치철학 및 정책노선과 일치하는지에 대하여 소속 정당의원들과 지속적인 의견교환을 진행한다.[19]

　　각 위원회에 상정된 법안에 대하여 위원회 의원은 이를 충분한 시간적 여유를 갖고 검토하며, 제안된 법안에 관한 반대의견은 주로 집권정당의 위원이 아닌 야당위원이 문서로 작성하여 위원장에게 제출한다. 이후 반대의견에 대

---

17　Sveriges Riksdag: The Swedish Parliament. Retrieved from http://www.riksdagen.se/en/how-the-riksdag-works/democracy/elections-to-the-riksdag/ (검색일, 2017.11.27)

18　Sveriges Riksdag: The Swedish Parliament. Retrieved from http://www.riksdagen.se/en/committees/the-parliamentary-committees-at-work/ (검색일, 2017.11.27)

19　Sveriges Riksdag: The Swedish Parliament. Retrieved from http://www.riksdagen.se/en/committees/the-parliamentary-committees-at-work/ (검색일, 2017.11.27)

한 위원회 내 토론을 거쳐서 의견을 수렴하고 위원회에서 충분한 토론을 통해 합의에 도달하는 과정을 거친다. 이 과정 중 각 위원회는 공청회를 거치면서 국민의 의견을 충분히 경청한 후 위원회 내에서 합의를 도출하게 된다. 이후 위원회 내에서 합의를 거친 사항이 의원총회에서 투표로 결정되면 법률안이 확정되고 이를 국민에게 공개한다. 의원총회에서 진행되는 모든 토론과정은 텔레비전을 통하여 실시간으로 방송되어 전 국민에게 공개된다.[20]

## 2. 의회와 정부와의 관계

### 1) 대정부 차원에서 의회 및 의원의 기능과 역할수행방식

의회의 가장 중요한 업무 중 하나는 중앙정부 부서 및 중앙정부기관의 업무를 조사 및 검사하는 기능을 수행하는 것이다. 이는 헌법이 보장하는 의회의 권리이며 동시에 의무이다. 따라서 이를 수행하는 수단과 방법은 매우 다양하다. 우선 헌법에 의하면 의회는 정부활동에 대한 질의권을 확보하고 있다. 질의권을 통하여 정부활동에 대한 의문을 제기할 수 있고 동시에 이를 세심하게 관찰할 수 있다.

이외에도 의회가 구성하고 있는 15개 위원회는 헌법이 보장하고 있는 각 중앙정부 부서에 보고서를 제출하도록 하는 권한을 갖고 있다. 따라서 각 위원회 위원은 중앙정부 부서 장관에게 활동 상황에 대한 보고서를 제출하도록 요구할 수 있다. 또한 의회는 각부 장관과 수상에 대한 불신임안을 제출할 수 있는 권한도 갖고 있다. 의회는 국민의 권리가 중앙정부 활동으로 인하여 침해받지 않도록 의회산하기관으로 의회옴부즈맨사무소(The Office of the Parliamentary Ombudsman)를 운영하고 있다. 또한 중앙정부 및 중앙정부기관이 정부예산을 적법하게 사용했는지에 대한 감시활동으로 의회 산하기관인 국가감사원(The National Audit Office)을 운영하고 있다.

의회의 대정부 감시기능은 중앙정부 부서 및 중앙정부기관이 적법하게 업무를 추진하도록 지원하는 기능을 수행하는 것이며 국민에게 권력을 남용하는 것을 사전에 방지하여 그 결과 국민이 정부를 신뢰할 수 있도록 제도적인 장치

---

20 Sveriges Riksdag: The Swedish Parliament. Retrieved from http://www.riksdagen.se/en/committees/the-parliamentary-committees-at-work/ (검색일, 2017.11.27)

를 마련하는 것이다. 따라서 의회의 대정부 기능은 통제를 하는 것이라기보다는 정부활동이 다양한 단계에서 적법하게 수행될 수 있도록 제도적인 감시기능을 수행하여 투명한 사회를 구축하는 데 기여하는 것이다.[21]

이외에도 의회의 중요기능은 중앙정부의 수입과 지출에 관한 예산안을 심의하는 것이다. 의회와 정부가 예산안과 관련하여 업무를 시작하는 시기는 정부가 임시예산안인 춘계재정정책안(Spring Fiscal Policy Bill)을 제출하는 매년 4월이다. 이 제안서는 스웨덴정부의 경제 및 예산정책의 가이드라인 기능을 수행한다. 이후 정부는 9월에 두 번째 예산안을 제안하는데 이는 중앙정부의 전체 예산을 담고 있다.

의회총회에서 예산안이 통과되면 정부는 의회가 의결한 정부 예산을 성실하게 집행하여야 할 의무를 지게 된다. 중앙정부가 예산안을 집행할 때 중앙정부기관의 협조를 받아서 다양한 정부사업에 예산을 배정하는 방식을 사용한다. 중앙정부 예산은 공공부문에 집행되는데 이는 중앙정부, 지방정부, 지방자치단체에 집행되는 것을 의미하며 공공부문에서는 교육, 보건의료, 국방 등 공공서비스에 예산을 집행한다.

중앙정부가 집행하는 예산은 재정정책을 통하여 이루어지고 있기 때문에 국가경제에 매우 커다란 영향을 미치고 있다. 재정지출과 수입을 통해서 정부의 재정정책은 국가경제의 고용부문 및 환율안정 부문에 커다란 영향을 미치게 된다. 중앙정부의 재정지출부문은 학생보조금 지원, 에너지, 교통, 국방비 등 27개 부문으로 구성되어 있다. 중앙정부 예산지출의 가장 커다란 부문을 차지하는 곳은 사회보장부문이다.[22]

예산안 집행 이외에도 의회의 중요한 기능은 법률안을 제정하는 것이다. 새로운 법률 및 개정안은 정부가 의회에 제출하여 각 상임위원회에서 논의를 거친 후 의원총회에서 표결로 확정된다. 그러나 의회에서 의원 개인 혹은 다수가 법률안을 발의하여 의원총회의 의결을 통하여 법률안이 확정될 수도 있

---

21 Sveriges Riksdag: The Swedish Parliament. Retrieved from http://www.riksdagen.se/en/how−the−riksdag−works/what−does−the−riksdag−do/examines−the−work−of−the−government/ (검색일, 2017.11.27)

22 Sveriges Riksdag: The Swedish Parliament. Retrieved from http://www.riksdagen.se/en/how−the−riksdag−works/what−does−the−riksdag−do/determines−the−budget/ (검색일, 2017.11.27)

다. 정부는 자체적으로 정부법령 및 조례를 채택할 수 있다. 모든 법률과 조례는 헌법인 정부구성법(Instrument of Government)에 의하여 분류된다. 채택된 법률과 조례는 고유 법령부호(Code of Statutes: SFS)를 부여받게 된다.

### 2) 사법부와의 역할관계

스웨덴은 서유럽 국가가 채택하고 있는 의회민주주의 국가로서 입법부, 행정부, 사법부가 독립된 기관으로 상호 견제와 균형을 통하여 민주주의 기본을 지속적으로 발전시켜 온 국가이다. 특히 사법부는 의회와 정부로부터 독립된 기관으로 그 기능을 헌법으로부터 보장받고 있다. 법관은 정부에서 임명하며 퇴직까지 고용을 보장받고 있다.

법관 중 종신법관(Permanent Judge)은 법관추천위원회(Judge Proposal Board)의 추천을 받아서 정부가 임명하고 정부구성법에 하자가 없는 한 현직에서 사임하지 않는다. 따라서 사법부는 헌법이 보장하는 자율권한을 바탕으로 공정한 재판을 진행하여 법률에 의한 지배(Rule of Law)를 유지하는 최후의 보루로 작용하고 있다. 사법부는 구조적으로 법원행정 및 법률안 제정과 관련하여 입법부보다는 행정부와 더욱 긴밀한 관계를 유지하고 있다(the Ministry of Justice, 2015: 5, 22).

## 3. 사법부 구성과 운영체계

### 1) 사법부 구성 및 운영체계

사법부가 시행하는 법률체제는 법에 의한 통치, 모든 국민에게 법적 안전을 제공하는 것을 주요 목적으로 하고 있다. 법에 의한 통치의 의미는 공공기관에서 수행되는 법률관련 행정은 예측 가능하여야 하고 지속적이며 높은 수준의 서비스를 제공할 수 있어야 한다는 것이다. 법적 안전의 의미는 개인 및 법적기관은 범죄적 행위로부터 생명, 재산, 자유, 진실성 등으로 보호받아야 한다는 것이다. 따라서 법률체제는 사회와 함께 범죄를 예방하고 범죄로부터 희생당한 희생자를 지원하는 것을 주요 업무영역으로 삼고 있다. 이러한 사법체제와 관련된 모든 사항에 제1차적으로 책임을 지는 정부부서는 법무부(the Ministry of Justice)이다.

스웨덴 헌법의 정부구성법(Instrument of Government)은 사법부의 핵심조직인 법원에 독립권을 부여하였다. 따라서 입법부, 행정부, 중앙정부기관 등으로부터 법원이 모든 재판과정에 독자적인 판단을 통하여 재판에 임하도록 하였다. 또한 모든 재판 과정에 대한 정보를 일반에 공개하여 재판의 공정성과 투명성을 확보하고 있다(the Ministry of Justice, 2006: 9).

스웨덴 사법제도는 80개의 법원, 법원행정처, 법원위원회로 구성되어 있다. 법원은 일반법원과 행정법원(General Administrative Court), 임대 및 차용법원(Rent and Tenancy Tribunal), 법률지원기관(Legal Aid Authority), 국가법원행정기관(Swedish National Courts Administration) 등으로 구성되어 있다.

법원은 세 가지 종류로 구성되어 있다. 첫째, 일반법원은 지방법원, 고등법원, 대법원으로 구성되어 있다. 둘째, 행정법원은 지방행정법원, 고등행정법원, 행정대법원으로 구성되어 있다. 셋째, 특별법원은 노동법원, 외국지식법원(Foreign Intelligence Court) 등이 있다. 지방법원은 48개가 전국에 배치되어 있으며 고등법원은 6개 그리고 대법원이 있다. 대법원은 14명의 대법관으로 구성되어 있다(the Ministry of Justice, 2015: 19-20).

## 2) 사법부 구성원 선임 및 운영

사법부 구성원 중 가장 중요한 구성원인 판사는 재판을 주재하며 소송을 판정하는 중요한 역할을 수행한다. 따라서 판사의 임기는 정년이 보장되는 종신판사(Permanent Judge)제도를 운영하고 있다. 종신판사의 임명은 행정부인 법무부가 하고 있으나 사법부의 독립권을 보장하기 위하여 종신판사를 추천하는 기관은 판사추천위원회(Judge Proposals Board)이다. 즉, 판사추천위원회가 추천하는 종신판사 후보자를 행정부인 법무부가 임명하는 제도를 운영하고 있다.

종신판사 후보자가 되기 위한 자격요건은 대학에서 법학을 전공하고 판사가 되기 위한 전문 프로그램을 이수하였으며 지방법원, 지방행정법원, 고등법원, 고등행정법원 등에서 수년간 보조판사로서 업무를 추진한 경험이 있어야 가능하다. 이 과정을 거친 후 종신판사 후보자는 고등법원 및 고등행정법원에서 수년간 부판사(Associate Judge)로 경력을 쌓아야 한다. 이 시기에 고등법원 및 고등행정법원과 동등한 수준에 이르는 법률경력을 확보하고 있는 외부 인력도 종신판사가 될 수 있도록 문호를 개방하고 있다.

종신판사는 대부분이 지방법원, 지방행정법원, 고등법원, 고등행정법원에서 근무하고 있고 지방법원과 지방행정법원의 장은 판사장(Chief Judge)으로 불리며 고등법원 및 고등행정법원의 장은 법원장(President)으로 부른다. 이외에도 최고의 사법부 기구인 대법원 및 행정대법원의 판사는 재판관(Justices)이라고 한다.

이외에도 스웨덴은 소송절차이분론을 운영하고 있다. 이를 위해서 각 법원행정구역에 다수의 심판관(Lay Judges)을 확보하고 있다. 심판관은 지방자치단체위원회에서 임명하고 있다. 각 지역의 심판관은 판사와 동등하게 재판의 결정에 책임을 지게 된다. 심판관의 임명은 비정치적으로 이루어지며 각 정당에 의하여 선정된다. 심판관의 임기는 4년으로 제한되어 있다(the Ministry of Justice, 2015: 22).

타 서유럽국가와 마찬가지로 사법부는 삼심제도(지방법원, 고등법원, 대법원)를 운영하고 있다. 그러나 스웨덴 사법제도 중 특이한 사항은 소송비용에 대한 국민의 경제적 부담을 최소화하고 모든 국민에게 동등한 소송제도를 활용할 수 있도록 경제적으로 취약한 계층에게 소송비용지원제도(Legal Aid)를 운영하고 있다는 점이다. 즉, 국민 중 연소득 260,000 스웨덴 크로나(한화 약 3,400만 원) 이하의 국민이 법원에 소송을 제기할 때는 소송비용을 지원해 준다. 소송비용 지원은 국가소송지원기관(the National Legal Aid Authority)과 현재 소송이 진행되는 법원이 시행하고 있다. 국가소송지원기관은 중앙정부기관으로 법원의 재판과정에 영향을 미치지 않고 순수한 소송비용에 대한 경제적 지원을 수행하고 있다(the Ministry of Justice, 2015: 23).

## 3) 국가 및 행정수반과 내각과의 관계

사법부는 헌법이 규정한 독립권을 확보하고 있으며 공정한 재판을 통하여 정의사회 구현과 법치주의를 실현하기 위하여 노력하고 있다. 따라서 사법부는 입법부와 행정부로부터 재판에 관한 사항에 대하여 전혀 간섭받지 않는다. 그러나 사법부 행정절차를 위해서는 행정부 특히 법무부와 긴밀하게 업무협력을 유지하고 있다.

사법부가 긴밀하게 업무협력을 추진하고 있는 국가기관은 경찰청(the Swedish Police Authority), 검찰청(the Swedish Prosecution Authority), 형무소 및 보호감찰부(the Swedish Prison and Probation Service) 등이다. 사법부는 이들 국가기관과 의회 및 정부가 제정한 법령에 따라서 업무를 수행하며 동시에 이들과의 업무수행이 효율적으로 진행되어 법치사회를 구현하고 국가와 국민에게 수준 높은 법률서비스를 제공하고 있는지에 대한 평가 작업도 수행한다(the Ministry of Justice, 2015: 31).

## 4. 입법부 및 사법부 체제와 운영에 관한 시사점

### 1) 입법부 차원

스웨덴 입법부는 의회민주주의를 통한 내각책임제도를 운영하고 있기 때문에 대통령중심제도를 운영하고 있는 우리나라와는 근본적으로 정치체제가 상이하다. 그럼에도 불구하고 정당제도를 기초로 하는 의회민주주의라는 공통점을 보유하고 있다. 따라서 스웨덴의 의회민주주의가 우리나라 의회민주주의에 주는 시사점은 다음과 같다.

### (1) 다수당체제 운영을 통한 민의전달

스웨덴은 중앙선거관리위원회에 등록된 정당의 수가 22개에 달한다. 이 중 의회에서 의정활동을 공식적으로 수행하고 있는 정당의 수는 8개이다. 8개의 정당은 다양한 이해관계를 대변하는 정당으로 의회에서 국민의 다양한 정치적 욕구를 대변하고 있다. 즉, 의회 내에서 다양한 국민의 정치적 욕구가 자연스럽게 표출되고 있기 때문에 특정정당의 정치적 이해관계만을 대변할 수 없는 구조로 형성되어 있다.

이처럼 군소정당이 의회에서 의석을 확보하여 소수의 정치적 이익을 대변할 수 있는 가장 커다란 이유는 총선에서 유권자로부터 4% 이상의 지지를 획득하게 되면 자동적으로 의회에 진입할 수 있는 군소정당 보호장치가 제도화되어 있기 때문이다.

### (2) 협치 중심의 정치문화

스웨덴 정치에서 1920년대 이후 1980년대까지 사회민주당이 최장기간 정권을 유지하였다. 이 기간 내에 중도당, 자유당, 중앙당, 기독교민주당으로 구성된 보수연합정부가 단기간 집권한 시기도 있다. 즉, 보수연합정부는 특정정당이 단독으로 집권하기 어려운 구조로 보수연합정부는 다수의 보수세력과 정당 간 협력을 유지하여야 정권을 창출할 수 있는 정치 환경을 오랜 시간 동안 지속화하였다. 따라서 정당 간 협력구조를 나타내는 의회 내 협치가 자연스러

운 전통으로 자리잡게 되었다. 이후 녹색당은 사회민주당과 연합하여 진보정
부를 구성하는 형태로 진보정당의 협치를 구축하게 되었다.

### (3) 정치철학을 기반으로 하는 정당정치

스웨덴 정당은 19세기 말부터 존재하여 현재까지 지속되고 있다. 1980년
대 이후 녹색당 등 신생정당이 대두되었다. 모든 정당은 정치적 이익을 대변
하는 정치철학을 기반으로 운영되고 있기 때문에 인물중심의 정치문화가 존재
하는 것이 아니라 정치철학을 기초로 하는 정치문화가 발전하였다.

따라서 정치철학을 바탕으로 의회정치를 실시하고 있기 때문에 정당 간
합리적 토론을 통하여 합의에 도달할 수 있는 전통이 형성되어 있다. 즉, 정당
간 반목이 지속되는 것이 아니라 정책 간 경쟁을 통하여 합의와 조정을 지속
하면서 합의점에 도달할 수 있다.

### (4) 조기 정당교육 실시

스웨덴 내 정당은 우리나라의 중학교시기부터 자체적인 정당교육을 실시
하고 있다. 즉, 각 정당이 청소년 정치프로그램을 운영하여 차세대 정치가를
지속적으로 교육시키고 있다. 이처럼 장기간 교육과 훈련을 통하여 능력 있는
정치가가 양성되고 있기 때문에 성숙한 의회정치를 발전시킬 수 있다.

## 2) 사법부 차원

스웨덴 사법부 구조는 우리나라와 매우 유사하다. 그러나 사법부가 헌법
이 보장하는 독립권을 매우 확고하게 확보하고 있기 때문에 입법부 및 행정부
의 간섭을 전혀 받지 않는다. 즉, 재판과 관련하여 공정한 재판을 위한 독립권
을 최대한 보장받고 있다. 우리나라 사법부에 주는 시사점은 다음과 같다.

### (1) 독립권을 기초로 하는 종신판사임용 방식

스웨덴의 종신판사는 행정부인 법무부가 임명을 하지만 종신판사를 선정
하는 판사추천권은 독립기관인 판사추천위원회(Judge Proposal Board)가 진행하
고 있다. 판사추천위원회가 심의를 거쳐서 종신판사를 추천하게 되면 행정부
인 법무부는 이의 없이 임명하고 있기 때문에 재판에 공정성을 극대화시킬 수
있는 제도적 장치가 마련되어 있다.

### (2) 실무중심의 판사교육과정

스웨덴에서 판사가 되는 방법은 우리나라처럼 국가고시 또는 법률전문대학원 졸업을 통하여 선정되는 것이 아니라 법학을 전공한 학생이 졸업 후 지방법원 및 지방행정법원에서 일정기간 실습, 훈련, 교육을 통하여 판사조수를 거쳐서 이후 고등법원 및 고등행정법원에서 부판사로 일정기간 경력을 쌓은 후 종신판사 후보자가 되는 것이다.

이 기간 동안 법원 이외의 기관에서 법률관련 업무를 수행하게 되면 부판사와 동일한 경력으로 인정하여 종신판사 후보자가 될 수 있는 제도적 장치도 마련되어 있다. 따라서 스웨덴의 판사는 실무중심의 지속적인 훈련과 교육을 통하여 양성되기 때문에 재판의 형평성과 공정성을 유지할 수 있는 경험과 지식을 확보할 수 있게 된다.

## 제4절  시사점

스웨덴과 우리나라의 국가수반은 입헌군주제와 대통령제의 민주주의 제도상의 차이로 인하여 매우 크다. 그럼에도 불구하고 우리나라에 주는 시사점은 국가수반에 대한 스웨덴 국민의 높은 존경심이다. 스웨덴 국왕은 입헌군주제를 갖고 있는 국가 중에서도 국민의 높은 존경심을 받고 있다. 이처럼 국왕이 국민으로부터 높은 존경심을 받는 이유는 민주주의를 신봉하고 국민의 권익향상에 오랫동안 노력하였으며 정치적 중립을 확립하여 정치적 안정에 기여하고 있기 때문이다.

스웨덴의 행정수반인 수상이 주는 시사점은 각부 장관이 책임을 지고 중앙부서를 이끌고 있는 장관책임제도를 운영하고 있다는 점이다. 이 제도에 따라서 각부 장관은 자신의 업무영역에서 집권당의 정치철학에 입각하여 전문적인 행정조직을 통하여 정책을 수행하며 정책수행에 대한 책임을 지게 된다. 따라서 행정부 임기 내에는 장관이 교체되는 일은 매우 극소수이며 다음번 선거까지 지속되는 경향이 매우 강하다.

행정부 구성은 스웨덴은 입헌군주제로 수상이 각부 장관을 임명하지만 우리나라는 대통령제로 대통령이 각부 장관을 임명한다. 스웨덴의 특성은 중앙부서 복수의 장관이 업무영역을 분담하여 전문화 및 특성화시켜서 진행하는 것이다. 또한 중앙정부 부서와 중앙정부청(National Agency)이 분리되어 행정전문가 집단인 중앙정부청이 정책을 제안하면 중앙정부 부서가 이를 검토하여 의회에 입법을 요청하는 전 행정영역에 전문 공무원이 행정업무를 진행하고 있다.

스웨덴 공직사회 구성이 우리나라에 주는 시사점은 전문가 집단이 운영하며 그 구성이 이원화되어 있다는 것이다. 즉, 중앙정부 부서는 최소한의 인원이 근무하며 이를 뒷받침하는 조직은 중앙정부기관이고 해당부문 전문가로 정책입안을 위한 연구 및 실무에 전문가적인 오랜 경험을 축적하고 있다. 동시에 중앙정부기관은 높은 수준의 자율권을 확보하고 있다. 따라서 중앙정부 부서는 감독기능을 갖고 있으며 중앙정부기관이 정기적으로 보고서를 제출하도록 하는 권한으로 중앙정부기관의 활동을 감독한다.

스웨덴 공직사회는 최소한의 정무직 공무원을 허용하고 있으며 고위공직자 수도 매우 한정적으로 중앙정부가 임명하고 있다. 그 이유는 중앙정부 부서가 최소한의 인력으로 운영되고 있으며 내각책임제를 운영하면서 내각 집단책임제도 및 장관책임제도를 운영하고 있기 때문에 수상실에서 인위적으로 각 중앙정부 부서 업무를 지원 및 통제하는 수석비서관제도를 운영할 필요가 없다. 그 결과 중앙정부 기능을 효율화하고 투명하게 하는 효과를 나타내고 있다.

스웨덴 지방행정체제는 지방정부와 지방자치단체가 존재하지만 실질적으로 다양한 정책을 시행하는 정부는 지방자치단체이다. 중앙정부와 동일하게 지역주민의 선거에 의하여 지방자치단체 정부가 구성되고 지역이 필요로 하는 대부분의 정책을 시행한다. 이러한 정책시행은 스웨덴헌법에 보장되어 있으며 이를 기초로 강력한 분권형 지방자치제도를 운영하고 있다. 동시에 지방자치권을 행사하면서 이에 대한 책임도 스스로 지게 된다. 이를 위하여 자체적인 조세권을 확보하고 있다. 또한 스웨덴 지방행정체제의 특징은 지방정부와 지방자치단체가 수행하는 업무가 전문화되어 있어 상호 충돌하지 않고 상하관계가 아닌 수평적 협력관계를 구성하고 있다는 점이다.

스웨덴 입법부가 우리나라에 주는 시사점은 네 가지로 설명된다. 첫째, 다수당제도 운영을 통한 민의전달과 군소정당 의회 진입가능성을 제도적으로 추진, 둘째, 협치 중심의 정치문화 정착으로 정치안정 구현, 셋째, 정치철학을 기반으로 하는 정당정치를 정치문화로 발전시킴, 넷째, 조기 정당교육 실시를 통하여 지속적인 신진정치인력 확보 등이다.

스웨덴 사법부가 우리나라에 제공하는 시사점은 헌법이 보장하는 독립권을 매우 확고하게 확보하고 있기 때문에 입법부 및 행정부의 간섭을 전혀 받지 않는다는 점이다. 즉, 재판과 관련하여 공정한 재판을 위한 독립권을 최대한 보장받고 있다. 따라서 주요 시사점으로 첫째는 독립권을 기초로 하는 종신판사임용 방식과 판사추천위원회 운영으로 법관의 독립권 보장 및 질적 향상을 추진하는 것이고 둘째는 실무중심의 판사교육과정에서 지속적인 훈련과 교육을 통하여 양성한다는 점이다. 그 결과 재판의 형평성과 공정성을 유지할 수 있는 경험과 지식을 확보할 수 있게 된다.

# 05 일본
## JAPAN

## 제1절 통치체제

### 1. 정부형태 개요

#### 1) 정부형태의 형성

　1889년 2월 11일에 공포된 메이지헌법에서는 일왕이 강력한 통치권을 가지고 있었으나, 일왕의 직접 통치가 아니라 일왕을 보좌하는 국가기관들에 의해서 분담되었다. 메이지헌법에 내각에 관한 규정은 없었고, "국무위원은 일왕을 보필할 책임이 있다"는 조항이 있었을 뿐이었다(川人貞史, 2011: 72-73). 따라서 메이지시대 내각이란 각 부처 장관이 단독으로 일왕을 보필할 책임이 있는 국무위원이 방침을 조정하고, 통일시키기 위한 협의체에 지나지 않았다. 그래서 내각의 수반인 총리는 상대적으로 약한 권한을 갖고 있었다고 하겠다. 게다가 당시의 정치체제가 매우 분산되어 있었기 때문에 내각이 정치적 지도력을 행사하기 어려웠다(川人貞史, 2011: 74).

　제2차 세계대전에서 패전한 일본은 연합국군최고사령관총사령부(General Headquarters(GHQ)) 간접통치하에서 1946년 11월 3일 일본국헌법을 제정하게 되었다. 일본국헌법은 일왕의 실권을 인정하지 않고 "일본국의 상징"으로서만 규정하면서 주권은 국민에게 있다고 명시하였다. 이러한 일본국헌법에 의거하여 일본은 입헌군주국에서 입헌공화국으로 전환되었다고 하겠다.

　입법권은 중의원과 참의원으로 구성되는 국회에 있으며 의원은 국민에 의해 선출된다. 행정권은 내각이 가지고 있는데, 내각의 수장인 내각총리대신은 국회에서 지명된다. 이렇게 지명된 내각총리대신이 국무대신을 임명하여 내각을 구성하고, 내각은 행정권 사용에 대해서 국회에 책임을 지기 때문에 일본의 정부형태는 내각책임제라 하겠다. 사법권은 최고재판소와 하급재판소에 있고 재판관은 독립하여 직권을 행사하며 헌법과 법률에만 구속을 받을 뿐이다.

## 2) 국가수반, 행정부, 입법부, 사법부의 구성체제

제2차 세계대전 패전으로 일본은 7년에 가까운 GHQ의 점령통치를 받으면서 메이지헌법체제에서 신헌법체제로 대전환의 과정을 거쳤다. 이 과정에서 일본을 제국주의화로 치닫게 했던 메이지헌법하의 국가운영체제에 대한 개혁이 이루어졌다.

메이지헌법하 국가수반이었던 일왕은 새로운 헌법하에서는 그 실권을 완전히 상실하고 상징적이며, 의례적인 역할을 하는 행위자로 제한되었다. 그리고 국가운영체제에서 중요하게 부상한 영역은 국회라고 하겠다. 국회에서 행정부 수반인 총리가 선출되고, 그 총리가 내각을 구성하여 운영하는 것이다. 국회는 내각에 대한 불신임권을 갖고 있어 내각의 존립은 국회에 크게 영향을 받는다. 다만, 여당이 국회에서 다수당을 유지하는 한 내각의 존립은 안정적이라 할 수 있다.

사법부의 장인 최고재판소의 장은 내각의 지명에 따라서 일왕이 임명하고, 최고재판소의 장을 제외한 재판관은 내각이 임명한다. 모든 사법권은 사법부(최고재판소와 하급재판소)에 있으며, 특별재판소는 인정되지 않는다. 그리고 사법부는 소송절차, 변호사, 재판소 내부규율, 사법처리사항에 대해서 규칙을 정할 권한을 가지고 있다.

## 3) 중앙정부와 지방정부의 구성과 관계

제2차 세계대전 전에는 광역단체 단체장은 임명직이었고, 기초단체 단체장은 의회에서 선출되었다. 이것이 GHQ 점령기 개혁으로 광역단체와 기초단체 단체장 모두 주민에 의한 직접선출로 바뀌었다. 그리고 GHQ는 행정권을 단체장이 독점하지 못하도록 각종 행정위원회로 기능을 분산시켰다. 이러한 행정위원회 설치는 합의제 행정기관이라는 점에서도, 행정기관의 다원화라는 점에서도 이전과는 다른 변화였다(曾我謙悟, 2015: 246).

자치성 등 지방행정을 담당하는 중앙행정기관은 재정배분을 활용하여 지방자치단체에 관여하였다. 한편 중앙정부 사업부처들은 지방특별행정기관을 설치하여 영역을 확대하고자 하였다. 자치성 등은 이러한 움직임을 우려하여 제2차 세계대전 전에는 기초단체에만 적용되어 왔던 기관위임사무를 광역단체에도 적용하도록 바꾸었다. 결과적으로는 기초단체까지 지방특별행정기관을 설치하였던 법무성, 국세청, 노동성을 제외하고는 관구 수준의 지방특별행정기관만을 설치하면서 기관위임사무제도를 활용하게 되었다(曾我謙悟, 2015: 248).

1990년대 이후, 특히 호소카와 모리히로(細川護熙) 정권 이후 지방분권개혁이 강력하게 추진되었다. 그리하여 기관위임사무 폐지, 중앙정부 관여의 유형화, 필치규제 폐지와 완화, 중앙과 지방 간 분쟁조정기관 설치 등이 이루어졌다. 그리고 2001년 출범한 고이즈미 준이치로(小泉純一郎) 정권은 재정분권을 추진하였는데, 보조금과 교부세를 축소하고 지방세를 확대하였다.

2006년 12월의 지방분권개혁추진법 제정 이후 추진된 개혁을 제2차 지방분권개혁이라고 한다. 이때는 제1차 분권개혁 때 남겨진 과제를 해결하는 형태로 개혁이 추진되었다. 보조금의 일괄교부금화, 시정촌으로의 권한이양, 지방특별행정기관 개혁 등이 진행되었다.

## 2. 국가 및 행정수반과 내각

### 1) 국가수반

일본국헌법에 의하면 일본의 국가수반은 일왕이다. 다만, 일본국헌법은 일왕을 상징적 존재로 규정하고 있으며[1], 실제에 있어서도 상징적이고 의례적인 행위를 할 뿐 국가수반으로서 행정권, 군사통수권 등을 갖고 있지 않다.[2]

일왕은 선출에 의하지 않고 세습에 의해서 그 직을 계승한다. 일본국헌법 제2조는 "왕위는 세습하며, 국회가 의결한 황실전범의 규정에 따라서 계승한

---

1 일본국헌법 제1조는 "일왕은 일본의 상징이며 일본국민 통합의 상징으로서 그 지위는 주권을 갖고 있는 일본국민의 총의에 근거한다"고 규정하고 있다.

2 일본국헌법 제3조는 "일왕의 국사(國事)에 관한 모든 행위에는 내각의 조언과 승인을 필요로 하고, 내각이 그 책임을 진다"고 규정하여 내각의 조언과 승인이 없이는 일왕은 어떠한 국사 관련 일을 하지 못한다고 명기하고 있다.

다"고 규정하고 있다.[3] 다시 말해서 왕위는 세습하는 것이며, 세습에 관련된 규정은 국회가 결정하는 것으로 되어 있다.

일왕은 일본국헌법에 규정된 국사 행위만 할 수 있고, 국정에 관한 권한은 갖고 있지 않다. 일왕은 국회의 지명에 근거하여 총리를 임명하고, 내각의 지명에 근거하여 최고재판소의 장인 재판관을 임명한다. 그리고 일왕은 내각의 조언과 승인에 따라서 아래 표와 같은 국사에 관한 일을 한다.

▌ 표 5-1   내각의 조언과 승인에 따라서 하는 일왕의 국사 행위

① 헌법개정, 법률, 정령(政令), 조약의 공포
② 국회소집
③ 중의원 해산
④ 국회의원 총선거 실시 공포
⑤ 국무위원, 법률이 정한 관리 임명, 전권위임장과 대사와 공사의 신임장 인증
⑥ 대사(大赦), 특사, 감형, 형의 집행 면제, 복권의 인증
⑦ 영전수여
⑧ 외국 대사와 공사 접수
⑨ 의식 집행

출처: 일본국헌법(日本国憲法)에서 발췌

왕실을 지원하는 업무는 궁내청이 담당한다. 궁내청은 총리의 관리하에 있는데, 왕실 관련의 국가사무 이외에 일본국헌법 제7조에 명시된 일왕의 국사 행위 중 외국 대사와 공사의 접수, 의식집행에 관련된 사무를 하며, 국새(國璽)를 보관하고 있다.

궁내청에는 내부조직으로 장관관방, 시종직, 동궁직, 식부직(式部織), 서릉부(書陵部), 관리부가 있고, 시설로는 목장, 정창원사무소, 교토사무소 등이 있다.[4] 직원은 특별직이 52명, 일반직이 958명 있다.[5] 직원채용은 인사원이 실시하는 국가공무원채용시험 일반직 대졸정도시험, 일반직 고졸자시험의 합격자

---

3 황실전범에 의하면, 왕위계승자격은 왕통에 속하는 남계남자만 될 수 있고, 왕위계승순서는 직계우선, 장계우선, 근친우선으로 되어 있다. 그리고 왕위 계승은 일왕이 서거했을 때 이루어진다. 다시 말해서 황실전범에 따르면 생존 시 퇴위는 왕위 계승의 이유로 보지 않는다.
4 일본 궁내청(宮内庁) 홈페이지(1). '組織·所掌事務' Retrieved from http://www.kunaicho.go.jp/kunaicho/ kunaicho/soshiki.html (검색일, 2017.11.1)
5 일본 궁내청(宮内庁) 홈페이지(2). '職員' Retrieved from http://www.kunaicho.go.jp/kunaicho/ kunaicho/shokuin.html (검색일, 2017.11.1)

중에서 면접을 거쳐서 이루어진다.

## 2) 행정수반과 내각

행정권은 내각에 있고, 내각의 수반은 총리이다.6 내각은 총리를 비롯한 국무위원으로 구성된다. 총리는 국회의원 중에서 국회 의결로 지명된다. 중의원과 참의원이 서로 다른 자를 총리로 지명한 경우에는 양 의원의 협의회를 열어 협의를 하지만, 합의가 이루어지지 않을 경우에는 중의원의 결의에 따른다.

총리가 국무위원을 임명하는데 그 과반은 반드시 국회의원이어야 한다. 국무위원의 파면은 총리가 임의로 할 수 있다. 내각은 중의원에서 불신임결의안이 가결되거나 신임 결의안이 부결될 경우에는 10일 이내에 중의원이 해산되지 않는다면 총사직을 해야 한다. 그리고 총리가 결여되었을 경우나, 중의원 의원 총선거 후 처음으로 소집된 국회에서 내각은 총사직을 해야 한다. 일본 국헌법은 총리의 임기를 명시적으로 규정하고 있지 않으나 전술한 것처럼 총선거 후 처음으로 소집된 국회에서 내각이 총사직을 해야 한다는 규정이 있으므로 최장 4년이라고 할 수 있다. 다만, 소속 정당의 총재 임기 규정에 따라 실질적인 임기는 달라질 수 있다.

총리는 내각을 대표하여 의안을 국회에 제출하고, 일반국무와 외교 관계에 대해서 국회에 보고한다. 일본국헌법 제72조에 의하면 총리는 행정각부를 지휘감독한다고 되어 있으나, 내각법 제3조에서는 각 위원은 별도 법률이 정하는 바에 따라 주임의 장관으로서 행정사무를 분담관리한다고 하고 있어서 일본헌법에서 규정하고 있는 총리의 권한보다 약하게 규정하고 있다.

내각이 직권을 행사하기 위해서는 각의를 거쳐야 한다. 각의는 총리가 주재하며 내각의 중요정책에 관한 기본적인 방침이나 기타 안건을 발의할 수 있다. 각 위원들도 안건을 총리에게 제출하여 각의를 요청할 수 있다. 총리는 각의에서 결정된 방침에 근거하여 행정각부를 지휘감독하며, 행정각부의 처분 또는 명령을 중지시키고 내각의 조치를 기다릴 수 있다.

내각의 권한은 첫째, 일왕의 국사행위에 대한 조언과 승인이다. 여기에는

---

6 일본국헌법 제65조는 "행정권은 내각에 속한다"고 규정하고 있고, 제66조는 "내각은 법률이 정하는 바에 따라서 수장首長인 내각총리대신과 그 외 국무위원으로 구성된다"고 규정하고 있다.

중의원 해산권이 포함된다. 일왕이 중의원을 해산하지만, 내각의 조언과 승인이 있어야 하기 때문에 실질적인 해산권은 내각에 있다. 둘째, 국회에 대한 권한을 가진다. 셋째, 일반업무 이외의 권한을 가진다. 헌법에서는 ① 법률의 성실한 집행과 국무의 총리, ② 외교관계의 처리, ③ 조약체결, ④ 관료에 대한 사무 장리(掌理), ⑤ 예산작성과 국회제출, ⑥ 시행령 제정, ⑦ 사면, 감형, 형집행 면제, 복권의 결정 등의 권한을 규정하고 있다. 행정입법과 시행령에는 모든 주무대신이 서명하고 총리의 연서가 필요하다(헌법 제74조). 넷째, 법원에 대한 권한이다. 최고재판소의 장 지명권, 최고재판소 판사 임명권, 하급재판소 판사 임명권 등을 가진다. 다섯째, 법률상의 권한을 들 수 있다. 권한이의재정권을 가진다.

### 3) 행정각부의 장

부처(省)의 장은 국무대신으로 총리가 임명한다(헌법 제68조). 부처의 장은 주무대신으로 행정사무를 분담관리한다(내각법 제3조, 국가행정조직법 제5조). 주무대신은 해당기관의 사무를 통괄하고, 직원의 복무를 통감한다. 주무 행정사무는 법률 또는 시행령의 제정, 개정 또는 폐지의 필요성이 인정되는 경우, 안을 마련해 총리에게 제출해 각의를 요청해야 한다(국가행정조직법 제11조). 주무대신은 소관 행정사무와 관련된 시행규칙을 제정할 수 있다(국가행정조직법 제12조제1항). 고시권, 훈령·통달 발포권, 부처 간 조정을 위한 자료제출·설명요구권·의견진술권 등을 가진다.

한편 2015년에 국가행정조직법 개정을 거쳐 주무대신은 내각의 중요정책이 타 부처와 관련될 경우에는 각의에서 결정된 방침에 의거해 종합조정을 위한 사무를 관리하는(국가행정조직법 제5조) 역할이 주어졌다. 이에 의거해 종합조정을 담당하는 주무대신은 관련부처에 필요한 자료의 제출과 설명을 요구할수 있으며, 권고와 이에 대한 보고를 요구할 수 있으며, 총리에게 권고사항에 대한 의견제시를 할 수 있다.

### 3. 우리나라와의 비교 및 시사점

우리나라와 일본의 국가운영체제의 가장 특징적인 차이점은 우리나라는 대통령제이고 일본은 의원내각제라는 점일 것이다. 우리나라는 대통령이 국가원수이면서 행정부수반이나, 일본은 국가원수는 일왕이고 행정부수반은 총리이다. 다만, 일왕은 거의 실권이 없기 때문에 상징적 의미로서 국가원수라고 하겠다.

다음으로 우리나라는 입법부와 행정부 관계가 비교적 권력분립 성격이 강하다고 하겠는데, 일본의 입법부와 행정부 관계는 상대적으로 권력융합적 성격이 강하다고 볼 수 있다. 한편, 이러한 일본의 입법부와 행정부 관계의 권력융합성은 제도적 요인뿐만 아니라 자유민주당의 장기집권도 영향을 주고 있다고 하겠다.

행정부 내에서만 본다면 우리나라는 대통령이 강한 영향력을 갖고 행정 각부에 대한 통제력을 갖고 있는데, 일본의 행정각부는 총리로부터 다소 분권적인 권한을 갖고 있었다. 다만, 2000년대 이후로 총리와 내각기능을 강화해 오고 있다는 점은 눈여겨볼 만하다.

내각과 총리의 보좌기관은 내각관방과 내각부로 이원화되어 있다. 이들 기관은 기능이 중복되고 비대화되고 있다는 지적을 받았다. 이에 따라 내각관방은 내각의 종합전략기능에 중점을 두는 반면, 내각부는 범정부적 정책을 기획하고 입안하며 부처간 종합조정을 주로 담당하는 방향으로 정리되고 있다. 부처장은 대신관방이 보좌하지만, 부처별로 조정기능을 담당하는 부서를 별도로 두기도 한다.


## 제2절 관료제 및 지방행정체제

### 1. 공직사회

제2차 세계대전에서 패한 후 일본의 공무원은 일왕의 관리(官吏)에서 국민전체의 봉사자로 바뀌었다. 일본국헌법은 공무원의 임용과 파면은 국민고유의 권리이며, 공무원은 '전체의 봉사자'라고 규정하고 있다(제15조 제1항). 이에 따라 공무원은 복무선서, 법령 및 상사의 명령준수, 쟁의행위금지, 신용실추행위금지, 비밀유지, 직무전념, 정치적 행위제한, 사기업으로부터 격리 등의 의무가 요구된다. 이러한 공무원의 권리와 의무는 국가공무원법, 지방공무원법에서 규정하고 있다.

국가공무원은 크게 일반직과 특별직으로 나뉜다. 국가공무원은 주무부처의 장이, 지방공무원은 지자체장이 인사권을 가지고 있는데, 정치적 중립성의 확보, 과학적 인사관리를 위해서 직권행사의 독립성이 보장된 행정위원회를 설치·운영하는 이원적 체제이다. 다시 말해서 중앙인사행정기관이 정한 기준에 근거하여 각 부처 장관 등 임명권자가 인사관리를 하는 분담관리 형태이다. 그런데 2014년에 내각인사국이 설치되어 고위직공무원의 인사를 통합관리하고 있어 한층 복잡해졌다. 간부직(사무차관급, 국장급, 부장급)에 해당하는 관직에 요구되는 표준직무수행능력 보유 여부를 확인하기 위한 적격성심사를 내각관방장관이 실시하고, 적격성심사 결과 확인을 받은 자를 대상으로 내각관방장관이 간부후보자명부를 작성한다. 간부 공무원 임면권은 종전과 마찬가지로 각 부처 장관이 갖지만 간부직 임명은 간부후보자명부에 기재된 자에 한해서 이루어진다. 내각총리대신 또는 내각관방장관은 간부직 공무원에 대한 적절한 인사관리를 위해서 필요하다고 판단할 경우에는 임명권자에 대해서 간부직 공무원의 승진, 임용, 전직, 강임, 퇴직, 면직 등을 협의할 수 있다. 이러한 간부직 공무원인사의 일원적 관리는 내각 주도에 의한 정치임용을 인정하는 것이 아니라 실적주의(merit system)를 전제로 하여 능력·실적에 근거하여 임용을 철저하게 하려는 것이다. 따라서 인사의 공정성을 확보하기 위해 인사원의 관여가 인정된다. 즉, 적격성심사의 기준·절차, 간부후보자명부 작성 등에 있어서 공정성을 확보하기 위해서 이와 관련된 정령 등을 규정할 경우에는 인사원 의견 청취가 의무화되어 있다.

2012년에는 기존 채용구분(Ⅰ종, Ⅱ종, Ⅲ종)을 개정해 종합직과 일반직으로 통합했으며, 이외에 전문직과 경력자 채용도 별도로 시행하고 있다. 일반직의 채용은 공개적이고 평등한 채용시험을 원칙으로 한다. 최근에는 여성의 채용·등용 확대, 민간인재활용 등을 추진하고 있다.

공무원은 신분보장을 통해 임명권자의 자의적 인사를 금지하고 노동기본권의 제한에 대해 보상하고 있다. 법정사유가 아니면 의사에 반해 강임, 휴직, 면직을 당하지 않는다(国家公務員法第74條, 第15條, 地方公務員法第27條). 급여는 법정주의와 조례주의를 채택하고 있으며, 공무원에게는 공무재해보상과 퇴직연금 등이 제공된다. 공무원의 노동기본권은 제한된다. 경찰직과 해상보안직 등을 제외한 일반직공무원은 단결권이 인정된다. 급여나 근무조건 등에 대한 단체교섭권은 인정되지만, 단체협약체결권은 인정되지 않는다. 쟁의권은 금지된다(국가공무원법 제98조). 이처럼 노동기본권을 제약하는 대신, 인사원이 국회와 내각에 급여의 적절성을 보고하고 권고할 수 있으며, 공무원은 근무조건에 대한 행정조치요구권을 가진다.

## 2. 중앙과 지방정부 간 관계

일본국헌법은 제8장에서 4개 조항(제92조, 제93조, 제94조, 제95조)에 걸쳐서 지방자치에 관해서 규정하고 있다. 지방자치단체의 조직과 운영에 관한 사항은 지방자치의 취지에 근거하여 법률로 정하도록 하였고, 지방자치단체에 의사기관으로서 의회를 설치하도록 규정하였다(제92조, 제93조). 그리고 지방자치단체는 재산관리, 사무처리, 행정집행 권한을 갖고 있으며, 법률의 범위 내에서 조례를 제정할 수 있도록 하고 있다(제94조). 이처럼 일본국헌법은 비교적 간략하게 지방자치에 관한 조항을 두고 있으며 구체적인 지방자치 관련 규정들은 지방자치법 등에 규정되어 있다. 지방공무원법과 지방재정법, 지방세법, 지방교부세법 등 관련법에서 지방자치단체에 관해서 사항별로 규정하고 있다.

### 1) 사무분권 수준

1993년 6월 국회 중의원, 참의원 양원에서 지방분권추진 결의가 가결되면서 지방분권 추진이 본격화되었다. 그 이후 지방분권추진위원회 등의 활동을 거쳐서 2000년 지방분권일괄법이 시행된 이후, 삼위일체(보조금, 교부금, 세원이양) 개혁, 교부세 개혁, 세제개정 분권화 등이 이루어졌다. 구체적으로 보면, 기관위임사무제도가 폐지되었고, 필수설치규제가 완화되거나 폐지되었으며, 통지와 통달에 의한 개입도 폐지되었다. 그리고 과세자주권(법정외세)이 확대되었고, 분쟁처리기관을 설치하여 중앙정부와 지방자치단체 간의 분쟁을 중립적 입장에서 중재하도록 하였다.

일본 지방자치법은 중앙정부는 국가가 본래 수행해야 할 기능[7]을 중점적으로 담당하지만, 주민과 밀접한 행정서비스는 지자체에 위임하도록 규정하고 있다. 또한 중앙정부는 지방정부에 관한 제도와 시책을 실시함에 있어서 지자

---

7 이는 세 가지 유형이 있다. ① 국제사회에서 국가적인 존립과 관련된 사무, ② 전국에서 통일성이 요구되는 국민적 활동 혹은 지방자치와 관련된 기본적인 준칙 사무, ③ 전국 규모 혹은 전국적인 시점에서 수행해야 할 시책 및 사업의 실시이다. 일본 총무성 홈페이지. Retrieved from http://www.soumu.go.jp/main content/000467822.pdf (검색일, 2017.11.1.)

체의 자율성과 자립성을 보장하도록 하고 있다(지방자치법 제1조2). 이러한 규정은 지역분권화와 관련된 제도와 시책, 운영에서 중앙정부가 제도의 기획입안 시의 입법기준으로, 지자체는 배분된 사무를 처리할 때에 법령의 해석과 운영기준으로 기능한다.

　　중앙정부는 지방정부의 사무에 관한 제도의 기획입안을 할 수 있다. 이 경우, 중앙정부는 지방정부의 자율성을 인정하고, 중앙정부와 지방정부의 적절한 업무분담을 해야 한다. 중앙정부는 지방정부의 자치사무 가운데 법령으로 정해진 사무에 대해서 업무를 위탁할 수 있다. 또한 중앙정부의 관여는 법률 혹은 시행령에 의거해야 하며, 지방자치법의 입법기준에 따라야 한다.

　　2000년 분권개혁에서는 지방분권일괄법을 개정해 기관위임사무를 폐지하고, 국가사무와 자치사무, 법정수탁사무로 재편했다. 그동안 원래 국가가 해야 할 사무이지만 효율성이나 편리성이라는 관점에서 지방에 맡겨서 대행하도록 한 사무가 적지 않았다. 지방이 국가의 대리인으로서 사무를 하는 방식은 두 가지가 있다. 즉, 단체위임방식과 기관위임방식이다. 이 중에서 기관위임방식의 경우에는 지방자치단체의 단체장이 중앙정부 부처의 장의 지휘감독을 받게 된다. 지방분권 과정에서는 이러한 기관위임사무에 대해 4가지 방식으로 대응했다. 즉, 사무 자체를 폐지하거나, 국가가 직접 수행하도록 하거나, 지방 사무로 순화하거나, 중앙의 책임하에 처리해야 하는 사무를 지방이 위탁받아서 처리하도록 하는 방식이었다.

▌표 5-2  중앙정부의 지방정부에 대한 관여의 기본원칙

| | 자치사무 | 법정수탁사무 |
|---|---|---|
| 조언·권고 | ○ | ○ |
| 자료 제출 요구 | ○ | ○ |
| 시정 요구 | ○ | |
| 동의 | 특정한 경우만 적용 | ○ |
| 허가·인가·승인 | 특정한 경우만 적용 | ○ |
| 지시 | 특정한 경우만 적용 | ○(시정 지시) |
| 대리집행 | 미적용이 원칙 | ○ |
| 협의 | 특정한 경우만 적용 | 특정한 경우만 적용 |
| 기타 관여 | 미적용이 원칙 | 미적용이 원칙 |

출처: 일본 총무성 홈페이지.'国と地方の役割分担について'Retrieved from http://www.soumu.go.jp/main_content/ 000467822.pdf (검색일, 2017.11.1)

## 2) 재정분권 수준

재정은 중앙정부에서 지방정부로 이전되고 있다. 2015년도 세입에서 국세가 60.5%, 지방세가 39.5%를 차지했다. 반면 세출에서는 중앙정부가 42.0%, 지방이 58.0%였다(總務省, 2017:39). 재정이전은 보조금과 지방교부세를 통해 이루어지고 있다. 보조금은 중앙부처가 목적별로 사용한다는 조건으로 지방에 배분하며 용도가 정해져 있다. 보조금은 복잡한 절차, 자의적 배분 등이 문제점으로 지적된다(真渕勝, 2009: 344-5). 지방교부세는 총무성이 배분하며, 지자체간 재원의 불균형을 조정해 일정한 수준의 행정서비스를 받을 수 있도록 재원을 보장하기 위한 지방정부의 재원보장기능과 재정조정기능을 가진다. 중앙정부가 국세로 징수한 뒤, 일정한 기준에 의거해 재배분한다.

보조금과 지방교부세 이외 지방정부의 재원에는 지방세와 지방채권 등이 있다. 지방세는 지방세법에 의거해 중앙정부가 정하는 법정세이다. 법정세는 용도가 정해지지 않은 보통세와 정해져 있는 목적세로 나뉜다. 법정세의 세율은 중앙정부가 정하는 표준세율이 일반적이지만, 지방정부가 조례로 표준세율을 초과하는 세율을 부과하는 초과과세도 있다. 법정세에서 가장 비중이 큰 것은 주민세이다. 법정세와 별도로 지방정부의 판단으로 징수하는 법정외세가 있다. 2000년 분권개혁 이후 법정외 보통세는 허가제에서 협의를 통한 동의로 바뀌었다. 법정외 목적세도 신설되었다. 이는 총무대신의 동의가 필요하다.[8] 지방정부는 공공기업 필요경비 등에 지방채권을 발행할 수 있다. 채권발행에는 중앙정부의 허가가 필요했지만, 2000년 분권개혁 이후 2006년에 동의제로 바뀌었다.

## 3) 조직·인사분권 수준

광역자치단체의 조직은 오랫동안 중앙정부의 강력한 통제하에 놓여 있었다. 제정 당시의 지방자치법(1947년 5월)은 광역자치단체에 총무, 민생, 교육, 경제, 토목, 농지, 경찰 등의 조직을 설치하도록 규정하였었다. 지방자치법은 그 후 수회에 걸쳐서 개정이 이루어졌고 1956년에 인구단계별 표준 국부(局

---

8 법정외세는 대부분 중앙정부가 동의했지만, 2000년에 요코하마시가 요청한 '승마투표권판매세'는 거부했다(真渕勝, 2009: 336).

部)가 제시되었다. 그러나 국부(局部)를 증설하기 위해서는 내각총리대신과 협의를 해야 했기 때문에 국가의 통제하에 놓여 있었다. 그러나 1991년, 1997년 개정을 거쳐서 2003년에 들어서는 광역자치단체 조직에 대한 중앙정부 규제가 완전히 철폐되었다. 기초자치단체 역시 다양한 조직형태를 갖고 있다.

중앙정부의 영향이 남아 있는 것은 출향(出向)과 필수설치규제(必置規制)가 대표적이다. 중앙정부는 지방정부에 관료를 파견하는데, 이를 출향이라고 한다. 중앙정부에서 광역과 기초자치단체로 보내지는 출향자수는 2016년 10월 기준으로 1,790명에 이르며, 3분의 2는 광역지자체가 차지하고 있다(內閣官房內閣人事局, 2017: 1). 부처별 출향자 점유율은 건설과 행정, 농림수산 관련 부처가 높았지만, 최근에는 지자체의 요청에 따라 산업이나 교통 관련 부처의 출향자가 늘어나고 있다. 출향제도는 지자체 입장에서는 중앙정부와의 채널확보, 인재확보, 조직 활성화 등의 장점이 있기는 하지만 지자체의 인사적체와 인사시스템의 차이, 장기적 인재확보 곤란 등의 단점도 가지고 있다.

필수설치규제는 법률이나 통달을 통해 지자체의 조직과 직원 등의 설치를 의무화한 제도이다. 시설과 직원의 명칭이 법적으로 정해진 것, 시설의 직원자격, 전임직원의 설치의무, 배치기준을 정한 것, 심의회 등 부속기관 설치를 의무화된 것 등이 있다. 이러한 규제는 지자체의 자치조직권을 제한하고, 행정의 종합적·효율적 운영을 저해한다며 총리 자문기관이었던 지방분권추진위원회가 1996년에 폐지 혹은 완화를 제언했다. 이에 따라 시설의 직원자격 관련 규제는 폐지되었다. 심의회 등에 대해서는 지자체의 판단으로 통합 등이 가능하도록 명칭 의무화가 폐지되었다.

## 4) 우리나라와의 비교 및 시사점

일본에서 지방분권화는 사무, 재정, 인사 등에서 진행되고 있다. 분권화 과정에서 중앙정부와 지방정부가 책임과 사무를 분담한 뒤, 재정이양이 이루어졌다. 2000년 지방분권일괄법 시행 이후, 보조금과 교부금, 세원이양의 분권개혁이 단행되었다. 또한 교부세와 세제개혁을 추진하고 있다.

사무는 지방정부가 주민에 밀접한 행정을 담당하는 것을 원칙으로 한다. 중앙정부가 지방정부에 관여할 경우에는 기본원칙을 준수해야 한다. 2000년 분권개혁 이후 기관위임사무를 폐지하고 국가사무와 자치사무, 법정수탁사무로 재편되었고 재정도 중앙정부에서 지방정부로 이전되고 있다. 인사에서는

1990년대 이후 중앙정부의 규제가 완전히 사라졌다. 현재는 출향과 필수설치 규제가 남아 있다.

　이러한 점을 본다면 일본은 우리나라에 비하여 상당히 지방분권화가 이루어졌다고 평가할 수 있다. 우리나라는 이러한 일본의 사례를 참고하여 중앙에서 지방으로 권한 이양, 기관위임사무제도 폐지, 재정분권화 등을 추진할 필요가 있다고 하겠다.

## 제3절 입법부 및 사법부 차원

### 1. 의회 구성 및 운영방식

　제2차 세계대전 후 일본은 의원내각제를 채용하였으며, 이런 점에서 일본의 국회는 영국과 동일하다. 그러나 일본의 국회는 제2차 세계대전 후 위원회주의를 채용하게 되어 실질심의는 각 위원회에서 이루어졌다. 이 점에서는 미국의 의회와 유사하다. 즉, 일본의 국회는 영국형과 미국형의 제도를 혼합한 형태라고 하겠다.

　일본의 국회는 헌법상 '국권의 최고기관으로서, 국가 유일의 입법기관'으

▌그림 5-1　**국회 조직도**

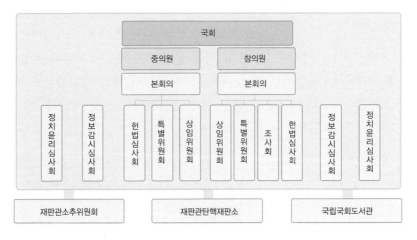

출처: 일본 중의원 홈페이지(1).'国会の構成' Retrieved from  http://www.shugiin.go.jp/internet/itdb_annai.nsf /html/ statics/kokkai/kokkai_kousei.htm (검색일, 2017.11.1)

로 규정되어 있으며 중의원(衆議院), 참의원(参議院) 양원제로 운영된다. 양원은 일본국민의 의사를 가장 직접적으로 대표하는 국회의원으로 구성된다.

양원에는 각각 본회의, 위원회가 있으며, 각각 헌법심사회, 정보감시심사회, 정치윤리심사회가 설치되어 있다. 또한 양원은 각각 의장, 부의장, 상임위원장 등의 임원을 선출한다. 또한 회의운영, 기타 수속, 내부 규율 제정을 결정하며, 내부경찰권은 양원의 의장이 행사한다.

양원은 법률을 제정하고, 예산 및 국가 재정 등에 대한 의결, 조약 체결 승인, 내각총리대신 지명, 헌법 개정을 발의한다. 이를 위해 양원의원은 국회의원으로서 국민을 대표해 국정을 조사하고 국민의 청원을 심의한다.

국회의 의사가 성립하려면 양원의 의결이 일치해야 하며, 의결이 일치하지 않을 때는 양원협의회가 열린다. 또한 의사결정, 내부조직 운영 등의 결정 및 양원의 활동은 독립성을 보장받는다.

중의원의원 총선거는 소선거구선거와 비례대표선거로 나뉘어 같은 날 치러진다. 총 정수는 465명이며, 소선거구로 전국 289구에서 총 289명을 선출하고, 비례대표로 전국 11구에서 176명을 선출한다. 선출된 중의원의원의 임기는 4년이다.[9] 총선거는 중의원의원의 임기가 만료되었을 때, 중의원이 해산되었을 때 실시한다.

참의원의원 총선거는 총 정수의 절반을 선출하는 제도이다. 참의원의원의 임기는 6년이며, 선거는 3년마다 치러진다. 총정수는 242명이며, 선거구로 45구에서 146명, 비례대표로 전국(1구)에서 96명을 선출한다.[10]

중의원은 예산·조약·내각총리대신의 지명·법률안 의결 시에 참의원보다 우선시되며, 양원의 의견이 불일치할 경우 중의원의 의결이 국회의 의결이 된다. 또한 중의원은 내각불신임권을 갖는다. 중의원이 해산되면 참의원도 폐회하며, 국회 활동이 정지된다. 중의원의원은 총선거마다 전원 개선되므로, 민심의 척도이자 국민의 정권 선택과 연결된다.

----

9 일본 참의원(参議院) 홈페이지. Retrieved from http://www.sangiin.go.jp/japanese/joho1/kousei/giin/195/giinsu.htm (검색일, 2017.11.1)

10 일본 참의원(参議院) 홈페이지. Retrieved from http://www.sangiin.go.jp/japanese/joho1/kousei/giin/195/giinsu.htm (검색일, 2017.11.1)

▌표 5-3 중의원과 참의원의 차이

| 중의원 | 비교점 | 참의원 |
|---|---|---|
| 465명 | 의원정수 | 242명 |
| 4년(중의원 해산의 경우에는, 그 기간만료 전에 종료) | 임기 | 6년(3년마다 반수 개선) |
| 만 18세 이상 | 선거권 | 만 18세 이상 |
| 만 25세 이상 | 피선거권 | 만 30세 이상 |
| • 소선거구: 289명(전국을 289구로 구획)<br>• 비례대표: 176명(전국을 11구) | 선거구 | • 선거구: 146명<br>[원칙 도도부현 단위 45구<br>(돗토리현·시마네현, 도쿠시마현·고치현은<br>각각 2현 1선거구)]<br>• 비례대표: 96명(전국을 1구) |
| 있음 | 해산 | 없음 |

출처: 일본 중의원 홈페이지(2) 衆議院と参議院の議員定数等の比較 Retrieved from http://www.shugiin.go.jp
/internet/ itdb_annai.nsf/html/statics/kokkai/kokkai_kousei.htm (검색일, 2017.11.1)

▌표 5-4 중의원의원 정파별 인원

| 정파명 | 정파약칭 | 소속의원수 |
|---|---|---|
| 자유민주당 | 자민 | 283 |
| 입헌민주당·시민클럽 | 입헌 | 54 |
| 희망당·무소속클럽 | 희망 | 51 |
| 공명당 | 공명 | 29 |
| 무소속회 | 무회 | 13 |
| 일본공산당 | 공산 | 12 |
| 일본유신회 | 유신 | 11 |
| 자유당 | 자유 | 2 |
| 사회민주당·시민연합 | 사민 | 2 |
| 무소속 | 무 | 8 |
| 결원 | | 0 |
| 계 | | 465 |

출처: 일본 중의원 홈페이지(3). '会派名及び会派別所属議員数' Retrieved from http://www.shugiin.go.jp/inter
net/itdb_ annai.nsf/html/statics/shiryo/kaiha_m.htm (검색일, 2017. 11. 1)

참의원은 중의원 해산 시 폐회하지만, 국가에 긴박한 사유가 발생할 경우 내각이 참의원의 긴급집회를 요청할 수 있다. 긴급집회는 국회의 기능을 참의원이 대행하는 것으로, 지금까지 총 2회 열렸다. 참의원은 중의원보다 상대적으로 정권과 거리를 두어 정부 견제가 가능하며, 다양한 민의를 반영할 수 있다.

양원 모두 자유민주당이 제1당으로서 과반수의 의석을 얻었으며, 그 수가

■ 표 5-5  참의원의원 정파별 인원

| 정파명 | 총의원수 | 2019년 7월 28일 임기만료 | | | 2022년 7월 25일 임기만료 | | |
|---|---|---|---|---|---|---|---|
| | | 비례 | 선거구 | 합계 | 비례 | 선거구 | 합계 |
| 자유민주당·일본마음회 | 125 | 21 | 48 | 69 | 19 | 37 | 56 |
| 민진당·신록풍회 | 47 | 8 | 10 | 18 | 10 | 19 | 29 |
| 공명당 | 25 | 7 | 4 | 11 | 7 | 7 | 14 |
| 일본공산당 | 14 | 5 | 3 | 8 | 5 | 1 | 6 |
| 일본유신회 | 11 | 3 | 2 | 5 | 3 | 3 | 6 |
| 희망회 (자유당·사회민주당) | 6 | 1 | 1 | 2 | 2 | 2 | 4 |
| 희망당 | 3 | 1 | 2 | 3 | 0 | 0 | 0 |
| 무소속클럽 | 2 | 1 | 1 | 2 | 0 | 0 | 0 |
| 오키나와의바람 | 2 | 0 | 1 | 1 | 0 | 1 | 1 |
| 국민의소리 | 2 | 0 | 0 | 0 | 1 | 1 | 2 |
| 각 파에 속하지 않은 의원 | 5 | 1 | 1 | 2 | 1 | 2 | 3 |
| 합계 | 242 | 48 | 73 | 121 | 48 | 73 | 121 |
| 결원 | 0 | 0 | 0 | 0 | 0 | 0 | 0 |
| 총정수 | 242 | 48 | 73 | 121 | 48 | 73 | 121 |

출처: 일본 참의원 홈페이지'会派別所属議員数一覧'Retrieved from http://www.sangiin.go.jp/japanese/joho1/kousei/ giin/195/giinsu.htm) (검색일, 2017.11.1)

기타 정당에 비해 압도적으로 높다. 그리고 제5당 이하로 소수의석을 차지한 정당이 여럿 있어서, 일본의 의회는 절대다수의 제1당과 소수의석의 군소정당이 대비되는 형국을 이루고 있다.

일본의 여러 정당 중 자유민주당은 보수정당으로서 가장 많은 의석수를 획득하며 장기집권을 해왔으나, 몇 차례 정권에서 밀려나기도 했다. 먼저 1995년부터 1992년까지 절대다수당으로서 장기집권했으나, 1993년 일본사회당, 공명당 등 군소정당 7개가 연립하여 38년 만에 야당으로 밀려난다. 하지만 이듬해인 1994년 자유민주당은 연립내각을 구성해 제1당 자리를 되찾아 집권한다.

자유민주당의 연립내각은 2008년까지 지속되었고, 2009년 제45회 중의원의원총선거에서 민주당에 패한 후 공백기를 거쳐, 2012년 다시 연립내각을 구성해 2014년까지 유지했다. 현재까지 제48회 총선거가 치러졌으며, 자유민주당은 일본 의회에서 제1당의 세력을 유지하고 있다.

국회에서 여야당의 논의를 활성화시키기 위해서 도입된 당수토론은 영국형 모델이라 할 수 있다. 한편 국회의원의 정책형성능력을 높이기 위해서 도입된 정책담당비서제도는 미국 의회를 모델로 하였다. 의원의 정책형성능력을 높여서 법안을 작성하는 기관으로서 의회를 도모한 것이다.

## 2. 의회와 내각과의 역할 관계

### 1) 대정부 차원에서 의회/의원의 기능과 역할수행방식

#### (1) 예산 및 결산심사

일본국헌법 제83조는 "국가의 재정을 처리하는 권한은 국회의 의결에 근거하여 행사해야 한다"고 규정하고 있으며, 제86조에서는 "내각은 매 회계연도 예산을 작성하여 국회에 제출하여 심의를 받아 의결을 거쳐야 한다"고 규정하고 있다. 그리고 제90조는 "국가의 수입지출의 결산은 모두 매년 회계검사원이 검사하고, 내각은 다음 연도에 그 검사보고와 함께 국회에 결산을 제출하여야 한다"고 규정하고 있다. 다시 말해서 내각은 국회의 예산 및 결산심사를 받아야 하는 것이다.

#### (2) 총리 지명 및 내각 불신임

일본국헌법 제67조제1항은 "총리는 국회의원 중에서 국회 의결로 지명한다"고 규정하고 있다. 실질적으로 국회의 의결에 의해서 지명된 총리는 형식적으로는 국회 지명 후 일왕에 의해서 임명된다.[11]

일본국헌법 제67조 제2항은 "내각은 중의원에서 불신임 결의안이 가결되거나 신임의 결의안이 부결될 경우에는 10일 이내에 중의원이 해산되지 않는한 총사직을 해야 한다"고 규정하고 있다. 다시 말해서 국회에 의해서 불신임결의안 등이 가결되면 총리는 중의원을 해산하거나 내각 총사직을 선택해야하는 것이다.

#### (3) 내각에 대한 질문권

국회의 각 의원은 의장의 승인을 얻어 내각에 질문을 할 수 있으며, 의원

---

11 일본국헌법 제6조는 "왕은 국회 지명에 근거하여 총리를 임명한다"고 규정하고 있다.

의 질문에 대해서 내각은 원칙적으로 7일 이내에 답변을 해야 한다. 그리고 긴급을 요할 경우에는 의원의 의결에 따라 구두로 할 수 있다.

### (4) 국정조사권

국회는 일본국헌법 제62조에 따라서 국정에 관해서 조사할 수 있으며 증인 출두 및 증언, 기록 제출을 요구할 수 있다. 국정조사를 위해서 필요할 경우에는 의원을 파견할 수도 있다(국회법 제103조). 국정조사는 위원회 차원에서 의장의 승인을 얻어 실시한다. 중의원 위원회는 국정조사를 위해서 중의원 사무국 조사국장 또는 중의원 법제국장에게 필요한 조사를 명할 수 있다.

### (5) 조약체결 승인

일본국헌법 제73조는 내각이 조약을 체결할 때 사전, 혹은 사후에 국회의 승인을 받도록 하고 있다. 체결 전 또는 체결 후라고 하는 것은 비준이 행해지기 전 또는 후(비준이 필요하지 않는 경우에는 조인의 전 또는 후)를 의미하는 것으로 해석되고 있다.

## 3. 의회와 사법부와의 역할관계

국회는 국회의원 중에서 선출된 재판원으로 구성하는 탄핵재판소를 설치하여 재판관 탄핵을 의결할 수 있다. 탄핵재판소 재판장은 재판원이 호선한다.

재판관의 파면 소추는 국회의원 중에서 선출된 소추위원으로 구성된 소추위원회에서 한다. 소추위원회의 위원장도 의원 중에서 호선한다.

## 4. 사법부 구성과 운영체제

### 1) 사법부 구성 및 운영방식

일본의 사법체계는 3심제도에 따라 3개 심급의 재판소가 운영되고 있다. 재판소는 상급재판소, 하급재판소로 나누며, 하급재판소의 판결에 불복할 경우 상급으로 올라간다.

각 재판소는 독립되어 재판권을 행사할 수 있으며, 상급재판소가 하급재판소를 지휘감독하지는 않는다. 그러나 상급재판소의 판단이 하급재판소의 판단보다 우선시되며, 하급심판소를 구속한다. 최상급의 종심재판소는 최고재판소이며, 최고재판소는 사법재판권을 갖는다. 헌법상 사법권은 완전 독립을 보장받으며, 규칙제정권, 사법행정권도 행사한다.

최고재판소장의 장은 내각의 지명에 따라 일왕이 임명한다(일본국헌법 제6조). 그리고 최고재판소장 이외의 최고재판소 재판관은 내각이 임명한다. 최고재판소 재판관은 임명 후 최초로 행해지는 중의원의원 총선거 시에 국민심사를 받으며, 그 후 10년을 경과한 후 처음으로 행해지는 중의원의원 총선거에서 다시 국민심사를 받는다(일본국헌법 제79조 제2항). 고등재판소의 장관은 내각이 임명하고, 천황이 인증한다. 반면 고등재판소를 포함한 하급재판소의 재판관은 최고재판소가 사법행정권에 의해 지명하고, 내각이 임명한다. 그리고 재판관 이외의 재판소 직원의 임명, 보직 등도 최고재판소가 행사한다.

최고재판소는 소송에 관한 절차, 변호사, 재판소 내부규율 및 사법사무처리에 관한 사항에 대해서 규칙을 정할 권한을 갖고 있다(일본국헌법 제77조 제1항). 검찰관은 최고재판소가 정하는 규칙에 따라야 한다(일본국헌법 제77조 제2항). 모든 재판관은 양심에 따라서 독립하여 직권을 행사하며, 헌법과 법률에 대해서만 구속을 받는다.

일본국 헌법 제76조 제1항에서는 "모든 사법권은 최고재판소 및 법률이 정하는 바에 따라 설치된 하급재판소에 속한다"라고 규정하고 있다. 최고재판소는 최상급의 종심재판소이며(일본국헌법 제81조) 하급재판소로서는 재판소법

▌표 5-6 **일본의 재판소 종류와 수**

| 최고재판소 | 본청 | 1 | |
|---|---|---|---|
| 고등재판소 | 본청 | 8 | |
| | 지부 | 6 | |
| 지방재판소 | 본청 | 50 | |
| | 지부 | 203 | |
| 가정재판소 | 본청 | 50 | |
| | 지부 | 203 | |
| | 출장소 | 77 | |
| 간이재판소 | 지방재판소 본청 또는 지부에 설치된 간이재판소 | 253 | 438 |
| | 그 외 간이재판소(독립간이재판소) | 185 | |

출처: 일본 재판소 홈페이지. 裁判所データブック 2017(p. 1) Retrieved from http://www.courts.go.jp/vcms_lf/db2017_p1-p21.pdf (검색일, 2017. 11. 1)

에 의해 고등재판소, 지방재판소, 가정재판소 및 간이재판소의 4종류가 설치되어 있다(재판소법 제2조).

## 2) 재판소 인사관리

재판소 직원의 정원은 아래 표와 같다. 2016년도 현재 재판관이 3,814명이며, 일반직 직원이 21,918명으로 총 25,732명이다.

▌표 5-7  일본의 재판소 직원 정원(2017년도)

| 관직명 등 | | 정원(명) |
|---|---|---|
| 재판관 | 최고재판소 장관·최고재판소 판사·고등재판소 장관 | 23 |
| | 판사 | 2,035 |
| | 판사보 | 977 |
| | 간이재판소 판사 | 806 |
| | 소계 | 3,814 |
| 일반직 | 서기관 | 9,834 |
| | 속기관 | 215 |
| | 가정재판소 조사관 | 1,596 |
| | 사무관 | 9,334 |
| | 기타 | 904 |
| | 소계 | 21,883 |
| 합계 | | 25,724 |

출처: 일본 재판소 홈페이지. '裁判所データブック2017'(p. 22) Retrieved from http://www.courts.go.jp/vcms_lf / db2017_p22-p32.pdf (검색일, 2017.11.1)

### (1) 재판관 채용

사법시험에 합격한 자는 사법연수를 마친 후 심사를 거쳐서 판사보로 임관한다. 임관희망자의 적격성을 최고재판소에 설치된 '하급재판소 재판관 지명 자문위원회'가 판단한다. 이 위원회는 일본변호사연합회 추천 위원과 학식경험자 등으로 구성되기 때문에 이념 등 부당한 기준에 근거하여 적격성을 판단하는 일은 없지만 실무경험이 없는 임관희망자의 적격성 판단자료는 사법연수소가 제출한 것에 의존할 수밖에 없는 실정이다. 그래서 객관적 자료로서 성적이 가장 중시되기 마련이다. 그리고 사법연수소가 연수생에 대해서 임관

부적격자라는 의견을 제출하기보다는 사전에 암시적으로 임관희망자에게 생각을 돌리도록 할 수도 있는 일이다. 실제로 그런 일이 벌어진다는 소문이 끊이지 않고 있다. 다양한 적성의 재판관을 확보한다는 관점에서 보면 사법연수소 교관이 생각하는 적격자 기준만으로는 충분하다고 말하기 어렵다.

임관된 이들을 보면, 국가공무원 종합시험합격자, 대기업 신입사원들과 기본적으로 다르지 않다. 모두 다 고학력이고 젊고 유능하며, 엘리트 의식을 갖고 있다. 다만, 재판관을 희망하는 자들은 전체적으로 재판을 통해서 사회공헌을 하고 싶은 생각이 강하고, 성실한 사람이 많은 편이다. 그러나 이러한 뛰어난 인재들이 갖고 있는 공통적인 약점은 사회경험이 부족하고 체험적인 인권의식이 아니라 이념적인 경우가 많다는 점이다. 그래서 관료적 혹은 권력적인 압력에 대한 저항력이 약한 편이다.

판사보로 임관이 되면 최고재판소 인사국이 전국의 재판소에 배치한다. 도쿄, 오사카 등 규모가 큰 재판소나 중소규모 재판소에 배치되는데, 초임지 희망은 열려 있기는 하지만 많은 이들이 규모가 큰 재판소를 원하기 때문에 반드시 희망하는 곳으로 배치되지만은 않는다. 초임지 이후 대략 3년마다(원격지의 경우에는 2년, 대형사건을 맡은 경우에는 4년 내지 5년 정도의 주기가 될 수도 있음), 각지의 재판소로 전근한다. 장기근속에 따른 유착이나 타성 등의 폐해를 막으려는 취지이나 개별 재판관의 임지 결정절차가 불투명하여 재판관의 정신적 부담이 되는 한편, 새로운 임지에 부임하여 새로운 사람, 새로운 사건을 만나고 그 지역의 역사, 자연, 문화 등을 접하는 즐거움도 없지 않다. 초임지에 복수의 신임판사보가 배치되는 경우에는 어떤 사무를 희망하는지를 물어 보는데 민사를 희망하는 이가 많기 때문에 형사 희망자는 희망하는 대로 되는 경우가 많다.

(2) 미특례판사 시절

임관 후 5년간은 '미특례판사'로 지내는데, 법정의 심리판단을 혼자서는 할 수 없다고 법률로 정하고 있다. 즉, 합의사건의 재판장(정식명칭은 부총괄(部總括), 통상은 부장으로 불린다)과 우배석(右陪席) 등의 선배 재판관으로부터 재판관의 자세와 판결기안 기법, 심리 진행방법 등에 대해서 지도를 받으면서 공부하는 기간이다.

이 기간은 말하자면 도제 형태이기 때문에 지도재판장과 선배의 영향을 많이 받는다. 특히 단독으로 법정의 심리를 할 수 없다고는 하지만 3인의 합의체 중에서는 평등한 한 표를 가지며, 연령·경험 등의 차이가 오히려 충실한 합의의 기초가 되기 때문에 피교육자 의식을 버리고 당당하게 자신의 견해를 말할 것이 기대되며, 영장심사 등 법정 외의 실무는 단독으로 판단하게 되기 때문에 독립된 재판관으로서 기개를 지닐 것도 요청된다. 이 시기는 아주 바쁘지는 않기 때문에 차분하게 공부를 할 수도 있고, 재판관으로서 걸어갈 길을 생각해 볼 수 있는 때이기도 하다.

### (3) 특례판사보 시절

초임지에서 대략 3년을 근무한 후 다음 임지로 전근하는데, 2년이 경과하면 특례판사보로서 판사와 동등한 권한이 부여된다. 즉, 단독으로 법정에서 심리판단이 가능하게 된다. 모든 재판소가 사건에 비하여 재판관이 부족하기 때문에 임관하여 5년이 경과한 판사보에게는 거의 대부분 판사와 동등한 사건이 주어지며 갑자기 바쁜 생활을 보내게 된다.

특례판사보 시절은 경험이 부족하기는 하지만 중책을 맡아서 미특례시절과 달리 선배 재판관에게 개별 사건의 구체적인 결론 등을 상담하기가 좀처럼 어려워져서 미특례시절에는 없었던 정신적 중압감을 맛보게 된다. 이 시기는 동기 재판관 중 일부가 최고재판소 사무총국에서 근무하게 되는데 그 선발과정이 명확하지 않기 때문에 동기 사이에 약간의 불협화음이 발생할 소지가 되곤 한다. 미특례, 특례 시절에는 변호사 등의 다른 직업 경험이나 해외유학도 장려되고 있다.

### (4) 판사임관, 조사관, 교관, 사무총국

5년간의 특례판사보를 마치면 판사가 된다. 재판관의 임기는 10년이기 때문에 많은 재판관은 그 후 10년마다 최고재판소에 설치된 하급재판소 재판관 지명 자문위원회의 심사를 거쳐서 65세 정년까지 재임을 반복한다. 위원회의 심사 실상은 명확히 알 수 없으나 최근 거의 매년 재임되지 못하는 자가 수명 나오고 있다. 재임 기준의 명확화에 대한 요청이 제기되고 있다.

이 시기 단독 형사재판 50 내지 100건 전후, 그 외 합의체의 우배석, 각종 위원회 등의 임원을 맡는 등 판사보 시절과 전혀 다르게 매우 바쁜 일상을 보낸다. 재판관으로서 크게 성장하는 시기이기도 하다. 이 시기에 동기 사이에 맡는 일이 다양해진다. 누구는 고등재판소 배석, 누구는 최고재판소의 조사관이나 사무총국의 과장, 연수소 교관이 된다. 또는 지부장이 되어 사법행정을 맡기도 한다.

### (5) 총괄취임

재판관 임관 후 20년 전후로 부총괄(部總括)로 지명되는 경우가 많다. 이 지명 시기에 대해서도 지명 여부에 대해서도 동기 사이에 상당한 차이가 벌어지며, 최고재판소 인사국이 어떠한 기준으로 결정하는지가 명확하지 않다. 이러한 격차가 생겨나기 때문에 동기 사이에 퇴관하는 이도 많지는 않지만 생겨난다. 다행스럽게 총괄재판관으로 지명되는 경우에는 1심 재판장으로서 사실인정, 법령해석, 소송지휘에 대해서 지금까지 쌓아 온 경험과 지식을 살려서 역할을 하게 된다. 재판관으로서 가장 빛나는 시기라고 할 수 있다.

### (6) 이후 정년까지 재판관 생활

1심 재판장의 시기가 지나면 다음으로 고등재판소 배석재판관, 고등재판소 부총괄 재판관으로 취임하며, 경우에 따라서는 지방재판소 소장, 고등재판소 장관, 최고재판소 판사가 되기도 한다. 소장, 장관직은 사법행정을 전문으로 하기 때문에 재판관의 직무환경의 정비, 급여와 임지의 의견구신 등에 대해서 지금까지 오랫동안 재판관 생활의 경험을 살려서 소속 재판관이 일을 잘할 수 있는 체제를 만드는 일을 할 수 있는 반면에 재판과는 달리 독자적이기보다는 전국적인 통일적 운영이 중시되기 때문에 독자성 발휘가 어렵다.

정년을 맞이하면 변호사 등록을 하고 제2의 인생을 보내는 이가 가장 많지만, 정년 직전에 퇴관해서 공증인으로 취직하는 재판관도 있고, 최근에는 변호사 등록을 하지 않은 채 간이재판소 판사(70세 정년)로 전신하거나 유유자적한 생활을 보내는 이도 적지 않다.

### (7) 최고재판소 재판관 선발

최고재판소는 최상급의 법원으로서 재판소법 제6조에 의해 1개소가 동경도에 설치되어 있어 행정재판권을 포함한 일체의 사법권을 행사한다. 최고재판소는 헌법상 사법권의 대상이 되는 일체의 사건에 관하여 권한을 갖고 있으나 실제로는 사건의 중요성과 필요성 등을 기준으로 상고(上告) 및 특별항고(特別抗告) 등에 관하여 재판권을 행사하도록 되어 있다. 재판의 방법은 합의제

로서 대법정(大法廷) 재판관 전원으로 구성(정족수 9인)되고, 소법정은 5인의 판사로 구성된다.[12]

최고재판소 재판관 중 최고재판소 장관은 내각의 지명에 의거하여 일왕이 임명한다. 최고재판소 판사 임명은 내각이 하고, 일왕이 인증(認証)[13]한다. 최고재판소 재판관은 '식견이 높고 법률적 소양이 있는 40세 이상 중에서 임명한다'고 규정되어 있다(재판소법 제41조). 단, 50세 이하인 사람이 임명된 사례는 지금까지 없다. 1964년 1월 31일 이후로는 전원 60세 이상 중에서 선발되고 있다.

최고재판소는 최고재판소 장관과 14인의 최고재판소 판사 등 15명의 재판관으로 구성된다. 식견이 높고 법률적 소양이 있다고 판단되면 법조자격을 갖고 있지 않더라도 등용될 수 있지만 적어도 10명은 10년 이상의 재판관 경험자 또는 20년 이상의 법률전문가(검찰관, 변호사, 간이재판소 판사, 대학법학부 교수) 경험이 있는 자 중에서 등용해야 한다(재판소법 제41조). 출신 분야는 재판관 6명, 변호사 4명, 학식자 5명(대학교수 1명, 검찰관 2명, 행정관 1명, 외교관 1명)으로 관례화되어 있다. 재판관이 퇴임하면 동일 출신분야에서 후임이 선발되는 것이 일반적이다. 적임자가 없는 경우에는 일시적으로 이 배분이 달라질 수도 있다.

후보자는 재판관, 변호사, 검찰관의 경우에는 최고재판소 장관이 복수 후보자를 제시하고, 행정과 외교를 포함한 학식경험자의 경우는 원칙적으로 내각관방에서 후보자를 정하며, 내각총리대신의 판단을 들어 각의결정하게 된다. 후보자는 비공개이다.

재판관 몫에는 도쿄고등재판소 장관을 필두로 하여 다른 지방의 고등재판소 장관 중에서 취임하는 사례가 많다. 변호사 몫에는 도쿄변호사회, 제1도쿄변호사회, 제2도쿄변호사회, 오사카변호사회 회장 경험자가 취임하는 사례가 많다. 검찰관 몫에는 도쿄고등검찰청 검사장, 차장검사를 필두로 하여 다른 지방의 고등검찰청 검사장이 취임하는 사례가 많다. 법학자 몫에는 국립대학교 법학부 교수가 취임하는 사례가 많다. 재판관 출신자의 법학자의 경우도

---

12 일본 재판소 홈페이지. '裁判所データブック2017'(p. 11). Retrieved from http://www.courts.go.jp/ vcms_lf/db2017_p1−p21.pdf) (검색일, 2017.11.1)

13 인증(認証)이란, 대상의 정당성을 확인하는 행위를 말한다.

있다. 행정관 몫에는 내각법제국 장관이나 외무성 국제법국장 경험자가 취임한다. 1994년 이후로는 후생성 간부경험자, 노동성 간부경험자가 취임하는 예도 있다. 최근에는 외교관 출신자가 1명, 그 외 행정관 출신자가 1명 취임하는 형태가 많다.

### 3) 국가원수 및 행정수반, 내각 등과의 관계

상징적 국가원수인 일왕은 최고재판소의 장을 임명한다. 그러나 이는 내각의 지명에 근거하여 의례적인 절차로 임명을 하는 것이어서 일왕에게 완전한 최고재판소의 장 임명권이 있다고 볼 수는 없다.

행정수반인 총리는 최고재판소의 장 지명권을 갖고 있으며, 최고재판소 판사 임명권을 갖고 있다. 전술한 바와 같이 최고재판소 판사의 경우 결원이 생길 경우에 임명하는 형태이며, 후보자가 재판관, 변호사, 검찰관의 경우에는 최고재판소 장관이 복수 후보자를 제시하고, 행정과 외교를 포함한 학식경험자의 경우는 원칙적으로 내각관방에서 후보자를 정하고, 총리의 의견을 듣고 각의결정이 이루어진다.

## 5. 입법부 및 사법부 체제와 운영상 특성과 시사점

### 1) 입법부 차원

일본 입법부 체제와 운영을 우리나라 입법부와 비교하면 몇 가지 특징을 찾아볼 수 있다.

첫째, 우리나라 국회는 단원제인데 일본 국회는 양원제라는 점이 다르다. 전술한 바와 같이 일본 국회는 중의원과 참의원으로 구성되어 있으며, 의원 임기도 서로 다르다. 중의원과 참의원 중에서 중의원이 참의원보다 우선시 된다.

둘째, 일본은 의원내각제이기 때문에 국회의원 중에서 총리가 선출되고, 내각 구성원의 절반 이상은 국회의원인 반면에 우리나라 내각은 국민투표에 의해서 선출된 대통령이 국회의원 여부와 관계없이 임의로 선임하여 임명한다.

셋째, 일본 국회는 국정조사권은 갖고 있으나 국정감사권은 없다. 이 점에서는 우리나라 국회가 행정부에 대한 견제기능이 제도적으로 보다 강하게 보장되어 있다고 하겠다.

넷째, 일본 국회는 재판관에 대한 탄핵소추와 탄핵결정권이 있으나 그 이외 공직자에 대한 탄핵소추나 탄핵결정권은 없는데, 우리나라 국회는 재판관 뿐만 아니라 대통령, 국무총리, 국무위원, 행정각부의 장 등 탄핵소추 대상이 폭넓다. 그러나 우리나라 국회는 탄핵소추권까지만 있고 탄핵의결권은 헌법재 판소에 있다.

다섯째, 일본 국회(중의원)는 내각불신임권이 있는데, 우리나라 국회는 국 무총리 또는 국무위원 해임건의권만 있다. 그러나 전술한 바와 같이 우리나라 국회는 헌법이나 법률을 위배한 경우에는 국무총리, 국무위원뿐만 아니라 대 통령까지도 탄핵소추를 할 수 있다.

### 2) 사법부 차원

일본 사법부의 체제나 운영을 우리나라 사법부와 비교하면 몇 가지 특징 을 찾아볼 수 있다.

첫째, 일본에서 모든 사법권은 최고재판소와 하급재판소에 속하며, 특별 재판소의 설치는 인정하지 않는다. 반면에 우리나라도 헌법 제101조에서 사법 권이 법원에 속한다고 규정하고 있지만 특별법원인 군사법원을 인정하고 있으 며, 헌법재판소가 별도로 있다. 위헌법률심판을 우리나라에서는 헌법재판소가 하지만 일본에서는 재판소가 맡는다.

둘째, 우리나라 대법원의 대법원장과 대법관은 판사·검사·변호사가 아닌 사람도 임용이 가능하도록 하고 있으나 변호사자격을 갖고 있는 자에 한정하 고 있는데, 일본의 최고재판소의 장이나 재판관은 변호사자격이 없는 자에게 도 일부 문호를 열어 두었다. 그래서 전술한 바와 같이 대학 법학부 교수, 일 반 행정 공무원, 외교관 등도 최고재판소 재판관이 될 수 있다.

## 제4절 시사점

우리나라는 대통령이 국가원수이면서 행정부수반이나, 일본은 국가원수 는 일왕이고 행정부수반은 총리이다. 그리고 우리나라는 입법부와 행정부 관 계가 비교적 권력분립 성격이 강하다고 하겠는데, 일본의 입법부와 행정부 관 계는 상대적으로 권력융합적 성격이 강하다고 볼 수 있다. 행정부 내에서만 본다면 우리나라는 대통령이 강한 영향력을 갖고 행정각부에 대한 통제력을 갖고 있는데, 일본의 행정각부는 총리로부터 다소 분권적인 권한을 갖고 있었다. 다만, 2000년대 이후로 총리와 내각기능을 강화해 오고 있다. 한편 일본에서 이러한 중앙행정체제 개혁과 거의 시기를 같이하면서 지방분권개혁도 추진되었다는 점이 흥미롭다.

2000년 전후로 거의 동시에 진행되었던 일본의 중앙행정체제 개혁과 지방분권 개혁은 그 방향성은 서로 달랐다고 말할 수 있다. 즉, 중앙행정체제 개혁은 내각 기능 혹은 수상 권한 강화인데, 지방분권은 중앙의 권한과 기능을 지방으로 분산하는 것이었다. 혹자들은 일본에서 중앙행정체제 개혁, 다시 말해서 수상 권한 강화가 지방분권 개혁을 용이하게 했다는 분석도 제시하고 있다.

이러한 일본 사례는 우리가 현실적으로 분권형 국정운영체제로 개혁을 추진할 때 보다 전략적인 선택이 있을 수 있다는 교훈을 주고 있다. 다시 말해서 정부형태를 분권형으로 개편하는 것이 지방분권 개혁을 하는 데 오히려 부정적으로 작동할 수도 있다는 점을 생각하지 않을 수 없다. 그것은 일본 사례가 보여주는 것처럼 지방분권 개혁이 각론으로 들어가면 적지 않은 저항을 만날 수 있는데, 분권형 정부형태가 그러한 저항을 막아내는 데는 오히려 힘을 발휘하기 어려운 체제일 수 있기 때문이다. 그렇다고 한다면 분권형 정부형태로 개혁과 지방분권 개혁을 동시에 추진하기보다는 지방분권 개혁을 먼저 추진하고 나서 중앙행정체제의 분권화를 추진하는 것이 현실적인 전략일 수 있을 것이다. 그리고 지방분권이 강화된다는 것은 중앙정부의 기능과 권한이 지방자치단체로 이전된다는 것을 의미하므로 지방분권만으로도 국가 전체적으로 분권화가 어느 정도 실현되는 것이다. 이는 중앙정부의 형태 개편논의에 보다 차분히 임할 수 있는 여건도 만들어 줄 것이다. 파이가 적어지면 그것을 쟁취하기 위한 경쟁 강도도 낮아질 것이기 때문이다.

우리와 유사하게 중앙집권형 국가였던 일본이 어떻게 지방분권을 확대해 왔는지를 살펴보면 많은 구체적인 시사점을 얻을 수 있을 것이다. 현재 일본의 국세와 지방세 비율은 현 문재인 정부가 지방분권 관련하여 수치 목표로 제시하고 있는 6:4 수준이다. 국세와 지방세 비율이 반드시 지방분권화 척도는 아닐 수 있겠지만 하나의 지표는 될 수 있을 것이며, 중앙집권형 국가였던 일본이 어떠한 과정을 거쳐서 그러한 수준에 이르렀을 수 있었는지는 우리에게 많은 참고가 될 것이다. 그 외에도 기관위임사무제도 폐지 등 구체적인 제도개혁 사례는 실무적인 차원에서도 많은 도움이 될 것이다.

# 06 프랑스
### FRANCE

## 제1절 통치체제

### 1. 정부형태 개요

#### 1) 국가수반, 행정부, 입법부, 사법부의 구성

프랑스 제5공화국 헌법은 상징적인 국가원수의 지위를 가지고 실제 권한은 거의 없었던 대통령에게 강력한 권한을 부여하였다. 이와 동시에 제3, 4공화국에서 국정을 주도했던 수상에게도 행정부 수반으로서의 지위와 권한을 여전히 부여함으로써 집행부의 권한을 대통령과 수상이 분점하는 구조를 채택하였다.

실제 국정운영 관행을 보면 제5공화국 초기부터 1980년대 중반까지 국민에 의해 직접 선거로 선출된 대통령이 국정을 주도하고 수상은 대통령에 종속된 채 헌법이 보장한 권한을 행사하지 못했다. 그러나 강력한 대통령 중심제 행태의 국정운영은 대통령이 속한 정파가 하원 선거에서 승리할 경우에만 가능하고, 대통령이 속한 정당과 하원의 다수당이 다른 동거정부하에서는 대통령의 권한은 제한되고 수상이 국정을 주도하는 의원내각제 형태로 국정 운영 방식이 변화하게 된다.

행정부와 입법부의 관계는 행정부의 우위가 두드러진다. 입법부가 행정부를 압도했던 제3, 4공화국 시기의 정국혼란을 방지하기 위해 제5공화국은 의회를 무력화하고 행정부의 권한을 대폭 강화하였다.

프랑스 헌법은 권력분립과 관련하여 3권 분립보다 2권 분립에 가까운 모습을 보이고 있다. 프랑스의 사법권은 넓은 의미에서 집행권에 포함된다. 사법부가 집행부에 속한다는 사실이 사법부의 독립과 중립성을 저해한다는 의미는 아니다. 다양한 규정과 관행들이 사법관의 독립성과 중립성을 담보하고 있다.

### 2) 중앙정부와 지방정부의 구성 및 관계

프랑스는 절대군주제 이후 강력한 중앙집권의 전통을 가지고 있다. 최근 지방분권을 지속적으로 추진하고 있지만 단일국가의 테두리 내에서 국가가 지방에 권한을 이전하는 방식을 채택하고 있다.

지방분권이 본격적으로 추진된 것은 사회당정부가 출범한 이후인 1982년부터이며 우파정부에서도 지방분권은 중요한 국정과제였다. 2003년 헌법 개정을 통해서 개별법에 포함되었던 지방분권과 관련된 주요내용들을 헌법에 명시함으로써 보다 강력한 추동력을 확보하게 하였다.

프랑스의 지방자치단체는 3계층으로 구분되어 있으며 기관 통합형으로 기구를 구성하고 있다. 지방분권을 본격적으로 실시한 이후에도 지방행정체계와 마찬가지로 3계층으로 구성된 국가의 지방조직이 존재한다.

## 2. 국가 및 행정수반과 내각

### 1) 대통령

#### (1) 선출방식 및 임기

##### ① 선출방식

프랑스 대통령 선거에 입후보할 수 있는 연령의 하한선은 23세이며 상·하원 의원, 지방의원 등 선출직 중 500명 이상의 추천을 받아야 입후보가 가능하다. 1962년 이후 프랑스 대통령은 국민들에 의한 직접선거로 선출된다. 의원내각제 성격이 강했던 제3공화국과 제4공화국 시절에는 의회에서 대통령을 선출하였고, 1958년 제5공화국이 출범한 당시에도 다양한 선출직 의원들 8천여 명으로 구성된 선거인단에 의해 선출되는 간접선거 방식을 채택하였으나, 1962년 국민투표에 의한 헌법 개정을 통해 국민들의 직접선거로 선출하는 것으로 대통령 선출방식을 변경함으로써 대통령의 정통성과 위상을 강화하였다(임도빈, 2002: 87 – 89).

대통령 선거는 2차 투표를 결선투표로 하는 다수대표제 방식이 적용된다. 1차 투표에서 유효투표의 절대다수를 획득한 자가 나오면 1차에서 선거가 종료되지만 그렇지 않을 경우 상위득표자 2인을 대상으로 2주 간격으로 2차 투표를 실시하여 최다 득표자가 대통령으로 선출된다. 1962년 이후 1차 투표에서 과반수를 득표하여 당선된 대통령은 한 번도 탄생하지 않았고 모든 대통령 선거가 2차 투표에서 당선자가 결정되었다.

② 임기

1875년에 제정된 제3공화국 헌법은 대통령 임기를 7년으로 정했고 대통령 임기는 이후 변화가 없었다. 헌법 제정 당시 대통령이었던 마크마옹(Mac – Mahon)은 왕당파에 속했고 공화정에서 왕정으로 이행할 수 있는 충분한 시간을 벌기 위해 대통령 임기를 7년으로 정했으나 왕정복고에 실패한 후 실각하였다. 그러나 대통령 임기는 이후에도 변화가 없이 7년으로 유지되었다. 제5공화국 헌법도 대통령 임기를 7년으로 정했고 연임에 대한 제한도 존재하지 않았다. 그러나 국가원수의 임기가 너무 길다는 비판이 지속적으로 제기되었고 특히 재선을[14] 하는 경우 통치기간이 왕정시대의 군주와 버금가는 문제가 생겼다. 또한 1980년대 이후 동거정부를 자주 경험하면서 대통령과 수상간의 의견충돌과 불협화음을 우려하는 목소리가 커졌다. 제5공화국 초기에는 우파가 대통령 선거에서 승리하고 하원의 다수파를 차지하였지만 1981년 사회당 정권이 들어선 이후 대통령의 출신정파와 하원의 다수당이 다른 경우가 세 차례[15] 발생하였다. 결국 동거정부의 출현을 방지하고 다른 국가들의 국가수반의 임기와 유사하게 하기 위해서 대통령 임기를 하원의원의 임기와 똑같이 5년으로 축소하는 개헌이 2000년에 이루어졌고, 2008년 개헌을 통해서 대통령의 연임을 1회로 제한하였다. 현재 프랑스 대통령의 임기는 5년이며 1회에 한해 연임이 가능하며 대통령 선거와 하원의원 선거는 동일한 해에 실시된다.

· · · · · · · · · · · · · · · · · · · · · · · · · · · · · · · · · · · · · · · · · · · · · · · · · · · · · · ·

14 제5공화국 대통령 중 드골(1959 – 1969), 미테랑(1981 – 1995), 시락(1995 – 2002)이 재선에 성공하였다.

15 좌파 대통령과 우파 수상 간 동거정부가 2회(1986 – 1988, 1993 – 1995), 우파 대통령과 좌파 수상 간 동거정부가 1회(1997 – 2002) 발생하였다.

### (2) 대통령의 권한

#### ① 대통령과 행정부

대통령은 행정부 수반인 수상을 임명하는 권한을 보유한다(헌법 제8조 제1항). 수상을 선택하는 것은 대통령의 재량권에 속하고 국회의 동의를 얻는 등의 제약이 존재하지 않는다. 실제 관행을 보면 대통령이 속한 정당이 하원에서 다수파를 차지하고 있을 때는 수상을 임명하는데 별다른 제약을 받지 않고 자신의 의사에 따라 자유롭게 인선을 한다. 그러나 대통령과 하원의 다수파가 속한 정당이 다를 때, 즉 동거정부하에서는 대통령이 재량권을 행사할 여지는 없어지고 하원 다수파의 수장을 수상으로 임명해야 한다. 미테랑 대통령이 1986년에 시락을, 1993년에 발라뒤르를 수상으로 임명한 사례와, 1997년 시락 대통령이 죠스팽을 수상으로 임명한 사례가 여기에 해당한다.

대통령의 소속 정당과 하원의 다수당이 동일할 경우 대통령은 강력한 권력을 행사하면서 국정을 주도하지만 동거정부하에서는 하원 다수파의 지지를 받는 수상에게 주도권을 넘길 수밖에 없다.

대통령은 행정부 수반인 수상의 제청에 의해 장관들을 임명한다. 장관 임명에 있어서도 동거정부가 아닐 경우 대통령이 자신의 의지대로 내각을 구성하지만, 동거정부하에서는 수상이 장관 인선을 주도하고 대통령은 제한적인 영향만을 미칠 수 있다.

대통령은 행정부와 군대의 고위직 임명과 관련한 일반적인 권한을 보유하고 있다. 헌법 제13조 제3항은 국사원 위원, 레지옹도뇌르 상훈국 총재, 대사, 정부특사, 회계감사원 감사관, 해외영토 파견 정부대표, 군장성, 국가직 도지사, 교육감, 중앙부처 국장은 국무회의 심의를 거쳐 대통령이 임명한다고 규정하고 있다. 제4항은 추가적으로 국무회의 심의를 거쳐서 임명할 수 있는 직위를 조직법률로 정할 수 있다고 하였고, 이를 반영하여 1958년 11월 28일에 제정된 법률명령 제1조는 파기원 검찰총장, 항소법원 검사장, 회계감사원 검사역, 공공기관과 공기업의 장도 국무회의 심의를 거쳐 대통령이 임명하고, 제2조는 국사원과 회계감사원 구성원, 사법관, 국립대학 교수, 군 장교는 국무회의 심의 없이 대통령령으로 임명한다고 규정하였다. 그 외의 공직은 대통령령을 통해서 임명권을 수상이나 장관에게 위임할 수 있다.

② 대통령과 의회

대통령이 의회에 대해서 행사하는 권한 중 대표적인 것으로 하원인 국민회의 해산권을 들 수 있으나 상원에 대해서는 해산권을 행사할 수 없다. 하원해산권은 제5공화국에서 행정부가 입법부에 대해 우위를 보이는 현상을 설명해주는 대표적인 권한이다. 대통령은 수상과 상·하원 의장들의 자문을 받은후 하원의 해산을 선언할 수 있다(헌법 제12조 제1항). 다만 총선거가 실시된 지1년이 경과하지 않은 시점에는 하원을 해산할 수 없다.

1980년대 이후 대통령에 의한 하원 해산이 자주 실시되었는데 주로 여소야대에 따른 동거정부 상황을 해소하기 위한 목적으로 행해졌다. 미테랑 대통령은 1981년 대통령으로 당선 후, 그리고 1988년 재선에 성공한 직후 하원을해산하고 총선에서 승리하여 여소야대 상황을 타개하였다. 그러나 1997년에하원을 해산한 시락 대통령은 오히려 좌파가 총선에서 승리한 바람에 5년 동안 동거정부를 경험해야 했다.

대통령은 법률안 거부권도 보유하고 있다. 의회를 통과한 법률안의 공포기간인 15일이 만료되기 전 대통령은 법률 전체 혹은 일부에 대해서 의회에재의를 요구할 수 있고 의회는 이를 거부할 수 없다(헌법 제10조). 그러나 대통령의 법률안 거부권 행사 역시 정치적 상황에 따라 달라진다. 수상의 부서가필요하기 때문이다. 대통령과 하원의 다수파가 동일한 정당 출신일 경우 대통령의 법률안 거부권 행사에는 제약이 없지만, 동거정부하에서는 수상의 동의없이 행사되기 어렵다(전학선, 2015: 65).

대통령의 의회에 대한 또 다른 권한으로 의회의 임시회(session extraordinaire)소집권을 들 수 있다. 의회의 임시회는 수상 또는 하원의원 과반수의 요구에의해 소집된다(헌법 제29조). 임시회 소집은 대통령의 법규명령(décret)을 통해서 소집되고 폐회되기 때문에 대통령이 거부하면 임시회는 소집될 수 없다(헌법 제30조). 이 권한은 동거정부하에서 수상과 다수당의 독주를 대통령이 견제하는 수단으로 활용되기도 한다(정종길, 2009: 144).

마지막으로 대통령의 의회에 대한 전통적인 권한으로 교서권이 있다. 대통령이 발한 교서는 의회에서 낭독하게 하고 토론의 대상이 되지 않았다. 이처럼 서면으로만 대통령이 의회와 소통할 수 있었지만 2008년 개헌을 통해 대통령이 상·하원 합동회의에 출석하여 연설할 수 있도록 함으로써 직접 소통의 기회를 신설하였다.

③ 대통령과 사법부

사법권을 포함한 집행권과 입법권으로 권력을 분립하는 2권 분립적 특징을 보이는 프랑스에서 대통령은 사법권한의 독립을 보장할 의무가 있다(헌법 제64조 제1항). 대통령은 법관과 검찰관의 임명과 징계를 담당하는 최고사법관회의의 보좌를 받고 최고사법관회의의 법원 관할부와 검찰관 관할부의 위원 중 각각 2명을 임명할 권한이 있다(헌법 제65조 제2항, 제3항). 사법권과 관련하여 대통령은 사면권도 행사할 수 있다.

④ 대통령의 특별권한

먼저 대통령은 헌법 제16조 제1항에 의거하여 '공화국의 제도, 국가의 독립, 영토의 보전, 국제협약의 집행에 심각하고 직접적으로 위협받고, 헌법에 의한 공권력의 정상적인 기능이 정지되는 경우에 수상, 양원의장, 헌법재판소장과 협의를 거친 후 비상대권(plein pouvoir)을 발동'할 수 있다.16 이 경우 의회는 당연히 소집되고(헌법 제16조 제4항) 이 기간 동안 하원은 해산될 수 없다(헌법 제16조 제5항).

비상대권은 대통령이 자의적으로 행사할 가능성이 있기 때문에 2008년 헌법 개정을 통해서 견제조항을 추가하였다. 비상대권의 발동기간이 30일 경과하면 하원의장·상원의장, 60명의 하원 또는 상원의원은 헌법에 명시된 조건들이 여전히 충족되고 있는지에 대한 판단을 헌법재판소에 요구할 수 있고 헌법재판소는 최단 시일 내에 이에 대한 의견을 공표해야 한다. 헌법재판소는 비상대권이 발동된 지 60일이 경과하면 위의 검토를 착수하고 의견을 제시해야 한다(헌법 제16조 제6항).

대통령의 또 다른 고유권한으로 국민투표 회부권을 들 수 있다. 대통령이 단독으로 국민투표를 회부할 수 있는 것은 아니다. 국민투표를 회부하기 위해서는 정부가 제안하거나 양원이 합동으로 제안해야 하며 대통령은 이 제안에 따라 회부 여부를 결정한다(헌법 제11조 제1항). 따라서 국민투표 회부권도 동거정부하에서는 대통령이 행사하기가 어려워진다. 수상이나 하원 다수파의 제안이 없으면 국민투표를 실시할 수가 없기 때문이다. 제5공화국 출범 이후 10차례에 걸쳐 국민투표가 실시되었고 1969년의 국민투표를 제외하고 모두 가결되었다.

---

16 비상대권은 1961년 알제리 사태 때 발동되었고 그 이후에는 발동된 사례가 존재하지 않는다.

### (3) 대통령 보좌기구

#### ① 대통령사무처(secrétariat général)

대통령사무처는 각 부처와 긴밀한 관계를 맺으면서 국정을 총괄조정하고 대통령을 보좌하는 역할을 수행한다. 사무처장(secrétaire général)을 수장으로 사무부처장(secrétaire général adjoint)과 다수의 보좌관, 전문보좌관, 담당보좌관 등으로 구성된다. 대통령과 하원의 다수파가 일치할 경우 대통령사무처가 명실상부한 국정의 총괄조정 기능을 수행하고 대통령사무처장은 국정의 2인자 역할을 하는 경우가 많지만 동거정부하에서는 수상실에서 국정을 주도한다(김영우, 2008: 91).

#### ② 대통령비서실(cabinet)

대통령 비서실은 비서실장(directeur de cabinet)의 책임하에 운영되고 주로 대통령의 일정관리, 수행, 경호, 언론관계 등을 관장한다.

#### ③ 특별참모부(etat-major particuulier)

특별참모부의 책임자는 군 장성이며 군참모부, 국방보좌관, 국방부와 밀접한 관계를 구축하면서 국방 분야의 정보와 조언을 대통령에게 제공하는 역할을 수행한다.

### 2) 수상과 내각

### (1) 선출방식 및 임기

#### ① 선출방식

수상은 의회에서 선출되지 않고 대통령이 임명한다. 헌법은 대통령이 수상을 임명한다고만 규정하고 그 외의 조건은 명시하지 않고 있어서 대통령의 재량권에 속한다고 할 수 있다. 대통령의 소속정당과 하원의 다수파가 같은 경우 대통령은 수상 임명 시 실제로 재량권을 행사하지만 동거정부하에서는 현실적으로 하원 다수파의 수장을 임명해야 한다.

#### ② 임기

수상의 임기는 정해져 있지 않다. 대통령은 수상의 임명권을 가지고 있지만 해임권은 보유하고 있지 않다. 하원에서 불신임을 의결하거나 본인이 스스로 정부의 사퇴서를 대통령에게 제출할 경우만 수상의 임기가 종료된다. 대통령이 하원의 다수파를 장악하고 있을 때는 대통령과 수상은 종속 관계에 있기 때문에 통상적으로 대통령의 의중에 따라 수상의 사직이 결정되지만 동거정부 하에서는 하원 해산이나 하원 임기만료에 따른 총선까지가 수상의 임기인 것이 일반적이다.

### (2) 수상의 권한

#### ① 수상과 대통령

대통령이 국가 원수이지만 행정부의 수반은 수상이다. 헌법 제5조는 대통령은 헌법이 준수되도록 감시하고, 공권력의 정상적 기능과 국가 영속성을 보장하며, 국가의 독립, 영토의 보전 및 각종 조약의 준수를 보장한다고 규정함으로써 국정 전반을 관할한다는 점을 명시하고 있다. 그런데 정부는 국가의 정책을 결정하고 추진하며(헌법 제20조 제1항) 수상은 정부의 활동을 지휘하고 국방에 대한 책임을 지며 법의 집행을 보장한다(헌법 제21조 제1항)는 규정을 통해서 수상 또한 정부 운영을 책임지고 있음을 알 수 있다. 이처럼 헌법상 대통령과 수상의 권한과 역할 배분은 명확하지 않아서 충돌이 발생할 가능성을 내포하고 있다. 흔히 대통령은 외교와 안보정책을 책임지고 경제·사회 등 국내정책은 수상이 관장하는 것으로 알려져 있지만 대외정책과 국내정책이 서로 밀접하게 연계되는 경우도 많기 때문에 명확하게 역할을 구분하기가 어려운 실정이다.

대통령과의 관계에 있어서 수상이 가진 중요한 무기는 부서권이다. 대통령이 수상임명권, 국민투표 회부권, 하원 해산권, 비상대권, 의회교서권, 조약에 대한 위헌심사제청권, 헌법재판관 임명권, 위헌법률심사제청권 이외의 권한을 행사할 때는 수상 또는 관계 장관의 부서가 필요하다. 수상의 부서권은 대통령을 견제하는 중요한 수단으로 활용될 수 있다(전학선, 2015: 76).

대통령이 하원의 다수파를 장악하고 있는 상황에서 수상은 대통령에 대해 종속적일 수밖에 없어서 헌법 제20조는 실효성을 상실한다. 그러나 동거정부하에서는 하원 다수파의 지지를 받는 수상이 국정을 주도하게 된다.

#### ② 수상과 의회

제5공화국 헌법은 입법부에 대해 행정부가 우월한 지위를 확보하는 것을 지향하고 있기 때문에 행정부의 권한을 강화하는 장치들을 포함하고 있다. 첫째, 입법 절차적 측면에서 정부는 의회와 마찬가지로 법률안 제출권을 보유하고 있다. 의원 제출 법안의 경우 국가수입의 감소나 정부지출의 증가를 수반할 경우 제한이 있는 반면 정부제출 법안은 아무런 제약이 없다. 실제로 의원 입법에 비해 정부제출 법률안의 법안 통과 비율이 압도적으로 높다(전학선, 2015: 77).

둘째, 헌법 제38조는 정부에 의한 법률명령(ordonnance) 제정에 대해서 규정하고 있다. 의회의 입법영역에 속하는 사항들을 정부의 요청에 의해 의회 로부터 수권을 받은 경우 일정 기간 동안 정부가 명령으로 정할 수 있도록 하 는 제도이다. 법률명령제도는 의회의 고유권한인 입법권의 일부를 행정부가 행사하도록 위임하는 제도로 의회의 권한 약화와 행정권의 강화를 가져오는 수단이다(정종길, 2009: 140).

셋째, 의회의 의사일정 수립에 정부가 주도적인 영향력을 행사하고 있다. 개정 전 헌법 제48조 제1항의 '양원의 의사일정은 정부가 결정한 순서에 따라 정부제출 법률안과 정부가 동의한 의원발의 법률안을 우선적으로 심의한다'는 규정을 통해 정부 즉, 수상의 의사에 따라 의회의 의사일정이 결정된다는 점 을 알 수 있다(한동훈, 2011: 203). 2008년 헌법 개정에 의해 의사일정 수립과 관련한 의회의 자율권이 향상되었지만 아직도 정부는 상당한 영향력을 행사하 고 있다.

넷째, 헌법 제44조 제3항에서 규정하고 있는 일괄투표제도(vote bloqué) 또한 수상의 입법에 대한 관여를 강화시키는 조항이다. 이 제도에 따르면 정 부가 상·하원 중 법안을 심의 중인 하나의 원에 대해서 일괄투표를 통해 표결 을 요청하면 정부의 요구를 받아들여 정부가 제안한 법률안과 의원이 제안한 법률안 중 정부가 동의하는 법률안만 일괄적으로 투표를 해야 한다. 이 제도 역시 정부가 원하지 않는 법률안을 폐기시킬 수 있기 때문에 의회에 대한 행 정부의 통제수단 중 하나로 활용되고 있다(정종길, 2009: 141).

다섯째, 긴급입법권을 통해 법안 채택 과정에서 정부의 의사를 관철시킬 수 있다. 헌법 제49조 제3항은 수상이 자신의 신임을 걸고 특정 법률안을 제 안했을 때, 하원이 24시간 이내에 불신임안을 가결하면 법률안은 부결되고 내 각이 사퇴하게 되지만, 불신임안을 가결하지 않을 경우 해당 법률안은 토론이 나 표결 없이 자동적으로 통과되게 된다. 수상은 하원의 다수파의 지지를 받 기 때문에 50여 차례의 헌법 제49조 제3항을 활용한 법률안 통과 시도가 실패 한 사례는 존재하지 않는다. 이처럼 불신임제도가 오히려 반대로 정부가 의회 의 반대를 우회하여 자신의 선호를 손쉽게 관철시키는 수단으로 활용되고 있다(임도빈, 2002: 110). 이처럼 긴급입법권은 남용되는 경향이 있었고 이를 제한하기 위해 제49조 제3항의 적용을 예산법률안 또는 사회보장재원조달 법률안, 회기당 1개의 정부제출 법률안과 의원발의 법률안으로 한정하는 규정을 추가하였다.

### (3) 수상 보좌기구

#### ① 정부사무처(secrétariat général du gouvernement)

정부사무처는 국정운영과 관련한 각종 행정절차와 기술적인 사항에 관한 정보를 보관하고 관리하면서 운영적인 측면에서 지원하고 보좌하는 기구이다. 정권교체에 상관없이 정부운영에 혼란이 발생하지 않게 정책과정을 관리하는 행정 절차적 보좌기구인 것이다. 정부사무처는 절차적 측면에서 정부운영을 지원하는 기구이기 때문에 사무처장 이하 소속 공무원들은 정치색을 띠지 않고 정권교체에도 불구하고 경질되지 않은 채 새로운 집권세력을 보좌하는 것이 일반적인 관례이다(김영우, 2008: 93).

#### ② 수상비서실(cabinet du Premier ministre)

수상비서실은 수상의 정책결정을 보좌하고 정책의 집행을 감독하는 역할을 수행하는 핵심 보좌기구이다. 이를 위해 정부 내 각종 정책결정 및 조정회의를 주관하고 부처 간 갈등을 조정하는 기능을 담당한다. 수상비서실의 수장은 비서실장(dlrecteur de cabinet)이며 수석비서관들이 분야별로 업무를 분장하고 수석비서관 소속 전문보좌관과 담당보좌관들이 실무를 담당한다. 수상비서실은 동거정부하에서 수상이 실권을 행사할 때 국정을 총괄하고 조정하는 컨트롤타워 역할을 담당한다.

### (4) 내각의 구성

프랑스는 정부조직법이 존재하지 않고 정부가 새롭게 구성될 때마다 처음 소집되는 국무회의에서 부처 수와 부처 간 업무분장을 공식적으로 결정한다. 대통령이 수상을 임명하면 대통령과 수상이 협의하여 부처 수를 결정하고 동시에 장관 인선을 하게 된다. 장관은 수상의 제청에 의해 대통령이 임명한다. 다른 사항과 마찬가지로 대통령과 하원 다수파의 소속 정당이 일치하는 경우 대통령의 의도대로 내각 구성과 장관 인선을 실시하지만, 동거정부하에서는 대통령과의 협의를 거치지만 수상의 주도하에 장관을 인선한다.

프랑스 정부조직과 관련한 특징으로 정부조직법이 존재하지 않아서 부처수와 부처별 권한이 매우 유동적이고 자주 변화한다는 점을 들 수 있다. 내각이 새롭게 구성될 때마다 정부조직 개편이 추진되어서 조직운영의 안정성이 떨어질 것으로 예측할 수 있지만 실제로는 안정성을 확보하고 있다. 하부조직 단위의 개편은 이루어지지 않기 때문이다. 실·국 단위의 하부조직은 조직개편의 영향을 받지 않고 공무원의 인사 범위가 대부분 실·국을 단위를 벗어나지 않기 때문에 정부 조직개편으로 인한 혼란이나 공직사회의 동요는 거의 발생하지 않는다.

## 3. 우리나라와의 비교 및 시사점

### 1) 국가수반의 특징과 시사점

제3, 4공화국의 의회주권 중심의 국정 운영에 대한 반동으로 행정부의 우위와 의회의 무력화가 특징인 제5공화국 체제하에서 대통령의 권한은 대폭 강화되었다. 국가원수로서 비상대권, 국민투표 회부권, 수상 임명권, 군 통수권, 외교권, 하원 해산권, 법률안 거부권, 임시회 소집권 등 막강한 권한을 보유하고 있다.

행정부 내에서 수상과 권력을 분점하고 있지만 대통령이 하원의 다수파와 동일한 정파일 경우 제왕적 대통령이라고 비판을 받는 한국의 대통령보다 행정부 내부와 의회와의 관계에 있어서 훨씬 막강한 권한을 행사한다. 수상은 한국의 국무총리처럼 대통령이 임명한 자로서 제한적인 권한만을 보유한다. 그러나 동거정부하에서는 행정부 수반인 수상이 국정운영을 주도하고 한국의 대통령에 비해 낮은 수준의 권력을 행사한다.

대통령과 수상이 집행부의 권한을 나누어서 행사하는 동거정부 체제하에서 프랑스는 갈등과 불협화음을 경험하였다. 세 차례의 동거정부를 겪은 프랑스는 동거정부의 출현을 피하기 위해 대통령과 하원의원 임기를 동일하게 5년으로 정하고 대통령 선거와 하원의원 선거를 동일한 해에 실시하고 있다.

대통령 임기와 관련하여 프랑스 대통령의 임기가 7년 무제한 연임에서 5년, 1회 연임으로 변경됨에 따라 대통령의 임기는 한국과 동일해졌지만 연임이 가능하다는 점에서 차이가 존재한다.

## 2) 행정수반의 특징과 차이점

프랑스 수상은 대통령이 하원의 다수파를 장악하고 있는 경우에는 헌법이 자신에게 부여한 권한을 행사하기가 어렵다. 대통령에 의해 임명된 수상은 대통령에 대해 종속적일 수밖에 없어서 헌법 제20조는 실효성을 상실한다. 그러나 동거정부하에서는 하원 다수파의 지지를 받는 수상은 대통령과 마찬가지로 선출된 권력으로서의 위상을 갖게 되고 실질적으로 국정을 주도하게 된다. 헌법상 변화가 없이도 정치상황에 따라 대통령과 수상의 권력관계가 극적으로 달라지는 프랑스의 국정운영 관행을 볼 때 제도나 규정보다는 임명된 권력 또는 선출된 권력인지 여부가 행사할 수 있는 권력의 크기에 더 많은 영향을 미친다는 사실을 알 수 있다. 선출된 권력은 임명된 권력에 대해 우위에 있을 수밖에 없고 양자 간의 권력배분은 전적으로 선출된 권력의 의지에 달려 있다.

프랑스 수상은 의회와의 관계에 있어서 법률안 제출권, 법률명령제정, 의회 의사일정 개입, 일괄투표제도, 긴급입법권 등 의회를 무력화시키고 자신의 의사를 관철시킬 수 있는 다양한 수단을 보유하고 있다는 점이 특징이다.

## 3) 행정부 구성과 운영의 특징과 차이점

행정부 구성과 관련하여 프랑스와 한국이 다른 점은 정부조직법의 유무에서 찾을 수 있다. 프랑스는 한국과 다르게 정부조직법이 존재하지 않고 수상의 제청으로 대통령이 서명하는 정부령으로 정부부처 수와 부처별 업무분장을 실시한다. 따라서 한국에 비해 프랑스의 정부조직개편이 훨씬 유연하게 이루어진다. 그러나 잦은 조직개편에도 불구하고 공직사회의 혼란은 없는 편이다. 실국 단위 이하의 하부조직은 안정성을 갖추고 있기 때문에 조직개편에도 불구하고 부처개편에 따른 적응기간을 필요로 하지 않는다.

## 제2절 관료제 및 지방행정 체제

### 1. 공직사회

#### 1) 정무직

#### (1) 정무직의 종류 및 규모

① 장관

프랑스 공무원 분류에 따르면 정무직이란 카테고리는 존재하지 않는다. 한국의 정무직 공무원은 프랑스에서는 공무원으로 분류되지 않는다. 정년까지 신분이 보장되는 경력직 공무원에게만 공무원의 자격을 부여한다. 이처럼 정무직을 규정하기가 모호하기 때문에 대통령이나 수상이 정치적으로 임명할 수 있는 국가의 고위직을 정무직으로 간주하고자 한다.

대표적인 정무직으로 장관을 들 수 있다. 프랑스 장관은 국가장관, 장관, 위임장관, 청장 등으로 구분된다. 정부조직법이 없어서 장관의 종류와 수는 조각 때마다 달라진다. 2008년 헌법 개정 시 장관의 수를 제한하는 조항을 추가하는 것을 검토하였으나 실제 반영되지는 않았다. 역대정부에서 장관의 수는 약 25명에서 50명 사이로 편차가 큰 편이다.

프랑스 장관의 재임기간은 한국에 비해 긴 편이다. 수상 임기 중에 내각 개편을 실시하는 경우도 있지만 수상과 내각이 운명을 같이 하는 경우가 일반적이어서 한국처럼 잦은 장관 교체가 일어나지 않는다.

② 각종 비서실

대통령 보좌기구, 수상 보좌기구, 장관 비서실의 고위직들도 정치적으로 임명된다. 먼저 대통령 보좌기구는 위에서 살펴본 바와 마찬가지로 대통령사무처, 대통령비서실, 특별참모부로 구성되어 있고 대통령 보좌기구의 소속 인력 중 정치적으로 임명되는 고위직은 50여 명 수준이다. 수상 보좌기구는 수상비서실과 정부사무처로 구성된다. 공식 또는 비공식적으로 수상 보좌기관에 근무하는 고위직은 100~150명 수준이다. 마지막으로 장관 비서실의 구성원들도 정치적으로 임명된다. 프랑스는 한국과 다르게 각 부처에 차관이 존재하지 않고 장관 비서실장이 차관 역할을 담당한다. 장관 비서실은 비서실장 이하 각종 비서관들로 구성되어 있고 장관의 정책결정을 보좌하고 의회 및 언론관계를 담당하며 타 부처와의 협력 및 조정업무를 수행한다. 각 부처의 장관 비서실 인원은 약 20~40명에 달한다(김영우, 2008: 91-96).

③ 정부의 자유재량 임명직

정부의 자유재량 임명직(l'emploi à la discrétion du gouvernement)은 헌법 제13조에 근거를 두고 있으며 대상 직위는 1985년 7월 24일 정부령에 구체적으로 열거되어 있다. 충성심과 대응성이 요구되는 수상실의 정부사무처장, 중앙부처 국장, 국가직 도지사, 교육감, 대사 등 국가의 고위직 약 550명이 해당된다(김영우, 2008: 96-97).

(2) 정무직의 출신배경

① 장관

프랑스 정부 장관들의 출신배경을 보면 크게 상·하원 의원이나 지방자치단체장 등 선거직을 거친 경우, 정당의 당직을 거친 경우, 행정부 고위관료 출신, 대학교수 등 외부 전문가 출신으로 구분해 볼 수 있다. 한국과 다르게 교수 등 외부출신들이 장관으로 발탁되는 사례는 많지 않다. 제5공화국 초기에는 행정관료 출신들이 장관으로 임명되는 사례가 많았으나 점차 선출직과 정당 출신들의 비중이 높아지고 있다.

② 각종 비서실

대통령, 수상, 장관 비서실의 고위직들은 전적으로 임용권자가 자신의 재량으로 임명할 수 있다. 임용권자의 재량권에도 불구하고 전통적으로 외부인사보다는 엘리트 행정공무원으로 충원하는 경우가 대부분이다. 대통령 보좌기구 중 핵심인 대통령사무처는 처장 이하 고위 비서관과 보좌관들이 대부분 행정공무원들로 구성되고, 수상 비서실과 장관 비서실의 구성원들도 대부분 직업공무원 출신들이고 특히 국립행정학교와 기술계 고위공무원단 출신들이 가장 많은 비중을 차지한다. 각종 비서실은 엘리트 공무원들이 경력을 관리하는 경로로 활용되고 있다(김영우, 2008: 99-101).

③ 정부의 자유재량 임명직

정부의 자유재량 임명직도 마찬가지다. 임명 시 우선적으로 고려되는 것은 해당직위에 대한 직무수행 능력과 경험이며, 외부에서 충원하기보다 기존 관료조직에서 적임자를 선택하는 것이 관행이다.

## 2) 경력직

### (1) 공직구조

#### ① 계층(catégorie)

프랑스 공직구조를 구분하는 가장 큰 단위는 계층(la catégorie)이다. 수직적으로 A, B, C로 구분되는 3가지 계층으로 구성된다. 이는 계급제 국가들의 공직구조에서 볼 수 있는 전형적인 형태로 카테고리별로 학력에 따라 응시자격을 제한한다. 카테고리A는 대졸 이상, 카테고리B는 고졸 이상, 카테고리C는 중졸 이상이 채용시험에 응시할 자격이 주어진다.[17]

#### ② 공무원단(corps)

각 카테고리에는 공무원단(le corps)들이 수준에 따라 배치된다. 공무원단은 프랑스 공무원의 공직분류 단위로 한국의 직렬보다 인사관리에서 중요한 역할을 한다. 공무원단별로 별도의 인사규정을 가지고 있고, 인사규정에 직급구조, 직급별 정원, 승진방식, 호봉별 보수 등이 규정되어 있다. 프랑스 공무원은 입직 이후 자신이 속한 공무원단의 규정에 따라 승진, 전보, 파견, 보수 등 모든 인사관리가 이루어진다.

### (2) 인사관리

#### ① 채용

프랑스 공무원의 채용은 일부 예외적인 경우를 제외하고 부처별로 실시한다. 각 공무원단별로 결원에 따라 채용인원이 정해지고 공개경쟁채용 위주로 모집과 선발을 실시한다. 일반적으로 공무원단은 한 부처에 소속되어 있기 때문에 부처별로 채용시험을 실시하게 된다. 그러나 한국의 5급 공채와 유사한 국립행정학교 입학시험은 중앙인사기관이 관장한다. 정부의 모든 부처에 졸업자들을 배치하기 때문에 특정 부처가 아닌 중앙인사기관이 채용을 담당한다. 채용과 관련하여 또 다른 특징을 학력요건을 적용한다는 점이다. 공무원단이 속한 카테고리에 따라 지원자는 학력요건을 충족시켜야 한다.

---

17 과거에는 카테고리D도 존재해서 4대 계층제를 구성하였으나 1990년에 카테고리D와 C가 통합되었다.

② 인사이동

인사이동과 관련하여 영향을 미치는 요소로 공무원단제도, 직급과 직위의 분리 원칙, 파견제도를 들 수 있다.

우선 프랑스 공무원들은 부처가 아니라 공무원단에 소속감을 가진다. 한국과 다르게 직급별 정원은 공무원단별로 정해지기 때문에 승진도 부처 내 상위 직위의 결원보다는 공무원단 내에서의 상위직급 결원 여부에 따라 결정된다. 보직을 맡는 것은 파견으로 간주한다. 예를 들어 장관비서실에 임명이 되면 소속 공무원단에서 장관 비서실로 파견을 가는 것이다.

직급과 직위의 분리 원칙은 직급에 관한 권한은 해당 공무원이 보유하고 있지만 직위의 운영과 관련해서는 인사권자가 전적으로 권한을 행사한다는 의미이다. 이 원칙에 의거하여 공무원은 직급을 보유하고 있는 한 신분이 유지되고 자신의 직급에 해당하는 보수를 지급받지만 직급에 상응하는 직위에 임명받을 권한은 있지 않다. 직위의 운영은 인사권자의 재량이므로 직급의 승진이 직위의 승진을 동반하지 않는다.

프랑스의 공무원 파견제도 대상기관이 중앙부처, 국회, 지방자치단체, 공기업, 외국정부, 국제기구, 노동조합 등 다양하다. 지방자치단체장 등 선출직이나 정무직 공무원으로 재직하는 것도 파견대상이 된다. 파견기간은 5년 이내로 규정되어 있으나 연장이 가능하다(김영우, 2002: 112).

③ 정무직과 경력직 공무원의 관계

공무원단제도, 직급과 직위의 분리 원칙, 파견제도는 공무원의 신분보장에 유리하게 작용한다. 공무원단에 속하고 직급을 보유한 공무원은 보직에 관계없이 신분이 보장된다. 또한 직급과 직위의 분리 원칙으로 인해 프랑스 공직사회는 직위에 집착하는 문화가 강하지 않다. 보직경로가 경력발전에 중요한 역할을 하는 한국의 공직사회에 비해 보직의 중요성이 높지 않기 때문에 정권에 대한 충성을 확보하기 위해 보직을 활용할 여지가 많지 않다. 파견제도가 유연하고 범위가 넓다는 점도 신분보장에 유리한 요소이다. 공무원들은 파견 형식으로 정무직이나 자유재량 임명직에 진출하고 정권 교체 시에는 다시 자신의 원소속 공무원단으로 복귀하면 된다.

이러한 이유로 프랑스에서는 정치권력에 공무원들이 예속되거나 정권이 교체되면 전 정권에서 요직에 있었던 공무원들에 대해 불이익을 주면서 공직사회를 장악하려는 시도는 발견되지 않는다.

## 2. 중앙/연방과 지방정부간 관계

### 1) 지방행정체제

#### (1) 개관

① 역사적 배경

프랑스의 지방자치단체는 3개 계층으로 구성된다. 기초자치단체인 꼬뮌 (commene)은 그 역사를 중세나 로마시대까지 거슬러 올라갈 수 있으며 자생적으로 생겨나 발전해 온 역사적, 문화적 생활공동체라고 할 수 있다. 꼬뮌의 수는 36,767개에 달해서 유럽 타 국가들의 자치단체 수보다 많다. 그리고 꼬뮌 간 인구 편차가 매우 크다. 80% 이상의 꼬뮌의 주민 수가 1,000명 이하이고 주민이 5만 명 이상인 꼬뮌은 100여 개에 불과해서 기초자치단체들이 지나치게 세분화되어 있다는 사실을 알 수 있다(임도빈, 2002: 306).

중간자치단체인 데빠르뜨망(département)은 1789년에 창설된 자치단체로 그 당시 교통수단인 말로 하루에 왕복할 수 있는 넓이를 단위로 전국을 구분하였다. 현재 프랑스 본토 96개와 해외영토 5개를 포함해서 데빠르뜨망은 101개가 존재한다.

광역자치단체인 레지옹(région)은 가장 최근에 설치된 자치단체로 1960년대에 경제개발과 국토개발을 담당하는 영조물 법인으로 출발하였고 1982년 지방분권법에 의해 광역자치단체의 지위를 부여받게 되었다. 레지옹이 광역자치단체로 신설되면서 프랑스 지방행정체계는 2계층에서 3계층으로 전환되었다. 레지옹은 프랑스 본토 22개와 해외영토 4개 등 총 26개가 존재했으나 2016년 개편에 의해 코르시카를 포함한 프랑스 본토 13개, 해외영토 5개 등 총 18개로 통합되었다.

② 특징

프랑스 지방행정체제의 특징으로 모든 지방행정계층에서 기관통합형으로 기구구성을 하고 있다는 점을 들 수 있다. 의회는 주민들의 직접선거에 의해 구성하지만 집행부의 수장은 주민들에 의해 직접 선출되지 않고 의회의장이 겸한다. 지방의회는 의결기구이자 정책결정 및 집행기구이며 지방의회 의장은 집행기구의 장인 시장, 도지사의 지위를 동시에 보유한다. 각 분야의 책임을 맡는 의원들은 부시장으로 직접 집행기구의 의사결정과 집행에 참여한다(오시영 편, 2008: 295). 기관통합형 기구 구성은 단체장에게 강력한 리더십을 부여한다. 의회의 소수파와의 갈등은 존재할 수 있지만 집행부와 의회 간 갈등이 발생할 여지는 없다.

프랑스 지방행정체제의 또 다른 특징으로 본격적인 지방분권 이후에도 지방에 국가조직이 존재한다는 점을 들 수 있다. 지방의 국가조직도 자치행정 계층과 마찬가지로 3개의 계층으로 구성된다. 각 계층별로 레지옹 도지사(préfet de région), 데빠르뜨망 도지사(préfet de département), 군수(sous-préfet) 등이 책임자이며 이들은 중앙정부에 의해 임명되고 상·하간 위계관계를 가지고 있다. 국가도지사는 지방에서 국가를 대표하고 국가경찰 등 국가사무를 수행하며 지방자체단체에 대한 사후통제를 실시하고 지방에 설치된 특별지방행정기관들을 지휘하는 역할을 수행한다.

### (2) 지방자치단체 사무 및 선거

#### ① 꼬뮌(commune)

꼬뮌은 주민들과 가장 밀접한 관계를 맺고 있는 기초자치단체로 주민등록, 출생, 혼인, 사망 등 민원서비스와 자치경찰, 도시계획, 상하수도, 도로, 도시계획, 토지이용, 도서관, 초등교육 등 근린행정과 관련된 사무를 담당한다.

꼬뮌 의회를 구성하는 선거는 1884년부터 실시되었고 의원의 임기는 6년이다. 꼬뮌 간 인구편차가 크기 때문에 인구규모에 따라 의원 수와 선거방식이 상이하다. 꼬뮌별 의원 수는 인구규모에 따라 9명부터 163명까지 편차가 매우 크다. 꼬뮌 의회선거는 꼬뮌 전체를 단일선거구로 해서 2회의 명부식 다수투표제를 근간으로 하고 비례투표제를 일부 적용하는 방식으로 실시한다. 인구가 3,500명 이하인 경우 비례투표제를 적용하지 않고 2회의 명부식 다수투표제로만 의원을 선출한다. 1차 투표에서 과반수를 획득한 명부가 당선되고, 과반수를 득표한 명부가 없을 경우 2차 투표를 실시하고 최다 득표를 획득한 명부가 당선된다. 인구 3,500명 이상의 꼬뮌에서는 비례대표 방식을 일부 적용한다. 1차 투표에서 과반수를 득표한 명부에 총의석의 절반을 배정하고 나머지 의석은 5% 이상의 유효득표를 획득한 명부에게 득표수에 비례해서 배분한다. 1차에서 과반을 획득한 명부가 없을 경우 2차 투표에서 최다 득표를 한 명부에 의석의 절반을 배분하고 5% 이상을 득표한 정당에게 나머지 의석을 득표수에 비례해서 배분한다(임도빈, 2002: 309-310).

② 데빠르뜨망(département)

데빠르뜨망은 사회복지와 보건 분야 업무가 가장 비중 있는 사무이며 중등교육도 담당한다.

데빠르뜨망 의회 의원의 임기는 6년이며 선거는 깡똥(canton)별로 의원을 선출한다. 과거에는 선거구별로 1명의 의원을 선출하였으나 2015년부터는 남성과 여성 후보가 파트너를 이루어서 입후보를 해야 하고 선거구당 2명의 의원을 선출한다. 2차에 걸친 단기 다수대표제를 적용하며 1차 투표에서 과반수를 득표한 경우 당선이 확정되며, 그렇지 않을 경우 12.5% 이상을 득표한 후보자들을 대상으로 2차 투표를 실시한 후 최다 득표자가 당선된다.

③ 레지옹(région)

광역자치단체인 레지옹은 국토개발 및 지역개발 경제발전 등 광역행정을 주로 담당하고 평생교육과 직업훈련, 고등교육도 레지옹의 주요 업무이다.

레지옹 의회 의원의 임기는 6년이며 전체 레지옹을 단일선거구로 하여 2회의 명부식 다수투표제를 근간으로 하고 비례투표제를 일부 가미하는 방식을 채택하고 있다. 각 명부는 남녀가 동수로 구성되어야 하고 1차 투표에서 과반수를 획득한 명부가 나오면 전체 의석의 25%를 우선 배정하고 나머지 의석은 5% 이상 획득한 명부들에게 득표수에 비례하여 배분한다. 1차에서 과반을 획득한 명부가 없을 경우 2차 투표에서 최다 득표를 한 명부에 의석의 25%를 배분하고 5% 이상을 득표한 정당에게 나머지 의석을 득표수에 비례해서 배분한다.

## 2) 중앙과 지방의 권한 배분

### (1) 역사적 변천

프랑스는 유럽에서 전통적으로 구심력이 가장 강한 국가이다. 단일국가이면서 절대왕정의 탄생과 함께 중앙집권적인 국가운영 시스템을 유지해 왔다. 그러나 1970년대 이후 중앙집권적이고 획일적인 국가운영으로는 복잡한 현대사회의 문제들을 해결하지 못하고 다원화된 요구들을 적절하게 반영할 수 없으며 창의성과 다양성을 증진시킬 수 없다는 비판을 받게 되고, 이에 대한 해결방안으로 지방분권의 필요성이 대두되었다.

지방분권 개혁은 1981년 대통령 선거에서 승리한 사회당 정권에서 본격적으로 추진되었다. 1982년에 지방자치법을 제정한 이후 40여 개의 후속 법률의 제정을 통해 지속적으로 지방분권을 추진하였다. 지방분권 개혁은 정파를 초월해서 우파정권에서도 적극적으로 실시하였다. 2002년 대통령에 재선된 시락은 2003년 헌법 개정과 관련 법률의 제정을 통해 지방분권의 추동력을 강화하고자 하였다. 이후 사르코지와 올랑드 대통령 임기 중에도 지방분권 개혁은 꾸준히 진행되었다.

지방분권 개혁과 함께 프랑스의 지방자치 개념도 상당 부분 변화가 있었다. 20세기에 들어와 프랑스의 지방자치는 단일국가의 테두리 내에서 대의 민주주의의 원칙을 준수하면서 국가로부터 위임받은 권한을 지방자치단체가 행사하는 개념에 입각해서 실시되었다. 그러나 지방분권이 확대되면서 단일국가의 틀은 유지하지만 주민자치와 직접 민주주의적 요소를 강화하는 방향으로 지방자치가 변화하고 있다.

### (2) 제1차 지방분권 : 1982년 지방분권

1982년 '꼬뮌, 데빠르뜨망, 레지옹 등 지방자치단체의 자유에 관한 법'을 제정하면서 시작된 지방분권 개혁이 가져온 주요 변화는 다음과 같다.

첫째, 그동안 영조물 법인이었던 레지옹에 광역자치단체의 지위를 부여하면서 지방행정계층을 2층제에서 3층제로 변경하였다.

둘째, 지방자치단체에 대한 국가의 통제를 사전통제에서 사후통제로 전환하고 지방자치단체 간 행정 및 재정 통제를 폐지하였다. 이를 위해서 국가직 도지사제도를 대폭 정비하였다. 국가직 도지사는 더 이상 지방자치단체의 행위에 대해 사전통제를 할 수 없고 법률을 위반했다고 판단될 경우 행정법원에 지방자치단체의 결정을 제소하는 권한만을 행사할 수 있다.

셋째, 국가와 지방자치단체, 지방자치단체 간 권한배분을 명확하게 하기 위해서 포괄주의에서 열거주의로 변경하고 권한 이양이 발생할 경우 반드시 이에 수반된 재원도 동시에 이전하는 원칙을 천명하였다.

넷째, 분절화된 지방행정시스템의 문제점을 완화시키기 위해 지방자치단체 간 협력을 강화하고, 재정불균형을 시정하기 위해 수평적 재정지원제도를 도입하였다.

다섯째, 지방행정의 민주화를 위해 정보공개와 투명성 강화를 추진하였고 자문형 주민투표제를 도입하였다.

### (3) 제2차 지방분권 : 2003년 헌법 개정

1982년부터 프랑스 정부는 지방분권 정책을 실시하였으나 그 실효성에 대한 비판이 제기되고 중앙집권화로 회귀하려는 일부 움직임이 나타났다. 지방분권을 보다 강력하게 추진하는 차원에서 2003년에 지방분권을 위한 헌법 개정을 단행하였다. 헌법 개정을 통해 1982년 이후 법률에 의해 규정되었던 지방분권과 관련한 주요 내용들이 헌법에 포함됨으로써 보다 강력한 효력을 갖게 되었다. 주요 내용은 다음과 같다(배준구, 2012: 76~78).

첫째, 단일국가를 유지하면서 국가조직을 지방분권화한다는 점을 명시하였다. 개정 헌법 제1조에 '프랑스는 단일공화국으로서… 그 조직이 지방분권화된다'고 규정하였다.

둘째, '지방자치단체는 그 차원에서 가장 잘 시행될 수 있는 소관사항에 대한 권한 전반에 대해 결정해야 한다(헌법 제72조 제1항)'고 명시함으로써 보충성의 원칙을 천명하였다.

셋째, 헌법 제72조 제2항은 권한 이양은 총체적으로 이루어져야 한다고 규정함으로써 총체적 권한 이양을 다시 강조하고 있고, 자치단체 간 위계관계를 금지하기 위해 헌법 제72조 제5항은 모든 지방자치단체는 다른 지방자치단체에 대해 통제권을 행사할 수 없다고 규정하였다.

넷째, 재정자치권을 강화하기 위해서 지방자치단체들이 법률에서 정하는 범위 내에서 과세표준과 세율을 정할 수 있다(헌법 제72-2조 제2항)고 규정하고 있고, 모든 권한이양은 그 권한의 행사과정에서 사용되었던 재원의 이전을 수반한다(헌법 제72-2조 제4항)고 명시하고 있다. 재정격차 시정을 위한 지방자치단체 간 재정조정제도도 헌법에 추가하였다(헌법 제72-2조 제5항).

다섯째, 기존의 자문형 주민투표제도에서 한발자국 나아가 결정형 주민투표제를 도입함으로써 직접 민주주의적 요소를 강화하였다.

## 3. 우리나라와의 비교 및 시사점

### 1) 공직사회 구성 및 운영상 특징과 시사점

프랑스는 한국과 다르게 정무직을 별도의 공무원 카테고리로 분류하고 있지 않아서 한국과 단순 비교는 힘들지만 대통령이 자유재량으로 임명할 수 있는 직위는 총 3,000여 개가 된다. 장관을 제외하고 자유재량으로 임명할 수 있는 직위의 충원이 외부인사보다는 관료들 위주로 이루어진다는 점이 특징이다.

프랑스는 공무원에 대한 신분보장이 강한 편이다. 정권이 바뀌어도 공무원들에게 미치는 인사상 영향은 크지 않고 공직사회는 비교적 안정적으로 운영된다. 공무원단제도, 직급과 직위의 분리 원칙, 파견제도는 정권교체에도 불구하고 공무원의 신분을 보장해주는 역할을 한다. 공무원의 승진은 공무원단 내의 계급 승진만을 의미하고 파견형식으로 자유재량직에 임명되었다가 정권이 교체되면 다시 원소속 공무원단으로 복귀하는 것이 보장된다. 인사운영에 있어서 또 다른 특징은 한국과 다르게 작은 순환보직의 관행이 존재하지 않는다는 점을 지적할 수 있다. 세분화된 공무원단으로 구성된 공직구조로 인해 보직이동의 범위가 크지 않아서 잦은 보직이동을 실시하지 않는다.

## 2) 지방행정체계 및 운영상 특징과 시사점

지방행정체계상 프랑스와 한국의 차이점으로 한국은 오랫동안 2계층제를 유지해온 반면 프랑스는 지방행정계층이 1982년 이후 2계층에서 3계층으로 변화했다는 점을 들 수 있다. 그리고 한국은 기관대립형인 반면 프랑스는 기관통합형 기관구성을 하고 있다. 또한 프랑스는 지방분권 실시 이후에도 자치행정계층과 마찬가지로 3개의 계층으로 구성된 국가기관이 지방에 존재하면서 국가사무를 담당하고 지방자치단체에 대한 사후통제를 실시한다는 점도 중요한 차이점이다.

프랑스는 한국처럼 중앙집권적인 국가였으나 1980년대 이후 지속적으로 지방분권을 추진해온 결과 분권의 수준이 매우 높아졌다. 본격적인 지방분권 개혁과 함께 국가에 의한 사전통제가 없어지고 사후통제로 전환되었다. 또한, 보충성의 원칙을 적용하면서 지방자치단체의 권한을 확대하였고 지방자치단체 간 위계관계도 폐지하여서 상위 자치단체가 하위 자치단체에 감독이나 통제권을 행사하는 것을 금지하고 있다. 재정자치권 수준도 한국에 비해 높다고 평가할 수 있다. 지방자치단체는 과세표준과 세율을 정할 수 있고 권한의 이양은 반드시 해당 업무를 수행하는 데 필요한 재원의 이양을 수반하도록 헌법에 규정하고 있다.

# 제3절 입법부 및 사법부 차원

## 1. 의회 구성 및 운영방식

### 1) 하원

#### (1) 선거

1986년부터 프랑스 하원의원 수는 577명으로 정해졌다. 하원선거에 입후
보하기 위해서는 국적조건을 충족시켜야 하고 18세 이상이어야 한다. 선거구
는 인구 105,600명을 기준으로 각 데빠르뜨망을 몇 개의 선거구로 분할하여
획정한다. 105,600명을 기준으로 선거구별 인구편차가 20% 이상 발생하지 않
아야 한다. 선거는 2차에 걸친 단기명 다수대표제를 적용하며 1차 투표에서
과반수를 득표한 경우 당선이 확정되며, 그렇지 않을 경우 12.5% 이상을 득표
한 후보자들을 대상으로 2차 투표를 실시한 후 최다 득표자가 당선된다. 여성
의원 수를 늘리기 위해 꾸준히 노력한 결과 1997년 10.9%에서 2017년 선거에
서는 38.65%까지 여성의원 비율이 증가하였다.

제5공화국에 들어와서 총 15차례의 하원의원 선거가 있었고 이 중 5차례
는 대통령에 의한 의회해산으로 인해 선거를 실시하였다. 하원 해산권을 행사
한 대통령은 3명으로 드골 대통령이 2회, 미테랑 대통령이 2회, 시락 대통령이
1회 행사하였다.

대통령 선거 직후 실시된 2017년 하원선거 결과 대통령에 당선된 마크롱
이 창당한 전진 공화국이 314석으로 과반을 넘는 의석을 차지하였고 뒤를 이
어서 공화당 100석, 민주운동 41석, 창조연합 35석, 신좌파 31석, 불복종 프랑
스 17석, 민주공화좌파 16석, 무소속 17석으로 구성되었다.

프랑스는 다당제 국가이며 제3, 4공화국 시기에는 과반수를 차지하는 다
수당이 출현하지 않는 경우가 많아서 정국이 혼란스러웠지만 대통령을 직선으
로 선출하는 제5공화국에 들어와서 대통령을 배출한 정당이 하원선거에서 과
반수를 차지하는 사례가 많아서 정국이 안정적으로 운영되고 있다.

#### (2) 구성

하원의 의장단은 의장과 6명의 부의장, 3명의 재무관(questeur), 12명의

비서관(secrétaires) 등 총 22명으로 구성되고 하원의 조직과 운영을 관장한다. 상임위원회는 제5공화국 출범과 함께 6개로 제한되었으나 2008년 헌법 개정과 함께 최대 8개까지 설치할 수 있게 되었다. 이후 국토개발과 교육·문화 관련 상임위원회가 신설되어서 2017년 기준 외무, 산업, 국방, 법사·행정, 사회, 지속가능발전 및 국토개발, 문화·교육, 재정·예산위원회 등 8개의 상임위원회가 운영되고 있다.

하원에서 교섭단체를 구성하기 위해서는 최소한 15명의 의원이 필요하며 2017년 기준 7개의 교섭단체가 존재한다.

## 2) 상원

### (1) 선거

헌법 제24조는 상원은 지방자치단체의 대표성을 보장하고 간접선거로 선출되며 상원의원은 348명을 넘을 수 없다고 규정하고 있다. 상원의원 선거에 입후보하기 위해서는 만 24세 이상이어야 한다. 상원의원의 임기는 원래 9년이었고 매 3년마다 1/3씩 개선하였으나 2011년부터 임기가 6년으로 단축되고 3년마다 절반씩 개선하는 것으로 변경되었다.

상원의원 선거는 데빠르뜨망별로 실시하고 상원은 지방을 대표하는 기능을 수행하기 때문에 선거인단은 상원과 하원의원, 레지용, 데빠르뜨망, 꼬뮌 등 지방의원들로 구성된다. 상원의원 수가 2명 이하인 데빠르뜨망에서는 2차에 걸친 단기명 다수대표제를 적용하며, 의원 수가 3명 이상인 데빠르뜨망에서는 2차에 걸친 명부식 비례대표제 방식으로 의원을 선출한다. 상원의원 선거인단은 의무적으로 투표에 참가해야 하고 기권 시 100€의 벌금을 부과한다.

2017년 기준 프랑스 상원은 공화당 145석, 사회당 78석, 중도연합 49석, 전진공화국(현 집권당) 21석, 녹색 공산당 연합 15석, 무소속연합 11석, 행정연합 5명 등으로 구성된다.

### (2) 구성

상원의 의장단은 의장, 8명의 부의장, 3명의 재무관(questeur), 14명의 비서관(secrétaires) 등 총 26명으로 구성되고 매 3년마다 개편된다. 상임위원회는 하원과 마찬가지로 제5공화국에서 6개로 제한되었으나 2008년 헌법 개정을 통해 최대 8개를 설치할 수 있도록 확대되었다. 2017년 기준 7개의 상임위원회가 설치되어 있다.

상원에서 교섭단체를 구성하기 위해서는 최소한 10명의 의원이 필요하며 2017년 기준 7개의 교섭단체가 존재한다.

### 3) 상원과 하원의 관계

프랑스는 대혁명 직후에는 단원제였으나 국민주권을 앞세운 의회의 무절제한 권력행사와 급진성을 견제하기 위해 1795년 상원을 설치하여 양원제를 채택하였다. 이러한 이유로 상원은 태생적으로 보수적인 성격을 갖게 되었다. 19세기 초·중반에 상원이 폐지되어 단원제로 회귀하기도 하였으나 제3공화국 출범 시 왕당파의 요구에 의해 상원이 다시 설치된 이후 현재까지 양원제를 채택하고 있다. 이 시기부터 상원은 지방자치단체를 대표하는 성격을 가지고 있었고 제5공화국 헌법도 상원에게 지방자치단체의 대표로서의 기능을 부여하고 있다.

제3공화국에서는 상원과 하원이 동등한 권한을 가지고 있었으나 제4공화국에 들어와서 입법권에 있어서 하원이 전권을 행사하고 상원은 유명무실한 존재로 전락하였다. 제5공화국 헌법은 상원에게도 입법권을 부여하였으나 하원만이 정부를 불신임할 수 있고, 입법과정에서 양원의 의견이 일치하지 않을 경우 정부가 하원에게 최종적인 결정권을 부여할 수 있는 등 하원 우위의 불평등한 양원제를 규정하고 있다(한동훈, 2016: 118).

## 2. 의회의 정부/내각과의 역할관계

### 1) 제5공화국 헌법과 의회의 무력화

절대군주제를 무너뜨리고 민주주의를 쟁취한 결과로 수립된 제3, 4공화국 시기에는 의회주권주의라는 이름하에 의회가 집행부에 대해 절대적인 우위를 차지해서 집행부의 약화와 정국의 불안정 현상이 반복되었다. 제5공화국 헌법은 정국의 혼란을 초래한 기존 체제의 문제점을 해결하고자 대통령을 중심으로 한 집행부의 권한을 대폭 강화하고 의회를 거의 무력화하는 조항들을 대거 포함하고 있다.

위에서 살펴본 것처럼 대통령에게 부여한 대표적인 권한으로 하원해산권과 법률안 거부권을 들 수 있고, 수상에게는 법률명령(ordonnance)제정권, 의회 의사일정 결정에 대한 개입권, 일괄투표권, 긴급입법권 등 다양한 통제 수단을 부여하고 있다.

이외에도 헌법 제32조는 법률의 영역을 구체적으로 열거하고 그 외의 분야는 행정규칙의 영역으로 규정함으로써 입법의 대상이 되는 영역을 최소화하고 행정규범의 규율 범위를 확대하고 있다.

상임위원회의 수를 제한한 것도 의회의 권한을 약화시킨 사례 중 하나이다. 제3, 4공화국 시기에는 정부 부처 수에 상응하는 상임위원회가 의회에 설치되었으나 상임위원회가 많을수록 정부에 대한 의회의 간섭과 공격이 증가하는 현상이 나타남에 따라 제5공화국 헌법은 상·하원에 설치할 수 있는 상임위원회 수를 6개로 제한하였다.

## 2) 2008년 헌법 개정과 의회의 자율권 강화

제5공화국 헌법은 입법부와 집행부 간 권력의 균형추를 입법부에서 집행부로 기울게 하였다. 그러나 권력의 불균형이 지나치다는 비판을 받게 되고 의회의 자율권을 강화하는 방향으로 2008년 헌법 개정을 실시하였다. 의회의 권한 강화를 가져온 2008년 헌법 개정의 주요 내용은 다음과 같다.

첫째, 의사일정의 결정에 있어서 의회의 통제권을 확대하였다. 기존에는 양원은 '정부가 결정한 순서에 따라 정부제출 법률안과 정부가 수락한 의원발의 법률안을 우선적으로 심의한다(헌법 제48조 제1항)'는 규정에 근거하여 의사일정을 결정하는데 정부에게 우선권이 주어졌다. 그러나 개정된 조항에 따르면 4주 가운데 2주는 정부가 요구하는 법안의 검토에 사용되고, 1주는 의회가 정한 법률안의 검토에 할당되고 나머지 1주는 정부활동에 대한 통제와 공공정책의 평가에 사용된다.

둘째, 법률의 영역을 확대하였다. 기존 헌법 제34조는 입법 대상이 되는 분야를 시민의 권리 및 공적 자유의 행사를 위해 시민에게 부여된 기본적 보장, 국방을 위하여 시민에게 과해진 신체상 재산상의 의무, 국적, 개인의 신분 및 법적 능력, 부부재산제, 상속 및 증여, 중죄 및 경죄의 결정과 이에 대한 형벌, 형사소송 절차, 일반사면, 새로운 재판기관의 창설 및 사법관의 신분, 조세의 기준, 세율, 징수 방식 및 통화발행제도, 의회 및 지방의회의 선거제도, 각종 공공기관의 설립, 국가의 공무원 및 군인의 신분보장, 기업의 국유화 및 민영화 등으로 한정하고 있다. 국방조직, 지방자치단체의 자치권, 권한 및 재원,

교육, 재산권, 물권, 민사 및 상사상의 채무에 관한 제도, 노동법, 노동조합법, 사회보장법에 대해서는 기본 원칙만을 정할 수 있다. 개정된 헌법 제34조는 여기에 미디어의 자유, 다원주의, 국가의 독립, 재외국민 선거제도, 지방의회 의원의 선거 및 임기, 중장기 재정계획을 입법 영역으로 포함시켰다.

셋째, 헌법에 의회의 상임위원회 수를 6개로 제한하였으나 행정부에 대한 통제수단을 강화하는 차원에서 상임위원회를 8개까지 설치할 수 있도록 개정하였다. 이에 따라 하원의 상임위원회는 8개로 증가하였고 상원은 7개의 상임위원회가 설치되었다.

넷째, 정부에 의한 남용 가능성을 줄이고자 헌법 제49조 제3항에서 규정한 긴급입법권의 요건을 강화하였다. 의회에서의 토론과 표결이 없이 정부가 원하는 법안을 통과시키는 수단으로 악용되어온 헌법 제49조 제3항의 적용을 예산법률안 또는 사회보장재원조달 법률안, 회기 당 1개의 정부제출 법률안과 의원발의 법률안으로 한정하는 규정을 추가하였다.

다섯째, 인사청문회 제도를 도입하였다. 2008년에 개정된 헌법 제13조는 국가의 고위직 중 일부에 대해서는 인사청문회를 거쳐 임명한다는 규정을 신설함으로써 고위직 임명과정에서 의회의 통제를 받도록 하고 있다. 인사청문회 대상은 헌법재판소 재판관, 최고사법관회의의 위원, 권리수호자(Défenseur des droits), 공직투명성최고위원회 위원, 행정부의 고위직, 국영방송 사장 등이 해당된다. 인사청문회는 양원의 소관 상임위원회에서 실시하고 반대표가 유효투표의 2/3 이상일 경우 임명을 할 수 없다.

## 3. 사법부 구성과 운영체제

### 1) 사법제도 개관

대부분의 민주주의 국가 헌법은 입법권, 행정권, 사법권 등 3권 분립의 원칙을 명시하고 있지만 프랑스의 헌법상 권력분립은 2권 분립에 가까운 모습을 보이고 있다. 사법권은 넓은 의미에서 집행권에 포함되어서 입법권과 집행권으로 양분되는 2권 분립을 표방하고 있다. 대통령이 사법권한 독립의 보장자라고 규정한 헌법 제64조는 프랑스식 권력분립의 특징을 잘 보여주고 있다. 사법권이 집행권에 포함된다는 점이 사법권의 독립이 보장되지 않고 있다는 의미는 아니다. 다양한 제도적 장치와 관행들이 법관의 독립성과 재판의 공정성을 보장하고 있다.

　사법체계가 민·형사사건을 담당하는 일반 사법법원(Juridiction judiciaire)과 행정사건을 처리하는 행정법원(Juridiction administrative)으로 이원화되어 있다는 점도 프랑스의 특징이다. 구(舊)체제하에서 재판기관인 고등법원(Parlement)에 대한 국민들의 인식은 매우 부정적이었고 법관들은 절대군주제를 수호하고 자신의 영달을 추구하며 국민들에게 고통을 주는 존재로 각인되었다. 그 영향으로 대혁명기에 많은 법관들이 단두대에서 처형되었다. 법원에 대한 이러한 부정적인 인식은 사법법원의 권한 축소로 귀결되었다(전학선, 2009: 398). 대혁명 직후인 1790년부터 사법권한과 행정권한은 분리되어야 한다는 원칙을 적용하였다. 이 원칙에 의거하여 법관은 어떠한 방식으로든 행정부의 행위에 간섭할 수 없고 직무를 이유로 행정 관료를 소환할 수 없다. 즉 행정부에 대한 사법부의 재판통제를 금지하였다. 이후 사법시스템은 파기원(Cour de cassation)을 정점으로 민형사 사건을 담당하는 일반 사법법원과 국사원(Conseil d'Etat)이 최고재판소인 행정법원으로 크게 구분된다.

　프랑스의 법원시스템은 매우 복잡하다. 일반 사법법원과 행정법원 이외에도 헌법재판을 담당하는 헌법재판소(Conseil constitutionnel), 일반 사법법원과 행정법원 사이의 관할권 분쟁을 판정하는 권한쟁의법원(Tribunal de conflit), 대통령의 탄핵을 결정하는 고등법정(Haute Cour)과 고위공직자의 형사책임을 담당하는 공화국법정(Cour de justice de la République) 등이 있다.

## 2) 최고사법관회의(Conseil supérieur de la magistrature)

　최고사법관회의는 법관과 검사의 인사와 징계에 관여하는 헌법상의 기구이다. 최고사법관회의는 법관 관할부와 검찰관 관할부로 나뉜다. 법관 관할부는 파기원 제1원장이 주재하며 법관 5인, 검찰관 1인, 국사원(행정최고재판소)이 지명한 국사원 위원 1인, 변호사 1인과 의회, 행정부, 사법부에 속하지 않고 일정자격을 갖춘 인사 6인으로 구성된다. 이들 6인은 대통령, 하원의장, 상원의장이 각각 2인씩 지명하며 의회의 인사청문회를 거쳐 임명된다. 검찰관 관할부는 파기원 검사장이 주재하며 법관 5인, 검찰관 1인, 국사원(행정최고재판소)이 지명한 국사원 위원 1인, 변호사 1인과 의회, 행정부, 사법부에 속하지 않고 일정자격을 갖춘 인사 6인으로 구성된다. 이들 6인은 대통령, 하원의장, 상원의장이 각각 2인씩 지명하며 의회의 인사청문회를 거쳐 임명된다. 이러한 인원구성을 통해서 사법부의 운영에 비사법관의 참여가 보장된다는 점을 알수 있다.

법관 관할부는 파기원 재판관, 항소법원(2심법원) 제1법원장, 지방법원 법원장의 임명을 제청하고, 다른 법관들은 법관 관할부의 동의를 얻어 임명한다. 검찰관 관할부는 검찰관의 임명에 대한 의견을 제시한다. 최고사법관회의는 사법기능과 관련한 사항에 대해 결정을 내리고 징계위원회로서의 기능을 수행한다(성낙인, 2011: 172).

### 3) 법원의 구성

#### (1) 일반 사법법원

민·형사사건을 담당하는 일반 사법법원은 3심제를 채택하고 있고 최고법원은 파기원(Cour de cassation)이고 2심법원은 항소법원(Cour d'appel)이다. 1심법원은 민사법원인 지방법원(Tribunal de grande instance), 소법원이 존재하고, 형사법원인 중죄법원, 경죄법원, 경찰법원이 있으며 이외에도 상사법원, 사회보장법원, 노동법원 등 매우 다양한 전문법원이 설치되어 있다.

#### (2) 행정법원

행정법원은 행정사건을 관할하며 원래 2심제였으나 1987년부터 3심제로 변경되었다. 최고행정재판소인 국사원(Conseil d'Etat)은 재판기능뿐 아니라 법률안 심사와 정부 정책에 대한 자문기능도 동시에 수행한다. 행정항소법원(Cour administrative d'appel)과 지방행정법원(Tribunal administratf)이 각각 2심과 1심 법원으로서의 기능을 수행한다.

### 4) 법관 인사

#### (1) 일반 사법법원

① 사법관의 충원

사법관은 판사와 검사를 모두 지칭하며 법무부 소속이다. 일반적으로 사법관은 국립사법관학교(Ecole nationale de la mqgistrature) 졸업생으로 충원한다. 그 외에도 변호사, 공무원, 소송대리인 등 일정한 경력을 가진 자를 대상으로 선발하기도 한다.

② 법관의 신분

사법부는 독립성과 중립성이 가장 중요한 가치이며 이를 위해서는 무엇보다도 신분보장이 필수적이다. 이와 관련하여 헌법 제64조 제1항은 대통령은 사법권한의 독립성을 보장한다고 규정하고 있고, 동조 제3항은 법관은 신분이 보장된다고 하고 있으며, 최고사법관회의도 법관 인사의 투명성을 강화하는 데 기여하고 있다.

법관의 신분을 보장하는 장치로 당사자의 동의가 없는 전보나 승진의 금지(inamovibilité), 정년의 보장을 들 수 있다. 법관의 업무 독립성을 훼손하지 않기 위해서 모든 법관은 자신의 동의 없이는 전보나 승진이 되지 않는다. 승진에 동의할 경우에만 전보를 실시할 수 있다. 또한 법관의 정년은 65세였으나 최근 67세로 연장하였다(전학선, 2009: 404).

(2) 행정법원

① 행정법원 법관의 충원

행정법원 법관들은 사법관들과 다르게 국립행정학교(Ecole nationale d'administration) 졸업생들로 충원된다. 우리나라의 행정고시 합격자와 비교할 수 있는 국립행정학교 졸업생 중 성적이 우수한 자들이 주로 행정법원에 지원한다. 따라서 프랑스 행정법원 재판관들은 행정공무원의 신분을 갖는다.

② 행정법원 법관의 지위

행정법원 법관들도 사법관처럼 신분과 독립성이 보장된다. 헌법재판소의 결정에 의해 행정법원의 독립성이 인정되었고, 1986년에 법률을 통해서 그 내용이 구체화되었다.

## 4. 입법부 및 사법부 체제와 운영상 특성과 시사점 (우리나라와의 비교 관점에서)

### 1) 입법부의 구성과 운영상 특징과 시사점

프랑스 의회는 양원제를 채택하고 있다. 대혁명 직후 단원제 체제에서 의회가 보여준 급진성과 무절제한 권력행사를 제어하기 위해 상원이 설치되어서 태생적으로 상원은 보수적이며 주로 지방을 대표하는 기능을 수행한다.

입법권에 있어서 하원이 전권을 행사했던 제4공화국과 다르게 제5공화국

헌법은 상원에게도 입법권을 부여하였으나 전반적으로 하원 우위의 불평등한 양원제를 규정하고 있다.

하원의원은 국민들의 직접선거를 통해서 선출되지만 상원의원은 선출직들로 구성된 선거인단에 의해 선출된다는 사실도 하원에 보다 많은 정통성을 부여하는 요인이 된다.

프랑스는 전통적으로 다당제 국가이지만 정국이 혼란스러웠던 제3, 4공화국과 다르게 제5공화국에 들어와서 대통령을 배출한 정당이 하원선거에서 과반수를 차지하는 사례가 많아서 정국이 비교적 안정적으로 운영되고 있다.

의회와 행정부의 관계는 행정부가 절대적인 우위를 점하고 의회의 무력화가 제5공화국의 특징이다. 헌법은 하원해산권, 법률안 거부권, 법률명령(ordonnance)제정권, 의회 의사일정 결정에 대한 개입권, 일괄투표권, 긴급입법권, 입법영역의 축소, 의회 상임위원회 수의 제한 등 집행부가 의회를 통제하고 의회의 권한을 축소하는 장치들을 다양하게 포함하고 있다. 2008년에 의회의 자율권을 강화하는 방향으로 헌법 개정을 실시하였으나 여전히 집행부 우위 현상은 지속되고 있다.

## 2) 사법부의 구성과 운영상 특징과 시사점

프랑스 사법부의 특징으로 우선 헌법상 권력분립은 입법권과 집행권의 2권 분립에 가까운 모습을 보이고 있고 사법권은 넓은 의미에서 집행권에 포함된다는 점을 들 수 있다. 헌법 제64조는 집행부의 수장인 대통령이 사법권한 독립의 보장자라고 규정하고 있다. 사법권이 집행권에 포함된다는 점이 사법권의 독립이 보장되지 않고 있다는 의미는 아니다. 당사자의 동의가 없는 전보나 승진의 금지(inamovibilité), 정년의 보장 등 다양한 제도적 장치와 관행들을 통해 법관의 독립성과 중립성을 보장하고 있다.

사법체계가 민·형사사건을 담당하는 일반 사법법원(Juridiction judiciaire)과 행정사건을 처리하는 행정법원(Juridiction administrative)으로 이원화되어 있다는 점도 프랑스의 특징이다. 대혁명 직후부터 행정부에 대한 사법부의 재판통제를 금지하기 위해서 파기원(Cour de cassation)을 정점으로 민·형사 사건을 담당하는 일반 사법법원과 국사원(Conseil d'Etat)이 최고재판소인 행정법원으로 이원화된 사법시스템을 운영하고 있다.

일반 사법법원의 법관과 행정법원의 법관은 충원 경로가 다르다. 일반

사법법원의 사법관은 국립사법관학교 졸업생을 위주로 선발하지만 행정법원 법관들은 사법관들과 다르게 행정공무원이며 국립행정학교 졸업생들로 충원된다.

마지막으로 사법관의 임용과 징계에 관여하는 최고사법관회의의 구성을 통해서 사법부의 운영에 비사법관의 참여가 보장된다는 점을 알 수 있다.

## 제4절 시사점

프랑스 통치제제의 특징으로 이원집정부제를 들 수 있다. 대통령이 하원의 다수파를 장악하면 강력한 대통령 중심제 형태로 국정을 운영하지만 동거정부하에서는 하원 다수파의 지지를 받는 수상이 국정 운영의 중심이 되는 의원내각제 형태를 띤다. 이처럼 헌법 상 변화가 없어도 정치상황에 따라 대통령과 수상의 권력관계가 달라지는 것이 프랑스 통치체계의 가장 큰 특징이다.

행정부 구성과 관련하여 프랑스는 정부조직법이 존재하지 않아서 조직개편이 유연하게 이루어진다는 점이 특징이며 조직개편에도 불구하고 실·국 단위의 하부조직은 안정성을 가지고 있다. 또한 정권이 바뀌어도 공무원에게 미치는 인사상 영향은 크지 않다.

프랑스는 양원제를 채택하고 있고 하원의원은 직접선거로 선출되지만 상원의원은 간접선거를 통해서 선출된다. 행정부와 의회의 관계는 제5공화국부터 제3, 4공화국과는 반대로 행정부가 절대적인 우위를 보이고 있고 의회는 무력화되었다는 점이 특징이다. 2008년 헌법 개정을 통해서 의회의 권한을 강화하였지만 아직도 행정부 우위 현상이 지속되고 있다.

프랑스의 지방자치단체는 3계층으로 구성되며 모든 지방행정계층에서 기구구성은 기관통합형 형태를 가지고 있다. 의회는 주민들의 직접선거에 의해 구성되지만 집행부의 장은 의회의장이 겸한다. 그리고 지방분권 개혁 이후에도 지방에 3개 계층으로 구성된 국가조직이 존재한다.

프랑스는 한국처럼 중앙집권적인 국가였으나 1982년 이후 지속적으로 지방분권을 추진하고 있다. 지방분권에 관한 주요내용은 2003년 헌법개정을 통해서 헌법에 규정됨으로서 강력한 실행력을 갖추게 되었다.

프랑스 사법체계는 민·형사 사건을 담당하는 일반 사법법원과 행정사건을 처리하는 행정법원으로 이원화되어 있다. 일반 사법법원의 사법관은 국립 사법관학교 졸업생으로 충원하고, 법관의 독립성과 중립성을 보장하기 위해서 당사자 동의가 없는 승진과 전보를 금지하고 정년을 보장하고 있다. 행정법원 법관들은 국립행정학교 출신으로 충원하며 행정공무원의 신분을 갖는다.

# 07 독일
## GERMANY

## 제1절 통치체제

### 1. 정부형태 개요 : 연방제 및 권력기관

독일연방공화국(Bundesrepublik Deutschland)은 16개 지방정부로 구성되는 연방제 공화국이다. 연방은 독일의 주권을 대외적으로 대표하는 정치·행정의 주체로서 고유의 입법, 사법, 행정권을 가지고 있다. 동시에 16개 주 정부 또한 단순한 행정단위가 아닌 고유한 권력을 가진 일종의 국가와 같은 권능을 갖는다. 예를 들면, 16개 주 모두 고유의 헌법을 가지고 있으며 독자적인 의회 및 행정부를 구성하고 있다.

양자의 관계는 1949년에 제정된 <독일연방공화국기본법(Grundgesetz für die Bundesrepublik Deutschland)>에 규정되어 있다(제87조, 제108조). 기본법은 연방의 행정권이라고 특별히 규정된 이외의 분야는 주의 행정권에 속한다고 명시하고 있다. 입법권의 경우에는 연방의회(Bundestag)의 권한이 1차적으로 우선하지만 상원에 해당하는 각 주 정부의 대표로 구성되는 연방상원(Bundesrat)이 연방의회 제정법률안에 대한 동의 혹은 거부권 행사권한이 있어서 연방정부와 주 정부의 법률적 지위가 동등한 것으로 평가된다(한부영·신현기, 2002: 24).

전체적으로 연방과 주의 관계는 상호경쟁과 협조가 공존하는 유기적인 협력관계로 평가받는데, 특히 기본법(제28조)은 동질성의 원리를 의무화하여 각 주 정부가 헌법규범에 따라 공화제, 민주제, 사회법치국가적 원리를 준수하도록 하고 있다. 이를 통해 전체 연방국가의 동질성을 확보하는 것이다. 그 밖에도 <기본법>은 독일연방공화국의 총체적인 법적·정치적 기본질서를 규정하고 있는데 독일 헌정제도의 5대 원칙은 공화주의·민주주의·연방주의·법치주의·사회민주주의다.

## 2. 국가 및 행정수반과 내각

### 1) 대통령

독일 현대정치에서 대통령은 새로운 민주주의를 실험하는 자리이기도 하고 정치적 실패의 교훈을 갖는 자리이기도 하다. 1919년 바이마르 공화국이 출범할 때 대통령의 권한은 강했고 대통령제 민주주의 정치체제로 출범하였다. 이는 입헌군주제에서 새로운 의회민주주의로 정치체제가 전환하는 과정에서 정치적 지도자의 강력한 리더십이 필요하다고 판단하였기 때문이고, 또 그 배경에는 미국 대통령제의 효율적 운영이 참조되기도 하였다.

당시 입헌군주제가 붕괴되면서 새로운 바이마르 공화국이 왜 대통령제를 채택했는지는 막스 베버의 주장을 살펴보면 잘 이해할 수 있다. 그는 1910년대의 독일을 정치인, 관료, 귀족그룹 등에서 왕당파적인 입장을 취한 인물들이 많아서 새로운 정치질서를 창출할 주체 세력이 결여되어 있다고 진단하고 있다. 아울러 당시의 정당정치 역시 프로이센체제에서 독립적인 정치주체로서 태동기였고 독립적인 주체로서 책임 있는 정치운영을 할 경험이 없었다. 이러한 사회적 배경하에서 베버는 대중(제1차 세계대전 참전군인 및 노동자 계층 포함)이 직접 뽑는 대통령의 선출을 통해 국가 통치의 리더십이 만들어지기를 기대하였다.

본 공화국 이후 대통령의 권한은 대폭 약화되어 정치적 실권은 없어지고 상징적인 국가원수로서의 지위를 가지고 있다. 대통령은 연방의회 의원과 지방정부 대표로 구성되는 연방총회에서 선출된다. 5년 임기이고 한 번 더 재선될 수 있다. 연방총회는 오직 연방대통령 선출 때만 구성되는 일시적인 헌법기관이다. 독일 연방의회 국회의원 전원과 이에 상응하는 동수의 16개 지방정부 의회의 대표로 구성된다. 지방정부의 대표는 인구수에 비례하여 할당되는데 총 규모는 연방의회의 국회의원 숫자만큼이다. 선거는 연방총회에 모인 선거인단의 투표로 진행되며 절대 과반수를 넘어야 한다. 그렇지 못할 경우 2차 선거를 치르고 여기서도 과반수를 득표한 후보가 없을 경우에는 제3차 투표에서 다득표자가 당선된다.

한편 연방대통령 후보 추천은 각 정당이 행사하고 있다. 그리고 연방총회의 구성을 감안하면 연방대통령 선출에 실질적인 영향을 미치는 것은 후보자 추천과정에 작용하는 연방의회 정당의 세력규모이다. 즉 하원의 다수당에서 추천하는 후보 혹은 하원 연립정부 정당사이에 합의를 통하여 추천한 인물이 당선될 가능성이 높다. 이 과정에는 수상의 영향력이 절대적이다.

대통령은 연방의 상징적·형식적·의례적 국가원수로 군주제의 왕을 대신하는 명목상의 국가수반의 기능을 수행한다. 인사권으로는 수상의 추천 및 임명, 연방판사 및 관료 임명, 군 장교 및 하사관을 임명한다. 그 밖에도 연방의회의 소집요청, 법률공표, 조약서명 등의 권한을 가지고 있으며 외국사절의 신임 및 접수 업무를 수행한다. 한편 대통령이 기본법이나 연방법률을 위반했을 때는 연방의회나 연방평의회는 연방헌법재판소에 소추할 수 있고, 연방헌법재판소는 대통령에 대한 파면을 선언할 수 있다(기본법 제61조).

대통령은 당파성이 적고, 일반적으로 국민의 존경을 받는 원로가 되어야 한다고 인식되고 있다. 그런데 실질적으로 대통령을 선출하는 과정은 연방총회에서 간접선거 방식으로 이루어지기 때문에 실질적인 대통령의 선출에 영향을 미치는 요인은 대통령 교체기에 어느 정당이 다수당이냐에 따라서 결정된다. 집권당이 당연히 다수당이기 때문에 집권당(수상)이 추천하는 후보가 대통령으로 선출될 가능성이 가장 높은 것이다. 이는 달리 표현하면 국가 최고의 기관 선출 역시 철저히 정당정치적인 과정을 거쳐서 이루어짐을 의미한다.

대통령은 국내정치에 개입할 수 없기 때문에 그의 업무수행의 핵심은 연설이다. 정당정치 국가에서 초당파적 비전과 원칙, 이에 기초한 집권당 정책에 대한 의사표현, 국민통합 등이 대통령 연설의 주된 기조인데 이를 관류하는 기본적인 철학은 민주주의 가치이다.

## 2) 수상

### (1) 독일 내각구성의 원칙

기본법 제62조는 "연방정부는 수상과 장관으로 구성된다"고 규정하고 있다. 기본법은 수상에게 대통령과 의회에 대하여 주도적인 권력을 부여하고 있는데, 이러한 수상의 권력은 수상선출권(제63조), 각료임명권(제64조), 정치노선 결정권(제65조), 불신임(제67조), 신임결의안 및 연방의회 해산(제68조) 등의 기

**제67조 : 건설적 불신임**

1982년 10월 1일 기존 SPD의 헬무트 슈미트 수상에 대한 불신임이 있었다. (유효표 495, 천성 256, 반대 235, 기권 4) 당시 연방의회 SPD와 FDP연립정부에서 FDP가 이를 파기하고 당시 야당이던 CDU와 연립정부를 구성하면서 의회권력이 교체되고 SPD의 헬무트 슈미트 수상에서 CDU의 헬무트 콜 수상으로 정권이 교체되었다.

**제68조 : 독일 수상 불신임과 의회해산의 사례**

2005년 7월 1일 독일의 게르하르트 슈뢰더 총리는 불신임 투표를 요청했다. 슈뢰더 총리와 그의 집권 연합은 신임안 통과에 필요한 301표에 훨씬 못미치는 151표를 획득했는데 슈뢰더 총리 정당 소속 의원들은 총리의 요청에 따라 기권하였다. 신임투표에서 과반수 동의를 얻지 못하여 통상의 4년 임기가 아닌 3년의 임기를 채우고 2005년 9월에 조기총선을 실시하였다. 슈뢰더 총리는 새로운 총선을 통해 유권자들의 재신임을 받아, 절실히 필요하다고 믿고 있는 자신의 경제 개혁 정책을 추진하길 기대하였다. 선거결과 사민당(SPD) 슈뢰더에서 기민당(CDU)의 메르켈 수상으로 정권이 교체되었다.

출처: 저자 작성

본법 규정에 명시되어 있다.

　　수상의 불신임(해임) 및 의회의 해산과 관련된 기본법 제67조 및 제68조의 규정은 다음과 같다.

　　제67조의 불신임 규정은 연방의회는 과반수로 연방수상의 후임자를 선출하며 연방대통령에게 연방수상을 파면할 것을 요구하는 방법으로만 연방수상에 대한 불신임을 표명할 수 있도록 하고 있다. 제68조는 "신임요구에 대한 연방수상의 요청이 연방의회 과반수의 동의를 얻지 못한 경우에는 연방대통령은 연방수상의 제청에 의하여 21일 이내에 연방의회를 해산할 수 있다. 해산권은 연방의회가 그 의원의 과반수로서 다른 연방수상을 선출하면 즉시 소멸한다"고 규정한다. 기본적으로 의회와 수상이 불신임 및 해산을 할 수 있는 방법은 있다. 그러나 의회는 새로운 수상을 선출하여야 하고, 수상은 자신에 대한 불신임을 통해서 의회를 해산하도록 하는 규제 장치가 있다.

　　수상권력과 관련해서 제65조의 수상원칙(Kanzlerprinzip)은 수상이 전반적인 정치노선을 결정한다는 원칙인데, 내각이 중요한 사안들을 공동으로 결정한다는 내각원칙(Kabinettsprinzip 혹은 집단원칙 Kollegialprinzip), 해당 분야 장관이 각 부처별 소관 영역에서 자율적이고 독립적인 책임을 갖는다는 영역원칙(Ressortprinzip 혹은 소관원칙)과 더불어 독일 정부구성의 기본원칙으로 알려져 있다.

(2) 수상의 권력

1949년 독일공화국 출범이후 현재까지 모두 8명의 수상이 있었다. ① 건
국 이후 20여 년의 CDU집권기, ② 13년의 SPD집권기, ③ 16년의 CDU집권
기, ④ 7년의 SPD집권기, ⑤ 다시 2005년부터 지금까지 CDU집권기를 지나고
있다. 주기적인 정권교체가 있었고 보수당인 CDU의 경우에는 아데나워나 콜
수상처럼 장기적으로 집권하기도 한 반면에 진보적인 SPD의 경우에는 상대적
으로 수상의 임기가 짧다.

역대 수상은 시기별 정권에 따라서 비교적 분명한 정치적 변화를 구분할
수 있고 이에 따른 수상의 업적평가도 가능하다. ①의 건국초기에 아데나워
수상의 14년의 재임기간은 전후 폐허에서 다시 경제재건이 이루어지고, 아울
러 프랑스를 위시한 서방세계와 화해(서방정책)가 이루어진 시기이다. ②의
SPD 집권기는 브란트 수상의 동방정책이 있었고, ③의 시기에는 콜 수상의
독일 통일이 있었으며, ④의 시기에는 슈뢰더 수상의 복지국가 개혁정책 추진
이 있었다. ⑤의 메르켈 수상시기는 현재 진행형이다.

▌표 7-1  독일의 역대 수상(임기, 연정, 퇴임방식)

| 성 명 | 정당 | 임 기 | 재임기간 | 연정구성 정당 | 임기<br>종료방식 |
|---|---|---|---|---|---|
| Konrad Adenauer | CDU | 1949.9.15.-<br>1963.10.16 | 14년 1개월 | CDU/CSU/FDP/DP | 사퇴 |
| Ludwig Erhard | CDU | 1963.10.16.-<br>1966.12.1 | 3년 1개월 | CDU/CSU/FDP | 사퇴 |
| Kurt Georg<br>Kiesinger | CDU | 1966.12.1.-<br>1969.10.21 | 2년 10개월 | CDU/CSU/FDP | 총선 |
| Willy Brandt | SPD | 1969.10.21.-<br>1974.5.7 | 4년 7개월 | SPD/FDP | 사퇴 |
| Helmut Schmidt | SPD | 1974.5.16.-<br>1982.10.1 | 8년 5개월 | SPD/FDP | 건설적<br>불신임 |
| Helmut Kohl | CDU | 1982.10.1.-<br>1998.10.27 | 16년 | CDU/CSU/FDP | 총선 |
| Gerhard Schroeder | SPD | 1998.10.27.-<br>2005.11.22 | 7년 1개월 | SPD/Grüne | 조기총선 |
| Angela Merkel | CDU | 2005.11.22-현재 | 12년(계속) | CDU/CSU/SPD | - |

출처: 저자 작성

수상의 퇴임방식은 아데나워, 에하르트, 브란트 수상은 사퇴의 형식으로, 슈미트 수상은 의회의 건설적 불신임으로 물러났고 나머지 수상들은 선거의 패배로 물러났다. 현재 재임 중인 메르켈 수상을 제외한 역대 7명의 총리 중에서 3명만이 총선결과에 따라 물러난 반면에 4명은 중도에 사임한 것이니까 수상에 대한 정당내부 혹은 정당간의 경쟁은 치열하다고 하겠다. 수상의 권력기반이 그렇게 안정적인 것은 아니라는 것을 반증한다.

## 3) 장관과 내각

독일의 장관직은 대통령제인 우리에 비하여 경력과정, 수상과의 관계, 부처업무에 대한 책임성의 정도, 장관의 교체 등에서 많은 차이를 보이고 있다. 특히 독일 내각제를 구성하는 3대 원칙 중에서 내각원칙과 영역원칙은 장관과 관련된 것이다.

먼저 장관의 경력을 보면 내각제적인 특성으로 인해 장관이 되기 위한 결정적인 요소는 정당의 당원여부가 중요하다. 통계에 의하면 1949년부터 2004년 사이에 연방정부부처 장관의 97%가 정당신분을 가지고 있었다. 나머지 3%에 해당하는 6명 중에서 3명은 장관임명 이후 정당에 가입하였고, 나머지 3명만이 끝까지 정당가입을 하지 않았다.[1] 다음의 <표 7-2>는 콜(기민당) 수상과 슈뢰더(사민당) 수상 시기의 역대 장관의 경력을 정리하였다.

장관들의 장관임명 직전의 직업을 정리한 것이 다음의 <표 7-3>이다. 우리나라에 17개의 광역자치단체가 있는 것처럼 독일도 16개 지방정부로 구성되어 있다. 연방정부 장관의 직업분포는 지방의회 의원, 지방정부 장관, 지방정부 도지사, 연방의회 의원, 하원의 사무총장, 하원의 원내총무, 지방의회 원내총무 등 모두 연방 및 지방정부 차원에서 당이나 행정부에서 경력을 갖춘 인물 등에서 선발되고 있다. 특히 16개 지방정부별로 있는 각 정당의 지방조직에서 활동하는 인물 중에서 성공하고 능력을 검증받은 인물들이 선발되고 있다.

-----

1 전체적으로 내각 장관들의 경력은 하원 국회의원들의 경력과 유사하다. 12대 및 13대 국회에서 공공부문의 관료 및 고용인(Angestellte) 그리고 정당관련 기관의 종사자들이 가장 많은 비중을 차지한다. 국회의원의 절반 이상이 공공부문의 종사자들이었고 그 중에서도 전통적으로 법률가들이 지배적이었다. Grüne과 구동독 PDS가 등장한 이후에는 교사들의 비중이 증대하였다. 14대 국회에서도 127명의 의원이 법률가, 101명이 교사이어서 압도적인 비율을 차지한다. 슈뢰더 정부에서도 콜 정부처럼 법률가, 교사, 공공부분 종사자들이 주를 이루고 있다.

▌ 표 7-2  장관의 경력(제12대-제15대 국회: 1991-2005년)

| | 12대국회 (Kohl) | 13대국회 (Kohl) | 14대국회 (Schroeder) | 15대국회 (Schroeder) |
|---|---|---|---|---|
| 변호사 | 1 | 2 | 3 | 3 |
| 법 관 | 4 | 7 | | 1 |
| 공무원 | 3 | 2 | 1 | 1 |
| 교 사 | 1 | 1 | 2 | 4 |
| 대학교수 | 3 | 1 | | |
| 농 업 | 1 | 1 | 1 | |
| 연구기관 | 1 | 2 | | |
| 기 업 가 | 1 | | 1 | |
| 기업직원 | 3 | 1 | 3 | 1 |
| 정당관련 기관 | 2 | 1 | 5 | 2 |
| 교 회 | | | | 1 |
| 무 직 | | | 2 | 1 |
| 합 계 | 20 | 18 | 16 | 14 |

출처: Kempf & Gloe(2008: 22)

▌ 표 7-3  장관임명 직전의 정치적 경력(제12대-제15대 국회: 1991-2005년)

| | 지방 국회의원 | 지방 정부장관 | 도지사 | 연방 국회의원 | 구동독 국회의원 | 정당 사무총장 | 정당 원내총무 | 지방의회 원내총무 |
|---|---|---|---|---|---|---|---|---|
| 12대 국회 (Kohl) | 3 | 2 | 1 | 19 | 2 | 2 | 1 | 1 |
| 13대 국회 (Kohl) | 3 | 3 | 1 | 18 | 1 | 2 | | 1 |
| 14대 국회 (Schroeder) | 2 | 3 | 2 | 7 | | | 2 | |
| 15대 국회 (Schroeder) | 1 | | 4 | 6 | | | 2 | 1 |

출처: Kempf & Gloe(2008: 26)

연립정부에서 각 정당이 얼마나 또 어느 부처를 담당하는지는 연정구성 과정에서 결정된다. 전체적으로 정당별 장관 수의 할당은 총선에서 득표율을 기준으로 내각 전체 장관 수를 나누게 된다. 부처는 재무부처럼 영향력이 큰 부처가 있을 수 있고 그렇지 않은 부처가 있을 수 있기 때문에 이 역시 영향력이 큰 부처와 작은 부처를 각 정당이 안배하게 된다.

이처럼 장관들이 모두 정치인이고 또 내각의 구성과정이 연정협상을 거치면서 이루어지기 때문에 장관의 권한은 자기 소관영역에서는 거의 절대적이라고 할 수 있다. 이런 면에서 수상원칙만이 아니라 영역원칙 역시 중요하게 작동하고 있다. 그 중에서도 특별히 향후 4년 정부임기별로 수행할 주된 정책사항은 이미 연립정부를 구성하면서 만들어진 연정협약에 의하여 규정된다. 이 연정협상 과정에는 각 정당이 자신들의 총선공약을 바탕으로 정책방향을 구상하기 때문에 각 장관의 담당분야의 주요 정책사항은 연정협약을 통해 정책의 대강이 설계되어 있으므로 이는 장관들의 업무수행에 상당한 구속력을 가지게 된다.

장관의 임기는 장관의 자율성, 전문성 축적가능성 등을 보여주는 중요한 지표이다. 1949~2000년 사이에 독일 장관의 임기는 평균 65개월이고(장관이 부처를 교체할 수 있기 때문에) 그 중에서도 한 부처 혹은 동일한 부처에 머무르는 임기가 평균 44개월로 나타나고 있다. 이처럼 임기가 길기 때문에 독일 장관은 소관 부처에서 전문성을 축적할 기회를 갖게 되므로 해당 정책분야에 막강한 영향력을 행사하게 된다.

▌표 7-4  장관이 정부 임기중 중도에 사임한 사례

| 국회 | 정부집권기간 중 사임된 경우 |
| --- | --- |
| 12대국회(Kohl) | 11* |
| 13대국회(Kohl) | 3** |
| 14대국회(Schroeder) | 7 |
| 15대국회(Schroeder) | 0 |

* 3명은 건강상의 이유.
** 1명은 1997년 부처(Post Ministry) 폐지로 인함.
출처: Kempf & Gloe(2008: 29)


## 3. 우리나라와의 비교 및 시사점

독일 내각제 정부구성은 다당제 및 연정으로 인한 집권당의 권력분산, 부처의 소관업무에 대한 장관의 강력한 권한, 의회가 정책결정과정을 주도하는 입법부 주도성으로 인해서 분권적인 특성이 강하다. 집권적 대통령제의 정책결정 시스템에 친숙한 한국행정과 비교할 때 독일식 분권적 내각제는 매우 상반된 정치구조라고 할 수 있다(김성수, 2010: 156).

독일 정치에서 수상의 권력에는 다양한 변수가 영향을 미치는데, 주요한 변수로는 다음의 4가지가 있다(Helms, 2005; Rudzio, 2006; Schmidt, 2007). 첫째, 여당에 대한 장악정도이다. 정당 내에서 강력한 지지기반이 있을 때 수상 권력은 막강해진다. 수상의 정당 장악은 수상의 당대표 겸임문제, 당내 분파간의 경쟁, 당내 분파경쟁 속에서 수상의 지위 등에 의하여 파악할 수 있다. 특히 여당 원내총무 및 사무총장 등 내각에 속하지 않은 정치인은 당내 권력 경쟁 관계에서 수상에게 도전자의 입장에 서는 경우가 있다.

아데나워의 경우 집권후반기 역대 가장 성공한 경제부장관으로 불리는 에하르트 장관의 존재가 수상의 경제재건을 도우면서도 동시에 정치적 경쟁세력으로 부상하였다. 브란트 수상이 수상청 내에 동독스파이 스캔들을 견디지 못하고 중도에 사임한 배경에도 당시 당 내부에 수상을 지키고 스캔들을 돌파하려는 지원세력이 없었기 때문이다. 콜 수상의 경우 통일 직전 권력기반이 흔들린 경우가 있었는데 단호히 당시 원내총무를 해임시켰다. 슈뢰더 수상이 2005년 의회에 신임을 묻고 1년 조기 총선을 실시한 배경에도 그의 복지정책 개혁에 대한 후유증으로 연이어 지방선거에 패하면서 당내에 지지기반이 취약해 짐에 따라 선택한 결정이기도 하다. 메르켈 수상의 경우에는 2005년 수상이 되기 이전에 1998년 당 원내총무, 2000년 당 총재가 되는데 이 배경에는 1999년 정치자금 스캔들로 당시 쇼이블레 총재가 사임압력을 받으면서 CDU 핵심 그룹에서 메르켈을 당 총재로 추대했기 때문이다. 따라서 당내에 메르켈 수상의 정치기반은 수상 취임시 굳건한 상태가 아니었다.

출처: 저자 작성

둘째, 내각에서 장관들의 정치적 영향력의 상대성이다. 내각에 참여하는 장관급 인물은 통상 자신의 정치적 기반을 가지고 있는 경우가 많다. 따라서 정당이나 지방정부와의 관계에서 역학 관계상 내각에 수상이 안배하고 수용해야 하는 경우가 있고 또 가능한 지분 범위 내에서는 수상이 독자적으로 자기 측근의 인물을 지명할 수도 있다. 통상 내각에서는 집권당의 유력한 정치인, 연정에 참여하는 파트너 정당의 유력한 정치인 등이 독자적인 정치적 기반과 영향력을 가지고 있는 경우가 많다. 이들은 외무, 재무 등 파워가 큰 부처 장관이 된다.

셋째, 연립정부의 상황(coalition situation)이다. 연정의 상황은 정당 사이의 정치적 역학관계에 의하여 영향을 받는다. 연립정부 참여 정당 사이에 이념적 갈등이 있는 경우나 대연정처럼 대등한 비중을 가진 정당이 연립정부를 구성하는 경우 수상의 영향력은 감소한다.

넷째, 수상의 개인적 특성이다. 이는 주도자(maker) 유형과 조정자(mediator) 유형으로 구분할 수 있는데 아데나워, 콜, 슈미트, 슈뢰더는 전자에, 에하르트, 키싱어, 메르켈은 후자로 분류할 수 있다(Helms, 2005: 78). 메르켈의 경우 조정 자적 역할을 하는 것이 2005년 및 2013년 대연정 상황에서는 오히려 적합한 리더십 유형이라는 장점이 있었다. CDU와 SPD 두 거대정당으로 구성되는 대 연정에서는 수상이 주도적으로 강력한 리더십을 발휘하기 어려운 구조이기 때 문에 막후에서 조정하며 원만한 국정운영을 펼치는 것이 효율적이기 때문이다.

## 제2절 관료제 및 지방행정 체제

### 1. 공직사회

독일 공무원제도의 특징 중 하나는 공무원도 정당에 가입할 수 있어서 대 부분의 고위직 공무원들이 정당원의 신분을 가지고 있다는 것이다. 그 중에서 정치-행정 관계의 특성을 보여주는 것이 정치적 공무원(politische Beamte)으 로 불리는 정무직의 인사체계이다.

▌ 그림 7-1  **독일 부처의 조직 및 급별 인원수(2005년 기준)**

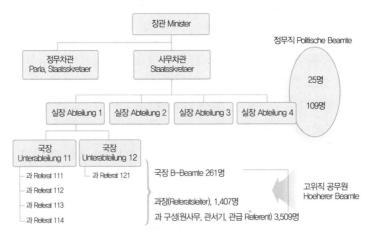

출처: 저자작성, 통계자료는 Rudzio(2006: 266)에서 인용함.

<그림 7-1>은 과장, 국장, 실장 등 고위공무원의 위치를 보여주고 있다. 우리나라처럼 독일에서도 국장급 이상의 자리가 중요한데 실질적으로 이들이 장관을 보좌하고 정책을 주도하게 된다. 실제 슈미트 수상의 회고록을 보면 장관으로 부임하면서 국장 이하의 공무원을 접할 기회는 많지 않았다고 회고하고 있다. 또한 한 전임 차관은 과장이 매우 중요한 역할을 수행하고 해당 과의 입장에 상반된 정책을 추진하기가 매우 어렵다고 회고하고 있는데 이는 실무적인 정책결정은 이미 과장급에서 이루어지고 있음을 시사한다. <그림 7-1>을 토대로 정권교체에 따른 공무원 교체를 살펴보면 <표 7-5>와 같다.

▌표 7-5  정권교체에 따른 정무직 교체 현황

| 정무직 공무원 교체 | | 차 관 | 실 장 | 총 계 |
|---|---|---|---|---|
| 정권교체(1969.10-1970.6) | n | 11 | 27 | 38 |
| | Pos. | 27 | 88 | 115 |
| | % | 40.7 | 30.7 | 33.0 |
| 정권교체(1982.10-1983.6) | n | 13 | 35 | 48 |
| | Pos. | 24 | 104 | 128 |
| | % | 54.2 | 33.7 | 37.5 |
| 정권교체(1998.10-1999.2) | n | 16 | 55 | 71 |
| | Pos. | 24 | 112 | 136 |
| | % | 66.7 | 49.1 | 52.2 |
| 정권교체(1998.10-1999.2) 및 14대 국회기간 | n | 25 | 65 | 90 |
| | Pos. | 26 | 115 | 141 |
| | % | 96.2 | 56.5 | 63.8 |
| 15대 국회기간 | n | 9 | 12 | 21 |
| | Pos. | 26 | 115 | 141 |
| | % | 34.6 | 10.4 | 14.9 |
| 정권교체(2005.10-2006.2) | n | 12 | 10 | 22 |
| | Pos. | 26 | 115 | 141 |
| | % | 48.0 | 8.7 | 15.6 |

주: n은 교체인원수, Pos.는 해당직급 총인원, %는 교체비율
출처: Katja & Ebinger(2006: 241)

우리의 경우 정권이 교체되면 장관이 거의 모두 바뀌고 차관도 상당 폭 교체되는데, 차관의 교체는 우리와 독일이 유사하다고 평가된다. 그런데 우리

는 실장급 공무원이 정권교체로 바뀌기보다는 부처 내부의 주기적 인사수요에 따라 후임에게 자리를 내어주기 위하여 교체되는 경향이 더욱 많다. 따라서 정권교체를 요인으로 본다면 정권교체가 실장급 공무원에 주는 영향이 우리는 크지 않은 반면에 독일은 크다고 할 수 있다.

관료들이 정당에 가입할 수 있기 때문에 관료의 정치화 문제가 당연히 제기되고 있다. Rudzio(2006: 266)의 연구에 따르면 1970년에서 1987년 사이에 과장급(Referatsleiter)에서 소속된 정당이 없던 공무원이 72%에서 43%로 감소하고 1995년에 40%, 2005년에 52%로 변화하면서 다시 증가하였다. 아울러 직업공무원으로 차관 및 실장급에서 경력 중단 없이 계속 직업공무원이었던 경우는 1999년 기준으로는 41.1%, 2005년의 경우에는 실장급의 59%가 정당에 가입되어 있었다.

독일에서 공무원의 정당정치화와 관련해서는 상반되는 평가가 있다. 정무직 공무원의 정당가입은 다소 증가하고, 국장급 이하의 직업공무원인 경우에는 다소 감소하는 경향이 있지만 고위공무원 계층의 정당가입은 전체인구에 비하여 매우 높은 편이다. 그러면서도 동시에 고위공무원에 대한 실증적 조사 결과, 이들은 20년 전에 비하여 정치화되었다고 인식하지 않는다. 이러한 상충된 현상은 그 사이 정당정치화의 추세가 진전되어서 이를 더 이상 심각한 문제로 생각하지 않게 되었다는 것이다.


## 2. 연방정부와 지방정부간 관계

독일연방공화국 행정의 전체구조를 일별해 보면, ① 연방행정(Bundesverwaltung), ② 주행정(Länderverwaltung), ③ 지방자치 행정(Kommunalverwaltung) 세 가지 단계로 구분된다. 그런데 세 번째의 지방자치 행정은 다시 복잡한 형태를 띠고 있어서 독일행정의 실질적인 전체구성은 다음과 같이 다섯 단계로 구분할 수 있다: ① 1단계: 연방(Bund: 1개), ② 2단계: 州정부(Land: 16개), ③ 3단계: 주 정부관구(Regierungsbezirk), ④ 4단계: 군(Kreis) 및 자치시(Kreisfreie Stadt), ⑤ 5단계: 게마인데(단일 Gerneinde, 군소속 게마인데 등의 기초지방자치 단체).

독일(서독)에서는 정부 수립 이후부터 1990년 통일 전까지 ① 남독일 의회제도, ② 지차단체장제도, ③ 행정참사회제도, ④ 북독일 의회제도 등 4개 형태의 지방자치 제도가 있었다. 그러나 1990년 이후 이 네 가지 형태의 지방

자치 제도 분류 자체가 변화하게 된다. 자치단체장 제도와 북독일 의회 제도
는 아예 폐지되었으며, 행정참사회 제도의 경우 그 성격이 변했기 때문이다.
현재 독일의 자치단체장은 대부분 주민 직선으로 선출되면서 강한 정치적 리
더십을 갖는다. 즉, 독일 전통의 의회 중심의 간접행정 체제에서 자치단체장
중심의 직접행정 체제로 변화되고 있는 것이다(양현모, 2006: 156~157).

연방정부와 지방정부의 관계는 법적인 측면(헌법·지방자치법·지방재정법·
기타 지방자치 관련법)에서 관계를 분석하는 것과 정치·행정적으로 접근하는 것
이 있다. 후자 측면에서 바라본 정책의 실제 운영상황은 협조적 연방주의로
불리기도 하는데 이 과정에서 중요한 것이 연방상원의 기능이다.

연방 상원은 기본법 제51조에 따라서 '주 정부의 구성원'으로 구성된다.
주 정부가 연방 상원의 구성원을 지명하는데 주로 주지사, 장관, 시장, 상원의
원 등으로 구성된다. 연방 상원의 구성 방법은 16개의 모든 주가 기본법 제51
조 2항과 3항에 따라서 주민 수에 따라서 해당하는 숫자만큼의 구성원을 연
방 상원에 보낼 수 있다. 비례적 평등원칙에 입각해서 최소 3표는 인정하고
인수 수에 비례하여 차등화하고 있는 것이다. 현재 연방 상원의 총 구성원은
69명으로 과반수는 35표가 된다.

연방 상원의 임무는 기본적으로 주의 이익을 대표하여 연방 입법/행정,
EU 사무에 참여하는 것이다(기본법 제50조). 그리고 이러한 권한들은 참여대상
기관에 대하여 어떠한 특정한 임무 범위를 보유하는 것이 아니라 단지 다른
헌법기관(참여대상 기관)의 임무 수행에 참여권만을 보유하는 것이 기본 특징이
다. 참여대상기관을 개관하면 연방의회의 입법에 대한 권한, 연방정부에 대한
권한, 연방대통령에 대한 권한, 연방헌법재판소에 대한 권한 등이 있다(길준규,
2001: 218).

행정 업무의 수행에 있어서 지방자치단체가 수행하는 사무는 주민의 생
활과 관련된 것으로 생활시설, 교육, 사회복지, 질서유지와 안전관리 등이 있
다. 연방정부와의 관계에 있어서 사무의 실질적 주체를 따라 분류하면 위임사
무와 고유사무로 구분할 수 있다.

① 위임사무: 연방 및 주 정부 법률의 집행사무로서, 지방자치단체가 연방
또는 주로부터 위임받은 사무이다. 예로는 선거, 병무행정, 여권 및 주
민등록, 관세행정, 국경에 관한 사무 등이 있다.
② 고유사무: 원칙적으로 지방자치단체 자체에서 책임을 지고 수행하는

사무인데, 다시 자발적 사무와 의무사무로 구분된다.

- 자발적 사무: 지방자치단체가 계획에서 집행까지 전적으로 책임지고 독자적으로 수행하는 사무이다. 연방과 주는 이 사무의 이행 여부 및 집행과 관련해서 어떠한 간섭도 할 수 없다. 박물관·수영장·극장·도서관 등 각종 시설의 건설과 운영에 관한 사무, 각종 사회단체에 대한 지원, 다른 도시와의 자매결연 체결 등이 있다.
- 의무사무: 지방자치단체의 고유사무임에도 불구하고 지방자치단체가 의무적으로 수행하여야 하는 사업으로 해당 사무의 수행시 연방 또는 주는 지방자치단체 사무 이행에 대한 구체적 지시권을 갖는다. 지방자치단체 도로 건설 및 유지, 유치원 건설과 운영, 도시계획, 사회복지, 성인교육, 주택건설, 쓰레기·하수도 시설 설치 및 운영에 관한 사무 등이 있다.

## 3. 우리나라와의 비교 및 시사점

행정관료와 내각(정치인)의 관계는 명확하게 정치우월주의(Primat der Politik/Primacy of politics) 원칙이 작용하고 있다. 정치우월주의란 정치-행정의 관계에 있어서 기본적으로 집행기관인 행정부에 대하여 정치가 상위의 위치에 있다는 것이다. 여기서 정치는 의회의 법률제정권 및 이의 산물인 법률을 의미한다. 아울러 독일의 정치-행정관계를 대변하는 특징적인 제도로서 정실주의(Parteipatronage/party patronage)가 있다. 바이마르 공화국 당시 정당에 소속한 인물을 행정부의 고위관료에 임용하는 것으로부터 시작하여 현재는 행정부의 고위관료가 특정정당에 가입할 수 있도록 하는 제도이다. 바이마르 당시에는 정치인을 고위관료로 임명함으로써 행정에 대한 정치적인 통제를 용이하게 할 목적으로 시행된 것이다. 이러한 전통에서 독일의 관료들도 정당가입이 허용되고 있다.

공무원의 인사이동 측면에서 볼 때, 우리의 경우 정권이 교체되면 장관이 모두 바뀌고 차관도 상당 폭 교체되는데, 차관의 교체는 우리와 독일이 유사하다고 평가된다. 그런데 우리는 실장급 공무원이 정권교체로 바뀌기보다는 부처 내부의 주기적 인사수요에 따라 후임에게 자리를 내어주기 위하여 정기적인 인사이동 과정에서 교체되는 경향이 더욱 많다. 따라서 정권교체를 요인으로 본다면 정권교체가 실장급 공무원에 주는 영향이 우리는 크지 않은 반면에 독일은 크다고 할 수 있다(<제2절 1> 공직사회 참조).

독일의 연방주의에서 국가기능은 연방정부와 지방정부 사이에 분담되어 있다. 한편으로는 상호 공동협력의 필요성이 존재하고, 다른 한편에서는 긴장관계가 존재하고 있다. 연방정부와 지방정부는 국가 활동으로서 독자적인 영역을 보장받았지만 이들은 또한 여러 다른 영역에서 상호협력과 견제를 하며 국정운영을 하게 된다.

**표 7-6  연방정부와 지방정부의 국가 기능분담**

|  | 연방정부 | 지방정부 |
|---|---|---|
| 입법권 | • 거의 전 영역에 걸친 입법권<br>(고유 경쟁영역) | • 소수의 고유입법권(경찰, 문화, 지방자치)<br>• 동의 및 이의 제기권 |
| 행정권 | • 고유의 행정능력을 갖고 있지 못함<br>• 시행에 있어서 주로 법률적 감독권 소유 | • 거의 전역에 걸쳐 행정능력 행정권<br>• 거의 모든 법의 집행권 |
| 사법권 | • 최고 연방법원 | • 양적으로 거의 절대 다수의 주법과<br>주재판소에 의존 |

출처: 박응격(2001: 53)

한편, 연방정부와 지방정부를 매개하는 정치제도는 연방상원이다. 이를 구성하는 주 정부의 주지사와 장관들은 최고위의 정치가일 뿐만 아니라 주행정의 수장이기도 하다. 이 과정을 통해 연방상원은 주행정의 지식, 경험, 전문적인 이해들을 연방의 입법과 행정에 반영하게 된다(길준규, 2001: 214).

# 제3절 입법부 및 사법부 차원

## 1. 의회 구성 및 운영방식

### 1) 의회 구성

독일 연방의회(Deutscher Bundestag)는 수도 베를린에 있는 독일연방공화국 의회 중 하원(下院)이다. 연방의회는 독일 정치체제에서 국민이 직접 선출하는 유일한 헌법기관의 위상을 지닌다. 법정의원 정수는 598명이다. 실제 의

원 수는 초과의석으로 인해 대부분 의원정수를 초과한다.[2]

연방의회는 헌법에 해당하는 기본법, 연방법, 일반법률 등과 관련된 입법 기능을 가지며 법안에 따라서는 지방정부 대표로 구성되는 연방상원의 동의를 거치게 함으로써 연방주의 원칙을 반영하고 있다. 추가적으로 연방의회의 주요권한으로는 국제조약 비준권, 연방예산의결권, 연방수상 선출권, 연방대통령, 연방판사, 연방헌법재판소를 비롯한 기타 주요 연방기구 인사 임명 표결권, 연방정부 견제권 등이 있다.

연방의회는 의장과 복수의 부의장으로 구성되는 의장단이 운영을 총괄한다. 연방의회 의장은 대외적으로 연방의회를 대표한다. 연방의회 의장은 관례적으로 집권 여부와 관련 없이, 원내 최대 교섭단체에서 선출한다.

<그림 7-2>는 1949년 이후 2017년까지 역대 연방의회 총 선거 결과를 정리한 것이다. 전체 19번의 총선은 규칙적으로 4년의 주기로 개최되었으나 1972년(브란트수상 불신임, 기본법 제68조), 1983년(연정교체), 1990년(독일통일), 2005년(슈뢰더 수상불신임) 선거의 경우에는 3년 만에 총선이 실시되었다.

▌그림 7-2　역대(1949~2017년) 총선 결과 및 정부(연정)의 구성

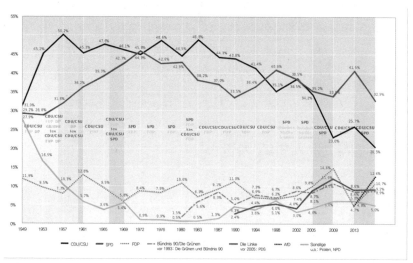

출처: Wikipedia. https://de.wikipedia.org/wiki/Ergebnisse_der_Bundestagswahlen (검색일 2017.11.20)

.........................................................................

2　17대 독일 연방의회 선거에서는 24석의 초과의석이 발생하였고, 18대 연방의회 선거에서는 23석의 초과의석이 발생하여 2016년 현재 연방의회는 621명의 의원으로 구성되어 있다.

모든 선거의 결과는 절대 과반수를 차지하는 정당이 없고 따라서 연정에 의하여 정부가 구성되고 있다. 그림의 가운데 쓰여진 정당이 연정에 참여한 정당이다. 기본적으로 CDU/CSU(기민당/기사당, 우파－검은색) 및 SPD(사민당, 좌파－보라색)의 양대 정당을 주축으로 하면서 1998년까지는 FDP(자민당, 점선)이 제3정당으로서 캐스팅 보트를 가지고 연정구성에 영향을 미쳐왔다. 이후 1998년 선거 이후부터는 Grünen(녹색당)이 연정에 참여하고 2005년과 2013년의 경우에는 양대 거대정당이 연정을 구성하기도 하였다. 이 경우는 대연정(Grand coalition)으로 부른다.

연방의회에 진출하는 정당의 숫자는 1980년까지는 3개(CDU/CSU, SPD, FDP), 1994년까지는 4개(Grünen 추가), 1998년 이후는 5개(Die Linke 좌파정당 추가)로 이루어지고 있다. 선거법이 유효득표의 5% 이상을 획득하여야 원내에 진출할 수 있기 때문이다. 이는 군소정당의 난립을 방지하고자 하는 취지이다.

## 2) 선거제도(비례대표제)

연방정부 및 지방정부 차원에서 독일의회를 구성하는 주요 정당은 6개인데 이들을 우파에서 좌파의 이념적 스펙트럼으로 구분하면 자유민주당(FDP), 기민당(CDU)/기사당(CSU), 사민당(SPD), 녹색당(Die Grünen), 좌파당(Die Linke) 순으로 배열할 수 있다. 이처럼 정당이 다양한 이념적 분포를 가지고 분화될 수 있는 배경은 독일식 비례대표제의 특성 때문이다.

독일은 598명의 연방의회의 경우 각각 50%씩 지역구와 비례대표제로 의원을 선출한다. 그런데 독일 비례대표 선거제도에서 조심할 내용은 598명 전체 의석의 배분비율이 정당에 대한 득표율을 기준으로 먼저 결정된다는 사실이다. 즉 비례대표비율 299석만을 정당 득표율로 배분하는 것이 아니라 전체 의석 598석을 정당득표율로 먼저 배분하고, 지역구 당선 후보자를 모두 계산한 후 다시 정당별 비례대표 후보자 리스트에서 당선인을 결정한다.[3] 이는 결

---

3 예를 들면 A정당이 유권자가 행사하는 2표(제1표는 지역구 후보, 제2표는 정당별 지지) 중 제2표에 해당하는 정당별 지지에서 전체 투표수의 10%를 얻었다면 그 정당은 전체 598석 중에서 60석을 전체배분 의석수로 차지하게 된다. 그런데 그 정당이 만일 지역구 후보에서 60석이 모두 당선되었다면 전체배분 의석수 60석이 모두 채워진 것이므로 비례후보 명부에서는 당선인을 배출할 수 없다. 그러나 만일 지역구 후보에서 한명도 직접 지역구 의원으로 당선되지 않았다면 전체배분 의석수 60석을 비례후보 명부에서 배출하게 된다. 그런데 여기서 한 가지 복잡해지는 것은 만일 A정당이 지역구 후보에서 60석 이상(가령 70석)을 차지

과적으로 군소정당에 유리한데 지역구에서 당선자를 하나도 배출하지 못하더라도 총 유효투표수의 5%만 넘는 경우이면 전체의석수 598명에서 유효투표수에 해당하는 비율만큼 국회의원을 비례대표에 의해 배출할 수 있기 때문이다.

### 3) 정치자금제도

독일의 선거제도는 공영제적 원칙에 의하여 국가지원에 의하여 이루어지고 있다. 이러한 특징으로 인해 선거비용을 감당할 능력이 없는 인물들도 정당 활동을 통하여 공천을 받으면 국회의원이 될 기회가 제공된다. 독일의 기본법 제21조는 정당에 대한 국가의 지원을 선언하고 있으며 다시 정당법 제18조에서 국고보조금의 지급기준을 구체적으로 규정하고 있다. 기본적으로 연방총선거 및 EU 의회와 지방정부 의회 선거에서의 득표수가 기준이 된다.

독일에서 지역구에 출마한 의원 개인의 경우 선거비용을 크게 지출할 내용이 미국이나 한국에 비하여 상대적으로 적다. 미국의 경우 엄청난 비용의 TV방송광고로 인하여 비용부담이 크지만 독일의 경우 방송광고는 국고지원으로 이루어지고 있다. 한편 방송광고 내용으로는 정당에 지지를 호소하는 내용이 주를 이루지, 지역구 후보 자체를 선전하는 경우는 없다. 이는 비례 대표제적인 성격이 강해서 정당에 대한 지지 확보가 정당입장에서 중요하기 때문이다.

<표 7-7>은 정당별 수입재원의 분포를 정리한 것이다. 모든 주요 정당이 당원 회비의 비중이 가장 높고 그 다음으로 국고지원에 의해 활동하고 있다. <표 7-7>에서 당비, 기부금, 기타수입은 정당 자체 수입이기 때문에 이를 모두 합하면 약 70% 정도에 해당한다. 나머지 국고지원금의 비율이 30% 정도를 차지한다.

---

한 경우인데 이 경우에는 70석을 모두 인정한다. 따라서 이 경우에는 전체 국회의원 수 598석보다 10석이 초과한 국회의원 총수를 갖게 된다. 이처럼 비례제에 의해서 정당별 전체의석이 먼저 결정되기 때문에 정당우위의 성격이 있다.

**▌ 표 7-7  정당별 수입재원 분포(2014년, 단위: 유로)**

| 정당/재원 | 당비 | 기부금 | 국고보조금 | 기타수입 | 총계 |
|---|---|---|---|---|---|
| CDU | 57,076,507 | 25,920,605 | 47,889,306 | 16,244,964 | 147,131,381 |
|  | 38.8% | 17.6% | 32.6% | 11.0% | 100.0% |
| CSU | 13,416,926 | 13,622,882 | 12,697,268 | 7,033,990 | 46,771,066 |
|  | 28.7% | 29.1% | 27.2% | 15.0% | 100.0% |
| SPD | 74,443,534 | 15,108,105 | 48,648,864 | 23,626,161 | 161,826,665 |
|  | 46.0% | 9.3% | 30.1% | 14.6% | 100.0% |
| Green | 17,945,241 | 4,746,798 | 14,818,219 | 2,158,263 | 39,668,521 |
|  | 45.2% | 12.0% | 37.4% | 5.4% | 100.0% |
| Linke | 12,939,565 | 2,288,722 | 10,714,545 | 1,108,618 | 27,151,450 |
|  | 48.0% | 8.4% | 39.5% | 4.1% | 100.0% |
| 총액 | 175,821,772 | 61,687,112 | 134,768,202 | 50,171,995 | 422,549,082 |
|  | 41.6% | 14.6% | 31.9% | 11.9% | 100.0% |

*당비: 일반당원회비+직책당원회비
*기부금: 개인기부금+ 법인기부금
*기타: 수익사업+자산수입+행사 및 출판수입 등
출처: Deutscher Bundestag(2014). Rechenschaftsberichten politischer Parteien für das Kalendarjahr 2014
   (2014년도 원내정당 회계보고서)

## 2. 의회와 정부(내각)와의 역할관계

### 1) 독일 의회권력의 특징

독일의 의회–정부 관계를 이해하기 위해서는 독일식 내각제의 특징을 먼저 고찰할 필요가 있다. 내각제는 기본적으로 의회 다수당이 행정부를 장악하기 때문에 대통령제와 같은 입법과 행정의 분리가 아니라 입법–행정 통일의 원칙이 작용한다. 그런데 내각과 의회의 관계는 같은 내각제인 영국과 독일에서도 차이가 있는데 영국은 기본적으로 양당제적인 전통으로 인하여 내각이 의회보다 우세한 입장에 있게 된다. 다수당의 총재인 수상이 많은 권력을 갖기 때문이다. 그리고 이 과정에서 의회는 다수당에 의한 내각형성을 통하여 기본적으로 입법 및 행정 권한을 장악하게 된다. 반면에 독일은 다당제여서 연립정부를 통해 내각이 수립된다. 따라서 영국에 비하여 정당 간의 견제와 균형이 강하게 작용한다. 결과적으로 독일식 내각제에서는 수상의 권력이 연정을 통한 다수당의 구성, 연정과 의회의 정당정치 과정을 통해서 영국식 내각제에 비하여 더욱 크게 견제되고 있다.

　　한편, 독일 연방의회의 의회권력은 정당의 수장인 당의장(당대표 혹은 총재)과 원내교섭단체의 수장이 원대대표(혹은 원내총무) 사이의 분업이 있다. 총유권자 투표수의 5% 이상을 얻어서 원내에 진출한 정당들은 의회 내에서 원내교섭단체(Fraktion)를 구성하고 의회는 이들을 중심으로 운영된다. 통상 여당의 경우에는 수상이 당 총재를 겸임하고 원내대표의 권한은 약하고 수상을 보좌하는 성격이 많은 반면에 야당의 경우에는 당 총재와 원내대표가 서로 정치적인 라이벌 관계를 갖기도 하면서 차기 총선에서 야당 수상후보 자리를 두고 경합을 벌이기도 한다. 종합하면 수상의 정책노선은 집권여당을 구성하는 연정의 정책합의(연정협약)에 의해 통제되는 반면에 야당의 경우에는 당 총재와 원내대표 사이의 정책경쟁과 조율이 중요하다.

## 2) 의회의 기능과 정책 효율성

　　여기에서 논의하는 의회는 엄밀히 말하면 선출된 국회의원으로 구성되고 여당과 야당으로 구분되는 원내교섭단체(Fraktion)를 지칭한다. 독일 정치학계에서 의회의 기능을 표현하는 용어는 두 가지가 있다. 하나는 Arbeitsparlament로 '일하는 의회'라는 의미이며 두 번째는 Redeparlament로 '토론(연설)하는 의회'

▌ 표 7-8 　역대 국회의 법안 심의 및 활동내용

| | 4. | 5. | 6. | 7. | 8. | 9. | 10. | 11. | 12. | 13. | 14. |
|---|---|---|---|---|---|---|---|---|---|---|---|
| | 국회대수(代數) | | | | | | | | | | |
| **법안제안** | | | | | | | | | | | |
| 연방정부 | 368 | 415 | 351 | 461 | 322 | 146 | 280 | 321 | 407 | 443 | 443 |
| 연방의회(하원) | 245 | 225 | 171 | 136 | 111 | 58 | 183 | 227 | 297 | 329 | 328 |
| 연방상원 | 8 | 14 | 24 | 73 | 52 | 38 | 59 | 47 | 96 | 151 | 93 |
| 총 계 | 621 | 654 | 546 | 670 | 485 | 242 | 522 | 595 | 800 | 923 | 864 |
| **제정된 법률안** | | | | | | | | | | | |
| 연방정부 | 326 | 372 | 259 | 427 | 288 | 104 | 237 | 267 | 345 | 403 | 394 |
| 연방의회(하원) | 97 | 80 | 58 | 62 | 39 | 16 | 42 | 68 | 99 | 102 | 108 |
| 연방상원 | 3 | 9 | 13 | 17 | 15 | 8 | 32 | 15 | 28 | 36 | 22 |
| 정부/상/하원 | - | - | 5 | 10 | 12 | 11 | 9 | 19 | 50 | 25 | 34 |
| 총 계 | 426 | 460 | 335 | 516 | 354 | 139 | 320 | 369 | 507 | 566 | 559 |

출처: Hesse & Ellwein(2004: 474)

라는 의미이다.

　일하는 의회의 대표적인 기능이 법률과 정책을 결정하는 법률제정(Gesetzgebung)기능이다. <표 7-8>은 연방의회, 연방상원의 법안제안, 법안결정, 활동내용 등을 표시하고 있다.

## 3) 행정통제 기능

　현대 행정국가에서 법률제정은 대부분 행정부와 집권여당에 의하여 주도되고 있기 때문에 의회와 야당의 역할은 토론(Rede, 연설) 기능으로 이행되는 특성이 있다. 이의 대표적인 것이 행정통제 기능이라고 할 수 있다.

　행정통제(Kontrolle)와 관련하여 다음의 <표 7-9>는 의회의 행정부 통제수단이 어떻게 활용되고 있는지를 보여주고 있다. 본회의 질의, 상임위 질의, 개별질의, 긴급현안 질의 등에서 1970년대 이후부터 야당의 비율이 압도적으로 높음을 알 수 있다.

표 7-9　의회의 행정부 통제수단(단위: 건수, 야당비율은 %)

| | 대정부 질의 | 야당 비율 | 상임위 질의 | 야당 비율 | 개별 질의 | 야당 비율 | 긴급현안 질의* |
|---|---|---|---|---|---|---|---|
| 1949-53 | 160 | 38.1 | 355 | 58.9 | 392 | 68.8 | - |
| 1953-57 | 97 | 52.6 | 377 | 38.7 | 1,069 | n | - |
| 1957-61 | 49 | 87.7 | 411 | 64.0 | 1,536 | 75.7 | - |
| 1961-65 | 35 | 68.6 | 308 | 43.8 | 4,786 | 56.7 | - |
| 1965-69 | 45 | 35.8 | 488 | 42.0 | 10,733 | n | 17 |
| 1969-72 | 31 | 80.6 | 569 | 82.8 | 11,073 | n | 8 |
| 1972-76 | 24 | 75.0 | 480 | 88.8 | 18,497 | 68.9 | 20 |
| 1976-80 | 47 | 70.2 | 434 | 84.3 | 23,467 | 64.1 | 9 |
| 1980-83 | 32 | 75.0 | 295 | 85.4 | 14,384 | 61.1 | 12 |
| 1983-87 | 175 | 84.6 | 1,006 | 95.9 | 22,864 | 65.9 | 117 |
| 1987-90 | 145 | 86.2 | 1,419 | 98.5 | 20,251 | 70.1 | 126 |
| 1990-94 | 98 | 85.7 | 1,382 | 98.1 | 20,880 | 66.1 | 103 |
| 1994-98 | 156 | 89.7 | 2,070 | 89.1 | 18,446 | 79.3 | 103 |
| 1998-2002 | 101 | 95.1 | 1,813 | 99.1 | 15,137 | 94.3 | 141 |
| 2002-05 | 65 | 100 | 797 | 99.7 | 13,623 | 96.8 | 71 |

*주: 긴급현안 질의에서 야당의 비율은 1987-90에 78.6%, 1990-94에 80.6%, 1994-98에 82.5%를 차지함.
출처: Rudzio(2006: 221)

## 3. 사법부 구성과 운영체제

### 1) 사법부의 구성체계

독일 기본법 제92조는 사법권을 연방헌법재판소와 연방법원 그리고 지방정부법원으로 구성된다고 하고 있다. 그런데 16개 지방정부는 각기 다른 법률로 법원조직을 규정하기 때문에 세부사항을 다루기는 어렵다. 여기서는 연방정부를 중심으로 연방차원의 사법부 구성 체계를 다루기로 한다.

독일 사법조직의 가장 큰 특징은 사법권이 독립적인 재판권으로 분할되어 있다는 것이다. 기본법은 헌법재판소에 대한 규정(제93조~제94조) 이외에도 제95조에서 연방최고재판소를 다음과 같이 규정하고 있다. "일반 민·형사, 행정, 재정, 노동 및 사회재판권의 영역에 대하여 연방의 최고 재판기관으로 연방재판소, 연방행정재판소, 연방재정재판소, 연방노동재판소, 연방사회재판소를 설치한다" 이러한 특성은 독일 사법체계를 복잡하게 만드는 요인이지만 전문재판권에 따른 재판관할 분할은 법원의 전문성을 제고하는 장점이 있다.

- 헌법재판권: 국가기간의 구성과 활동, 국가에 대한 기본적인 권리에 관한 문제들을 관할한다.
- 통상재판권: 통상은 'ordentliche Gerichtsbarkeit'를 번역한 것이다. 특별한 재판권이 아닌 고전적(정규적)인 문제들을 지칭하는 것으로 민사 및 형사재판권이 이에 해당한다.
- 노동재판권: 노동법의 영역을 대상으로 한다.
- 행정재판권: 헌법적 분쟁이 아닌 공법상의 분쟁으로 행정권과의 관계에서 국민의 권리보호를 대상으로 한다. 행정영역 중에서 사회보험법(사회재판권)과 조세법(재정재판권)은 재판권이 별로도 구분된다.
- 사회재판권: 사회보험, 전쟁희생자원호, 의료보험법 등을 대상으로 한다.
- 재정재판권: 국세청의 조세처분 및 관세청의 처분의 적법성을 심사한다.

이처럼 독일의 사법권은 6개의 독립적인 법원조직으로 구성되어 있다. 그 가운데서도 헌법재판소는 우월적인 법적지위가 있어서 5개의 연방최고법원의 결정에 대하여 국민은 연방헌법재판소에 헌법소원을 제기할 수 있다.

연방 최고법원은 각각 여러 개의 부를 두고 있다. 이들 부는 모두 5명의

재판관들로 구성되어 있다. 연방노동법원, 연방사회법원, 연방통상법원의 몇몇
부는 명예법권이 포함되어 있으며 그 밖의 경우에는 모두 직업법관들로 구성
되는 것이 원칙이다. 연방헌법재판소는 예외적으로 2개의 원(Senat)으로 구성
되며 각각 8명의 재판관으로 구성된다.

▌ 표 7-10  연방최고법원의 구성

| | 연방헌법<br>재판소 | 연방통상<br>법원 | 연방노동<br>법원 | 연방행정<br>법원 | 연방사회<br>법원 | 연방재정<br>법원 |
|---|---|---|---|---|---|---|
| 부의<br>구성 | 2개의 원 | 민사부(12)<br>형사부(5)<br>특별부(8) | 10개의 부 | 상고부(11)<br>징계부(2)<br>군복무부(2) | 14개의 부 | 11개의 부 |

출처: 이원우(2001: 301)

## 2) 재판관의 구성과 선임방식

기본법 제94조 제1항은 연방헌법재판소의 재판관을 연방의회 및 연방상
원에 의하여 각각 1/2씩 선출하도록 하고 있다. 이는 연방과 각 주를 대표하
는 민주적 정당성을 가진 최고의 헌법기관에 의해서 연방헌법재판소 구성원을
선출하도록 함으로써 재판관과 연방헌법재판소의 지위, 역할을 강조하고 동시
에 민주적 정당성을 부여하고자 하는 취지이다(정연주, 2001: 330).

기본법 규정을 보완하는 세부적인 선출규정은 연방헌법재판소법에 규정
되어 있다. 법 제6조는 연방의회는 교섭단체의 비율에 따라서 12인의 재판관
선출위원회를 구성하고 여기서 전체 재판관의 1/2을 선출(8명)하도록 하고 있
다. 재판관의 선출을 위해서는 12인의 위원 중에서 8인 이상의 찬성을 요한다.

법 제7조는 연방 상원에 의한 재판관 선출은 직접선거로 하도록 하고 있
다. 연방 상원은 각 주의 대표자로 구성되기 때문에 각 주의 다양한 정치적 견
해와 이익을 연방헌법재판소에 반영하고자 하는 취지이다. 연방 상원의 경우
에도 2/3 이상의 찬성을 얻어야 한다.

법 제9조는 연방헌법재판소의 소장과 부소장은 연방의회와 연방 상원에
서 각각 교대로 선출하도록 하고 있다. 즉 연방의회가 소장을 선출하면 부소
장은 연방 상원에서 선출하는 것이다.

한편 연방최고재판소의 법관 임명(기본법 제95조 제2항)에 대해서는, 각 재

판소 영역에 관계되는 정책분야의 연방정부 장관이 재판관선임위원회와 공동으로 결정한다. 동 위원회는 해당정책 분야의 지방정부 장관 및 이와 같은 숫자의 연방의회에서 선출한 위원으로 구성된다. 기본법 제98조 제1항은 연방재판관이 그 직무 중 또는 직무를 떠나서 기본법의 원칙이나 주의 헌법적 질서를 위반한 경우에 연방의회가 요청하면, 연방헌법재판소는 2/3의 판결로 전직, 퇴직, 파면을 명할 수 있도록 하고 있다.

## 4. 입법부 및 사법부 체제와 운영상 특성과 시사점

우리나라는 행정부 혹은 집행부(the executive branch) 중심으로 행정이 이루어지기 때문에 주요한 정책결정이 실질적으로는 의회가 아니라 정부에서 이루어져 왔다. 독일은 정당 및 의회의 구성과 역할, 정치-행정 관계 등 상호 연관된 제반 정치과정에서 정치우월주의 및 입법부 주도성(legislative-centered)은 일관되게 나타나고 있다.

독일 정치에서 이러한 특성이 나타나는 가장 기초적인 요인은 정당정치가 발전하였기 때문인데, 독일식 정당정치 발전의 핵심요인은 선거제도이다. 강력한 비례대표 선거제도를 시행하기 때문에 총선에서 5% 이상만 득표하면 원내교섭단체를 구성할 수 있어서 국회의원이 될 가능성이 높고 당선여부에 대한 예측가능성도 높다고 할 수 있다. 여기에 상향식 공천제도로 인해서 정치적 야심이 있는 인물은 젊은 시절부터 정당에 가입하여 정당 활동을 수행하면서 공직진출에 필요한 경력을 쌓아가게 된다.

독일에 비하여 우리는 정당 정치에 대한 의식과 제도에 많은 차이가 있어서 독일식의 제도를 그대로 수용할 수는 없다. 그러나 한국 정치행정의 핵심과제인 대통령 중심의 권력구조를 개선하기 위해서는 의회정치와 정당역량의 발전이 필수적이기 때문에 집행부 중심에서 입법부 중심 행정으로의 전환을 위해서 현행 한국 의회정치의 어떠한 요인들이 개선되어야 하는지 보다 미시적인 시각에서 독일의 의회/정당정치를 검토할 필요가 있다.

독일 사법부 조직은 크게 두 가지의 특징이 있다. 첫째, 사법권이 연방과 16개의 지방정부에 분할되어 있고 둘째, 본질적으로 동일한 사법권이 헌법재판권, 통상재판권, 노동재판권, 행정재판권, 사회재판권, 재정재판권 등 여섯개의 독자적인 재판권으로 분할되어 있다. 첫 번째는 연방주의적인 특징을 반영하는 것이지만 두 번째의 전문재판권 요인으로 인해서 독일의 사법권 및 사법조직은 매우 복잡한 구성을 취하고 있다. 여기에 추가하여 법치국가에서 일반적으로 받아들이고 있는 복심제로 인하여 상급심·하급심 심급에 따른 법원조직 및 관할배분이라는 요소가 추가됨으로써 독일법원조직은 매우 복잡하고 다양한 구조를 보이고 있다(이원우, 2001: 289).

이러한 사법조직의 특징은 우리나라의 사법개혁에 많은 시사점을 제공하고 있다. 예를 들면 대법원장의 사법행정 권한 범위가 우리보다 작고 연방과 주 법원의 사법행정 권력이 분립되어 있다. 이러한 점에서 우리나라의 경우, 대법원, 고등법원별로 사법행정 권력을 분립시키는 것이 바람직하다는 견해는 합리성을 가지는 것이라고 하겠다(황도수, 2010: 51).

## 제4절 시사점

여기서는 독일 정치행정체제의 기본적인 특징을 정당국가, 연방주의, 법치주의 3가지 관점에서 정리하였다. 정당은 의회 및 수상(내각)을 구성하는 권력구성의 기본조직이기 때문이다. 연방주의는 중앙 및 지방정부의 관계에 대한 기본법인 토대 및 정치제도로서 연방 상원의 역할을 정리했다. 법치주의는 높은 완성도를 자랑하는 독일 기본법을 수호하는 연방헌법재판소를 논의하였다. 추상적인 원칙보다는 구체적인 조직 혹은 기구를 검토하는 취지이다.

### 1. 정당국가

독일의 정당국가론은 20세기 초반 바이마르 공화국에서 민주주의의 새로운 발전과 밀접한 관련을 가지고 있다. 정당국가론은 기존 입헌군주제의 민주공화제로 전환과 관련이 깊다. 기존의 입헌군주제에서는 왕과 그의 측근(관료)이 정치를 주도했지만 군주제가 폐지되고 기존의 보수적 관료들 역시 교체되면서 새로운 정치주체가 필요하게 되었다. 제1차 세계대전 패전 직후 1918년 11월 혁명과 더불어 독일제국 황제 빌헬름 2세가 폐위되고 공화국이 선포되면서 정당은 국가기관을 조직하고 정치를 주도하는 역할을 수행할 주체로 인식된 것이다. 정당국가론적인 관점에 의하면 의회민주주의의 성패는 정당의 기능에 달려있기 때문에 정당의 적극적인 역할이 중요하다.

대통령제와 내각제 국가의 정당구조를 비교하면 한국은 대통령제이면서도 정당구조는 유럽식 내각제적 특성이 있다. 중앙당의 권한이 강하여 공천권을 행사하고 국회에서는 정책이슈의 내용보다 정당 간의 대결이 빈번하고 국회의원이 장관을 하기도 한다. 이와 같이 한국에서는 대통령식 권력구조와 내각제적 정당구조가 결합되어 결과적으로는 대통령, 여당총재, 정치적 보스로의 권력집중이 심화되는 문제가 발생한다. 이것이 우리나라에서 아무리 대통령과 청와대의 권력을 분권화하려고 해도 잘 해결되지 않는 이유이기도 하다.

종합하면 의원내각제뿐만 아니라 미국식 순수 대통령제에서도 의회는 중요하다. 어찌 보면 민주주의의 발전을 위해서 의회의 역할을 필수불가결한 요소라고 할 것이다. 이러한 맥락에서 한국의 집권적 대통령제를 개혁하기 위해서는 단순히 행정부 권력의 개혁만으로는 한계가 있고 입법부와 집행부의 권력관계를 동시에 살펴야 한다. 현재 한국정치에서 대통령의 권력을 분산시키려 해도 의회에서 이를 수용하여 대체할 능력이 부족하여 권력분산이 안 되는 측면도 있기 때문이다. 그런데 의회정치의 발전을 위해서는 다시 정당발전이 필수적이기 때문에 정당과 의회는 같이 보아야 한다.


## 2. 연방주의

역사적으로 독일은 연방국가 이전에 지방정부가 먼저 성립되면서 점차 지방정부들이 연방정부를 구성하게 되었다. 아울러 정치적으로도 제2차 세계대전 이후 연합군은 새로운 독일 국가는 연방주의적인 원칙에 기초한다는 것을 명확히 하였다. 강한 중앙집권적인 국가를 방지하고자 하는 취지가 있었고 또한 의회의 구성원들도 지방정부를 약하게 하는 강한 중앙집권적인 국가에는 반대하였기 때문이다. 법률적으로도 연방주의 원칙은 기본법에 명시되어 연방정부와 지방정부의 입법대상에 대하여 전속적(기본법 제71조, 제73조), 경쟁적(제72조, 제74조, 제74a조), 또는 최소 영역간(제75조)의 관여할 수 있는 권한을 구분하고 있다. 특히 제73조는 연방정부가 고유하게 할 수 있는 입법영역을 11가지로 구분하고 있다. 이러한 헌법규정을 토대로 연방과 지방의 권한은 명시적인 구분이 이루어진다.

한편 연방주의를 반영하는 국가기구로서 연방 상원은 독일 의원내각제

권력구조에서 권력분립의 새로운 토대가 되고 있다. 하원인 연방의회의 다수당이 의회권력 및 행정권(수상)을 동시에 장악하는 문제를 연방 상원이라는 제3의 기관이 견제하는 것이다. 즉, 지방정부의 수반(주지사) 및 지방행정관료층의 개입을 통하여 연방정부의 입법과 행정에 대한 통제기능을 수행하는 것이다. 이 과정에서는 지방 관료와 행정의 전문성과 이익이 반영되기 때문에 연방행정에 대한 견제뿐만 아니라 균형과 보완장치의 역할도 갖는다. 아울러 연방 상원에는 국민으로부터 정치적 지지를 갖는 도지사들이 포함되기 때문에 사안에 따라서는 정파이익에 얽힌 연방의회나 관료적인 연방정부를 대신하여 국민의 실생활, 여론을 보다 폭넓게 그리고 정확히 반영하여 민주적 정당성을 창출하는 제3의 국가기관으로서 역할을 수행하기도 한다.

## 3. 법치주의

패전국가인 독일이 오늘날과 같은 민주주의와 법치주의의 모범국가가 될 수 있었던 이유는 매우 완성도가 높은 헌법(기본법)의 존재와 이러한 헌법의 규범력과 기속력을 수호하는 연방헌법재판소의 역할이 있었기 때문이다. 연방헌법재판소가 국민의 기본권보장, 권력통제, 정치적 평화유지 및 헌법수호의 역할에 최선을 다해왔고 이를 다른 국가기관(특히, 의회)이 존중하고 구속력을 받아들여 판결을 수용하고 입법적인 보완으로 연결하는 결과 법치주의를 꽃피우게 되었다. 사안에 따라 의회가 제정한 법률에 대하여 헌법불일치의 판결을 내리면 의회는 특별한 반발 없이 이를 수용하고 법률개정을 하는 것이다. 그리고 연방헌법재판소는 쟁점법안의 미비함에 대하여 구체적인 지적을 하고 개선방안의 기본원칙을 적시함으로써 적극적으로 입법의 방향을 제시하고 있다. 그리고 이러한 기본원칙은 단지 추상적인 국가운영의 철학적인 원칙차원에서 준수되는 것이 아니라 구체적인 법 규범으로 제도화되어 있다. 연방헌법재판소법 제31조 제2항 및 제35조는 규범통제에 관한 연방헌법재판소의 결정은 법률적인 효력을 가지며 연방법무장관은 이를 관보에 공고하도록 하고 있다. 아울러 연방헌법재판소는 그 결정에서 누가 그 결정을 집행할 것인가를 지정할 수 있고 필요한 경우에는 그 집행의 절차와 방법을 정하도록 하고 있다.

# 08 오스트리아
### AUSTRIA

## 제1절 통치체제

### 1. 정부형태 개요

오스트리아 공화국(Republik Österreich)의 역사적 뿌리는 합스부르크 왕가에 있으나 헌법 제1조와 제2조에 있는 공화국, 연방국가로서의 정치적 뿌리는 제1차 세계대전 이후이다.

1918년 제1차 세계대전에서 패배하면서 오스트리아의 입헌군주제는 붕괴되었다. 이미 오스트리아의 사회주의 세력, 보수적인 기독교사회당 그리고 게르만 민족주의 정당들은 독일과의 합병을 전제로 독일-오스트리아 공화국 수립을 꾀하였다. 이러한 노력은 1919년 2월 헌법제정국민회의(Konstituierende Nationalversammlung)를 통해 사회주의 세력인 사민당과 보수적인 기독교사회당의 연립정부가 구성되면서 구체화되었다. 그러나 연합국이 독일과 오스트리아의 합병을 반대함으로 인해 오스트리아 공화국으로 불리게 되었다. 이후 정치적 갈등으로 인해 1920년 6월 연립정부가 붕괴되었고 모든 정당이 참여하는 정부를 구성하여 10월 새로운 헌법이 통과되었다.

이 새로운 헌법은 당시 오스트리아 국내 정치세력들의 이해관계가 반영된 것이다. 합스부르크 시기 군주에 의한 의회 해산의 경험으로 인해 사회주의 세력은 의회주의에 입각한 중앙집권적 단일국가를 주장하였으나 의회 내 사회주의 세력의 활동을 억제하기 위한 강력한 대통령제를 추구하였던 보수적인 기독교사회당은 강력한 권한을 가진 대통령, 양원제, 분권화된 연방 국가를 선호하였다(김정현, 2015: 396). 결국 새로운 헌법에 의해 상원인 연방의회와 하원인 국민의회의 양원제를 추구하였으나 실질적 권력은 국민의회에 있는 의회제도, 중앙집권화된 연방제도, 그리고 연방의회와 국민의회에서 선출, 한 번 연임할 수 있는 4년 임기의 대통령직이 만들어졌다. 그러나 정부의 임면권, 의회해산권이 없는 권력의 사용이 제한된 약한 대통령에 지나지 않았다(김정현, 2015: 396; 안병영, 2013: 60−61).

타협의 산물이었던 제1공화국의 헌법은 이후 1925년, 1929년 개정되면서 대통령은 직선으로 선출되었고 정부의 임면권, 의회 해산권과 같은 강력한 권한을 갖게 되었다. 그러나 1930년 기독교사회당 소속의 빌헬름 미클라스(Wilhelm Miklas) 대통령은 의회 내에서 자신의 세력 확장을 위해 의회를 해산하였는데 이는 오스트리아에서 강력한 대통령에 대한 불안을 야기하는 계기가 되었다.

이후 오스트리아 제1공화국의 헌법은 1932년 엥겔베르트 돌푸스(Engelbert Dollfusse)가 수상으로 취임한 후 1934년 오스트리아 연방국가헌법으로 대체되었고 일당독재의 권위주의적 국가로 전락되면서 제1공화국은 붕괴되었다.

오늘날 오스트리아의 민주주의는 제2차 세계대전 이후 제2공화국에서 그 의미를 찾을 수 있다. 오스트리아 연방정부는 홈페이지에 자유주의, 민주주의, 법치국가, 공화국, 연방국가, 의회·연방정부·사법부에 의한 권력분립 그리고 유럽연합의 회원국으로서 자신들의 통치체제 및 정부형태를 설명하고 있다.[1] 제2공화국의 헌법에 의하면 오스트리아는 대통령과 수상이 있는 이원집정부제로 국가원수로서 연방대통령은 연방정부 구성원의 임명 및 해임, 국민의회의 해산, 연방군 통수권, 법관·관료·장교 임명 그리고 대외적으로 국가를 대표한다. 연방수상은 행정부의 수반으로 연방장관임명 제청권, 연방정부 구성원의 파면제안권을 갖고 있으며 연방대통령의 사고 시 1차적인 권한승계자이다.

오스트리아의 의회는 양원제로 구성되어 있다. 하원에 해당하는 국민의회는 국민의 직접 선거로 선출되며, 상원에 해당하는 연방의회는 각 주의 주민에 비례해서 각 주 의회에서 파견하는 의원들로 구성된다. 연방의 예산편성, 입법기능, 연방정부의 통제 등의 주 임무를 맡고 있으며 비례대표 선거제도에 의해 선출된 의원으로 구성된다. 또한 이로 인해 연방정부의 구성에 있어 연

---

1 Staatsbuergerschaft. Retrieved from http://www.staatsbuergerschaft.gv.at/index.php?id=6 (검색일, 2017.10.15)

정의 형태를 취하는 경우가 일반적이다.

오스트리아는 헌법상 사법기관을 행정재판소, 일반법원 그리고 헌법재판소로 분류하고 있다. 행정재판소는 행정과 관련된 이의제기 사건을 관할하는 곳으로 이들의 관할 영역은 행정구역과 동일하다. 일반법원은 시군법원·지방법원·고등법원·대법원의 4단계로 구성되어 있으며 대법원은 민·형사 사건을 관할하는 일반법원 중 최고법원이다. 헌법재판소는 법령의 위헌·위법 여부를 다루는 곳이다. 모든 재판권은 연방으로부터 나오는 것으로 법원은 연방 단계의 조직으로 구성되어 있으며 각 지방이 자신들 고유의 법원을 설치할 수 없다.

오스트리아는 9개의 연방주(Bundesland)로 구성된 연방국가(Bundesstaat)이다. 각 연방주는 독자적인 입법권을 갖고 있는 의회, 정부를 갖고 있다. 그러나 연방헌법 제97조 제2항에 의해 주법의 집행을 위해서는 연방정부의 동의를 얻어야 한다.[2] 이는 결국 독자적인 입법권이 아니라 연방정부의 동의하에 공동으로 행사되는 것을 의미한다. 또한 주 아래의 지방자치단체(Gemeinde)는 입법권 자체가 없고 단지 규칙, 지침에 대한 제정권만을 갖고 있다. 이처럼 실질적인 권한이 연방정부에 집중되어 있기 때문에 오스트리아의 연방제를 준연방제 또는 상징적 연방제로 평가하는 견해도 있다(이옥연, 2015: 65).

## 2. 국가 및 행정수반과 내각

### 1) 국가수반

오스트리아는 헌법상 대통령이 수상과 각료들에 대한 임명권을 갖고 있다. 또한 대외적으로 오스트리아를 대표하기 때문에 국가수반이라 할 수 있다.

### (1) 선출 방식 및 임기

헌법상 오스트리아 연방대통령이 되기 위한 자격은 연방하원 즉 국민의회에 대한 선거권이 있으면서 선거 당일 만 35세 이상 된 사람이어야 한다. 헌법상 2011년 이전까지 대통령의 가족 또는 이전에 대통령을 역임했던 자의

---

2 Bundes−Verfassungsgesetz(B−VG) http://verfassungen.ch/at/verfassungheute.htm (검색일, 2017.10.22.)

가족에게는 피선거권이 없다는 규정이 있었지만 이는 폐지되었다. 또한 국민의회 선거권이 있는 연방국민의 직접·평등·비밀 선거에 의해 선출된다.3 당선을 위해서는 선거결과 유효투표의 과반을 얻어야 하는데 과반수 득표를 한 후보자가 없을 시 2차 투표를 진행한다. 이 경우 1차 선거에서 최다 득표를 얻은 두 후보자를 대상으로 투표를 하여 대통령 당선자를 결정한다. 임기는 6년으로 한 번 재선될 수 있기 때문에 최대 12년까지 대통령직을 수행할 수 있다. 대통령의 취임식은 연방총회에서 거행되는데 취임과 동시에 대통령의 임기가 시작되어 권리와 의무를 지게 된다. 대통령은 직무 기간 동안 정당을 제외한 그 어느 단체에 속할 수 없으며 또한 그 어떤 직업을 가져서도 안 된다. 일반적으로 정당소속으로 대통령에 당선된 후 당적을 포기하여 권한행사에 있어 중립성을 담보하고 있는 것이 관례이다(Stelzer, 2011: 111).

또한 대통령은 국민투표에 의해 해임될 수 있다. 이를 위해 연방총회의 요청이 있어야 한다. 그런데 연방총회에서 대통령 해임을 다루어야 할지 아닌지에 대한 결정은 국민의회에 그 권한이 있다. 따라서 국민의회 구성원 과반수의 참석 그리고 2/3 찬성에 의해 연방총회가 대통령에 대한 해임을 다루어야 한다고 결정하면 연방 수상은 연방총회를 소집해야 한다. 이후 연방총회에서 국민투표 실시 여부를 결정한다.

(2) 핵심권한

헌법상 오스트리아 연방대통령의 권한은 입법, 사법, 행정, 외교 등 국가 전반에 규정되어 있다. 연방대통령 집무실 홈페이지에는 연방대통령의 권한 40가지를 제시하고 있다.4 이러한 연방대통령의 권한을 크게 입법부, 행정부, 사법부로 분류할 수 있다.

① 입법부에 대한 권한

첫째, 연방대통령은 새롭게 선출된 국민의회를 30일 이내에 소집해야 한다. 또 매년 9월 15일부터 다음해 7월 15일까지 국민의회의 정기국회를 소집할 수 있다. 더불어 임시국회를 소집할 수도 있는데 이 경우 연방정부 또는 국민

---

3 오스트리아에서 대통령직이 도입된 것은 1920년이었다. 당시에는 연방의회와 국민의회에서 선출되었다. 그러나 1929년 헌법 개정을 통해 국민들이 직접 선출하는 방식으로 변경되었다.
4 연방대통령 홈페이지. http://www.bundespraesident.at/index.php?id=190&no_cache=0&L=0 (검색일, 2017.10.25)

의회와 연방의회의 1/3 이상의 요청이 있을 시 국민의회의 임시회의를 소집해야 한다. 연방대통령은 또한 국민의회와 연방의회 양원의 합동회의인 연방총회를 소집할 수 있다. 이러한 의회의 소집권과 함께 의회 해산권을 갖고 있는데 동일한 이유로 국민의회 또는 주 의회를 해산할 수 있다. 그러나 이러한 해산은 어디까지나 연방정부의 제청 또는 연방의회의 동의하에서만 가능하다.

둘째, 연방대통령은 명백하고 회복할 수 없는 공익의 피해를 막기 위해 헌법상 국민의회의 결의가 즉각적으로 필요하지만 국민의회가 즉시 소집될 수 없을 때 연방정부의 제안에 따라 자신과 연방정부의 책임하에 임시적인 법 개정 명령을 내릴 수 있는 긴급명령권을 갖고 있다. 그러나 이러한 긴급명령권이 발동될 수 없는 내용적 상황을 명확하게 제시하고 있다. 즉 헌법개정, 지속적으로 연방, 주, 지방자치 단체의 재정적 부담, 국민의 재정적 의무에 부담을 주거나, 연방재산의 매각, 근로 및 연금 등 경제적 부담을 지우는 일과 관련해서는 긴급명령권을 발동할 수 없다. 이는 무엇보다 긴급명령권에 제한을 둠으로써 대통령에 의한 남용 또는 독재를 막기 위한 것으로 생각할 수 있다(장영철, 2015: 115).

셋째, 연방헌법에 의하면 연방수도와 연방최고기관의 소재지는 연방수도인 빈(Wien)으로 규정되어 있으며 국민의회의 소재지 또한 빈(Wien)으로 규정되어 있다. 그러나 계속되는 비상상황 시 연방대통령은 연방정부의 요청으로 국민의회의 소재지를 연방 내 다른 지역으로 이전할 수 있다.

넷째, 연방의회는 주민의 수에 비례해서 대표되며 각 주에서 파견되어 구성된다. 그런데 각 주에서 파견될 인원수는 인구조사에 의해 연방대통령이 결정한다.

다섯째, 연방대통령은 국민투표를 지시할 수 있다. 국민의회 의원의 과반수 요청으로 국민의회의 법률안, 국민의회 또는 연방의회 의원의 1/3이 요청하는 헌법의 부분개정과 헌법의 전면 개정에 대해서는 국민투표를 통해 결정된다. 입법절차 종료 후 대통령의 서명 전에 국민투표에 회부할 수 있는데 이와 관련해 대통령의 심사를 거쳐야 한다.

② 행정부에 대한 권한

첫째, 연방대통령은 연방정부의 수상에 대한 임명권을 갖고 있으며 수상의 제청에 의해 연방정부의 장관을 임명할 수 있다. 또한 연방대통령은 연방정부를 해산할 수 있다. 이러한 헌법상의 규정에 의하면 연방대통령은 수상임명권을 독자적으로 갖고 있으며 단지 대통령에 의해 임명된 수상이 장관을 제청하는 방식으로 정부구성에 있어 실질적인 권한을 갖고 있다고 해석할 수 있다. 그러나 현실에 있어 상황은 전혀 그렇지 않다. 즉 연방수상은 지금까지 총선 후 다수당의 당수가 맡아왔으며 대통령에 의해 지명된 수상 또는 연정의 경우 정당들 간의 합의에 의해 정해진 장관을 임명하여 왔기 때문이다.

둘째, 연방대통령은 과도정부를 구성할 수 있다. 연방정부가 직에서 물러날 경우 연방대통령은 새로운 연방정부가 구성될 때까지 직에서 물러나 연방정부 구성원 중 일인에게 임시적인 수상을 위임할 수 있다. 이는 행정의 계속적 수행을 위한 것으로 대통령에게 국가의 위기를 관리해야 하는 의무와 권리가 있음을 의미하는 것으로 이해할 수 있다.

셋째, 연방정부의 구성원과 주지사는 자신의 업무에 취임하기 전 연방대통령 앞에서 취임선서를 해야 한다.

넷째, 연방대통령은 지속적인 비상상황 시 연방정부의 요청을 받아 빈(Wien)에 있는 연방최고 기관의 소재지를 연방 내 다른 지역으로 이전할 수 있다.

다섯째, 연방공무원의 임명 그리고 직책을 부여할 수 있다. 또한 직책명을 제정·부여할 수 있다.

여섯째, 오스트리아의 연방헌법에 의하면 오스트리아 공화국을 대외적으로 대표하는 사람은 연방대통령이다. 이러한 차원에서 연방대통령은 외교사절의 신임·접수·파견 그리고 조약 체결권 등 국가의 대표권을 포괄적으로 갖고 있다.[5] 그러나 국가조약을 체결할 때 기존 법률에 대한 개정, 보충이 필요 없을 경우에 조약에 대한 명령공포를 통해 실행할 수 있다. 따라서 국경획정, 무역·관세에 관한 사항은 국민의회의 입법사항이기 때문에 대통령이 아닌 다른 국가기관이 이와 관련한 권한을 갖고 있다. 이러한 특징은 두 가지로 해석할 수 있다. 먼저 대통령이 대외적으로 국가를 대표하지만 권력분립의 원칙에 입각해 권한분배가 이루어져 있음을 보여주는 것으로 이해할 수 있다(장영철, 2015: 121). 그러나 연방대통령의 모든 외교정책은 내각의 제안이 있어야만 하

5 이를 적극적으로 해석해 연방대통령이 오스트리아의 외교정책에 있어 전권을 갖고 있으며 연방수상과 외교부장관은 대통령의 위임에 따라 국가를 대표하는 것이라는 견해를 받아들여 Klestil 대통령은 1995년 오스트리아가 EU에 가입할 때 국가를 대표해 유럽회의에 참석하겠다고 주장했다.

는 것이기 때문에 연방수상과 내각이 모든 외교정책을 주도하는 상황에서 실질적인 권한은 대통령이 아닌 연방정부에 있다고 이해할 수 있다(김정현, 2015: 404). 이는 무엇보다 1974년부터 1986년까지 연방대통령을 역임했던 루돌프 키르히슈레거(Rudolf Kirchschlaeger)의 지적, 즉 오스트리아의 외교정책은 연방대통령이 아닌 정부에 의해 결정된다는 증언을 통해 확인할 수 있다.

일곱째, 오스트리아 연방대통령은 연방군의 최고 통수권자임이 헌법에 명문화되어 있다. 그러나 방위법에 의해 연방대통령의 권한으로 규정되어 있는 사항 이외의 통수권은 연방정부의 주무장관인 국방부 장관에게 있다. 즉 군의 특별군무소집, 군의 예비군으로의 전환 연기만이 대통령의 권한으로 규정되어 있기 때문에 연방군에 대한 실질적인 명령권은 국방부 장관에게 있으며, 연방대통령의 군통수권은 연방정부의 제안하에서만 행사될 수 있다. 따라서 연방군의 최고 통수권자로서의 대통령의 권한은 형식적이다.

③ 사법부에 대한 권한

첫째, 연방대통령은 법률에 달리 규정된 경우가 아니면 연방정부, 국민의회 그리고 연방의회의 제청에 의해 법관을 임명할 수 있다. 즉 연방정부의 제청에 의해 연방헌법재판소 소장군6의 소장, 부소장, 재판관 6인 및 대리 재판관 3인을 임명할 수 있고, 국민의회의 제청에 의해 재판관 3인 및 대리재판관 2인, 연방의회의 제청에 의해 재판관 3인 및 대리재판관 1인을 임명할 수 있다(김정현, 2015: 399).

둘째, 헌법재판소의 판결을 집행할 수 있다. 연방대통령은 탄핵심판에 의한 파면, 헌법재판비용, 헌법재판소의 결정 사항에 대한 공고 등을 집행할 수 있다. 그러나 헌법재판소가 결정에 대한 집행을 청구하면 이 청구의 내용이 자신의 집행사항에 해당하는지에 대한 여부의 심사만 하고 집행을 해야 한다. 또 집행에 관해 해당 국가기관을 선정 위임할 수 있다(장영철, 2015: 122).

셋째, 사면, 감형의 권한이 있다. 대통령은 유죄판결을 받은 사람에 대한 사면, 법정에서 선고된 죄의 완화·변경, 사면단계에서 법률효과의 경감과 유죄판결의 삭제, 직책으로 인해 기소되어야 하는 유죄행위에 대한 형사재판 절차 기각과 같은 권한을 갖고 있다. 또한 부모의 청원에 따라 혼외자녀를 혼인에 의한 자녀로 선언할 수 있다.

---

6 헌법재판소는 소장 1인, 부소장 1인, 재판관 12인 그리고 대리재판관 6인으로 구성되어 있다.

(3) 국가수반 관련 조직개요

1996년 이후 연방대통령의 참모진은 73명이다. 이는 1950년 32명, 1970년 44명, 1980년 57명으로 계속적으로 증가한 결과이다(김정현, 2015: 403). 그러나 이러한 참모진의 숫자는 연방수상청과 비교했을 시 매우 적은 숫자이다.

┃ 그림 8-1  **연방대통령 조직도**

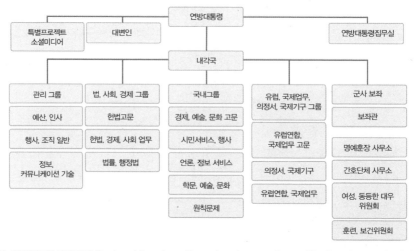

출처: 연방대통령 홈페이지. Retrieved from http://www.bundespraesident.at/fileadmin/user_upload/Organigramm_ 3.8.htm (검색일, 2018. 01. 03)

2) 행정수반

오스트리아의 연방정부는 연방수상, 부수상, 장관 그리고 차관으로 구성된다. 오스트리아 연방 헌법 69조 1항에 의하면 연방의 최고 행정업무는 기본적으로 연방수상, 부수상 그리고 연방장관에게 위임되어 있으며 연방수상을 의장으로 연방정부를 구성한다고 명시되어 있다. 따라서 오스트리아의 행정수반은 연방수상이라 할 수 있다.

(1) 선출 방식 및 임기

오스트리아 헌법상 연방수상은 연방대통령에 의해 임명된다. 그러나 현실적으로 연방대통령이 임명하는 연방수상은 선거결과에 의해 결정된다. 즉 5년의 주기를 갖고 실시되는 국민의회 선거에서 다수당의 당수가 연방수상이 되는 것이 지금까지의 관례이다. 제70조 제1항의 헌법 문구에 의하면 연방대통령이 정부를 구성할 수 있는 재량권이 있지만 의회의 신임을 받지 못하는 정부의 경우, 즉 연방대통령이 의회 다수파의 뜻을 거슬러 연방수상을 구성할 경우 정부가 제대로 작동하기 힘들기 때문에 선거결과에 의해 결정되는 것이다. 결국 오스트리아의 정부구성은 대통령 선거의 결과가 아닌 국민의회 선거에 따른 결과이다.

더불어 연방수상이 될 수 있는 자격은 하원의선 피선거권이 있는 사람이어야 한다. 그러나 헌법 제70조 제2항에 의하면 국민의회의 의원이 아니어도 수상이 될 수 있기 때문에 일반적으로 장관과 의원직을 겸직하는 의원내각제와 차이점이 있다.

(2) 행정수반 관련 조직 개요

행정수반으로서 수상의 업무는 연방수상청(Bundeskanzleramt)을 중심으로 진행되고 있다. 연방수상청은 연방수상의 업무 사무실로 그 책임자는 연방수상이다. 따라서 연방수상의 헌법적 기능을 보좌하는 곳으로 연방정부의 일반적 정부정책의 조정, 연방정부의 정보활동, 헌법 관련 사항을 연방 수상의 지휘하에 관할한다. 또한 헌법재판소와 국제재판소에서 오스트리아 연방을 대표한다.

연방수상청의 업무, 권한과 관련해 연방법은 다음과 같이 명시하고 있다. 다른 연방각부의 권한에 속하지 않는 연방 전체 행정의 조정을 포함한 일반적인 연방정부 정책 업무,[7] 연방정부의 정보활동,[8] 국가적 헌법업무,[9] 연방대통

---

7 일반 연방정부의 정책 준비, 일반 연방정부 정책의 통일성 유지와 모든 정치 이해와 관련한 연방정부 각 부처의 통일적 협조, 연방정부와 각 주의 통일적 협력, 유럽연합에서 오스트리아와 관련된 기본적 업무, 유럽의회 의결의 실행을 위한 조치들의 조정을 포함한 경제적 대책, 포괄적인 주 방위업무와 관련한 조정, 초지역적 또는 국제적 위험과 재난 극복을 위한 국가들 사이 대책의 조정, 통신·정보기술 그리고 미디어 관련 업무조정

8 연방정부의 정보와 관련된 업무 그리고 연방정부의 업무에 대한 정보 공개, 언론담당관의 업무를 제외한 언론서비스와 언론·방송·TV와 같은 정보매체와의 연결서비스, 주식회사 빈 신문(die Wiene Zeitung) 관련 업무와 오스트리아 국가인쇄소의 조직과 인사업무

9 연방헌법과 관련된 업무, 헌법에 규정된 국가조직 업무, 헌법재판 및 행정재판관 관련된 업무, 기본권과 자유권 업무, 오스트리아의 영세중립국과 관련된 헌법적 업무, 연방의 법률정보 시스템, 주 헌법 업무, 주 입법 업무

령을 제외한 최고 집행기관의 인사업무, 연방재무부의 관할에 속하지 않는 국가행정의 일반적 업무,10 연방재무부의 관할에 속하지 않는 공무원의 일반적 인사업무,11 연방외무부의 관할에 속하지 않는 오스트리아의 국가적 표지와 명칭 그리고 국가 간의 의식에 관한 업무, 연방수상이 의장으로 있는 연방정부와 기관의 수상업무, 연방의 다른 부서 관할 영역에 속하지 않는 OECD와 그 부속기관에 대한 업무,12 연방교통혁신기술부의 책임이 아닌 라디오와 TV 업무, 정보와 문서 그리고 정보보호와 관련한 업무, 일반적인 유럽통화의 문제에 관한 정보 업무, 기록업무,13 예술과 연방극단에 대한 업무, 영화진흥 업무, 연방 다른 부서의 업무 관할이 아닌 영역 내에서의 박물관 및 오스트리아 국립도서관 관련 업무, 여성 및 평등 정책에 관한 문제 조정, 젠더 문제에 관한 조정, 노동 시장에서 여성의 평등 문제, 동등한 대우위원회 및 동등한 기회 옹호의 문제, 연방 평등 대우위원회 업무 및 평등한 대우에 관한 정부 간 실무 그룹에 관한 업무를 맡고 있다.

▌그림 8-2  **연방수상청 조직도**

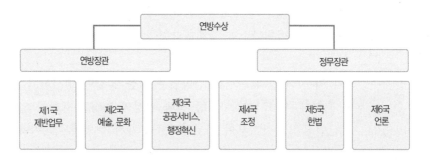

출처: 연방수상청. Retrieved from https://www.bundeskanzleramt.gv.at/documents/131008/368859/BKA+
　　　Organigramm+Stand+04.07.2017/d0d6c4bf-9110-491b-a2c4-58e537870b67 (검색일, 2017.10.30)

---

10 연방의 입법을 위한 연방 각 부처 활동의 통일성 보장을 포함한 입법상에 있어 법질서·법제·법률용어와 관련한 일반적 업무, 행정관청·행정기관·그 밖의 기구들의 행정업무와 관련한 조직과 절차에 관한 업무, 행정법과 행정집행을 포함한 행정법의 일반적 업무, 유럽연합 지침의 이행, 유럽연합재판소에서의 오스트리아 공화국 대표, 행정관리들의 일반적인 문제

11 고용·급여·연금법 그리고 근무 절차 및 근무조직 조치, 연방 공무원의 업무평가, 공무원 교육관련 업무, 공무원 징계위원회 업무, 연방공무원의 채용 업무

12 파리에 있는 OECD에서 오스트리아를 대표하는 업무

13 오스트리아 국립 기록 보존소 업무

이러한 업무의 수행을 위해 연방수상청은 <그림 8-2>에서 보듯이 6개의 국(Sektion)을 중심으로 조직되어 있다. 이들 각 국(Sektion)은 여러 개의 과(Abteilung)를 하부조직으로 갖고 있다. 예를 들면 제1국은 13개, 제2국은 10개, 제3국은 9개, 제4국과 5국은 8개, 제6국은 5개의 부로 구성되어 있다.

연방수상청의 제1국의 업무와 책임은 매우 광범위하고 다양하다. 연방수상청의 내부 행정운영의 전체적인 운영을 조직하기 때문이다. 예를 들어 예산 및 인적 자원에 대한 최적의 관리와 내부 감사뿐만 아니라 IT 인프라 및 업무와 관련한 최적의 근무 조건 제공에 대한 책임이 있다. 또한 이외에도 공식적인 외국 방문의 조직, 명예훈장 수여식과 같은 공식적 행사 등의 핵심적인 업무를 진행하며 국무회의 준비, 전자 정부, 사이버 보안 및 디지털 문제에 대한 연방정부, 주, 도시 및 지자체와의 공동의 문제 등과 관련한 다양한 조정 기능을 수행한다.

연방수상청 제2국은 예술과 문화와 관련해 조형예술, 건축, 디자인, 영화, 사진, 도서, 비디오 및 미디어 아트, 패션, 연극, 무용, 음악, 세계문화 유산 및 민속 문화 등과 관련된 업무를 맡고 있다. 이러한 업무를 통해 예술인들의 안정적인 창작 활동을 지원하면서 국제사회에서 오스트리아 문화의 존재와 가시성을 강화하고자 한다.

제3국의 핵심적 업무는 현대적인 행정 관리를 보장하는 기본 조건의 개발 및 구현이라 할 수 있다. 이를 위해 연방정부의 민간 서비스 법안 작성, 인력 교육, 효율적 인사 배치를 위한 영향평가 등의 행정관리가 주된 업무이다.

제4국은 일반적인 정부 정책의 준비와 조정을 핵심 업무로 맡고 있다. 따라서 경제발전, 국민경제, 경제 연구 관련 문제, 연방·주 업무의 조정, 안보정책 등을 맡고 있다. 또한 유럽연합 및 경제협력개발기구(OECD)에서 회원국으로서의 업무에 집중하고 있다.

제5국은 헌법과 관련해 입법부, 헌법재판소, 행정재판소, 국제재판소에서 오스트리아 공화국을 대표하는 업무를 맡고 있다. 주된 업무 내용으로 정보보호 업무, 미디어법 업무, 인권 관련 국제 업무, 연방법률공보, 법률정보, 연방장관들에게 헌법적 조언, 법령의 평가 등이 있다(강현호, 2005: 120).

제6국은 언론 및 대국민 홍보활동을 담당한다. 이에 기자회견 및 미디어 홍보활동, 수상청의 웹사이트 및 소셜미디어를 관리하며 간행물을 제작하고 사진, 비디오와 같은 시각적 이미지를 통한 홍보도 주된 업무이다.

### (3) 핵심권한과 역할 수행 방식

오스트리아 연방 수상은 행정수반으로서 무엇보다 연방 최고 행정사무처리권을 갖고 있다. 즉 헌법 제69조 제1항에 의하면 오스트리아에서는 연방대통령에게 위임된 사항 이외에는 수상, 부수상 및 연방장관에게 행정사무를 위임하고 있는데 이들의 의장이 수상이기 때문에 최고행정사무권이 수상에게 있다고 할 수 있다. 또한 연방대통령 사고 시 1차적인 권력승계자이기도 하다. 이외에도 법률안의 제출 그리고 국민의회에 보고해야 할 의무가 있으며 각 주의 법률제정에 대해 반대할 수도 있고 헌법재판소에 소청할 수 있는 권한이 있다. 국가긴급권이 대통령에 의해 발동되지만 연방수상의 제청에 의해 발동되기 때문에 실질적인 권한은 연방수상에게 있다.

오스트리아 연방정부는 기본적으로 합의제 기관으로 행정수반으로서 수상은 단지 동료 중의 한 명이다. 즉 헌법상 연방수상은 내각의 장관들에게 법적 구속력이 있는 명령을 내릴 권한을 갖고 있지 않다. 그러나 현실적으로 연방수상의 권한은 막강하다. 무엇보다 연방수상은 헌법 제70조 제1항에 의거해 대통령에게 연방장관 임명 제청권을 갖고 있으며 특히 파면제안권을 갖고 있다. 또한 국민의회의 선거로 구성되는 정부로 제1당의 당수라는 위치로 인해 정당과 의원들에 의해 수상의 권력이 뒷받침되기 때문에 실질적으로 헌법상의 규정보다 더 큰 권력을 갖고 있다(김정현, 2015: 406). 그러나 연정을 통해 정부를 구성할 때 연정 파트너 정당에서 추천한 각료들에 대해서는 수상보다 부수상이 실질적인 권력을 행사할 수 있다. 즉 연정을 통해 정부를 구성할 때 수상이 임명 제청권을 행사하지만 연정 파트너 정당에서 제시하는 장관에 대해 수상은 받아들여야만 한다.

오스트리아의 연방정부 구성은 대통령 선거가 아니라 국민의회의 선거를 통해 구성된다. 따라서 연방수상의 소속 정당이 집권당이 된다. 이는 분명 의원내각제적 특징을 보이는 것으로 실질적인 권력이 대통령이 아닌 수상에게 있음을 의미한다. 오스트리아에서 대통령의 권한이 수상에 비해 약한 것은 이런 제도적 특징과 더불어 대통령 후보자의 추천 방식에 기인한다. 즉 정당 내에서 일반적으로 대통령으로 출마하는 사람들은 대부분 고령의 정치인으로 마지막 공직의 의미가 강하기 때문이다. 비록 일부의 대통령이 강력한 대통령으로서의 모습을 보인 사례가 있지만 오스트리아에서 정치권력은 수상에게 있고 따라서 수상에 의해 정국의 흐름이 주도된다(김정현, 2015: 408). 오스트리아에서는 헌법상 연방대통령이 국민의회를 해산할 수 있다. 그러나 대통령에 의한 의회해산권보다는 연립정부의 성격이 강하다 보니 내각의 갈등으로 인한 정부의 사퇴로 조기총선이 실시되었다.

국민의회는 연방수상 또는 연방장관에 대한 불신임권을 갖고 있다. 즉 헌법 제74조에 의하면 국민의회가 연방수상 또는 연방 개별 장관에 대해 신임을 거절하면 면직된다고 규정되어 있다. 일반적으로 국민의회의 의결은 구성원 1/3 이상의 참석과 투표수의 절대 과반수가 필요하나 이 경우 국민의회의 과반수의 출석이 필요하다. 불신임 투표의 연기가 가능한데 이는 국민의회의 의결에 의해서만 가능한 것으로 출석의원 1/5 이상의 요구가 있을 시 다음 날로 연기할 수 있다.

(4) 내각의 구성

오스트리아의 내각은 모두 13개의 부서로 구성되어 있다. 연방수상청, 연방유럽외교부(das Bundesministerium für europäische und internationale Angelegenheiten), 연방 노동부, 사회 보장 및 소비자 보호부(das Bundesministerium für Arbeit, Soziales und Konsumentenschutz), 연방재정부(das Bundesministerium für Finanzen), 연방보건부(das Bundesministerium für Gesundheit), 연방내무부(das Bundesministerium für Inneres), 연방법무부(das Bundesministerium für Justiz), 연방국방스포츠부(das Bundesministerium für Landesverteidigung und Sport), 연방농업임업환경수자원관리부(das Bundesministerium für Land−und Forstwirtschaft, Umwelt und Wasserwirtschaft), 연방교육문화예술부(das Bundesministerium für Unterricht, Kunst und Kultur), 연방교통혁신산업부(das Bundesministerium für Verkehr, Innovation und Technologie), 연방경제가족청소년부(das Bundesministerium für Wirtschaft, Familie und Jugend), 연방학문연구부(das Bundesministerium für Wissenschaft und Forschung)이다.[14]

각 부처의 지휘는 각 연방장관에 위임되어 있다. 즉 각 부처의 장관은 자신이 맡은 부처 사무의 주체이다. 연방장관은 국민의회의 피선거권이 있는 사

---

14 오스트리아 연방수상청. Retrieved from https://www.bundeskanzleramt.gv.at/bundesminist erinnen−und−bundesminister (검색일, 2017.10.30)

람이어야 한다. 기본적으로 각 부처의 장관은 연방정부의 구성원으로서 국민
의회에 책임을 지기 때문에 국민의회에 속해서는 안 된다.

또한 연방부처의 수, 효력범위, 설치와 관련해서는 연방법의 규정을 따르
도록 되어 있다. 연방법 제7조에 의하면 각 부처는 의무적으로 업무의 범위,
관련성을 기본으로 국(Sektion)과 과(Abteilung)로 구분하도록 되어 있다. 또한
여러 과(Abteilung)들을 연합체인 하나의 그룹(Gruppe)으로 묶을 수도 있으며
하나의 과(Abteilung)가 부서(Referate)로 세분화될 수도 있다.


## 3. 우리나라와의 비교 및 시사점

최근 대한민국 사회에서는 오스트리아의 정부형태에 대한 관심이 높다.
이는 무엇보다 제왕적 대통령제로 인한 문제점의 극복을 위한 대안으로서 이
원집정부제 또는 분권형 대통령제로 표현되는 오스트리아의 정부형태에 대한
관심 때문이다. 분명 오스트리아의 대통령은 헌법상 국가의 수반으로 막강한
권력을 갖고 있다. 그러나 오스트리아에서는 제1공화국의 경험 속에서 강력한
대통령제에 대한 부정적 이미지가 강하다. 이는 무엇보다 1986년까지 강한 대
통령제에 반대하는 사회민주당 후보의 당선 그리고 대통령 후보들이 계속해서
이러한 헌법적 관행의 유지를 약속하는 것에서 단적으로 나타난다.

다른 한편 헌법상 이원집정부제의 특징을 갖고 있음에도 대통령의 권한
이 단지 헌법상의 규정에 지나지 않는 것, 즉 역할포기(Rollenverzicht)로 표현
되는 관행이 유지될 수 있는 것은 바로 헌법에서 그 원인을 찾을 수 있다. 대
통령이 수상과 부처 장관의 임명권을 갖고 있지만 대통령이 다수당의 대표가
아닌 다른 사람을 자신 임의대로 수상으로 임명할 수 없다. 무엇보다 의회가
불신임을 통해 대통령의 내각구성권을 무력화시킬 수 있기 때문이다. 또한 의
회해산권의 행사에 있어서도 제한적이다. 의회 해산을 위해 정부의 제청이 있
어야만 하는데 연정으로 구성된 정부가 해산을 요청하지 않을 것이기 때문이
다. 따라서 비록 대통령의 권한이 명확하게 헌법상 보장되어 있지만 권한포기
를 받아들이고, 대외적으로 오스트리아를 대표하거나 상징적인 존재로 남아
있는 오스트리아의 정부형태를 분권형 대통령제로 표현하는 것에는 문제가 있
다. 오히려 오스트리아는 정치학적인 측면에서 봤을 때 의원내각제에 가까운
정부형태를 갖고 있다.

　　오스트리아의 행정수반인 수상은 원칙적으로 수상청의 장관으로 다른 장관들 중의 1인이다. 그러나 현실적으로 다수당의 당수가 수상이 되고 장관 제청권이 있는 상황에서 그 권력은 헌법상의 규정보다 막강하다. 그러나 제2공화국 이후 연립정부를 구성했던 오스트리아에서 수상의 막강한 권력은 현실적으로 합의제민주주의 틀 속에서 작동되어 왔다.

　　이러한 현실은 헌법상 막강한 권력이 있음에도 그 권력의 행사가 제한적일 수밖에 없는 대통령, 실질적으로 막강한 권력행사를 할 수 있지만 연립정부라는 특성상 항시적으로 합의를 통한 권력행사를 할 수밖에 없는 수상을 만들어 낸 오스트리아의 특징을 잘 나타내는 것이라 할 수 있다.

　　오스트리아의 이러한 특징은 무엇보다 정당정치를 바탕으로 한 정치적 특징에서 그 원인을 찾을 수 있다. 대통령의 역할포기 그리고 비록 강력한 권한을 갖고 있음에도 불구하고 의회와 정부 내에서의 합의에 기반을 두어야만 하는 근본적인 이유는 바로 정당이 정치의 중심에 있기 때문이다.

## 제2절 관료제 및 지방행정 체제

### 1. 공직사회

　　오스트리아의 공무원은 연방, 주, 지방자치단체, 대학, 전문대학 그리고 공기업 등에 근무하는 사람들을 크게 정규직과 계약직으로 구분하고 있다. 2016년 현재 연방에서 근무하는 공무원 132,741명, 주에서 근무하는 공무원은 142,347명, 지방자치단체에서 근무하는 공무원은 74,085명 총 349,173명이 근무 중이다(Bundeskanzleramt, 2017: 9).

　　연방 정부의 임무 수행은 중앙부처라 할 수 있는 정부의 13개 부처가 그 중심 그리고 그 산하기관에 있다. 업무의 관할 소관은 바로 이들에게 있다. 중앙부처에서 직접 근무하는 공무원의 비율은 8.3%이며 산하 기관, 예를 들어 학교, 법원, 세무서 및 경찰서 등에서 근무하는 공무원의 비율은 90.9%이고 나머지 0.8%는 최고 행정 기관, 즉 대통령 관저, 의회, 헌법재판소, 행정재판소, 감사원에서 근무하고 있다.

　　기본적으로 연방 공무원의 고용관계는 두 가지 형태가 있다. 바로 정규직과 계약직이다. 정규직의 비율은 56.9%로 지배적이다. 이는 무엇보다 경찰, 군대, 판사, 검사 등의 업무는 정규직 이외에 다른 대안이 없기 때문이다. 비록 정규직 형태의 고용이 지배적이지만 계속해서 감소하고 있는 상황이다. 정규직 공무원은 임명에 기반을 두고 공무원의 사망, 사임, 해고로 고용관계가 끝난다. 계약직 공무원은 계약을 기반으로 하기 때문에 계약의 해지로 고용관계가 끝난다.

기본적으로 연방공무원의 교육수준은 민간부문과 비교했을 때 상당히 높은 편이다. 민간부문과 비교했을 때 고등학교 또는 대학을 졸업한 비율이 50%로 민간부문의 35.3%에 비해 높다. 이는 무엇보다 연방공무원으로서 근무하기 위해 일정 수준의 교육이 필요하다는 것을 의미한다.

연방공무원으로서 근무하기 위해서는 각 부서에서 홈페이지 또는 관보 등을 통해 채용공고를 보고 지원을 해야 한다. 이후 채용 직종에 맞게 시험, 프레젠테이션, 인터뷰를 통해 업무에 적합한지를 판단하는 절차를 걸쳐 각 부서의 인사위원회에서 최종적인 결정을 내리게 된다. 결국 연방공무원 채용은 기본적으로 연방 그리고 그 산하기관에서 자체적으로 진행되는 것이다.

오스트리아는 합스부르크 제국 시대부터 관료제를 바탕으로 한 직업공무원제도가 확립되었다. 그러나 이들 직업공무원 이외에도 정부 부처 장관부속실(Ministerbüro/Ministerkabinette) 정무직의 역할이 중요하다. 장관 부속실의 공무원들은 부처 공무원들의 계층제와는 별개로 독립적으로 활동한다. 이들은 수상, 부수상 그리고 장관들로부터 정치적, 개인적 신뢰를 얻고 있는 사람들로 부처 특히 국(Sektion), 그룹(Gruppe) 그리고 과(Abteilung)의 수장들과 긴장과 경쟁 관계에 있다. 이들의 장관 부속실에서의 경력은 장관 또는 수상의 경력에 의존하며 이후 자신의 정치적 경력에 유용한 수단이 되기 때문에 공무원들과는 분명 다르다(Pelinka, 1999: 329). 더욱이 지난 2009년부터 2011년 사이 각료들은 장관부속실에서 근무하는 자신이 신임하는 인사를 부처 국(Sektion)의 책임자로 임명한 사례가 36번 정도 있었다는 보고[15]는 연방공무원 노조로 하여금 정무직 인사에 대한 문제제기로 연결되고 있다. 이러한 이유로 모든 부처 내에 사무총장 직을 둠으로써 공무원과 정치인들의 갈등을 최소화해야 한다는 주장도 제기되었다.[16]

15 Derstandard. Retrieved from http://derstandard.at/1358305737439/Die-unklaren-Machtstrukturen-der-Verwaltung (검색일, 2017.10.19)
16 Diepresse. Retrieved from https://diepresse.com/home/innenpolitik/amtshilfe/1283047/Jo

오스트리아는 제2공화국 수립 이후 연정을 통한 정부의 구성이 일반적이다. 이러한 이유로 헌법재판소, 주요 언론기관, 학교행정, 국영기업체 등 많은 영역에서 정부를 구성한 정당들 간에 나누어 관리하는 것이 관례화되었다. 즉 주요 관직이 정부를 구성하는 정당들의 힘에 비례하여 배정된 것이다. 따라서 공직 배정에 있어 정부를 구성하는 당은 자기 당에 배정된 부처의 장관, 부처 내 주요 자리를 자신들의 인사들로 임용하였다. 더욱이 연립정부를 구성할 때 중요한 부처에 대해서는 연립정권을 이루는 한 당이 장관을, 상대 당에게는 차관을 배정하여 서로를 견제하는 경우도 있었다.

## 2. 중앙/연방과 지방정부간 관계

오스트리아 헌법 제1조와 제2조에 의하면 오스트리아는 연방국가로 부르겐란트(Burgenland), 케른텐(Kärnten), 니더외스터라이히(Niederösterreich), 오버외스터라이히(Oberösterreich)명, 잘츠부르크(Salzburg), 슈타이어마르크(Steiermark), 티롤(Tirol), 포어아를베르크(Vorarlberg), 빈(Wien) 9개의 자립적인 연방주로 구성되어 있다. 이들 주들은 기본적으로 몇 백 년의 역사적 전통을 공유하고 있으면서 독자적으로 주 의회(Landtag)를 통해 입법을 할 수 있으며 행정부인 주 정부(Landesregierung)를 통해 자신들의 자치권을 행사하고 있다. 또한 각 주들은 반중앙집권적인 정서를 일으켜 정치적 동원을 하고 이를 바탕으로 연방정부에 대한 재량권을 획득하기도 하였다. 특히 빈(Wien), 부르겐란트(Burgenland), 케른텐(Kärnten) 연방주를 제외하고 1945년 이후 국민당이 정권을 잡은 주에서는 사회민주주의가 지배하는 중앙정부에 대한 반대 정서를 일으켜 자신들의 정치적 입지를 지켜왔다.

9개의 주는 의회주의의 원칙에 입각해 조직되어 있다. 직접선거에 의해 구성된 주 의회가 주의 행정을 책임지는 주지사와 주 정부의 구성원을 선출한다. 특히 빈(Wien), 포어아를베르크(Vorarlberg), 잘츠부르크(Salzburg), 티롤(Tirol) 연방주의 경우 주 헌법에 비례대표제를 채택하여 주 의회에서의 세력 분포가 주 정부에도 반영되게 함으로써 주 의회에 야당이 존재하지 않는 경우도 있다.

ngleure‒der‒Macht_Vorstoss‒fuer‒politische‒Beamte‒in‒Ministerien (검색일, 2017.11.20)

더욱이 주 정부에서 주지사가 독자적인 인사권을 갖고 있기 때문에 주지사의 권한은 더욱 크다. 이러한 이유로 몇몇 연방주에서는 비례대표제를 포함하는 주 헌법에 대한 논의가 있었다. 1980년대 중반 이후 연방차원에서의 다당제화가 1990년대 이후 주차원에서도 나타남에 따라 더욱 활성화되었다.

연방주에서 주지사들이 갖는 의미는 크다. 이는 무엇보다 연방정부와 달리 주 정부에서는 만장일치가 아니라 다수결의 원칙을 따르고 있기 때문이다. 일반적으로 가장 많은 득표를 획득한 정당에서 가장 영향력 있는 후보가 주지사가 되기 때문에 그의 권한은 클 수밖에 없다.

주 밑의 행정단위로 게마인데(Gemeinde)라는 지방자치단체가 있다. 기본적으로 의회주의의 원칙하에 조직되어 지방자치단체의 장은 가장 많은 표를 얻은 정당의 유력한 정치인이 맡게 되며 지방자치단체 의회를 구성하고 있다. 그러나 입법권이 없고 규칙, 지침에 대한 제정권만 가지고 있다. 지방자치단체는 주민생활과 밀접한 물 공급, 쓰레기 처리, 공원관리 등과 같은 업무를 다루고 있다.

그러나 헌법상의 규정에도 불구하고 오스트리아의 연방제는 상대적으로 약한 연방제이다. 9개의 주에는 사법권이 없으며 또한 재정도 연방의 권한이다. 주의 경우 입법권이 있지만 주 의회 의결 후 연방수상에게 공지해야 하고 연방정부는 이에 대해 이의 제기를 할 수 있다.

## 3. 우리나라와의 비교 및 시사점

2017년 현재 오스트리아의 전체 근로자 중 공무원의 비율은 15.9%로 이는 OECD 평균인 18.1%에 비해 낮은 편이다.[17] 이는 2009년 이후 계속적으로 공무원의 비율을 감소시킨 노력의 결과이다. 대한민국과 비교했을 때 오스트리아의 공무원은 폭넓은 정치적 자유를 갖고 있어 정당 가입, 활동이 자유롭다. 또한 공무원 노조를 통해 공무원들의 근로 상황이 공무원법에 어긋나지 않도록 보장받고 있다. 또한 공무원 노조의 활동이 정치와 행정의 명확한 분리를 통한 행정의 전문성 추구에 주목하고 있다. 이는 무엇보다 앞에서 설명

---

17 OECD. http://www.oecd.org/gov/gov−at−a−glance−2017−austria.pdf (검색일, 2017.11. 20)

하였듯이 정무직 공무원에 대한 문제제기의 근본적 원인이 바로 행정의 전문성 추구라는 차원에서 진행되고 있다는 점에서 확인할 수 있다.

오스트리아는 분명 헌법상 연방제 국가임을 표방하고 있다. 그러나 실질적인 측면에서 봤을 때 오스트리아의 연방제는 약한 연방제의 특성이 강하다. 이는 무엇보다 9개의 주가 각기 헌법을 갖고 있지만 입법권한에 있어 연방에 비해 약하고, 사법권을 갖고 있지 않으며 특히 재정적인 측면에서 연방정부로부터 독립적이지 못한 상황에서 실질적인 측면의 많은 한계를 가질 수밖에 없기 때문이다. 결국 행정권, 재정권, 입법권이 연방정부에 의해 주도되고 단지 주 정부는 연방정부의 결정사항을 집행하는 성격이 강한 연방제의 특징을 갖고 있다. 더욱이 주에서 파견되는 의원들로 구성되는 연방의회가 있음에도 불구하고 국민의회에 의해 실질적으로 입법과정이 주도되기 때문에 오스트리아의 연방제는 약한 연방제라 할 수 있다.

역사적으로 중앙집권적인 통치형태를 취했던 대한민국에서 약한 연방제가 어떤 시사점을 줄 수 있는지 의문이 든다. 비록 약하다 할지라도 연방제가 우리에게 적합한 제도인지에 대한 고민이 필요하다. 그럼에도 오스트리아의 사례는 우리사회에서 최근 지방자치 실현을 위해 중앙정부의 권한을 지방정부에 이양해야 한다는 논의들과 관련해 권한 이양의 핵심이 어디에 있는지 시사점을 주고 있다. 즉, 연방정부와 주 정부의 권한이 수직적으로 명확하게 구분되어 있고 연방정부에 의해 주도되는 오스트리아에서 약한 연방제를 취할 수밖에 없는 근본적인 이유는 바로 재정문제에서 찾을 수 있다. 즉 실질적인 자치란 재정적 문제의 해결이 전제되지 않는 한 결코 이루어질 수 없음을 의미한다.

## 제3절 입법부 및 사법부 차원

### 1. 의회 구성 및 운영방식

#### 1) 정당제도

1945년 제2공화국의 설립 초기 오스트리아는 기본적으로 사회민주당(Sozialdemokratische Partei Österreichs, SPÖ)과 기독교국민당(Österreichische Volkspartei, ÖVP) 중심의 양당제 정당체제였다. 그러나 1980년대 중반 이후 유권자의 가치관의 변화로 인한 진영의식의 약화는 양당제 중심의 정치지형에 변화를 가져왔다. 1986년 생태주의를 표방하는 녹색당(Die Grünen)이 좌파진영으로부터 분화되었으며 민족주의적 보수 정당인 오스트리아 자유당(Freiheitliche Partei Österreichs, FPÖ)이 급성장하면서 다당제로 정당체제에 변화를 맞이하였다. 이러한 변화 양상은 2000년대 이후 가속화되었다. <표 8-1>에서 알 수 있듯이 현재 오스트리아 정당들 중 국민의회, 연방의회, 주 의회 그리고 유럽의회의 의원수를 보면 이러한 모습이 명확하게 나타난다.

사회민주당은 사민주의 계열의 정당으로 1991년까지 사회주의당이란 명칭을 사용하였는데 중도좌파성향의 유권자들의 지지를 얻고 있다. 2017년 국민의회 선거에서 26.86%의 지지로 52석을 획득하였다. 국민당은 보수주의 및 기독교민주주의 성향의 중도우파 정당으로 기독교사회당의 후신이다. 2017년 국민의회 선거에서 31.47%의 지지로 62석을 획득하였다. 자유당은 우파성향의 정당으로 민족주의, 보수주의, 유럽회의주의 그리고 이민자에 대한 배타적인 태도를 표방하고 있다. 2017년 국민의회 선거에서 26.97%의 지지로 51석을 차지하고 있다. 신오스트리아는 자유주의를 표방하며 등장한 정당으로

▌표 8-1  **오스트리아 정당**

| 정당(창당연도) | 당원수 | 국민의회 의원수 | 연방의회 의원수 | 유럽의회 의원수 | 주의회 의원수 |
|---|---|---|---|---|---|
| 사민당(1888) | 180,000 | 52 | 20 | 5 | 148 |
| 국민당(1945) | 600,000 | 62 | 22 | 5 | 154 |
| 자유당(1955) | 60,000 | 51 | 12 | 4 | 68 |
| 녹색당-녹색대안(1986) | 7,000 | | 4 | 3 | 47 |
| 신오스트리아 자유포럼(2012) | 2,700 | 10 | | 1 | 7 |
| 리스트 페터 필즈(2017) | 4 | 8 | | | |
| 팀슈트로나흐(2012) | | | 1 | | 12 |
| 앞으로 티롤(2015) | | | | | 3 |
| 공산당(1918) | 2,000 | | | | 2 |
| 리스트 프리츠 드리크하우저(2008) | | | | | 2 |
| 리스트 부르겐란트(2010) | | | | | 2 |
| 잘쯔부르크 자유당(2015) | | 2 | 1 | | 5 |

출처: Wikipedia. Retrieved from https://de.wikipedia.org/wiki/Liste_der_politischen_Parteien_in_%C3% 96sterreich (검색일, 2017.11.20) 참조 저자 작성

2017년 국민의회 선거에서 5.3%의 지지로 10석을 획득하였다. 녹색당에서 분화한 리스트 페터 필즈는 2017년 국민의회 선거에 처음 출마하여 4.4%의 지지로 8석을 획득하였다.

## 2) 의회체제

### (1) 양원제

#### ① 국민의회와 연방의회

오스트리아 의회는 양원제로 국민들의 직선에 의해 선출되는 의원들로 구성된 하원에 해당하는 국민의회(Nationalrat)와 주 의회에서 파견한 의원들로 구성되는 상원인 연방의회(Bundesrat)로 구성된다.

연방의회는 기본적으로 연방에 대해 주의 이익을 대변하는 의회로 의원 수는 주의 인구수에 따라 연방대통령이 인구조사를 통해 확정하게 된다. 그러나 인구수가 가장 많은 주 12석, 나머지 주에는 인구비례에 따라 의석이 배분되지만 인구수가 작은 주라 할지라도 최소 3석이 배분되게끔 헌법 제34조에 규정되어 있다.[18] 또한 헌법 제35조에 의하면 각 주는 비례선거 원칙에 의해 연방의회에 파견할 의원을 선출하는데 어느 한 당의 지배적인 지위를 막기 위해 2위 정당에게 최소 1석을 배정하도록 되어 있다. 연방의회의 전체 의원 수는 지난 1993년 65명, 2002년 62명에서 2013년 이후 61명이다. 이 61명의 각 주 배분은 부르겐란트(Burgenland) 3명, 케른텐(Kärnten) 4명, 니더외스터라이히(Niederösterreich) 12명, 오버외스터라이히(Oberösterreich) 10명, 잘츠부르크(Salzburg) 4명, 슈타이어마르크(Steiermark) 9명, 티롤(Tirol) 5명, 포어아를베르크(Vorarlberg) 3명, 빈(Wien) 11명으로 되어 있다.[19] 오스트리아 연방의회의 의원은 독일의 연방상원에 비해 자신을 파견한 주의 견해로부터 자유롭다. 독일 연방상원에서는 같은 주 의원들의 투표는 통일적으로 주의 지침을 따르도록 되어 있지만 오스트리아 연방의회의 의원은 주의 지침을 따르지 않을 수 있다. 이러한 자율성이 있지만 국민의회에 비해 정치적 비중은 높지 않다. 즉 기

---

18 독일 연방법. Retrieved from https://www.ris.bka.gv.at/GeltendeFassung.wxe?Abfrage=Bundesnormen&Gesetzesnummer=10000138 (검색일, 2017.11.10)

19 Wikipedia. Retrieved from https://de.wikipedia.org/wiki/Bundesrat_(%C3%96sterreich) (검색일, 2017.11.20)

본적으로 법안은 먼저 국민의회에서 심의, 의결된 이후 연방의회에서 승인 또는 거부될 수 있지만 연방의회에서 거부된다 할지라도 국민의회는 종결결의를 통해 연방의회의 결정을 무효화할 수 있다. 또한 국민의회 의사규칙 개정, 국민의회의 해산, 연방재정에 관련된 입법 등에 있어 연방의회는 배제되고 있다. 이러한 관계는 결국 국민의회가 연방의회에 비해 정치적 비중이 높음을 의미한다. 그러나 주의 권한을 제한하는 헌법적 규정의 제정, 연방의회의 권리와 관련된 법률, 주의 독립적 권한 영역에 속하는 사무에 대해 규율하는 조약체결의 경우 입법권이 보장된다.

국민의회의 임기는 5년으로 선거일 기준 만 16세 이상인 오스트리아 연방 국민들의 직접 선거로 183명의 의원이 선출된다. 국민의회에서 법률안 의결, 국민의회의 자발적 해산, 연방정부 및 개별 장관에 대한 불신임안 등을 위해 의결정족수는 재적의원 1/3 이상의 출석과 투표자 과반수의 찬성이 필요하다.[20] 단지 연방의회의 법률안거부권 행사에 대해 국민의회가 자신들의 원안을 재의결하는 경우, 연방의 헌법적 규정 의결을 위해서는 재적의원 1/2 이상의 출석과 투표자 2/3 이상의 찬성이 필요하다.[21] 또한 국민의회는 연방차원의 행정통제권을 갖고 있다. 예를 들어 연방대통령에 의해 임명되는 헌법재판소 재판관 및 예비재판관에 대한 제청권, 회계감사원의 심사원장 선출권 등을 갖고 있으며 국정조사권, 연방정부에 대한 서면·구두·긴급질문권, 연방정부 구성원에 대한 탄핵소추의결권을 갖고 있다.

② 국민의회 의원의 선출방식[22]

9개의 자치주로 이루어진 연방 국가인 오스트리아는 선거구 또한 자치주와 같이 9개의 주선거구(Landeswahlkreis)로 나누어져 있으며 이 9개의 선거구는 다시 39개의 구역(Region)으로 나누어진다. 기본적으로 정당과 후보에 투표를 해 후보를 선출하며, 정당의 의석은 정당득표에 의해 이루어지는 비례대표제 방식을 취하고 있다. 그러나 독일식 비례대표제와의 차이점은 명부순위의

---

20 독일연방법. https://www.ris.bka.gv.at/GeltendeFassung.wxe?Abfrage=Bundesnormen&Gesetzesnummer=10000138 Artikel 31 (검색일, 2017.11.10)

21 독일연방법. https://www.ris.bka.gv.at/GeltendeFassung.wxe?Abfrage=Bundesnormen&Gesetzesnummer=10000138 Artikel 44 (1) (검색일, 2017.11.10)

22 오스트리아 국민의회 의원 선출 방식과 관련된 본 내용은 아래의 두 글을 참조하여 저자가 수정, 보완하였음. 세계재판동향(2015: 188-194), 김종갑·이정진(2017).

변동이 가능하며, 명부작성 단위, 인물대표성의 구현방식에 있어 차이가 있다. 이를 좀 더 구체적으로 설명하면 먼저 개별 선거구 단위인 구역(Region), 주(Land), 연방(Bund)에서 독립적으로 명부를 작성하고 구역부터 시작해 주, 연방의 순으로 당선인을 확정한다.

국민의회의 의석 배분을 이해하기 위해서는 먼저 각 선거구에 할당된 의석을 구하는 방법에 대한 이해가 선행되어야 한다. 각 선거구 할당 의석을 구하기 위해 먼저 비례수를 구하는데 이는 오스트리아 국적 인구와 등록된 재외국민을 합한 수를 국민의회 의석인 183으로 나눈 값으로 소수점 셋째자리까지가 유효하다. 다음으로 이 비례수를 각 주 선거구에 주소지를 둔 주민의 수로 나누어 나오는 값이 해당 주에 할당된 의석수가 된다. 이때 소수는 버린다.[23] 이렇게 각 주에 할당된 의석수가 나오게 되면 이 의석수는 그 주에 속한 구역(Region)에 나누어 할당된다. 즉 주에 배당된 의석수를 주민 수에 비례하여 각 구역에 배분하는 것이다.

국민의회 의원으로 입후보하기 위해서 후보자는 정당 명부에 등재되어야 하는데 오스트리아에서는 구역(Region), 주(Land), 연방(Bund) 각 단위에서 정당 명부를 작성해 해당 선거관리위원회에 제출해야 한다. 정당 명부의 후보자 순서는 정당에서 결정되며 득표수에 비례하여 배분된 의석 순서대로 의원으로 선출된다. 그런데 유권자는 정당에 1표를 행사하고 동시에 자신이 선택한 정당의 후보자 중 선호하는 후보들을 구역명부, 주명부, 연방명부에서 각 1인 총 3명에게 표를 주는 선호투표를 할 수 있다(세계헌법재판동향, 2015: 190). 이를 통해 후보자는 정당 명부의 순서와 상관없이 의원으로 선출될 수 있다.

하지만 선호투표를 통해 의원으로 선출되기 위해서는 구역에서 14% 이상, 주에서 10% 이상, 그리고 연방에서 7% 이상의 득표율을 확보해야 한다. 그런데 현실적으로 명망가가 아니면 힘들기 때문에 후보자가 선호투표를 통해 의석을 얻는 경우는 아주 드물다.

이러한 투표결과를 바탕으로 183석의 의석이 구역, 주, 연방 순으로 세 번의 절차를 거쳐 득표수에 비례하여 각 정당에 배분된다. 먼저 구역과 주 선

---

23 버린 소수로 인해 의석이 남게 되면 먼저 버림한 소수 세 자리가 큰 주 선거구부터 추가적으로 할당되며 여러 선거구가 같은 소수 세 자리를 가질 경우 각각 하나의 의석을 받는다. 마지막으로 할당된 의석에 여러 선거구가 같은 소수 세 자리일 경우에는 추첨을 통해 결정된다(세계헌법재판동향, 2015: 189).

거구 배분을 위해 투표의 결과에 따라 당선기수(Wahlzahl)를 계산해야 한다. 이는 정당이 하나의 의석을 얻기 위해 필요한 투표수를 의미하는 것으로 해당 주 선거구의 유효한 투표 총수를 그 해당 주 선거구에 총 할당된 의석수로 나누어 구한다. 이 당선기수는 해당 주 선거구에 속한 모든 구역 선거구에도 적용되는데 항상 반올림하지만 나누어떨어지는 경우 1을 더한다.

첫 번째 순서인 구역 선거구에서 의석 배분은 먼저 구역 선거구에서 작성된 명부후보 중 선호투표의 결과 14% 이상을 얻은 후보자가 의원으로 선출된다. 다음으로 각 구역 선거구에 배당된 의석을 4%의 봉쇄조항에 상관없이 정당들 간에 획득한 득표수에 따라 나누기 위한 절차가 진행된다. 이를 위해 각 정당은 해당 구역 선거구에서 득표한 투표수에 당선기수를 나누어 나온 수만큼의 의석을 갖게 된다.24

두 번째 순서는 주 선거구에서의 의석 배분으로 먼저 주 선거구 명부 후보 중 10% 이상의 득표를 한 후보를 의원으로 선출한다. 다음으로 구 선거구에서 배분되지 않은 의석을 배분하기 위한 절차가 진행되는데 이때 4%의 봉쇄조항이 적용되어 정당의 참여가 제한된다. 개별 정당은 자신들이 해당 주 선거구에서 득표한 수를 당선기수로 나누었을 때 나오는 몫에서 해당 구역 선거구에서 이미 배분받은 의석수를 뺀 의석수를 주 선거구에서 받게 된다.25

세 번째 의석 배분 순서에서는 먼저 선호투표를 통해 7% 이상의 득표를 한 후보를 의원으로 선출한다. 이후 4%의 봉쇄조항을 통과한 정당들을 대상으로 구역 및 주 선거구에서 배분되지 않은 의석에 대한 최종적인 의석 배분이 이루어진다. 이를 위해 일차적으로 선거기수를 다시 정한다. 이는 무엇보다 남는 의석이 생기지 않기 위한 방법이다. 이에 각 정당의 연방 차원에서의 총 득표수를 나열한 후 1/2, 1/3, 1/4 식으로 나누면서 몫이 큰 순서대로 183석을 배분하는데 마지막 183번째로 배분되는 몫이 연방차원에서의 당선기수가 된다. 그리고 연방차원에서 개별 정당이 득표한 투표수를 이 당선기수로 나눈 몫이 개별 정당에 연방차원에서 배분되는 의석수가 된다. 이때 이 의석수와

---

24 나눈 수의 소수 자리는 버리게 된다. 이로 인해 구 선거구에 할당된 의석의 일부가 배분되지 않고 남게 된다.
25 구 선구에서와 동일하게 나눈 수의 소수 자리를 버리게 되고 주 선거구에 할당된 의석의 일부가 배분되지 않고 남게 된다.

이미 구역 및 주 선거구에서 배분된 의석수의 차이가 세 번째 순서에서 추가적으로 얻게 되는 의석수가 된다.

이러한 선거는 선거관리위원회에 의해 관리된다. 선거 전에 선거관리위원회가 설치되며 의장, 부의장 그리고 다수의 사람들로 구성된다. 선거관리위원회는 행정구역에 따라 설치되는데 연방선관위가 연방전체의 선거를 관리할 권한을 갖고 있다. 연방선관위는 내무장관을 의장으로 17명으로 구성되는데 이 중 현직 또는 은퇴한 2명의 재판관이 있어야 한다.

제2공화국 수립 이후 지금까지 국민의회 선거가 조기에 치러진 경우는 1953, 1966, 1971, 1986, 1995, 2002, 2008년이었다. 비록 대통령이 의회를 해산할 수 있지만 현재까지 그 권리를 행사한 적은 없다. 오히려 대통령보다는 연립정부 내의 갈등으로 인해 조기총선이 치러진 경우라 할 수 있다.

## 2. 의회의 정부/내각과의 역할관계

오스트리아에서는 정부와 의회가 대립하는 경우가 거의 없다. 이는 무엇보다 정부의 한 축이라 할 수 있는 대통령의 권한이 실질적으로 그만큼 크지 않기 때문이다. 또한 의원내각제적 특징을 갖고 있기 때문에 다수당의 당수가 수상이 되기 때문이라 할 수 있다. 따라서 의회의 해산보다는 정부의 사퇴로 인한 조기총선이 일반적이다. 정부의 구성이 각 정당의 연립정부에 바탕을 두고 있기 때문에 정부 내 연립정부를 구성한 내각 구성원들 간의 갈등으로 정부가 사퇴하게 되는 것이다(김정현, 2015: 410).

또한 오스트리아에서 정부의 구성은 대통령의 선거 결과가 아니라 의회 선거의 결과에 따른다. 그래서 정부의 구성도 대통령 선거 후가 아닌 의회 선거 직후에 이루어진다. 의회선거 결과에 따라 어느 한 정당이 단독으로 과반수 의석을 차지하면, 단독정부(1964년부터 1970년까지의 국민당, 1970년부터 1983년까지의 사민당)를 구성하게 되나, 그렇지 않을 경우에는 정당 간의 연립정부를 구성해 정부를 출범시킨다(김정현, 2015: 411).

## 3. 사법부 구성과 운영체제

권력분립의 원칙에 입각해 오스트리아 사법부는 의회, 행정부에 독립적이다. 사법부 내 최고의 사법기관은 대법원, 행정재판소, 헌법재판소로 구성되어 있다.

대법원 재판부는 소장 1인, 부소장 2인(형사부, 민사부), 부장판사 13인, 판사 44인 모두 60명의 법관으로 구성되어 있다. 이들의 임기는 없지만 정년은 65세로 대법원 인사위원회의 제안에 따른 연방정부의 제청으로 연방대통령에 의해 임명된다(사법정책연구원, 2014: 21-22). 일반법 중 최고법원인 대법원은 민·형사 사건의 상고심재판, 공증인에 대한 징계사건, 기본권 침해 사건을 심판한다.

대법원 밑으로 고등법원, 지방법원, 시군법원이 175군데 존재한다. 고등법원 또는 2심 법원은 비엔나, 그라츠, 린츠, 인스부르크에 있으며 지방법원의 민·형사 사건 판결에 대한 항소사건을 관할한다. 대법원 이전 단계에서 사법행정의 중요한 역할을 담당하는 고등법원의 법원장은 그 관할구역에 위치한 모든 법원 행정에 관한 총수로 직접적으로 연방법무부의 지휘를 받는다.

지방법원은 모두 21개로 민사에 관해서는 법률이 다른 시군법원의 관할로 정하지 않은 모든 소송과 소가(訴價) 1만 유로를 넘는 소송을 관할하고, 단독판사가 재판을 담당한다.[26] 또한 2심 법원으로서 시군법원의 판결에 대한 항소사건을 관할한다. 이때 3명의 판사로 구성된 부에서 이를 담당하고, 유죄 여부 또는 형벌에 대한 항소를 담당한다.

시군법원은 140군데 존재하며 민사에 관해서, 시군법원은 소가(訴價) 1만 유로 미만의 소송, 소가(訴價)와는 관계없이 가사소송과 임대차소송을 관할한다. 형사와 관련해 시군법원은 벌금형 또는 1년이 넘지 않을 자유형으로 처벌할 단순절도, 과실상해 등과 같은 것을 관할한다.[27]

다음으로 행정재판소는 소장, 부소장, 13명의 부장 그리고 53명의 판사로 구성되어 있다. 행정재판소 법관의 정년은 65세이다. 소장, 부소장 그리고 판사는 연방정부의 제청에 의해 연방대통령이 임명한다. 소장, 부소장 이외의 행정재판소 판사들은 연방대통령에 의해 임명된다. 그러나 이를 위해서는 행정재판소 전원회의를 통한 추천, 연방정부의 제청이 필요하다(김태호, 2015: 23). 행정재판소의 구성원이 되기 위해서는 법학 또는 국가학 전공을 마치고 법 관련

---

26 Blogspot. http://imagistrat.blogspot.kr/2011/01/25_8226.html (검색일, 2017. 11. 20)

27 Blogspot. http://imagistrat.blogspot.kr/2011/01/25_8226.html (검색일, 2017. 11. 20)

직종에서 최소 10년 이상 활동하여야 한다(사법정책연구원, 2014: 23). 구성원의 1/4 이상은 각 주의 공무원 중에서 임명하도록 하는데, 실제 구성원은 법관과 연방의 행정공무원, 변호사가 다수를 이루고 있다(사법정책연구원, 2014: 23). 행정재판소의 판결은 주로 5인 또는 3인의 판사로 구성된 소재판부(현재 총 21개의 부가 있음)에서 이루어지며, 판례의 변경이나 판결 간의 충돌을 해소해야 하는 중요한 사건에서는 5인의 소재판부에 4인의 판사를 추가하여 9인으로 구성된 강화된 재판부에서 판결을 한다(사법정책연구원, 2014: 23).

행정재판소는 종래 행정청의 행정처분과 독립행정위원회 처분의 위법성을 다투는 처분항고소송(Bescheidbeschwerde) 사건과 행정청 및 독립행정위원회의 처분의무에 대한 부작위가 위법함을 다투는 부작위항고소송(Säumnisbeschwerde) 사건의 처리를 핵심 기능으로 삼아 왔으나, 제1심 행정법원이 신설되면서 행정재판소는 행정법원에 제기된 처분항고소송, 부작위항고소송의 상고심으로서의 기능을 수행하게 되었다(사법정책연구원, 2014: 24).

오스트리아 헌법재판소는 소장과 부소장 1명, 재판관 12명 그리고 6명의 예비재판관으로 구성된다. 재판관이 되기 위해서는 법학 또는 국가학을 전공한 이후 해당 직종에서 10년 이상의 경력이 있어야 한다. 또한 이러한 자격이 있다 할지라도 연방정부, 주 정부, 국회의 구성원같이 헌법재판소 본래의 기능을 저해할 수 있는 사람은 재판관이 될 수 없다(2015: 24). 연방정부나 주 정부, 국회의 구성원은 헌법재판소의 재판관이 될 수 없다. 임기 중에 사임한 경우에도 당초 임기 동안에는 재판관으로 임명될 수 없다. 재판소장 및 부소장의 경우에는 더 엄격한데 지난 5년 간 정부나 국회에 소속되어 있던 사람은 소장 또는 부소장이 될 수 없다(사법정책연구원, 2014: 24).

의회와 행정부의 제청에 따라 연방대통령이 헌법재판소 소장 및 부소장을 임명한다. 또한 연방정부는 6인의 헌법재판소 재판관과 3인의 예비재판관을 제청한다. 연방정부의 제청으로 대통령이 임명하는 재판관 및 예비재판관의 경우에는 법관, 행정공무원, 법학 교수 중 하나의 직에 있던 사람이어야 하며 이 중 세 명의 재판관과 두 명의 예비재판관은 그 주된 거주지가 수도인 비엔나(Vienna) 외의 지역에 있어야 한다(사법정책연구원, 2014: 25).

## 4. 입법부 및 사법부 체제와 운영상 특성과 시사점
   (우리나라와의 비교 관점에서)

제2공화국 수립 이후 현재까지 대부분의 선거결과 오스트리아는 연립정부를 구성하였다. 연립정부의 구성은 결국 합의제민주주의로 나아갈 수 있는 토대가 되었다. 연립정부를 구성할 수밖에 없는 가장 큰 이유 중 하나는 비례대표제 방식의 채택이라 할 수 있다. 특히 오스트리아의 비례대표제는 최대한의 사표를 방지하기 위한 방법으로 선거구를 구분하고 있으며 선거구별로 당선기수를 통과한 후보를 우선적으로 당선시킴으로써 표의 등가성을 보장해주고 있다. 이러한 특징은 민의를 최대한 의석으로 연결시키려는 모습이라 할 수 있다.

최근 대한민국 사회에서 오스트리아의 정부형태 또는 통치형태에 대한 관심은 높지만 오스트리아의 특징이 기본적으로 어디에서 기인하는지에 대한 물음은 존재하지 않는다. 결국 오스트리아의 정치의 특징은 선거를 통해 나타난 민의를 최대한 의회의 의석으로 전환시키려는 노력에서 기인하는 것이다. 그러나 현재 대한민국에서는 이에 대한 이해가 전혀 없이 단순히 개헌 논의에만 매몰되고 있다. 이러한 차원에서 오스트리아의 정당정치, 협의제민주주의의 출발점은 바로 선거를 통해 표현되는 민의를 최대한 의석수로 전환하는 것에서 출발한다는 점을 명확하게 인식할 필요가 있다.


# 제4절 시사점

지금까지 오스트리아의 정치, 행정, 사법체계에 대해 개괄적인 설명을 진행하였다. 역사와 문화가 이질적인 오스트리아의 사례로부터 대한민국에 어떤 직접적인 시사점을 찾을 수 있을지 의문이 들 수 있다. 그럼에도 불구하고 민주주의 체제가 어떻게 작동되는지, 민주주의의 기본적 원리가 구체적으로 어떻게 구현되는지에 대한 물음은 우리에게 많은 시사점을 주고 있다. 이와 관련해 정치체제 그리고 중앙과 지방정부 차원에서 생각할 여지는 충분하다.

## 1. 정치체제

오늘날 오스트리아의 역사적 뿌리는 합스부르크 왕가, 헌법의 뿌리는 1918년의 제1공화국에 있다. 그러나 오늘날 오스트리아의 민주주의적 정치체제를 위한 기본 골격은 제2차 세계대전 이후 형성된 것이라 할 수 있다.

이 과정에서 지난 역사를 통해 자신들에 맞는 고유의 체제를 형성하였다는 점을 먼저 생각할 수 있다. 즉 입헌군주제 시기 의회의 형해화 그리고 제1공화국 시기 민주주의가 완전히 정착되지 않은 상황에서 극단적인 이념적 대립의 결과가 독재로 연결되었던 경험이 제2차 세계대전 이후 성공적으로 민주적인 정치에 밑거름이 되었다고 할 수 있다.

오늘날 모든 민주주의 국가는 권력분립의 원칙에 입각해 있다. 이 권력분립의 원칙은 기본적으로 입법, 사법, 행정 차원에서 그 어느 개인, 집단에게도 권력이 집중되지 못하게 하는 것이다. 그러나 법의 제정과 집행이 정치적인 차원에서 이루어지는 현실적 상황에서 명확한 권력분립이 가능한 것인지에 대한 의문이 제기될 수 있다. 이는 오스트리아의 경우도 예외는 아니다. 그럼에도 오스트리아는 정치적 차원에서의 법의 제정과 집행에 견제와 균형의 원리를 찾고자 노력하였고 그 결과 중 하나가 대통령의 역할포기(Rollenverzicht)라는 관행이다.

헌법상 대통령과 수상의 명확한 권리와 의무 그리고 역할을 명시하고 있는 이원집정부제의 특징을 갖고 있으나 대통령의 권한은 기본적으로 투표라는 민의로 집결된 의회의 세력관계를 무시할 수 없는 또 다른 장치가 마련되어 있다. 또한 민의로 집결된 다수당의 당수가 수상이 되는 관례에 있어 수상의 권한은 헌법에 명시되어 있는 대통령의 권한보다 실질적으로 크다고 할 수 있다. 그러나 이 또한 연립정부를 구성할 가능성이 큰 현실적 상황에서 의회의 세력관계를 무시할 수 없다.

이는 결국 대통령 – 수상 – 의회가 민의를 바탕으로 서로를 견제할 수밖에 없도록 되어 있는 제도적 장치에서 그 원인을 찾을 수 있다. 이러한 제도적 장치와 관련해 가장 핵심이 되는 것 중 하나는 바로 투표를 통해 민의가 의회 내 의석으로 배정되는 방식에서 찾을 수 있다. 이는 비례성이 높은 선거제도라 할 수 있다. 오스트리아는 정당명부의 후보를 유권자들이 직접 선택할 수 있는 개방형명부제도를 바탕으로 한 전면적 비례대표제 방식을 취하고 있다. 또한 비례대표제에서 나타날 수 있는 선거구 구분으로 인해 사표가 의석으로 반영되지 못하는 현상을 막기 위해 누락된 사표를 위 단계에 다시금 반영하는 방법을 통해 사표의 발생을 최소화하고 있다. 이러한 비례대표제의 강화는 결국 연립정부를 구성할 수밖에 없는 결과를 야기하고 이는 의회와 대통령 그리고 수상 간의 합의를 통한 정치를 할 수밖에 없도록 강제하는 수단이 되고 있다.

## 2. 중앙과 지방의 관계

최근 대한민국 사회에서는 개헌 논의와 더불어 지방자치의 강화를 위해 중앙의 권한을 지방에 이양해야 한다는 논의가 제기되고 있다. 역사적으로 대한민국은 강력한 중앙집권적 전통을 갖고 있기 때문에 연방제로부터 직접적인 시사점을 찾기는 쉽지 않다. 그럼에도 오스트리아의 연방제는 연방정부가 강력한 권한을 갖고 있는 약한 연방제의 성격을 갖고 있기 때문에 지방정부에 권한을 이양해야 한다는 최근의 논의에서 어떤 시사점을 찾을 수 있다고 생각된다.

주 자체적인 정부, 의회는 분명 지방자치단체에 권한을 이양해야 한다는 주장에 명분을 주고 있다. 그러나 현실적으로 제한된 입법권 그리고 재정권이 부재한 상황에서 권한의 이양은 한계를 가질 수밖에 없다. 오스트리아 연방제를 약한 연방제라 하는 이유가 바로 여기에 있다. 사법권, 입법권의 경우 대한민국이라는 현실적 상황에서 지방정부에 이양할 수 있는 성질의 것이 아닐 수 있다. 그러나 재정권은 지방자치가 실질적으로 실현되기 위한 전제이며 이러한 전제가 생략된 권한 이양은 진정한 의미의 권한 이양이 아니라는 것을 오스트리아의 사례를 통해 확인할 수 있다.

# 09 터키
## TURKEY

## 제1절 통치체제

### 1. 정부형태 개요

#### 1) 통치제제 구성 및 내용과 역사적 맥락

'터키식 민주주의'라는 말까지 생길 정도로 이슬람 민주주의의 롤모델 역할을 해낼 것이라 기대받던 터키가 최근에는 극심한 국론 분열로 우려의 대상이 되고 있다. 2017년 에르도안 대통령이 이끄는 현 터키 정부는 안보와 경제성장 그리고 민주주의적 가치가 상충되고 있어 '터키식 민주주의와 경제성장이 과연 성공할 것인가'에 대한 많은 관심을 정치평론가 및 지역전문가들로부터 받고 있다.

1991년 소련이 붕괴되어 중앙아시아에 다양한 터키계 국가가 설립되었을 당시와 2010년 아랍의 봄으로 많은 아랍 국가들에서 반정부 민주주의 운동이 일어났을 때 등장한 것이 '터키식 민주주의' 담론이다. 터키는 무스타파 케말 아타튀르크 초대 대통령이 1923년 오스만 제국의 폐허 위에 세운 이슬람 세계의 첫 번째 공화국이다. 당시 아타튀르크는 공화인민당(CHP, Cumhuriyet Halk Partisi)이라는 유일 정당을 설립하며 강력한 대통령제 아래 수백 년 동안 누적된 부패를 급진적으로 개혁하였다. 그러나 1950년까지 이어진 27년간의 공화인민당 권위주의 독재체제는 또 다른 정치-경제-사회적 부조리를 양산하였다(오종진, 2016). 공화국 초기 대대적인 정치-경제-사회 개혁을 추진하던 공화인민당은 점차 개혁의 동력을 잃고 결국 부패하기 시작했다. 결국 1950년에는 우리의 4·19혁명과 유사한 민중혁명이 일어났고, 이로써 터키는 강력한 대통령제에서 유럽식 민주주의라 할 수 있는 의원내각제로 전환됐다. 이후 터키는 지난 67년 동안 의회민주주의를 꾸준히 유지해 왔다. 이 때문에 여느 이슬람 세계나 개발도상국과는 비교할 수 없는 민주적 정치경험을 쌓았다는 평가를 받고 있다(오종진, 2016). 그러나 한 단계 발전된 민주주의 정치체계를 이루었다는 외부 평가에도 불구하고 지난 60여 년간의 터키 정치사는 결코 순탄하지 않았으며 오히려 혼란스러웠다고도 평가할 수 있다. 이는 터키가 의원내각제를 실행하면서 군소정당이 난립하게 되었고 여러 정당이 권력을 나누어 가지는 연정(聯政)이 지속되는가 하면, 여러 번의 쿠데타(1960, 1970, 1980)로 국정이 자주 혼란스러웠기 때문이다. 연립정부의 책임성 없는 정책은 터키의 국가 경제력을 떨어뜨려 터키의 경제와 산업을 뒷걸음질하게 하였다. 급기야 터키는 2002년 IMF의 구제 금융까지 받게 되었다.

2002년에 정의개발당(AKP, Adalet ve Kalkınma Partisi)이 집권하면서 터키는 아타튀르크 이후 새로운 정치적 르네상스를 맞이하는 듯했다. 정의개발당은 지난 15여 년(2002–2017) 동안 기존의 여러 집권세력(케말리스트, 사회주의, 민족주의 등)과 군부의 지속적인 견제와 정치적 도전에도 불구하고 자신들의 정치적 입지를 공고히 했다. 내부적으로는 다양한 정책과 법 개정 그리고 고도의 경제성장을 이루었으며, 초기에는 대외적으로도 서구 국가들과 전향적 국제 관계를 맺어 외부의 긍정적인 평가가 늘어났다. 그러면서 에르도안 정부는 선거를 통한 지지기반을 기초로 하여 이슬람 가치를 강조한 보수적인 정책들을 강력하게 추진해 왔다. 통치기간이 점점 길어지면서 통치 방식 또한 점점 권위주의적이며 독재적인 성격으로 변하고 있다는 평가가 늘어나고 있다. 터키 정치사에서 '선거의 제왕'이라 평가되는 레젭 타이프 에르도안 대통령은 지난 15년 동안 여러 정치적 도전과 난제를 선거를 통해 해결하였다. 에르도안 대통령은 최근 2017년 4월 16일에 역사적인 국민투표를 실시하여 67년간의 의원내각제를 종식시키고 터키를 대통령 중심제 국가로 전환하는 데 성공하였다. 다시 말해 에르도안 정부는 전격적인 정치체제 변동을 실시하여 1950년 이전의 아타튀르크 시대와 같은 강력한 대통령제를 통해 더욱 강한 터키를 만들겠다는 포부를 다지고 있다.

2017년 4월의 개헌투표는 터키의 전체 유권자 5,836만 명 가운데 5,060

▌그림 9-1  2017년 총선 결과

출처: http://www.voicesnewspaper.com/turkeys-evet-to-presidential-system/ (검색일시: 2017.12.1.) 인용

▌그림 9-2  터키의 정치체제 변동 약사

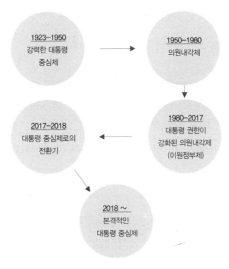

출처: 저자 작성

만 여 명이 참여하면서 투표율이 87%에 달하여 그 어느 선거보다 많은 대내
외적 관심과 국민참여가 있었다. 이처럼 중요한 국민투표에서도 에르도안 정

**▌ 표 9-1　터키 통치체제 키워드**

- 터키공화국은 2017년 4월 16일 역사적인 국민투표로 인해 67년의 의원내각제를 종료하고 대통령제로 전환하고 있음.
- 1923년 10월 29일 터키 공화국 건립 이후 초대 대통령 케말 아타튀르크는 국가의 기본 통치체제를 입법·행정·사법으로 나누어 상호 견제 및 균형을 유지할 수 있도록 삼권분립을 기본 골자로 하는 공화국을 건설하였음.
- 1921년 헌법의 기본 원리를 근간으로 하여 1924년 터키 공화국 최초로 헌법이 제정되었음. 터키 헌법은 국가 주권의 원리를 담고 있으며, 터키 의회를 터키를 대표하는 유일한 기관으로 규정하고 있음.
- 2007년 개헌과 2016 쿠데타 실패는 터키 정치체제를 급격히 변화시키고 있음. 나아가 지난 1년간 지속되고 있는 국가비상사태는 터키의 입법-행정-사법 체제를 크게 위축시키고 있음.

출처: 저자 작성

부는 유권자의 51.4%가 개헌안에 찬성하고 48.6%가 반대하는 극적인 승리를 하며 정치적 승리는 물론 안정된 국정운영의 기반을 확보하였다.[1] 현재 터키는 지난 67년간 유지해 왔던 의원내각제에서 대통령제로 넘어가기 위한 여러 가지 정치―사회변동 격변기를 겪고 있다. 그리고 새롭게 함께 실시될 2019년의 대선과 총선을 통해 터키는 본격적으로 강력한 대통령제를 준비하고 있다. 이러한 정치―사회 격변기의 터키의 경제성장과 정치체제는 그 어느 때보다 예측하기 힘들고 어려운 시기라 할 수 있겠다.

(2) 행정-입법-사법체제상 핵심요소

터키는 이슬람을 국교로 한 이슬람국가이면서도 종교와 정치의 분리를 핵심으로 하는 세속주의를 건국이념으로 하고 있다. 터키는 세속주의를 바탕으로 다른 이슬람국가와 달리 종교인이 정치에 관여하지 않고 이슬람 율법이 사법제도에도 영향을 미치지 않는 것을 큰 정치적 원칙으로 하고 있다. 최근 개헌 전까지만 해도 내각책임제 국가이면서도 대통령이 의회를 해산할 수 있으며 법률 집행의 거부권이라는 큰 권한을 가지고 있는 이원정부제 형태의 정부를 구성해 왔다. 다시 말해 터키에서 대통령은 의회와 내각을 견제할 수 있는 큰 권한을 가지고 터키 공화국의 건국이념인 세속주의 케말리즘을 수호하는 통치권자로 자리매김을 해 왔다. 따라서 서유럽의 의원내각제와 달리 터키

---

1 Hurriyet. Retrieved from http://secim.hurriyet.com.tr/referandum―sonuclari―2017 (검색일시: 2017.12.1)

정부에서의 대통령 직위는 상징적인 존재를 넘어 국가의 수반이자 최고 통치 권자로서의 지위를 가지고 있었다. 하지만 최근의 개헌으로 인해 터키정부에서의 대통령의 직위와 권한은 더욱 확대 강화되었으며 대통령 중심제로의 전환이 가속화되고 있다. 사법부는 3권 분립을 통한 국가권력의 견제와 균형을 지키기 위하여 사법부 독립이라는 원칙을 지키고 있었으나, 최근 대통령의 권한이 강화되면서 사법부의 독립성과 역할이 매우 위축되었다. 일례로 최근 터키정부의 법 개정에 의해 기존의 17명의 헌법재판관은 15명으로 축소되었고, 이 중 12인은 대통령이 임명하고 3명만 의회가 임명할 수 있게 되었다. 이로 인해 사법부에 대한 대통령의 영향력은 한층 강화되었고 사법부의 독립성은 크게 위축되었다.

① 터키 통치제체 조직도

▌ 그림 9-3  **터키 통치체제 조직도**

출처: 터키 통치체제. Retrieved from https://www.msxlabs.org/forum/siyasal-bilimler/87889-turkiye-cumhu riyeti -devlet-yapisi.html#top (검색일, 2017.12.1.) 참조하여 저자 작성

② 터키 헌법 개정

1924년에 제정된 터키 헌법은 오늘날까지 몇 번의 큰 개정과 수정이 있

었다. 터키에서의 주요 헌법 개정과 수정은 1961년, 1980년, 1982년, 2004년, 2007년, 2017년에 이루어졌고 그 주요 내용은 다음과 같다.

- 1961년 7월 25일 제1차 헌법 개정이 이루어짐.
  - 대통령의 정당 가입 금지
  - 지방자치단체의 권한과 역할 증대
  - 대통령, 상원의원 150명, 하원의원 450명이 선임한 15명의 의원으로 구성된 양원제를 도입하였으나, 이후 1982년 신헌법에서 상원을 폐지하여 단원제로 변경.
- 1980년 9월 12일 군사 쿠데타로 헌법의 일부 조항이 정지되었음.
  - 1981년 10월 23일 구성된 제헌입법회의에서 마련된 헌법 개정안은 1982년 11월 국민 투표에서 92%의 국민적 지지를 얻어 확정되었음.
- 1982년 국민 투표를 통해 세 번째 헌법이 통과되었음.
  - 신헌법에서는 치안부재의 상황에서 국내혼란 방지, 국가안보 유지, 헌정질서 회복을 위해 언론의 자유 및 국민의 기본권 일부를 제한할 수 있도록 함.
  - 국회 재적의원 2/3 이상의 찬성으로 선출된 대통령은 임기 7년의 단임제로 규정됨.
  - 노조 및 기타 단체는 정당과 관계를 맺을 수 없으며, 본연의 활동과 무관한 집회 및 시위를 할 수 없음.
  - 1987년 선거 연령을 기존의 21세에서 20세로 낮추었으며, 국회심의 2차 및 재적의원 3/5 이상의 찬성을 얻어야 헌법 개정이 가능해짐.
- 터키 제10대 대통령 아흐멧 네즈뎃 세제르(Ahmet Necdet Sezer)는 2004년 5월 22일 EU가입을 위한 개혁의 일환으로 헌법 개정안을 승인하였고 그 내용은 다음과 같음.
  - 남녀평등조항 삽입, 사형제도 폐지, 국회의 사형동의권 폐지, 국제법 우위권 보장, 군부의 고등교육위원회위원 선출권 폐지, 국가안보법원 폐지, 감사법원의 군부에 대한 감사시 제공되는 특혜 및 편의 폐지 등을 주요 골자로 하는 인권개선 및 민주화를 위한 헌법 개정안임.[2]

---

2 헌법 제10조, 15조, 17조, 30조 등이 개정되었음. 자세한 내용은 2004 Anayasa'nin 10 Madd

- 2007년 정의개발당(AKP)이 추진한 헌법 개정안이 국민투표에서 67%의 지지로 통과됨.
  · 2007년 헌법 개정으로 대통령 직선제를 도입하여 대통령 임기가 5년 연임으로 바뀌었음. 국회의원의 임기는 5년에서 4년으로 축소, 국회 의사정족수를 재적의원 1/3로 변경함.
  · 대통령에게는 헌법 개정제안권, 국회소집권과 법령재심요구권, 내각회의와 국가안보회의 주재권, 국회 결정 개헌안의 국민투표회부권 주어지는 권한이 대폭 확대됨. 그러나 총리가 정부 수반인 의원내각제는 계속 유지함.
- 2017년 4월 16일 의원내각제에서 대통령중심제로의 전환을 취지로 치러진 개헌안 찬반 국민투표[3]가 통과되며 터키 정치체제는 새로운 국면을 맞이하게 됨.
  · 터키 헌법의 주요 개정 내용은 기존 총리 중심의 내각 책임제에서 대통령 권한을 강화하는 대통령 중심제로의 변경임.

## 2) 중앙정부와 지방정부의 구성 및 관계

### (1) 중앙정부-지방정부 구성 및 관계 형성의 역사적 맥락

오랫동안 지방분권제에 의해 통치된 오스만 제국은 전통적으로 지방호족과 영주들에 의해 통치되었다. 오스만제국은 지방정부와의 효율적인 관계를 만들며 자신의 영향력과 영속성을 지속해 왔다. 하지만 그만큼 중앙정부의 역할과 영향력은 매우 제한된 상태였고 이 틈으로 서구 열강들이 비집고 들어오면서 오스만제국의 지방에 대한 영향력은 계속 줄어들었다. 터키 공화국으로 들어오면서 터키는 중앙행정부의 영향력 확대와 정부 개혁의 효율적 추진을 위해 중앙집권적 정부를 추구하였지만 오랜 지방자치의 역사는 지방자치법으로 연결되었다. 터키의 지방행정체제는 프랑스의 지방행정체제를 기본으로 발전하였다. 1930년대부터 꾸준히 발전해온 터키의 지방자치법은 이후 수차례

esinde Değişiklik—Derleme 참조, 터키 유럽연합부. Retrieved from https://www.ab.gov.tr/34353.html, (검색일, 2017.12.1)

3 대통령 중심제로의 전환을 위한 18개 조항 개헌안이며 이는 2019년 이후 발효될 예정임.

수정되었으며 수많은 다른 법률과 함께 발전하였다. 오늘날 터키 지방정부체
제는 1982년에 개정된 터키헌법 제127조에 근원을 두고 있으며 가능한 지역
주민의 지역적 요구를 충족시키고자 했다. 해당 조항은 주민직선제에 의한 지
방자치단체의 구성과 대도시 정부체제의 설립에 대한 헌법적 기초를 제공하고
있다.

　　터키의 행정은 중앙정부와 지방정부(81개주 특별광역 정부)로 나누어져 있
다. 헌법 제126조에 따라 지리 경제적 및 공공서비스의 확충을 위해 국가의
토지는 지방과 그 지방을 더 작은 구획으로 나누도록 구성되어 있으며, 이는
지방자치단체를 집단적 지역 요구의 충족을 위해 설립된 공공법인체로 인정한
1982년 헌법에 의거하고 있다. 지방자치의 원칙에 따라 지방, 지방자치단체
및 마을의 인구를 법률에 의해 설립된 지방정부의 단위로 관리해야 한다고 규
정하고 있다(헌법 제127조). 이는 지방행정부로의 권한 위임(중앙정부로부터 지방
자치제로 권한 이양) 원칙에 기초되었다. 여러 지방으로 나누어진 행정조직의 효
율성과 공공서비스의 협동을 보장하기 위해 지방자치부가 설립되었으며, 이
조직의 직무와 권한은 법으로 규정되어 있다(헌법 제126조).

▎ 그림 9-4  중앙정부 및 지방정부 구성도

출처: Ahmetifidan. Retrieved from http://www.ahmetfidan.com/turkiye-cumhuriyeti-devlet-teskilati-cizel
　　gesi/29366/ (검색일, 2017.11.1) 참조하여 저자 작성.

1921년과 1924년 헌법에는 국토를 주(il), 군(ilçe), 구(bucak) 및 마을(köy)로 행정단위를 나누고 있었다. 각 지방행정단위에는 수장이 임명되며 주에는 주지사(vali/governor), 군에는 군수(kaymakam/district governor), 구에는 구청장(bucak müdürü)이 파견되었다. 이후 1930년 제정된 지방자치법에 의거하여 지방정부의 행정서비스 골격이 마련되었다. 이후 수차례의 개정과 수많은 법률 및 명령을 통해 현재까지 운영되고 있다.

(2) 중앙정부-지방정부 구성 및 관계

중앙정부의 관리·감독을 위한 지방정부는 '특별광역행정(İl Özel İdareleri), 시읍면(Belediyeler), 마을(Köyler)'의 세 가지 유형으로 구성된다. 지방행정은 중앙정부 소관 행정(국방, 치안, 세무, 행정 등) 이외에 지방자치단체 장에 의해 이루어진다.

터키의 행정구역은, 지리 경제적 조건과 공공의 서비스 필요에 따라 구별되며, 이는 가장 큰 행정구역 단위인 주로 나뉘고 각 주는 다시 군(지역, district)으로 구분된다. 주, 군, 구 등은 명확한 경계로 구분되나 면, 마을(里) 같은 주거 단위들은 명확한 경계가 없다.

터키 통계청에 의하면 2017년 현재 터키에는 주 81개, 주지사청 51개, 특별시청 30개, 특별시 군청 519개, 군 919개, 군청 400개, 면 32,051개, 마을 18,333개가 있다.[4]

▌ 표 9-2  터키 지방정부 구성

| 시장<br>Belediye Başkanlığı | · 정치적 수장<br>· 주민에 의해 선출되며 지방정부의 집행부를 구성하며 지방정부를 대표<br>· 정당후보로 선거에 참여 |
|---|---|
| 지방의회<br>Belediye Meclisi | · 심의기구<br>· 지방의 중요한 의사결정단위<br>· 규모에 따라 다양한 수로 선출 |
| 지방 집행위원회<br>Belediye Encümeni | · 집행기구<br>· 선출직과 임명직 위원으로 구성<br>· 선출 위원수가 임명직의 수를 초과할 수 없음 |

출처: Ali Ulusoy, "Idarenin Yapilmasi: TC Idari Teskilati", Ankara Universitesi Hukuk Fakultesi, 2013.

---

4 통계청. Retrieved from http://www.tuik.gov.tr/PreTablo.do?alt_id=1090 (검색일, 2017.11.1)

## 2. 국가 및 행정수반과 내각

### 1) 국가수반

터키 현직 대통령은 레젭 타이프 에르도안(Recep Tayyip Erdoğan)이며 2014년 8월 10일에 국민에 의한 직선제로 선출되었다. 그 이전의 대통령은 간선제로 의회의 국회의원들에 의해 선출되었다. 2014년 직선제 대통령 취임전에는 터키의 대통령 직위가 국가의 수반뿐만이 아니라 터키의 세속주의와 민주주의를 수호하는 역할을 부임 받은 자리였다. 1982년 신헌법이 제정된 이후 터키의 대통령은 국가수반이자 상당한 권한과 거부권 등을 행사하며 터키의 세속주의와 민주주의를 수호하는 역할을 했다. 다시 말해 대통령 직위는 터키 공화국의 근본적 가치와 정통성을 수호하며 보존하는 자리였다. 하지만 2007년 개정된 헌법에 의해 직선제로 2014년 에르도안 총리가 대통령 선거에 선출

▍ 그림 9-5  **2014년 대통령 선거 결과(터키 최초 직선제 대통령 선거)**

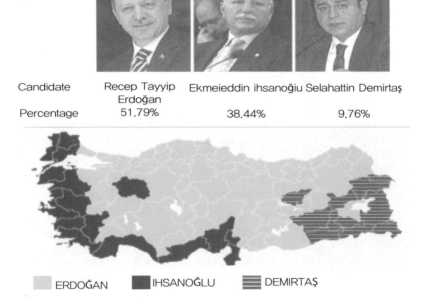

| Candidate | Recep Tayyip Erdoğan | Ekmeieddin ihsanoğiu | Selahattin Demirtaş |
|---|---|---|---|
| Percentage | 51.79% | 38.44% | 9.76% |

□ ERDOĞAN    ■ IHSANOĞLU    ≡ DEMIRTAŞ

출처: 터키 대통령 선거. https://en.wikipedia.org/wiki/Turkish_presidential_election,_2014 (검색일, 2017.11.1) 인용

되면서 기존의 대통령 역할과 임무는 크게 변경되었다. 5,500만 명이 참여했던 2014년 대통령 선거에서 에르도안은 51.79%의 지지를 받아 터키 공화국의 첫 직선제 대통령(제12대)이 되었다. 이러한 지지기반과 의회를 장악한 제1여당인 정의개발당의 지원으로 에르도안 대통령은 2017년 4월 권한과 역할이 더욱 강화된 대통령제 정치체제로 전환하였다. 약 10년간 행정수반이었던 총리직을 수행했던 에르도안 대통령은 안정적인 경제발전과 국가발전을 위해 강력한 리더십과 통치력이 필요하다고 역설하며 터키 정치체제를 의원내각제에서 대통령제로 전환하였고 현재 본격적인 대통령제를 위해 다양한 정치 및 행정체제 전환을 실시하고 있다.

(1) 선출방식 및 임기

대통령은 보통선거로 이루어지며 절대과반수 선거방식을 따른다. 이때 첫 선거에서 과반수의 표를 얻지 못하면 두 번째 선거5가 시행된다. 첫 선거에서 가장 많은 수의 표를 얻은 두 후보가 올라가게 되며 이때 다수표를 받은 후보자가 대통령으로 선출된다.

2007년 헌법 개정으로 대통령은 기존 간선제에서 직선제로 변경되었으며 임기는 7년 단임제에서 5년 중임제(1회에 한함)로 변경되었다. 1회 중임제로 인해 현재 에르도안 대통령은 새로운 제도를 적용받아 총 3회 연속(2014-2019[구제도], 2019-2024, 2024-2029) 대통령직을 수행할 수 있는 법적 근거를 마련하였다. 현재 에르도안 대통령은 모든 정적(政敵)을 비롯한 야당세력을 완전히 제압하였기에 현재 에르도안 대통령의 리더십과 국민적 지지를 이길 수 있는 대안 세력은 없다고 할 수 있다.

(2) 대통령 출마 자격과 선거

터키 대통령은 40세 이상, 고등교육을 이수한 터키대국민의회의 구성원 또는 이러한 자격조건에 해당하는 터키 국민 내에서 직접 선출되어야 한다고 되어 있다. 개헌 이후 터키정부를 이끌 대선과 총선이 동일한 날에 치러지도록 되어 있어 향후 터키 정국은 대통령과 여당이 제1당을 차지할 가능성이 높다고 평가되고 있다. 개헌 이전 대통령은 국가를 대표하며 자신을 지지했던 정당과의 관계를 단절해야 함은 물론 그가 국회의원이었다면 의원직은 종결되

---

5 첫 선거 이후 두 번째 일요일에 진행됨.

어 정치적 중립을 지켜야 했다(김대성, 2010). 그러나 개헌 이후 대통령은 당적을 유지할 수 있을 뿐만 아니라 정치적 중립을 취할 필요가 없게 되었다.

▌표 9-3  대통령 출마와 선거법

| 헌법 101조 | 개정 헌법 101조 |
| --- | --- |
| • 터키 대통령은 40세 이상, 고등교육을 이수한 터키 대국민의회의 구성원 또는 이러한 자격조건에 해당하는 국민들에 의해 선출되어야 함. <br>   - 자신을 지지했던 당과의 관계를 근절해야 하며 정당 국회의원일 경우 당원 자격을 박탈함. | • 터키 대통령은 40세 이상, 고등교육을 이수한 터키 대국민의회의 구성원 또는 이러한 자격조건에 해당하는 국민들에 의해 <u>직접</u> 선출되어야 함. <br>   - 만약 대통령 당선자가 당원이어도 당적 유지가 가능하며 정치적 중립을 지키지 않아도 됨. |

출처: 개정헌법 내용 참조 저자 정리6

### (3) 대통령의 권한과 의무

전통적으로 대통령은 기본적으로 입법부와 행정부 그리고 사법부를 견제하고 터키 공화국의 기본 가치와 원칙을 수호하는 헌법 수호자의 역할을 하였다. 나아가 1950년 이후 의원내각제 출범 후 10년마다 있었던 군부의 쿠데타(1960, 1970, 1980)와 연립정권으로 인한 정국혼란의 악순환이 되풀이되자 1982년 제7대 대통령부터는 대통령 권한이 강화된 이원정부제가 시행되었고 이때부터 대통령은 정국의 조정자 역할도 수행하였다. 하지만 의원내각제인 터키는 행정부의 수반이 총리였기 때문에 대통령의 역할은 제한적이었다. 그러나 2017년 4월 개헌 이후 터키 대통령의 의무와 권한은 전폭적으로 확대되어 기존의 그 어느 대통령제보다 막강한 권한을 가지게 되었고 현재도 지속적으로 그 역할과 권한을 확대하고 있는 중이다. 터키 대통령의 기본권한은 다음과 같다. 하지만 최근 그 권한이 확대되고 있어 기본권한과 그 범위가 바뀌는 중이다.

  - 대통령의 기본 권한
    • 국민이 선출한 총리를 임명하거나 그의 사임에 동의할 수 있음.

---

6 본 자료는 터키의 개정헌법 내용을(신문기사 참조) 필자가 확인하여 정리한 자료임. 참고 사이트(개정헌법 내용 확인 사이트). Retrieved from http://anayasadegisikligi.barobirlik.org.tr/Anayasa_Degisikligi. aspx, Retrieved from https://www.cnnturk.com/video/turkiye/anayasa−degisikligi−maddeleri− tam−metni−yeni−anayasa−maddeleri−nelerdir [신문기사] 터키 헌법. Retrieved from https://global.tbmm.gov.tr/docs/constitution_en.pdf, (검색일, 2017.11.1.)

- 수상이 임명한 각료들에 대한 임명 및 거부의 권한을 가짐.
- 필요시 내각의 수장 권한을 이행하거나 각료회의를 소집할 수 있음.
- 국회를 소집할 수 있고 국제 협정을 비준할 수 있음.
- 국외로 사절을 파견할 수 있으며 이에 대한 임명권을 가짐.
- 국제조약 서명과 공표에 권한을 지님.
- 터키 군 최고 통수권자이며, 참모총장 임명권을 가짐.
- 국가안보위원회를 소집하고 의장이 될 수 있음.
- 국가감독위원회 위원장 및 구성원을 임명함.
- 국가감독위원회의 조사, 감독의 업무를 부여할 수 있음.
- 대학 총장 임명권과 고등교육위원회의 구성원에 선출권을 지님.
- 노령, 만성질환 등의 이유로 특정 수감인을 감형 또는 사면시킬 수 있음.
- 법령, 국회의 활동 전반 혹은 일부가 적법하지 못하였다고 판단할 시, 헌법소원을 제소할 수 있음.
- 국회 의장과의 협의를 통해 선거 재개를 결정할 수 있음.

- 입법부 견제 기능
  - 필요시 국회를 소집할 수 있음.
  - 법안을 발의할 수 있으며 의회에 법안 재심사를 요구할 수 있음.
  - 헌법 개정 필요시 국민 투표를 시행할 수 있음.
  - 헌법재판소 역할의 적합성 판정
  - 대통령령을 포고할 수 있음.

- 사법부에 대한 권한
  - 헌법재판소의 구성원을 임명할 수 있음.
  - 최고항소법원의 구성원을 임명할 수 있음.
  - 최고군사항소재판소 구성원을 임명할 수 있음.
  - 최고행정법원 구성원 4인 중 1명을 임명할 수 있음.
  - 대법원 공화국 검사장, 부검사장을 임명할 수 있음.
  - 군사 대법원 구성원, 최고 군사행정법원 구성원을 임명할 수 있음.
  - 최고사법관회의(고등사법위원회) 구성원을 임명할 수 있음.

다음은 최근 개정된 헌법에 의해 추가된 대통령의 의무와 권한이다. 개정된 헌법은 대통령의 권한뿐만 아니라 직위와 관련된 법적 보호 장치를 추가한 상태라 정권의 안정성 확보에 현 정부의 많은 영향력이 작용했다는 평가를 받고 있다.

▌표 9-4  대통령의 의무와 권한

| 개정 후 추가된 헌법 104조 | |
|---|---|
| • 대통령은 국가의 수장이며 행정부의 권한은 대통령으로부터 수행됨.<br>• 대통령이 국가와 정부의 대표자가 됨에 따라 총리제를 폐지하며, 부통령제 신설 및 장관을 임명하는 권한을 소유함.<br>• 대통령은 정치에 중립적 태도를 취하지 않음.<br>• 부통령과 장관을 의회 승인 없이 임명할 수 있음.<br>• 국가안보정책을 지정하고 필요 절차를 취할 수 있음.<br>• 대통령은 법률에 준하는 효력을 갖는 행정명령을 발표할 수 있음(의회를 우회한 입법 가능).[7]<br>• 대통령은 또한 부처를 설립하거나 폐지할 수 있고 입법부나 사법부의 동의 없이 대통령령으로 장관을 임명하거나 정부 고위층들을 임명할 수 있음.<br>• 대통령이 국회의 동의 없는 비상사태 선포권 및 국회해산권을 가짐.<br>• 대통령이 범죄행위로 인해 수사를 받으려면 국회의원 전체의 3/5의 동의를 받아야 함. | |
| 헌법 105조 | 개정 헌법 105조 |
| • 대통령은 탄핵 시 의회의 3분의 1 이상의 승인을 받아야 함. | • 대통령은 탄핵 시 의회의 절대과반수 이상의 승인을 받아야 함. |
| 헌법 106조 | 개정 헌법 106조 |
| • 대통령의 일시적인 부재 또는 죽음이나 사임 등의 경우 의회의 의장이 대통령직을 대행함. | • 대통령의 일시적인 부재 또는 죽음이나 사임 등의 경우 부통령이 대통령직을 대행함.<br> - 대통령은 하나 혹은 그 이상의 부대통령을 임명할 수 있음. |
| 헌법 119조 | 개정 헌법 119조 |
| • 자연재해, 전염병, 심각한 경제적 위기 등의 경우 대통령으로부터 의장으로 임명된 장관이 국가비상사태를 선포할 수 있음. | • 자연재해, 전염병, 심각한 경제적 위기 등의 경우 대통령이 의회의 동의 없이 국가비상사태를 선포할 수 있음. |
| 헌법 98조 | 개정 헌법 98조 |
| • 내각이 국회로 예산안을 제안함. | • 대통령이 국회로 예산안을 제안함. |

출처: 개정헌법 내용 참조 저자 정리[8]

7 그러나 헌법 12,13조에 따르면 대통령의 법령에는 제한이 따른다. 헌법에 명시된 근본적인 시민권과 모순될 수 없다. 대통령령이 기존 법에 위반되는 경우 기존의 법을 따름.

8 본 자료는 터키의 개정헌법 내용을(신문기사 참조) 필자가 확인하여 정리한 자료임. 참고 사이트(개정헌법 내용 확인 사이트). Retrieved from http://anayasadegisikligi.barobirlik.org.tr/Anayasa_Degisikligi. aspx, Retrieved from https://www.cnnturk.com/video/turkiye/anayasa-

(4) 국가수반 관련 조직 개요

다음은 터키 대통령실의 조직도이다. 터키는 개헌 후 현 정부의 수석 및 고문실의 역할과 활동 영역이 크게 확대되고 있다는 평가를 받고 있다.

▌ 그림 9-6  **터키 대통령실 조직도**

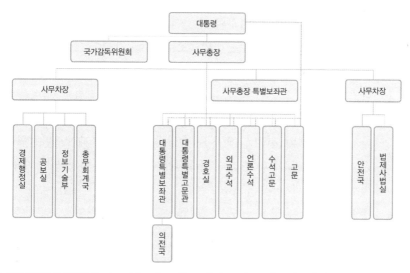

출처: 터키 대통령실 조직도. Retrieved from http://www.haberturk.com/gundem/haber/1025420-cumhurba skanligi-semasi-ortaya-cikti (검색일, 2017.11.1) 참조하여 저자 작성

2) 행정수반

(1) 행정수반 선출방식 및 임기

그동안 터키 행정부의 수반은 총리와 그 내각이 행사해 왔다. 그러나 터키는 개헌 이후 총리제를 폐지하고 부통령제를 신설하는 등, 향후 대통령의 권한과 역할이 대폭 확대되는 체제적 변환기를 맞이하고 있다. 하지만 개헌 전까지만 해도 내각 내 최고 행정권한은 총리가 행사하였으며 내각 및 주요 부처는 총리가 구성을 하였다. 개헌 전 총리 및 내각은 다음과 같은 권한을 가

degisikligi−maddeleri− tam−metni−yeni−anayasa−maddeleri−nelerdir [신문기사] 터키 헌법. Retrieved from https://global.tbmm.gov.tr/docs/constitution_en.pdf, (검색일, 2017.11.1.)

지고 있다.9

- 내각은 총리와 장관들로 구성되며, 다수당의 당수가 보통 총리로 취임함.
  · 내각은 행정부의 권한을 행사하며 국가 운영에 책임을 가짐.
  · 내각은 국회에서 신임 후 기능을 시작하며, 국가의 여러 사항을 검토, 시행령을 공표하며 국회에 신임투표를 요구할 수 있음.
  · 장관은 일반적으로 국회의원 중 총리의 추천에 따라 대통령이 임명하나 장관은 국회의원 또는 의원으로 선출될 자격이 있는 사람 중에서 선임됨. 또한 총리의 제의에 따라 대통령이 장관을 해임할 수 있음.
  · 터키의 내각은 AKP(정의개발당) 중심으로 전문 경험과 지식을 가진 전문직 출신과 학자들로 구성되어 있음.
  · 국가안보정책의 결정과 적용을 담당하고 있는 국가안보위원회 의장은 대통령이며, 총리를 비롯한 내각의 주요 인사인 국방부, 내무부, 외무부 장관과 삼사 군부와 헌병대의 사령관이 참여함.
  · 행정부의 경우, 형식상 모든 기관의 정점은 대통령임. 그러나 현실정치에서는 실제 총리가 모두 통제한다고 볼 수 있음. 터키 총리 직속 기관은 국가 종무국, 투자 유지청 및 참모국이며, 이외에는 행정부를 21개의 부로 나누어 각각의 장관들이 맡아 운영하고 있음.

총리와 내각의 임명과 임기는 다음과 같다.
  · 총리는 대통령에 의해 임명되며10 의회의 승인을 받아 선출됨.
  · 총리는 임기 5년으로 중임이 가능하며, 원내 다수 의석을 차지한 정당의 당수가 선출.
  · 현 총리는 정의개발당(AKP) 소속의 비날리 일드름(Binali Yıldırım)임.11
  · 총리는 행정수반으로 장관들 사이의 협업을 지원해야 하고, 정부의 전반적 정책의 이행을 감독해야 함. 내각은 이러한 정책 이행에 공

---

9 KOTRA 정치 사회동향 참고, Retrieved from http://news.kotra.or.kr/user/nationInfo/kotranews/14/userNationBasicView.do?nationIdx=165. (검색일, 2017.12.1)
10 통상적으로 다수당의 당수를 지명함.
11 2016년 5월 24일~2017년 10월 현재.

동 책임을 짐(헌법 제112조).

· 개헌 이전까지 총리는 터키 의회 및 내각의 정치적 지도자 역할을 수행함. 즉, 총리가 실질적 권한을 행사한다는 점에서 총리 중심의 내각책임제의 형태로 운영됨. 그러나 개헌안 통과 후 개정헌법과 함께 총리 및 총리실이 없어질 것이며, 대통령에게 더욱더 권한이 집중될 것임.

– 각급 관료

· 각급 관료들은 총리의 제청을 받아 대통령에 의해 임명됨.

· 부처의 구성, 폐지, 직무, 권한 그리고 부처의 조직은 법에 의해 규제 받음.

· 만일 장관이 일시적으로 공석이 될 경우 또 다른 장관이 직무를 대신함. 그러나 한 장관이 두 명 이상의 장관을 대신할 수 없음. 만일 장관직이 어떠한 이유로 공석이 된다면 15일 안에 새로운 임명이 이루어져야 함(헌법 제113조).

· 장관은 총리가 제안하고 대통령이 승인하는 경우 면직될 수 있음(헌법 제109조).

▌그림 9-7  터키 의원내각제 정부 조직도(2019년 본격 개편 예정)

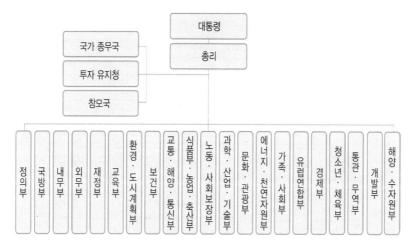

출처: 2014 KOTRA 국가정보터키. Retrieved from http://125.131.31.47/Solars7DMME/004/2014_kotra국가정보터키.pdf (검색일시: 2017.11.1.), http://openknowledge.kotra.or.kr/handle/2014.oak/7232 (검색일, 2017.11.1.) 에서 재인용

현재 터키는 개헌을 통해 대통령제로 전환하고 있는 중이기 때문에 아직 정확한 정부 구조나 형태는 확정되지 않았다. 현재의 총리직과 정부 조직은 2019년 대선과 총선이 시행될 때까지 유지될 전망이다. 이후 총리직은 폐지될 예정이며 부통령직이 신설될 예정이다.

<그림 9-8>은 현 터키 행정부의 조직 구성이다. 현 터키 정부는 에르도안 대통령과 일드름 총리, 4명의 부총리와 4명의 주요 보직 장관 그리고 장관들로 구성되는 특징을 보인다. 이는 기존의 에르도안 총리시절의 내각과 비교하여 약간의 차이점을 보이고 있다. 1941년부터 시작된 8명의 국무장관(Devlet Bakani)의 자리가 2011년 에르도안의 총리시절인 제61대 내각에서 없어지면서 외무, 재무, 교육 그리고 문화관광부 장관이 주요 장관자리로 승격되었다. 기존 내각의 국무장관은 특임장관 성격을 띠며 특정한 부처를 맡아 정부를 책임지기보다는 무소임장관 역할을 해왔다. 이들은 행정책임은 맡지 않고 주로 국무총리가 지정하는 사무를 맡아 처리하거나 특정부처를 지원하는 역할을 하였다.

▌ 그림 9-8  현 터키 행정부 조직 구성 - 2017년(제65대 정부)

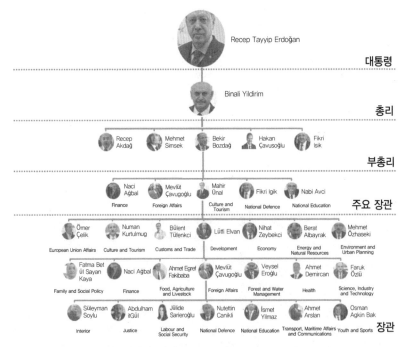

출처: 터키 65대 정부. Retrieved from https://m.ahaber.com.tr/galeri/turkiye/.65-turkiye-cumhuriyeti-hukumeti (검색일, 2017.11.9)

▎그림 9-9 개헌 전 터키 내각 구성 - 2010년(제60대 정부)

출처: 터키 60대 정부. Retrieved from https://m.haberler.com/60-hukumet-kuruldu-isim-isim-bakanlar-haberi / (검색일, 2017.11.20)

(2) 특수 행정 절차

- 비상사태
  · 자연재해 또는 심각한 경제 위기로 인한 비상사태 선포
    * 자연재해, 위험한 전염병, 심각한 경제 위기가 있을 시 대통령을 의장으로 하는 각료회의에서는 최대 6개월까지 비상사태를 선포할 수 있음(헌법 제119조).

· 폭력사태와 공공질서 악화로 인한 비상사태 선포

  * 자유민주주의질서, 공공질서, 기본권, 자유의 파괴를 목표로 한 폭력행위의
    조짐이 있을 경우 각료회의에서는 국가안전보장위원회와 협의 후 최대 6개
    월까지 비상사태 선포를 할 수 있음(헌법 제120조).

· 비상사태에 관한 규칙들

  * 헌법 제119, 120조에 따라 비상사태 선포의 경우, 관보에 발표되어야 하고
    국회 승인을 위해 즉시 제출되어야 함. 만일 터키대국민의회가 휴회 중이라
    면 즉시 소집되어야 하며, 국회는 비상사태 기간을 수정할 수 있음. 또한
    각료회의의 요청으로 매 4개월까지 연장 또는 비상사태 철회 가능함(헌법
    제121조).

2016년 터키 군부 쿠데타가 실패로 돌아간 이후 현 정부는 비상사태법을
발효하여 현재까지 계속 비상사태가 선포된 상태이다. 쿠데타 이후 선포된 비
상사태는 계속해서 3개월씩 연장되고 있다. 현재 터키 정국은 에르도안 대통
령이 장악한 최고안보자문기구에 의해 비상사태법이 연장되고 있으며 현 비상
사태는 내년 상반기까지 이어질 것이라는 게 대체적인 관측이다. 에르도안 대
통령은 최근까지 수차례 "국가비상사태를 해제 할 이유가 없다"고 밝혀온 만
큼 당분간 터키 정치－사회는 매우 경직될 전망이다. 현 비상사태법으로 인해
터키에서는 약 6만 명 정도가 쿠데타 배후로 구속되었고 약 15만 명의 군인,
경찰, 교사, 교수, 판사, 검사, 언론인, 공무원 등이 해직되었다. 한국의 70년대
유신시대와도 비견될 수 있는 현 비상사태법은 범죄사실 소명 없이도 바로 석
달까지 용의자를 구금하고 심문하게 할 수 있어 터키의 민주주의가 침해받고
있다는 외부 비판과 평가가 많다.

공안정국을 유지하고 있는 현 터키정부는 모든 정치적 결정과 정책을 비
상 국무회의에서 의결하고 추진하고 있어 기존의 행정부와, 입법부의 역할은
매우 제한적이라 할 수 있다. 즉, 현재 터키에서는 행정부, 입법부, 사법부 모
두 본연의 역할을 하지 못하고 있는 상태라 할 수 있다. 터키의 모든 정치－
행정은 비상 국무회의 'Kanun Hükmünde Kararname'(또는 KHK) 의결로 처리
되고 있다.

3) 우리나라와의 비교 및 시사점

터키 정치체제는 한국과 매우 유사한 발전 과정을 경험했다고 할 수 있

다. 강력한 대통령제에서 출범한 터키 공화국은 27년 만에 의원내각제로 돌아섰다. 이는 권력의 집중화에 따른 여러 가지 부조리가 발생하고 다양성 수용의 문제 등과 같은 정치논의가 진행되면서 서구 민주주의 꽃이라 할 수 있는 의원내각제가 시작되는 계기가 되었다. 하지만 기존의 일당체제 대통령제에서 내각제로 바뀌고 나니 무한 자유방임이라는 문제가 발생하여 민심이 안정되기는커녕 여러 단체들이 각자 자기주장과 요구를 하며 연일 데모가 이어졌다. 1950년 민주당의 집권과 의원내각제가 시작되면서 터키의 정치─사회는 다양성 수용과 민주주의 발전이라는 두 마리 토끼를 잡는 듯했다. 하지만 점점 세속주의자, 전통주의자(종교), 민족주의자, 사회주의자 등과 같은 다양한 정치─사회 집단과 정당이 생겨나면서 터키의 정치계는 점점 혼란 속으로 빠져들어 갔다.

1950년대 후반이 되면서 터키의 정치─사회계는 순탄하지 않게 거친 모습으로 발전하였다.[12] 연일 데모가 전국 곳곳에서 일어났으며 터키 정치계는 3~4개 정당이 연립하여 정부를 겨우 꾸릴 수 있는 수준이었다. 이에 터키에서는 군부가 세속주의 가치와 터키 공화국의 정통성을 회복한다며 수차례 쿠데타가 발생하였다. 터키 군부는 일부 문헌에서 '터키 민주주의 수호자'(Guardian of Democracy)라고도 칭송되며 터키의 정치─사회의 안녕과 발전에 어느 정도 기여한 것은 사실이지만 민주주의의 본질적 발전과는 조금 거리감이 있었다.

군부의 몇 차례 쿠데타와 정치개입은(1960, 1971, 1980/ 1997) 터키 정치체제의 또 다른 변동과 시험을 하게 했다. 1982년 터키의 헌법 개정은 터키 정치체제의 변화를 가져왔다. 정치─사회적 혼란과 빈번한 군부의 정치개입을 막고자 터키는 대통령 권한이 강화된 의원내각제를 실시하게 된다. 소위 이원정부제가 도입되어 대통령은 행정부의 수반인 내각과 총리를 견제하고 어느 정도 통제할 권한을 가지게 된다. 1982년부터 실시된 이원정부제는 터키의 정치─사회를 안정시키고 터키가 경제발전에 집중할 수 있는 계기를 마련하였다. 하지만 여전히 지속되고 있는 연립정부는 강력하고 지속적인 정책을 만드는 데 많은 한계성을 보였다.

---

12 터키는 의원내각제를 통해 전체적으로는 다양성과 함께 민주주의를 발전시켰다는 평가도 있지만 실제 당시의 정치─사회는 여러 압력단체와 정당들의 난립으로 혼란스러웠고 국민들의 생활도 편하지만은 않았다.

2002년 오랜만에 단독정부를 구성한 정의개발당(AKP)은 집권 기간이 길어지면서 점점 높아지는 정치적 자신감과 함께 강력한 정부의 필요성을 역설하기 시작했다. 에르도안 총리와 집권여당은 지속 가능한 경제발전을 위해서는 강력하고 안정적인 정부가 필요하고 정국이 안정되어야 경제와 산업도 발전할 수 있다고 주장하고 있다. 2003년부터 세 차례 연속으로 총리를 역임하며(59대, 60대, 61대 내각/ 2003~2014) 정치적 리더십과 카리스마를 인정받은 에르도안 총리는 2007년 헌법 개정을 통해 자신의 정치적 입지를 더욱 공고하게 만들며 2014년 총리 퇴임과 함께 초대 직선제 대통령으로 취임하게 된다. 이후 에르도안 대통령은 여러 정치적 도전과 반대에 직면하였지만 결국 2017년 국민투표를 통해 자신의 꿈인 터키공화국의 대통령제로의 전환을 이루게 된다.

현재 터키는 의원내각제에서 대통령제로 넘어가는 과도기에 있다. 이에 현재 문서적으로는 의원내각제이지만 대통령의 권한과 역할이 점점 커지고 있으며 정치–행정적 구심점 역시 대통령을 중심으로 돌아가고 있다. 다시 말해 실질적 총리의 위상은 행정부와 내각의 수장에서 한국의 국무총리 수준으로 격하되었다.

2019년 총선과 대선을 앞둔 터키는 2023년 터키의 공화국 설립 100주년과 함께 원대한 꿈을 꾸고 있다. 현 정부는 '비전 2023'이라는 국가 목표를 제시하며 터키의 국제적 위상 강화와 정치–경제적으로 더욱 강한 터키를 국민들에게 홍보하고 있다. 2023년은 터키가 1차 대전의 패배로 서구와 맺은 불평등 조약인 로잔협정이 만료되는 시기이다. 터키는 이를 통해 현재 공해로 지정된 보스포러스 해협을 자국의 영해로 편입시키며 흑해와 지중해의 제해권을 확보하는 등 정치–경제–군사적으로 많은 것을 되찾게 된다. 에르도안 대통령은 "앞으로 10년은 그동안 서구에게 위축되었던 터키의 자존심을 회복하고 옛 오스만제국 시절의 영광을 되찾겠다"고 공언하고 있다. 이는 터키의 많은 보수층과 중도보수층의 지지를 이끌어 내는 데 크게 일조를 하고 있다. 하지만 터키는 여전히 정치적으로 안정되었다고는 할 수 없으며 미래 청사진도 밝고 투명하지만은 않다. 이는 아직 터키가 많은 부분에서 사회적, 정치적 합의 없이 일방적으로 추진되는 일들이 많기 때문이다. 이는 한국 정치와 사회에 시사하는 바가 크다.

# 제2절 관료제 및 지방행정 체제

## 1. 공직사회

터키 행정부의 모든 장관들은 임명직으로 대통령이 임명하며 임기 또한 현 행정부와 국회를 여당인 정의개발당이 지난 15년 동안 장악하고 있어 재직 임기가 매우 긴 편이라 할 수 있다. 그 하위 직책으로는 장관을 보좌하는 차관이 정무직 공무원으로 있으며, 차관 아래로는 차관보가 있다. 차관보 하위 직책으로는 실장, 국장 및 전문 공무원들이 있다. 차관과 차관보는 총리의 추천을 받아 대통령의 승인으로 임명된다.

터키 공무원은 1급부터 15급까지 있다. 일반적으로, 직급은 차관, 실장, 국장, (시장/군수) 과장, 계장, 사무직 공무원, 기능직 공무원으로 나눌 수 있다. 장관과 국회의원은 공무원으로 구별되지 아니하며, 차관, 실장, 국장은 장관의 임명과 함께 새로이 업무를 시작한다. 일반 사무직 공무원 채용은 국가시험인 KPSS(Kamu Personeli Seçme Sınavı: 행정 공무원시험)로 선발한다. 1, 2, 3, 4급 등과 같은 고위급 공무원일 경우 국무회의 및 정부의 요청에 의해 각료회의에서 승인을 받아 임용될 수 있다. 따라서 터키의 경우 여당과 정부에 의해 임명된 고위급공무원이 최근 15년 동안 상당수 된다는 평가가 있다. 하지만 작년 쿠데타로 인해 이렇게 임용된 공무원 중 많은 인원이 해임되거나 구속되었다. 이는 2002년 집권 초기 정권의 동반자였던 페툴라 귤렌 계열의 인재들이 상당수 공무원으로 진입했기 때문이다.

## 2. 중앙/연방과 지방정부간 관계

앞서 언급한 것처럼, 터키는 81개 주와 시읍면, 마을 단위로 지방행정조직이 결성되어 운영되고 있다. 해당 지역(선거구)에서 6개월 이상 거주한 25세 이상의 지역민은 장/의회 피선거권 자격을 지니고 있다. 선거는 5년마다 실시되며 지역민은 투표권, 피선거권을 갖게 된다. 선거는 직접·자유·평등·보통·비밀투표와 공개개표를 기본 원칙으로 하여 사법부의 감독에 따라 진행된다. 지방인사(공직자, 행정공무원)는 행정 관련법에 의해 규제되고 내무부의 승인 요구 이외에 대부분의 임명은 지방자치단체장과 지방수준에 의해 이루어진다.

▌ 그림 9-10  **개헌 이전 터키 중앙정부와 지방정부의 선출과 구성**

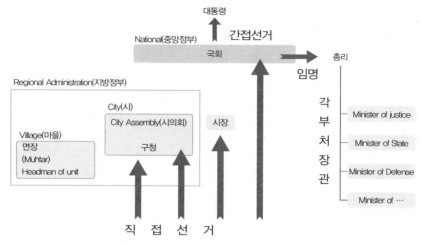

출처: 저자 작성

## 1) 중앙정부 구성상 지방정부 단위의 역할/연계성

주지사는 중앙 정부의 활동을 조정·집행할 의무를 지니고 있으며, 각 주에는 주지사를 수장으로 하는 민선 주의회가 있다. 그러나 주지사가 주의회의 모든 결정에 대해 승인함으로써 주의회를 주지사가 실질적으로 통제하고 있다고 볼 수 있다. 나아가 주 정부는 시읍면의 경계 외의 지역에 지방 서비스 제공을 통해 지방정부활동을 수행하며, 건강 교육 분야에 대해서는 중앙정부를 대신하여 지방행정활동을 수행하고 있다.

터키 지방행정단위의 기초는 인구가 일정 이상인 시(şehir)와 군(ilçe) 그리고 마을행정 단위인 읍, 면으로 구성되어 있다. 군(ilçe) 이상의 지방 행정단위에서는 독자적으로 환경미화, 전기, 수도, 보건과 같은 공공서비스를 제공하고 있다. 현재 터키에는 특별시 519개, 군청 400개, 읍사무소 397개가 있다.

인구 2,000명 이상의 시에는 시장과 시의회가 구성되어 시정을 처리하고 있고 마을행정은 선출된 마을 면장(Muhtar)과 마을 원로회에 의해 이루어진다. 마을 대표인 면장(Muhtar)은 마을을 대표함과 동시에 터키 지방행정의 최소 단위라 할 수 있다.

## 2) 지방정부의 기본적 기능

지방정부는 도시계획, 도시 하부구조, 주택, 도시운송, 청소 서비스, 질서 유지 및 치안, 범죄관리, 지역발전 및 소비자 보호, 공중위생 및 사회서비스 등과 같은 역할을 수행하고 있다. 최근 지방자치단체의 다양한 지방 서비스 관련 기술이 발전함에 따라 중앙정부조직과 지방행정조직의 상호 협력 분야가 강화되고 있으며, 지방자치단체의 발의권과 역할이 증대되고 있다.

■ 표 9-5  **지방정부의 기본 역할과 기능**

| 지방정부의 기본 역할과 기능 | |
|---|---|
| • 도시계획 및 집행, 건축 규제와 승인 | • 도축장 설치와 운영, 관리 |
| • 토지 개발 및 도시 개조 | • 문화시설 설치와 관리 |
| • 지역 지방 서비스 투입의 생산 | • 수의 제공 |
| • 주택계획 및 건설·건축 자재 생산 | • 건강·사회복지·공중위생 서비스 |
| • 지역 대중/승객 운송·교통 조직 및 관리 | • 지방경찰 및 범죄관리 |
| • 도로, 공공 장소, 교량의 건설과 관리 | • 공공시설 관리 감독 |
| • 상하수도 공급 및 가스 서비스 | • 소비자 보호 관련 서비스와 규제 |
| • 쓰레기 수거 및 폐기, 청소 | • 환경오염 산업 규제 |
| • 화재예방 및 소방 서비스 | • 자연 보호 및 역사/문화지역 보존과 보호 |

출처: 조장현(2001) 참조하여 저자 자료 재구성

지방정부는 기본적인 기능 이외에 지방경찰의 일종인 자브타(Zabıta)의 임무에 관해서도 감독과 관리를 하고 있다. 자브타는 일반경찰과 헌병[치안군 (Jandarma)]과 함께 시 안팎의 치안을 책임지고 있다. 터키는 효율적 지방 통치와 치안을 유지하기 위해 헌병(Jandarma)이 도심을 제외한 시외 지역의 치안을 담당하고 있다. 이는 터키의 분리주의 세력을 비롯한 테러세력 등을 효과적으로 제압하기 위해 도입된 제도로 현재 터키 헌병인 '잔다르마'(Jandarma)가 지방지역의 경찰업무를 수행하고 있다. 실례로 시외지역의 지방 도로에서 교통사고가 날 경우 경찰이 아닌 헌병인 잔다르마(Jandarma)가 모든 사고처리를 담당하고 행정처리를 진행한다. 다시 말해, 도심을 제외한 지방의 교통통제 역시 헌병이 담당하고 있다. 현재 터키의 헌병인 잔다르마(Jandarma)는 약 13만 명의 1개 치안군단으로 구성되며 각 주 단위에 80여 개의 연대가 주둔하고 있다. 경찰과는 다르게 기관총과 장갑차, 전투헬기 등의 중화기 중심으로 무장이 되어 있어 중대급 전투력을 보유하고 있다. 잔다르마는 평시에 내무부장관의 통제를 받지만 전시가 되면 총사령관의 통제로 전환된다. 반면 자브타(Zabıta)는 지방정부 수장(시장, 군수)의 지시를 받고 경찰과 함께 도심지의 치안을 담당한다.

### 3) 중앙정부와 지방정부의 역할 배분

중앙정부는 주 및 시읍면, 마을의 지방서비스의 관련된 부처·기관과의 협력을 통해서 주요 공공서비스를 제공하고 있다(지역 안전, 경찰관리—내무부, 교육기관·교과과정·교원관리—교육부, 보건부, 문화 공공시설과 박물관 관리—문화관광부, 도시 간 간선고속도로 건설—도로교통부, 전기공급 및 배전, 상수도 공급·처리, 우편 및 통신서비스).

주지사는 시의 치안을, 시장은 시민들과 직접적으로 관련된 도시행정을 주로 맡고 있으며, 주지사와 시장의 권한 및 의무의 대표적 차이는 다음과 같다. 주지사는 중앙정부의 대리인으로 내무부에서 임명이 되나, 시장은 시민에 의해 선출된다. 주지사는 해당 주와 주 내(內)의 도시를 모두 관할하며 도시의 수장역할을 한다. 따라서 주지사는 주의 치안을 주로 담당하지만, 시장은 해당 도시의 정착계획, 미화, 도로정비, 축제 등과 같은 시민생활과 관련된 업무를 관할하고 있다. 직제상 주지사가 시장보다 더 상급에 해당되나, 주지사가 시장에게 업무하달, 지시 등의 권한은 없다. 주지사는 중앙경찰에 의해, 시장은 지방경찰과 자브타에 의해 보호받는다. 주지사의 주 임무는 지역에서 일어나는 모든 종류의 반란, 폭동, 소요 사태 등을 진압해야 할 의무를 가지고 있다. 반면 시장의 가장 중요한 임무는 도시발전과 주거환경 조성 등에 있다. 즉, 도시행정은 주로 시장에 의해 행해지며, 주지사의 가장 큰 의무는 주도를 포함한 주의 치안과 보안유지에 있으며, 시의 상황을 중앙정부에 보고하는 것이라 할 수 있다. 주지사는 임기 완료 전 해임될 수 있으나 시장의 임기는 5년으로 매우 중대한 사안이 아닐 경우 해임될 수 없다.

지방정부의 감독은 내무부 산하 지방정부총국(Mahalli İdareler Genel Müudüurlüüğüu)이 담당하며, 이 지방정부총국은 지방자치단체의 예산 실행과 지출에 관한 통제와 감사를 진행한다. 각 지방 정부의 행정적 감독은 81개 주지사가 담당하고 있다. 이와 별개로, 지방정부의 사업과 관련된 감독과 승인은 2011년에 신설된 국토 개발부(Kalkınma Bakanlığ)가 담당하고 있다. 국토 개발부는 지방사업이 중앙정부의 기본 목적에 의거하여 합법적으로 진행되는가를 관리 감독하고 있다.

### 3. 우리나라와의 비교 및 시사점

우리나라는 1995년부터 지방자치단체의 장과 지방의회의원을 주민들이 직접 선출하면서 지방자치제도가 시행되었다. 하지만 지방자치단체장에게 보장된 예산 집행권, 지방공무원 지휘·감독권 등 막강한 권한과 특정정당의 지방권력 독점 등으로 인하여 지방자치단체장의 부패, 비리 폐해가 계속되고 있다. 이러한 폐해는 지방자치단체장을 견제하고 주민의 의사를 반영하여야 하는 지방의회가 견제역할을 제대로 하지 못하는 데서 비롯된 것이기도 하다. 반면, 터키의 경우 광역자치단체인 '주'의 장인 주지사는 중앙정부가 임명하고, '주' 아래 시·군·구 단위의 기초자치단체의 장과 '주'의회 의원은 주민들이 직접 선출하도록 하고 있다. 즉 주지사는 중앙정부가 임명하여 주지사로 하여금 기초자치단체장의 일부 행정적 사무를 감독하고 기초자치단체장을 견제하는 역할을 하고 있다. 주지사는 또한 주 의회 결정을 승인하는 방식으로 기초자치단체장을 견제하고 감독하여 지방분권을 통한 주민자치와 중앙정부의 통제가 조화를 이루도록 하고 있다. 지방자치제도가 잘 정착하기 위해서는 지방자치단체의 자치권을 최대한 존중하되, 지방자치단체장의 막강한 권한을 견제할 수 있는 별도의 제도나 기관을 마련하여 중앙정부의 통제와 주민자치가 조화를 이루도록 하여야 할 것이다.

## 제3절 입법부 및 사법부 차원

### 1. 의회 구성 및 운영방식

터키 국민의회는 단원제 의회이며 주권재민의 원칙에 의거하여 1924년 최초로 구성되었다. 1923년 공화국 초기에는 공화인민당(Cumhuriyet Halk Partisi)이 유일정당으로 1950년까지 집권여당의 역할을 하였다. 하지만 1950년 의원내각제로 통치체제가 전환되면서 터키에는 여러 정당들이 설립되어 정치활동을 하기 시작했다. 이후 터키는 다당제 체제하에 보통 3~4개의 정당이 국회를

▎표 9-6　개헌과 터키 국회의 변화

| 의석수 | |
|---|---|
| 헌법 75조 | 개정 헌법 75조(2019년) |
| • 터키 대국민의회는 보통선거에 의해 선출된 550명의 의원들로 구성됨. | • 터키 대국민의회는 보통선거에 의해 선출된 600명의 의원들로 구성됨. |
| 선거기간 | |
| 헌법 77조 | 개정 헌법 77조(2019년) |
| • 대국민의회선거는 매 4년마다 열림. | • 국회선거와 대통령선거는 매 5년마다 열리며 동일 날짜에 이루어짐. |

출처: 개정헌법 내용 참조 저자 정리[13]

구성하게 되었다. 통상 15개 내외의 정당들이 활동을 하지만 3~4개 정당만이 국회구성에 참여하였다. 한편 선거 때가 되면 많게는 3~40여 개의 정당들이 새롭게 창당되기도 했다.

　터키 의회는 550명의 의원으로 구성되며, 국회의원 임기는 4년이었다. 그러나 최근 개정된 헌법으로 인해 2019년에는 임기 5년의 600명의 국회위원이 선출될 예정이다. 현재 터키 의회는 총의석 550석 가운데 집권 여당인 정의개발당(AKP)이 316석을 확보하여 총의석 중 57.5%를 차지하고 있으며 제1야당인 공화인민당(CHP)은 23.8%를 차지하고 있어 정국의 주도권은 여당이 이끌고 있다고 할 수 있다.[14]

　터키 국회의원들은 81개의 행정 주를 대표하며 각 주(il)별 의원 수는 인구수에 의해 정해지는 정당명부식 비례대표제로 85개 선거구에서 선출된다. 각 주 중 인구가 많은 지역의 경우 선거구가 두 곳 이상으로 분리된다. 실례로 이스탄불은 선거구가 셋으로 나누어지며, 앙카라와 이즈미르는 각각 둘로 나뉜다. 터키 의회는 최소 10%의 득표를 얻은 정당만 원내 대표자를 배출할 권리를 가진다. 이는 군소정당의 난립을 막기 위한 제도적 장치이다. 무소속 후

---

13 본 자료는 터키의 개정헌법 내용을(신문기사 참조) 필자가 확인하여 정리한 자료임. 참고 사이트(개정헌법 내용 확인 사이트). Retrieved from http://anayasadegisikligi.barobirlik.org.tr/Anayasa_Degisikligi. aspx, Retrieved from https://www.cnnturk.com/video/turkiye/anayasa－degisikligi－maddeleri－tam－metni－yeni－anayasa－maddeleri－nelerdir [신문기사] 터키 헌법. Retrieved from https://global.tbmm.gov.tr/docs/constitution_en.pdf, (검색일, 2017.11.1.)

14 터키국회, Retrieved from https://www.tbmm.gov.tr/develop/owa/milletvekillerimiz_sd.dagilim (검색일, 2017.12.1.)

▌ 그림 9-11  현 터키의 국회 구성

출처: 터키 국회 관련 위키백과 자료. Retrieved from https://en.wikipedia.org/wiki/Grand_National_Assembly _of_ Turkey (검색일, 2017.12.1)저자 재구성

▌ 표 9-7  개정된 국회의원 선출 자격

| 헌법 76조 | 개정 헌법 76조 |
| --- | --- |
| • 25세 이상의 모든 터키 국민 중 군복무의 의무를 다 한 자만이 의원으로 선출됨. | • 18세 이상의 모든 터키 국민, 군복무 의무조항은 삭제됨. 현직 군인은 자격이 없음. |

출처: 개정헌법 내용 참조 저자 정리[15]

보자의 경우는 자신의 지역구에서 최소 10% 득표해야 국회에 진출할 수 있다. 국회의원 선출 자격은 최근 헌법 개정으로 25세에서 18세로 하향 조정되었고 군복무 관련 조항은 삭제되었다.

### 1) 선거구 설정 및 선거관리, 중앙선거관리위원회 구성

앞서 언급한 바처럼, 현재 터키 선거구는 총 87개의 선거구로 나뉘며 각 선거구는 의회에서 정한 국회의원을 선출했다. 현재 국회는 550명의 국회의원으로 구성되었으나 헌법개정안 이후 의석수가 600석으로 증가될 예정이다. 최고 선거위원회의는 각 주 및 지역의 선거구 인구수와 유권자 수를 검토하여 각 선거구 의석수를 가감할 수 있는 권한이 있다. 선거구의 이름과 구분은 터

---

15 본 자료는 터키의 개정헌법 내용을(신문기사 참조) 필자가 확인하여 정리한 자료임. 참고 사이트(개정헌법 내용 확인 사이트). Retrieved from http://anayasadegisikligi.barobirlik.org.tr /Anayasa_Degisikligi. aspx, Retrieved from https://www.cnnturk.com/video/turkiye/anayasa – degisikligi – maddeleri – tam – metni – yeni – anayasa – maddeleri – nelerdir [신문기사] 터키 헌법. Retrieved from https://global.tbmm.gov.tr/docs/constitution_en.pdf, (검색일, 2017.11.1.)

키 행정구역인 주 이름과 동일하다. 다만, 이스탄불, 앙카라, 이즈미르, 부르사와 같은 대도시의 선거구는 예외로 2~3개로 나뉜다. 이와 같은 선거구는 터키의 주요 4대도시가 해당된다(이스탄불 2개의 선거구, 앙카라 3개, 이즈미르 2개, 부르사 2개의 선거구가 존재함). 특히 주목할 점은 최근 헌법 개정으로 인해 앙카라선거구는 기존의 2개에서 3개로, 부르사는 1개에서 2개로 증가되었으며, 이스탄불과 이즈미르 시는 그대로 유지되었다. 이와 같은 선거구 변경은 현 집권당에 유리한 변화라는 평가가 많다.

터키 최고선거위원회는 11명으로 구성되었으며 이 중 6명은 대법원, 5명은 최고 행정법원 구성원 가운데 비밀 투표를 통해 선출된다. 임기 4년의 위원들은 구성원들의 비밀투표로 최고선거위원장과 부선거위원장을 선출한다.

최고선거위원회는 선거 시작부터 종료 시까지 모든 선거 진행사항 관리 및 공정성과 관련된 업무를 관장한다. 나아가 선거와 관련된 선거법 위반행위 감시와 단속, 위법행위에 대한 정지, 경고, 시정명령을 내릴 수 있다.

## 2) 의회운영 및 위원회 구성

터키의회는 국회의장과 4명의 부의장을 두고 있다. 국회의장의 임기는 2년이며, 회기 시작 후 무기명 투표를 실시하여 선출된다(제1차 및 제2차 제3차 투표에서는 재적 의원의 과반수 득표자를 선출, 4차(결선) 투표에서는 제3차 투표 다수 득표자 최후 2인 중 다수득표자를 의장으로 선출함). 국회의장의 국가의전서열은 대통령에 이어 두 번째로, 대통령 부재시 대통령 권한을 대행하게 된다. 하지만 개헌으로 인해 신설된 부통령제가 시행되면 현재의 제2서열은 부통령으로 넘어간다.

터키 의회는 법안 발의를 비롯하여 개정, 법률 폐지, 내각과 각 부처 각료 감시 및 관리, 각료회의 승인을 통한 특정 사안에 대한 법적 권한을 가진다. 터키 의회는 법령 발의뿐만 아니라 예산 초안 및 승인, 선전포고, 계엄령, 비상사태 결정, 사면, 국제 협정 비준 등과 같은 주요 정부현안이 헌법에 따라 재적 의원의 5분의 3이 동의하는 경우 시행할 수 있는 권한을 가진다(헌법 제87조).

이 외에도 다음과 같은 의무 및 권한을 가지고 있다.

· 헌법 수정
· 개발 계획 승인
· 터키 의회의 절차상 규칙 채택

**│ 그림 9-12 의회 구성도**

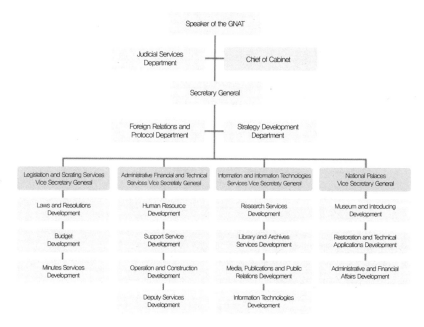

출처: 터키 국회 홈페이지. Retrieved from https://global.tbmm.gov.tr/index.php/en/yd/icerik/21 (검색일, 201 7.12.1) 인용.

· 법의 효력을 가지고 있는 법령을 승인, 수정, 거부
· 비상사태와 계엄령에 대한 결정 승인(비상사태 및 계엄령은 최대 4개월까지 연장 가능) 및 철회
· 비상사태와 계엄령 기간 동안 대통령이 소집하는 장관회의에서 발표되는 법령의 승인
· 헌법재판소의 구성원 선출
· 라디오 및 TV 최고위원회 구성원 선출
· 의장과 사무국 구성원 선출
· 감사원 구성원 선출
· 터키 의회 조기선거 재개 결정
· 각료회의에 신임투표 권한 부여
· 대통령의 반역죄에 대한 탄핵
· 의회의 면책권 철폐
· 의원직 상실에 대한 결정

· 국외 터키 군대 배치 승인 및 터키 내 외국군 주둔 승인
· 공공경제사업 조사

이외에 터키 국회는 사무국과 각종 위원회는 물론, 감사원, 라디오-TV 방송위원회, 헌법재판소 등과 같은 구성원들의 신임 여부를 판단한다.
현재까지 파악된 개헌 후 변화된 터키 의회의 권한과 의무는 <표 9-8>과 같다.

▌ 표 9-8   개헌 후 터키 의회의 의무 및 권한 변동

| 헌법 87조 | 개정 헌법 87조 |
|---|---|
| · 법 제정, 개정 및 폐지할 수 있음.<br>· 국정 조사권 및 내각 불신임권을 가짐.<br>· 예산안 및 결산안을 채택할 수 있음.<br>· 통화 발행을 결정하고 전쟁을 선포할 수 있음.<br>· 국제 협약 비준을 승인할 수 있음.<br>· 터키 군대의 해외파병, 외국 군대의 터키 주둔 등에 관해 승인 여부를 결정하고 내각을 견제함.<br>· 일반 사면 및 파면권에 대한 결정권을 행사함.<br>· 헌법을 개정할 수 있음.<br>· 법적 효력을 가진 법령을 승인, 개정 및 거절할 수 있음.<br>· 국가비상사태 및 계엄령 선포를 승인할 수 있음.<br>· 헌법재판소의 구성원 선출권을 가짐.<br>· 민간 기업 감사권을 가짐. | · 기존 헌법 87조에 명시된 권한들 중, 국정 조사권 및 내각 불신임권 삭제됨. |
| 헌법 89조 | 개정 헌법 89조 |
| · 의회는 대통령이 거절한 법안을 단순다수결만 있어도 통과할 수 있음. | · 의회는 대통령이 재고를 요청한 법안을 다시 제출하여 통과시킬 때 절대다수결(과반수 +1)이 필요함. |
| 헌법 98조 | 개정 헌법 98조 |
| · 의회는 질의, 국정감사, 일반토의, 국정조사, 변책 등을 통해 노무지휘권을 행사할 수 있음. | · 의회는 국정감사, 일반토의, 국정조사, 서면질의 등을 통해 노무지휘권을 행사할 수 있음. |

출처: 개정헌법 내용 참조 저자 정리16

· · · · · · · · · · · · · · · · · · · · · · · · · · · · · · · · · · · · · · · · · · · · · · · · · · · · · · · · · · · · · · · · · ·

16 본 자료는 터키의 개정헌법 내용을(신문기사 참조) 필자가 확인하여 정리한 자료임. 참고 사이트(개정헌법 내용 확인 사이트). Retrieved from http://anayasadegisikligi.barobirlik.org.tr /Anayasa_Degisikligi. aspx, Retrieved from https://www.cnnturk.com/video/turkiye/anayasa -degisikligi-maddeleri-tam-metni-yeni-anayasa-maddeleri-nelerdir [신문기사] 터키 헌법. Retrieved from https://global.tbmm.gov.tr/docs/constitution_en.pdf, (검색일,

### 3) 위원회 구성 방식

터키 의회는 상임위원회와 임시위원회로 구성되며, 이들 위원회의 의석 비율은 각 정당의 의석비율로 결정된다. 각 위원회 규모는 위원회 성격과 전문 분야에 따라 그 규모가 다양하다. 실례로 공기업위원회는 35명의 위원으로 구성되며 기획·예산위원회는 40명의 위원으로 구성된다.[17] 여러 가지 다양한 위원회 중 청원위원회와 기획예산위원회를 제외하면 터키 국회의원들은 위원회에 중복 참여할 수 있다. 여러 위원회 중 가장 큰 권한과 역할은 기획예산위원회가 가진다고 할 수 있다. 기획예산위원회는 예산법안 분석 및 결산 분석 심의를 한다. 나아가 재정소요 관련 법률안이 발의되면 영향분석과 장기개발계획 등을 검토하게 된다. 기획예산위원회 의원은 헌법 제162조에 따라 독점적인 예산수정권한을 가지게 된다.

▌그림 9-13 **터키 국회 - 위원회 구성도**

출처: 터키국회, https://global.tbmm.gov.tr/index.php/EN/yd/icerik/19 (검색일, 2017.11.1) 참조하여 저자 작성

- - - - - - - - - - - - - - - - - - - - - - - - - - - - - - - - - - - - - - - - - -

2017.11.1)

17 터키 국회, Retrieved from https://global.tbmm.gov.tr/index.php/EN/yd/icerik/19 (검색일, 2017.11.1)

## 2. 사법부 구성과 운영체제

### 1) 터키 사법부 체계

터키의 사법부 체계는 크게 상급법원과 하급법원으로 나눌 수 있으며 유형별로는 일반법원, 행정법원, 군사법원으로 나뉜다. 상급법원으로는 터키 헌법재판소, 터키 대법원, 터키 최고행정법원, 터키 최고군사행정법원, 권한쟁의법원이 있다. 하급법원은 지방항소법원(제1심법원, 민사법원) 군사법원, 국가치안재판소, 특별법원 등이 있다.

▌표 9-9  **터키의 상급법원과 하급법원**

| 구분 | 종류 |
|---|---|
| 상급법원 | • 헌법재판소 |
| | • 대법원 |
| | • 최고행정법원 |
| | • 군사대법원 |
| | • 최고군사행정법원 |
| 하급법원 | • 권한쟁의법원[18] |
| | • 지방항소법원(제1심법원, 민사법원) |
| | • 군사법원 |
| | • 국가치안재판소 |
| | • 특별법원 |

출처: Ismalil Aksel(2010) 참조하여 저자 작성

대부분의 사건들은 일반 법원에서 다루어지며 민사 법원 및 형사 법원이 담당한다. 행정법원은 행정자치주를 위해 존재하며 공증, 파산 및 시민권 문제를 주로 다룬다. 조세법과 가족법은 개별 법원에서 다루어지며 군과 관련된 사항은 군사법원이 관할권을 갖는다. 터키의 군사법원은 군사법원, 최고군사행정법원, 군사대법원으로 구성되어 있다.

---

18 권한쟁의법원은 법원 간 관할권 다툼에 대한 최종심을 다룬다. 대법원, 터키 최고행정법원, 터키 최고군사법원, 터키 고등군사법원 판사들로 구성됨.

▌표 9-10 터키 군사법원의 종류

| 군사 법원의 종류 | 역할 |
|---|---|
| 군사법원 | • 군사교육 내 이루어지는 군인들의 범죄 행위에 대해 재판함. |
| 군사대법원 | • 군사법원에서 다루는 모든 판결과 관련하여 최종 판결을 내림. |
| 최고군사행정법원 | • 군인의 행정적 사례 혹은 현역군복무 내에 발생한 사건에 대해 다루며 군사대법원의 조직과 유사함. |

출처[19]: Ismalil Aksel(2010) 참조하여 저자작성

## 1) 사법체제하에서의 구성원 선임 및 운영 방식

개헌 전 대통령은 최고사법관회의(고등사법위원회/ HSYK)의 22인 중 4인을 임명했고 국회는 나머지 18명을 임명했다(Ismalil Aksel, 2010). 그러나 개정 헌법 제159조에 따라 최고사법관회의는 대폭 축소되어 13인이 되었고 이 중 4인은 대통령이, 그리고 나머지 7인은 국회가 임명권을 가지게 되었다. 한편 조직도 3부에서 2부로 축소되었다. 다시 말해 사법부 권한과 위상은 대폭 위축되었으며 대통령의 권한과 여당이 장악한 국회의 입김은 크게 작용하게 되었다. 터키 사법부는 지난 90여 년 동안 터키의 세속주의를 수호하는 역할을 하였으며 대부분의 사법부 인사는 아타투르크와 케말리즘을 따르는 인물들이었다. 이에 보수 이슬람성향인 정의개발당(AKP)이 출범하면서 사법부는 항상 집권여당의 정치적 개혁 대상이 되었다. 집권여당의 지난 15년간의 통치는 정치적 사법개혁을 가능하게 했고 2007년 헌법개정은 현 정부의 정치적 사법개혁의 법률적 토대를 구축하게 했다. 나아가 2017년 4월 대통령제로의 전환이 국민투표로 가결되면서 향후 사법부의 위상과 정치적 사법개혁은 부정적으로 진행될 가능성이 크다. 새롭게 재편된 최고사법관회의는 2017년 6월 업무를 시작했다.

최고사법관회의(고등사법위원회)장은 사법부 장관이 맡으며 차관이 부의회장을 맡게 된다. 최고사법관회의(고등사법위원회/HSYK)는 사법관 임명권, 전보, 보직변경, 발령, 징계, 승진, 인원 증/감축 등의 중요한 사법-행정 업무를 담당한다.

---

19 Ismalil Aksel. (2010). Retrieved from http://www.turkishlegal.net/wp-content/uploads/2015/ 09/turkish-judicial-system.jpg (검색일, 2017.11.1.)

▌그림 9-14  **사법부 조직도**

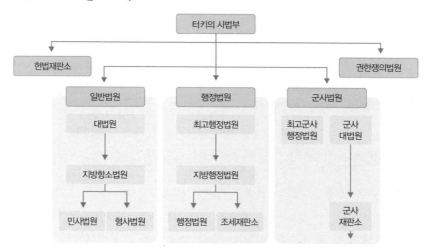

출처: Yargitay. Retrieved from https://www.yargitay.gov.tr/sayfa/kurulus-semasi/673, http://www.turkishl
egal.net/ wp-content/uploads/2015/09/turkish-judicial-system.jpg (검색일, 2017.12.1.) 참조하여 저자
작성

대법원은 총 44부, 310명의 법관으로 구성되었다. 대법원 구성원은 고등
판검사 및 사법관 가운데 판검사위원회 구성원들의 투표를 통해 결정된다. 대
법원장의 선출은 부대법원장 및 각 부장들로 구성된 대법원의회 구성원들의
무기명 비밀투표로 선출되며 그 임기는 4년이다. 대법원 검사장 및 부검사장
은 대법원의회 구성원의 비밀투표를 통해 선출된 5명의 후보자들 가운데 대통
령에 의해 4년의 임기로 임명된다.

앞서 간략히 언급한 헌법재판소 법관의 경우 개정 헌법 제146조 제1항에
따라 17인에서 15인으로 축소되었으며 이중 12인은 대통령이 임명하고 나머
지 3인은 의회가 임명하게 되었다. 이는 터키 사법부의 위상과 역할이 크게
위축되었다는 평가를 받고 있다. 개헌 후 시행된 정치적 성격의 사법개혁은
다음과 같다.

터키공화국이 선포되기 이전인 1921년 처음 제정된 터키 헌법은 1923년
터키공화국이 본격 출범하면서 몇 차례 정치적 격동과 함께 개정되었다. 대부
분 큰 정치−사회적 격변을 겪으며 개정된 헌법은 한시대의 정치적 담론과 시
대정신이 반영되었다. <표 9−11>은 큰 변화가 있었던 터키의 주요 헌법 개
정 연도이다.

▌ 표 9-11 개헌 후 터키 사법부의 주요 임명권한 변동 사항

| 헌법 159조 | 개정 후 헌법 159조 |
|---|---|
| • 대통령이 최고사법관회의(고등사법위원회)의 22인 중 4인을 임명하고 의회가 나머지 16명(의회장, 부의회장 제외)을 임명함. | • 22인에서 13인으로 인원이 감축되고 대통령이 4인을 임명하며, 의회는 남은 7인에 대한 임명권을 가짐. |
| 헌법 146조 1항 | 개정 헌법 146조 1항 |
| • 헌법재판소의 인원 구성은 17인임. | • 15인으로 감축됨. 법원의 구성은 같으며 12인은 대통령에 의해 임명, 3인은 의회에 의해 임명됨.<br>• 군사대법원 및 최고군사행정법원은 조항에서 삭제함. |
| 헌법 142조 | 개정 헌법 142조 |
| - | • 군징계의 경우를 제외하고는 군사법원의 설립될 수 없음. 군사법원은 오직 전쟁 상황 시 군인의 개인적 범행이 발생한 경우에 한해 설립될 수 있음. |

출처: 개정헌법 내용 참조 저자 정리20

▌ 표 9-12  터키 헌법개정 연도

| 터키 헌법개정 연도 | | | | |
|---|---|---|---|---|
| 1921<br>(공화국전) | 1924 | 1961 | 1982 | 2007 |

출처: 저자 작성

## 3. 입법부 및 사법부 체제와 운영상 특성과 시사점

### 1) 입법부 차원

지난 67년여 동안 내각책임제로 정부를 구성했던 터키는 그동안 군소정당의 난립과 군부의 쿠데타로 여러 차례 정치적 소요사태가 있었다. 이에 터

20 본 자료는 터키의 개정헌법 내용을(신문기사 참조) 필자가 확인하여 정리한 자료임. 참고 사이트(개정헌법 내용 확인 사이트). Retrieved from http://anayasadegisikligi.barobirlik.org.tr/Anayasa_Degisikligi. aspx, Retrieved from https://www.cnnturk.com/video/turkiye/anayasa−degisikligi−maddeleri−tam−metni−yeni−anayasa−maddeleri−nelerdir [신문기사] 터키 헌법. Retrieved from https://global.tbmm.gov.tr/docs/constitution_en.pdf, (검색일, 2017.11.1)

키 국회는 최소 10%의 득표를 얻은 정당만 원내 대표자를 배출할 수 있는 제도를 도입하여 정당 난립으로 인한 정국 불안정을 방지하고자 했다. 그러나 이러한 제도적 장치는 2001년 창당된 정의개발당(AKP)이 2002년 총선에서 불과 34%의 지지율로 국회의석의 2/3를 차지하게 되는 결과를 야기하였고 이후 정의개발당은 현재까지 다수당으로 장기 집권하면서 그 당수인 에르도안에게 권력을 집중시켰다. 선거와 투표는 카리스마와 대중적 인기를 업은 에르도안 대통령과 정의개발당에게 지속적인 정통성을 부여함으로써 독단성만 증폭시켰다는 평가가 많다. 일부 학자들은 이를 "포퓰리즘의 승리"라고도 말한다. 정국의 불안정을 방지하기 위한 제도를 마련했던 것은 바람직하였으나 이러한 제도가 오히려 소수의 보호라는 민주주의의 가치를 훼손했다는 평가도 있다.

터키는 내각책임제로서 총리와 함께 내각이 의회에서 선출되고 정치적 책임을 지는 정치체제였다. 2002년부터 집권한 정의개발당은 여러 번의 정치적 난관을 선거를 통해 내각의 신임을 재확인해 왔다. 현정부는 터키 동부와 지방을 중심으로 견고한 지지기반을 가지고 있다. 에르도안 대통령과 현 정부의 자신감 있는 태도는 어쩌면 정의개발당의 이러한 지지로부터 기인했다고 볼 수 있다. 현재 세속주의와 민족주의 진영이 민주적 선거를 통해 현 정치판도를 바꾸기에는 많은 한계가 있다(오종진, 2016).

정의개발당의 보수적, 이슬람적 정책에도 불구하고 강한 지지를 지속적으로 얻는 데에는 2002년 집권 후 꾸준히 성장하고 있는 경제가 일조를 하고 있다. 터키는 현 정부의 강력한 리더십과 안정적 정책으로 건국 이래 유래 없는 고도성장을 이룩하고 있다. 이를 통해 터키의 소득수준은 최근 5년간 급속히 향상되었고 동부지역을 비롯한 많은 지방에서는 이러한 소득 및 생활수준의 향상이 현 정부의 안정적 집권과 에르도안 대통령의 리더십 때문이라고 굳게 믿고 있다. 현재 터키 정계는 에르도안 대통령의 정치적 카리스마와 대중성 그리고 정의개발당의 표심을 견제할 정치세력과 리더십이 부재한 상태라 할 수 있다.

특히, 일부 군부의 주도로 2016년 7월에 일어난 쿠데타가 실패하면서 정의개발당은 더욱 강력한 권력을 가지게 되었고 이를 바탕으로 정의개발당은 2017년 의원내각제에서 강력한 대통령중심제로 전환되는 내용의 개헌안을 통과시켰다. 쿠데타 직후 발효된 국가비상사태 선포는 현재까지 지속되고 있으며 내년 상반기까지 계속될 것이라는 관측이 지배적이다. 국가비상사태가 선포됨에 따라 국민의 기본권이 제한되며 3권 분립 원칙도 붕괴되었다고 할 수 있다. 나아가 터키 비상사태 기간 중 에르도안 대통령은 법률과 동등한 효력을 갖는 칙령을 바로 시행할 수 있어 입법부의 위상과 역할은 현재 매우 제한적이라 할 수 있다.

### 2) 사법부 차원

터키의 경우 최고행정법원, 군사대법원, 최고군사행정법원을 별도로 상급법원으로 두면서 특수전문법원을 통한 공정하고 전문적인 판결이 이루어지도록 하고 있다. 대법원은 민사와 형사사건의 상급법원으로서 역할만을 하고 있다. 이는 대법원이 민사·형사사건뿐만 아니라 행정사건과 군사사건 등 모든 사건을 최종심으로서 판단하는 우리나라와는 다른 점이라 할 수 있다. 우리나라는 대법원에서 모든 사건의 최종심을 판단하면서 연간 약 4만 건 정도의 사건이 대법원에 접수되어 사건이 폭주하고 있다. 이는 전문성의 문제뿐만 아니라 사법부의 관료화 같은 문제를 야기하는데, 터키의 경우 최고 법원이 분야별로 나누어져 있어 이러한 문제가 비교적 적은 편이다. 또한 한국의 대법원장은 강력한 권한을 가지고 있어 사법부의 관료화나 법관의 독립성을 침해할 수 있다는 우려가 많지만 터키의 경우 판사뿐만 아니라 검사, 학자 등도 구성원으로 참여하는 최고사법관회의(고등사법위원회)를 통해 사법행정을 처리하고 있어 사법권 행사기관과 사법행정 기관을 분리하여 운영하고 있다. 이는 사법부의 관료화나 법관의 독립성 침해를 어느 정도 방지한다는 평가를 받고 있다. 그러나 터키의 사법권 역시 최근 헌법 개정과 쿠데타 사건으로 인해 크게 위축되고 그 규모 역시 축소되고 있는 현실이다. 또한 지난 1년간 국가비상사태가 선포되고 지속됨에 따라 터키의 사법처리는 신속, 간소화되어 사법권이 크게 손상되었다는 평가가 지배적이다.

## 제4절 터키 정치체제 변동 - 에필로그

터키 정치체제 변동은 그 어느 국가에서보다 급격히 변화하는 측면이 많아 예측하기가 힘든 경향이 많다. 최근 터키 정치 역시 기존의 정치일정과는 다르게 빠르게 급변하여 많은 이들을 당황시키고 있다. 2011년 중동을 강타한

아랍의 봄 때만 하더라도 터키는 중동지역의 모델국가이자 중동지역의 소프트 파워로서 그 위상을 높여가고 있었다. 하지만 2017년 쿠데타 이후 터키 정치는 다른 방향으로 빠르게 변화하고 있어 그 변화 속도를 정리하고 논평하는 데에는 많은 수정과 퇴고가 필요한 실정이다.

2018년 초 본 글이 완성된 시점만 해도 예정된 터키의 큰 정치변동은 2019년 말 실시될 터키 대선과 총선에 초점을 맞추었다. 2017년 여러 가지 논란 속에 개헌안이 처리되면서 터키는 2019년 총선과 대선을 통해 의원내각제에서 본격적인 대통령제로 그 정치체제를 완전히 탈바꿈할 예정이었다. 의원내각제에서 강력한 대통령제로의 전환을 추진하고 있던 현 과도 정치체제는 행정－입법－사법체제에도 많은 영향을 주어 기존의 터키정치 체제와는 매우 다른 양상을 보임은 물론 계속 발효되고 있는 국가비상사태 법은 많은 정치시스템의 정상적인 작동을 허용하지 않았다.

한편, 터키의 계속되는 정치－경제 불안과 계속되는 아랍난민들 유입과 쿠르드 문제로 인한 안보문제는 터키 정치변동의 또 하나의 놀라운 사례를 만들었다. 현 터키정부는 2018년 4월 갑작스럽게 조기 총선과 대선을 발표하였다. 터키가 계속되는 안보문제와 경제난을 겪으면서 조기 선거에 대한 전망은 계속 제기되어 왔으나 2개월 뒤인 6월의 조기 총선과 대선은 그 어느 전문가들도 예상하지 못한 사항이었다. 현 터키 정부는 당초 2019년 11월에 예정되어 있던 총선과 대선을 1년 반 가량 앞당겨 6월 24일에 치렀다. 이는 여러 정치적 논란을 새롭게 만들고 혼란을 가중시켰지만 현 집권당인 정의개발당(AKP)은 민족주의 행동당(MHP)과 연합하여 큰 정치적 승리를 얻는 결과를 가져왔다.

6월 24일 조기 총선과 대선은 모두 에르도안 대통령과 정의개발당의 승리로 마무리 되었다. 에로도안 대통령은 52%의 득표율로 과반득표에 성공하여 결선 투표 없이 대통령 당선을 확정지었으며, 집권여당인 정의개발당 역시 민족행동당과 여권연대를 형성하여 약 54%의 의석을 차지하였다. 이는 향후 에르도안 대통령과 정의개발당이 국정운영에 주도권을 계속 이어가는데 큰 탄력을 줄 것으로 예상된다.

다수의 터키 국민들은 작년 개헌과 올해 대선에서도 에르도안 대통령과 집권여당의 손을 다시 들어주었다. 혼돈의 중동에서 부상하는 터키의 위상과 존재감, 유럽에 대한 회한, 그리고 안정적인 터키 정치－경제에 대한 국민들의 열망은 에르도안 대통령의 카리스마와 결합하여 이와 같은 선거 결과를 만들었다고 할 수 있다. 정치일정의 변칙적 적용과 운영은 크게 민심에 부정적 영향을 준 것 같지는 않다.

앞으로 터키의 바뀐 헌법에 따라 에르도안 대통령은 판검사 인사권과 행정명령 제정권을 행사하게 되어, 행정부는 물론 입법, 사법 영역까지 지배할 수 있는 막강한 영향력을 확보했다. 이를 바탕으로 터키는 더욱 빠르게 강력한 대통령제로의 전환을 추진할 것으로 보인다. 중동의 진취적인 모델이었던 터키 민주주의가 경로 이탈을 했다는 외부 우려와 평가도 있지만 터키는 권위주의적이지만 강력한 중동의 중심국가로 부상하여 터키의 존재감과 자존심을 높이는 길을 택한 것으로 보인다.

# 10 이탈리아
## ITALY

## 제1절 통치체제

### 1. 정부형태 개요

#### 1) 국가수반, 행정부, 입법부, 사법부의 구성체제

#### (1) 통치제제 구성 및 내용과 역사적 맥락

1946년의 국민투표로 탄생한 이탈리아 공화국은 양원제를 기반으로 하는 내각 책임제(의원내각제)를 현재까지 이어오고 있다(류시조, 2011: 47-50). 1861년 이탈리아의 통일 당시에는 군주와 양원제 의회가 존재하는 입헌군주제(Constitutional Monarchy)를 채택하였고, 사르데냐 왕국의 헌법을 적용하여 하원은 문자해독력을 가진 시민에 의해 선출되며 상원은 국왕이 임명하는 종신의원으로 구성되었다.[1] 이후 파시즘체제를 거쳐 제2차 세계대전 종식 이후인 1946년 6월 2일 이탈리아는 왕정과 공화정을 채택하기 위한 국민투표를 실시하게 되는데, 국민투표의 결과 공화정이 채택되었고 1948년 새로운 헌법의 공포를 통해 이탈리아 공화국(Italian Republic)이 설립되었다.

........................................................................................................................

1 이탈리아 공화국의 헌법의 기본 골격은 1848년에 제정된 사르데냐 왕국(Regno di Sardegna) 의 헌법인 알베르토 헌장(Statuto Albertino)에 그 기초를 두고 있다. 이는 1861년 이탈리아 의 통일이 사르데냐 왕국을 중심으로 이루어졌기에 통일 이후 입헌군주제하의 이탈리아에 서도 사르데냐 왕국의 헌법을 적용한 것이다. 이 헌법에 의하면 군주는 세습제이지만 실권 은 내각에 있는 형태로 이해될 수 있다(Paolo Bilancia & Eugenio De Marco, 2015).

　의회는 양원제하에서 상원과 하원이 동일한 권력과 동일한 기능을 수행하는 방향으로 정해졌는데, 이후 상원에 대한 개혁의 방안이 자주 등장하였으며 1970년대에는 지방자치의 실시와 함께 상원을 주를 대표하는 기관으로 변경하자는 안이 나왔으나 별다른 성과를 얻지 못하였다. 2016년 12월 4일에 시행된 국민 투표의 헌법 개정 내용에도 상원의 축소와 관련된 내용이 포함되어 있었다. 하지만 현실적으로는 하원이 상원에 대한 우위를 점하고 있다고 할 수 있다. 이를 두고 불완전한 양원제(bicameralismo imperfetto)라고 부르는데 그 이유는 첫째, 정당의 지도부가 상원보다는 하원을 선호하며, 둘째, 내각총리와 각료의 대부분이 하원의원이고, 마지막으로 행정부가 상원의 불신임보다는 하원의 불신(voto di sfiducia)을 더 중요하게 여기기 때문이다(김시홍, 1995: 86).

　한편 양원제의 철학은 권력의 분립과 견제 및 균형의 정신에서 찾을 수 있다. 그러나 상하원의 동일한 절차와 권한은 많은 경우 정부가 제출한 법안에 대한 비준이 늦어지게 만들었으며, 한 의회에서의 법안 수정은 타 의회의 동의를 받아야 효력이 발생할 수 있으므로 적시의 처리를 어렵게 만들었다. 또한 1965년 이전까지는 상하원의 임기(상원의원은 6년, 하원의원은 5년. 이후 5년으로 통일됨)가 달라 의회 운영의 난맥상을 보였으며 하원이 총선에서의 결과에 충실한 정치색을 보이는 반면 상원은 권위주의적이고 비당파적인 성격을 나타내기도 하였다. 이러한 상하원의 유기적이지 못한 위상은 입법 기능을 행사하는 데 있어 혼돈상을 노정하였으며 불완전한 양당제에 대한 비판의 목소리가 높아지게 하였다.

　헌법 제139조는 '공화제가 헌법개정의 대상이 되지 아니한다'라고 정함으로써 입헌군주제인 구체제로의 복귀를 강력하게 억제하고 있다. 또한 헌법 제138조에 의하면 헌법개정의 법률 및 기타의 헌법적 법률은 상하 양원에서 3개월 이상의 기간을 두고 연속된 2회의 의결로써 채택되며, 두 번째의 표결에서는 각 의회의 절대다수로서 승인된다. 또한 의회를 통과한 법률은 공포 후 3개월 이내에 양원 중 한 의회의 1/5 혹은 50만인의 선거권자 또는 5개 주의회가 요구할 시 국민투표에 부치게 되어있다. 그러나 법률이 각 의회의 두 번째 표결에서 2/3 이상의 다수로 가결될 때에는 국민투표의 과정을 거칠 필요가 없다고 적시하였다. 이상의 내용은 알베르토헌장이 연성헌법이었던 것과 대비하여 공화국의 헌법이 경성적(rigid) 성격을 지니고 있어 헌법의 개정이 매우 제한되어 있으며 헌법이 일반 법률에 대해 우선하는 지위를 점하고 있음을 알 수 있다. 실제로 제2차 세계대전 이후 이탈리아 공화국의 역사에서 헌법의 근간이 변경되는 사례가 없었으며, 기본 골격이 그대로 유지되고 있다고 볼 수 있다.

### (2) 행정-입법-사법 체제상 핵심요소

이탈리아 공화국은 내각 책임제, 의회 중심제를 기본으로 하며 행정부, 입법부, 사법부가 독립적으로 존재하는 삼권 분립의 통치 체제를 갖추고 있다. 의회는 상하원으로 구성되는 양원제(Bicameralismo)를 채택하며 입법부인 의회가 통치 체계에서 가장 중요한 역할을 담당하고 있다고 할 수 있다. 국가의 수반인 대통령은 상징적인 존재이며 행정 수반인 총리가 국정에서 핵심 역할을 수행한다.

내각책임제 국가의 특성을 반영하여 정부는 상하원 양원의 신임을 기초로 구성되며(헌법 94조) 정부의 법안이 의회를 통과하지 못할 경우 정부의 위기가 발생하고, 문제가 해결되지 않으면 정부가 해산되고 조기총선을 치르거나 위기관리내각이 들어서는 관행을 보여왔다. 따라서 대통령 중심제에서 발생할 수 있는 여소야대 현상은 이탈리아에서 가능하지 않은 현실이다.

헌법 제104조는 사법부가 타의 여하한 권력으로부터 독립된 하나의 자주적인 질서를 구성한다고 천명하고 있다. 사법부는 만민평등사상에 기초하여 삼심제에 기초한 법원이 운영되고 있으며, 1958년 설립된 대통령이 주재하는

┃ **그림 10-1　이탈리아 국가체제의 구조**

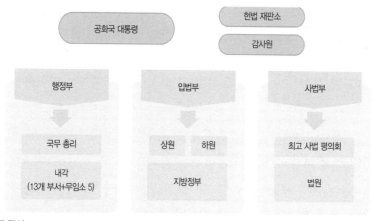

출처: 저자 작성

최고사법평의회(Consiglio Superiore della Magisturatura)가 사법부의 규정에 따라 법관의 임용, 배치, 전보, 승진 및 징계를 관할한다. 또한 헌법적 질서의 원활한 운영과 보장을 위해 헌법재판소(Corte Costituzionale)가 설치되어 있다.

## 2) 중앙정부와 지방정부의 구성 및 관계

### (1) 중앙정부-지방정부 구성 및 관계 형성의 역사적 맥락

이탈리아의 지역주의는 오랜 역사성을 지니고 있다. 고대 로마제국이 멸망한 후 중세시기에 봉건적 장원 경제에 의해 분권적인 경험을 한 바 있으며 11세기 이후 나타난 중세 도시의 출현은 오늘의 지역주의에 많은 영향을 미쳤다. 15세기 이후 외세의 침입과 지배가 계속된 시대에도 지역적인 특수성과 성격은 유지되었으며, 19세기 후반 통일된 이탈리아가 건설된 뒤에도 지역주의는 뿌리 깊은 현상으로 존속하였다(김시홍, 1995: 101-102).

이탈리아 중앙 차원에서 강력한 국가를 건설하려는 시도는 적지 않은 문제에 봉착하였으며 일부는 전체주의적이며 독재 체제였던 파시즘 시기에도 지역주의를 완전히 극복할 수 없었다. 제2차 세계대전이 종식되고 새로운 헌법에 의해 공화국이 설립되었으며, 지방분권제도도 마련되었지만 자치 제도의 완전한 실시는 1970년대에 가서야 가능하였다. 그 이유는 당시의 집권여당인 기민당(DC)의 입장에서 보면 섣부른 자치가 야당으로 하여금 지방정부를 관할하게 하여 지방 차원에서의 통제불능현상이 염려되었기 때문이었다(김시홍, 1995: 101-102).

이탈리아공산당(PCI)도 초기에는 계획경제에 기초한 중앙집권을 선호하여 자치를 연기하려 했으나 냉전체제가 도입되고 집권연정에서 이탈한 후로는 지방에서의 권력 장악에 경주하여 지방자치를 강력하게 주장하는 입장으로 변모하였다(김시홍, 1995: 102). 1960년대의 사회적 혼란상인 노동운동, 학생운동, 여성운동 등은 민주적인 과정에 대한 관심을 제고하여 결국 1970년대에 들어와 주의회와 정부가 주민의 손에 의해 직접 선출되는 계기를 마련하였고 이후로는 본격적인 지방자치가 실시되었다(김시홍, 1995: 102).

### (2) 중앙정부-지방정부 구성 및 관계

이탈리아의 지방자치는 3계층인 주(regione), 현(provincia), 자치시(comune)로 운영되어 왔는데, 최근 일부 대도시를 별도의 영역으로 간주하는 방식(aree metroplitane)으로 변모하여 오늘에 이르고 있다. 자치제 대표의 선출방식도 의회와 같이 내각책임제의 원칙에 따라 자치단체 의회의원 선거 결과가 자치정부의 구성에 결정적 영향을 미치는 방식으로 운영되어 왔다. 최근에는 일부 대도시의 경우 시장직선제를 통해 차별적인 모습을 보이고 있기도 하다.

중앙정부와 지방정부와의 관계는 오랜 기간 헌법 개정의 대상이 되어 왔다. 2001년에는 이와 관련하여 헌법 개정이 이루어진 바 있다(안영훈, 2016). 주요 내용은 지방 정부의 권한 강화였으며, 지방정부와 관련된 헌법의 여러 항들이 삭제되거나 보다 세부적으로 개정되었다. 지난 2016년 12월 이탈리아의 국민투표에 부쳐진 안건에는 중간 지방 계층인 현을 폐지하는 내용이 있었다.[2] 해당 내용은 부결되어 존속되고 있지만 장기적으로 폐지될 가능성이 높을 것으로 전망된다.

## 2. 국가 및 행정수반과 내각

### 1) 국가수반

#### (1) 선출방식 및 임기

국가수반(Capo dello Stato)은 대통령이며, 공화국 헌법 제87조에 따르면 대통령은 국가 원수이며 국가의 통합을 상징한다(A Chiare Lettere, 2011: 5). 50세 이상의 시민권 및 참정권을 지닌 모든 국민은 대통령으로 선출될 수 있다. 대통령은 양원합동회의에서 선출한다. 또한 소수의 대표성을 보장하기 위해 선출된 각 주의 대표 3명이 선거에 참가하며, 그 중 발레 다오스타(Valle d'Aosta)는 대표 1명만이 선거에 참가한다. 대통령 선거는 비밀 투표이며 재적의원 3분의 2 이상이 찬성해야 한다(헌법 제83조). 그러나 3차 투표 이후에는 절대다수로 선출된다.

대통령의 임기는 7년이며, 법적으로 명시된 임기 제한 횟수는 없으나 관례적으로 보아 재선은 불가하다. 대통령 임기 만료 30일 전에 하원의장은 양원합동회의와 주 대표를 소집하여 새 대통령을 선출한다(헌법 제85조). 대통령은 상징적 국가수반으로서의 역할을 수행하므로, 대통령의 임기와 의회 선거

---

2 Italian constitutional referendum 2016. https://en.wikipedia.org/wiki/Italian_constitutional_referendum,_2016 (검색일, 2017.10.15)

주기가 일치할 필요는 없다. 하지만 의회가 해산 중이거나 해산 3개월 전일 경우, 새로운 의회의 첫 개회 후 15일 내에 선거를 실시한다. 그 기간 동안은 대통령의 권한이 연장된다. 대역죄나 헌법 위반의 경우에는, 양원합동회의에서 의원 절대다수로 대통령을 탄핵할 수 있다(헌법 제90조).

### (2) 핵심권한

헌법 제87조~88조에는 대통령의 권한이 명시되어 있다. 대통령은 행정부가 발의한 법안의 의회 제출 허가, 법률 공포 및 법률의 효력을 가진 명령, 규칙의 제정, 헌법과 관련된 일반 국민투표 소집, 의회에서 승인된 국제조약 비준의 권한이 있다. 대통령은 특별사면 혹은 감형을 할 수 있다. 대통령은 임기 만료 전 6개월 동안은 의회 해산권을 행사할 수 없으나, 해당 기간이 의회의 임기 만료 전 6개월과 전부 또는 일부 겹치는 경우 해산권을 행사할 수 있다(헌법 제88조). 대통령은 의회 의장들과 협의하여 한 원이나 양원 모두를 해산할 수 있다. 대통령은 임기 후 평생상원의원(senatore a vita)으로 추대되며, 임기 중 5명의 헌법재판소 재판관에 대한 임명권이 있고 군대의 최고통수권자, 최고국방회의(Consiglio supremo di difesa) 의장, 최고사법평의회 의장 등을 맡으나 실권은 크게 제약되어 있다.

의회와의 관계에서 국가수반인 대통령과 의회의 핵심 기능은 겹치지 않으며, 공화국 헌법 제73조와 제74조에 따르면 대통령은 양원에서 승인된 법률을 1개월 내에 공포하거나, 이유를 명시한 의견서를 의회에 송부하여 공포 예정된 법률의 재심의를 요구할 수 있다. 해당 법률이 의회에서 다시 통과되면 그대로 공포된다.

### (3) 국가수반 관련 조직 개요

대통령 궁의 사무국은 9개 부서(Ufficio)와 15개의 직속 기구(Servizio), 그리고 기록 보관소(Archivio storico)로 구성된다. 사무국의 대표는 사무총장이며 그 밑으로 서로 다른 역할을 수행하는 3명의 사무부총장이 있다. 9개의 부서는 일반업무 비서실과 대통령 비서실을 포함하며, 대통령의 역할 수행과 직접적으로 관련된 모든 업무들을 수행한다. 15개의 직속 기구는 대통령 궁 내 업무의 연속성을 고려하여 영구적 조직으로서의 역할을 수행하며, 능력과 연공서열에 따라 사무총장이 임명한 경력 공무원들로 구성된다. 또한 대통령에 의해 임명되는 특별비서(segretaria particolare del presidente) 1명과 대통령 특별 고문/보좌관(Consiglieri) 11명, 자문위원(Consulenti) 3명이 있다. 이외에도 대통령 경호 및 대통령 궁 보안을 위한 사무실 4개가 있으며, 감사실과 홍보실이 특별 기구로 존재한다.[3]

## 2) 행정수반과 내각

### (1) 선출방식 및 임기

행정수반(Capo del Governo)인 국무총리는 내각의 의장(Presidente del Consiglio dei Ministri) 역할을 수행한다. 대통령이 총리 후보의 임명을 거부할 수는 있으나, 관례적으로 대통령은 형식상의 임명권을 행사하며 총선 결과 다수를 차지한 정당이나 정당연합에 의해 추천되고 대통령에 의해 조각을 위임받은 자가 내각의 총리로 임명된다.

내각책임제하에서의 총리부 내지 수상집무실의 역할수행 행태는 세 가지 유형으로 대별할 수 있다. 첫째는 총리부가 모든 책임을 지며 적극적인 역할을 수행하는 형태이며, 둘째는 내각이 집합적으로 책임을 지는 협조적인 형태(collegialità)이고, 세 번째는 관료제와 행정체계에 기반한 각 행정부서의 독자적인 영역이 강조되는 형태이다. 이탈리아의 사례는 마지막의 경우와 유사한데 정부부처간의 협조와 조정이 부진한 것으로 평가받고 있다. 이는 곧 내각총리의 조정능력 결여와도 연결된다. 1992년 부패수사 이후 내각과 주요 정당의 관계가 과거의 행태를 경로의존적으로 이어받아 근본적인 변화를 결여한다는 분석도 제기된 바 있다(Di Mascio & Natalini, 2013).

### (2) 행정수반 관련 조직 개요

행정부는 국무총리와 각 부의 장관들로 이루어지고, 이들은 함께 국무회의를 구성한다. 헌법 제94조는 '행정부는 양원의 신임을 받아야 한다'라고 명시하고 있으며, 정부는 구성 후 10일 내에 신임을 받기 위해 의회에 출석해야 한다.

각 의회는 호명 투표로 표결되고, 이유가 명시된 발의를 통해 신임을 부여하거나 철회한다. 내각의 총리는 정부의 일반 정책을 집행하고 그에 대해

---

3 Quirinale. http://www.quirinale.it/qrnw/amministrazione/uffici/uffici.html (검색일, 2017.10.3)

▌ 그림 10-2　총리부 지원실 구성

출처: 이탈리아 수상. http://www.governo.it/organizzazione/uffici-dipartimenti-strutture/69 (검색일 2017.10. 20) 참조하여 저자 작성

책임진다(헌법 제95조). 장관들은 국무회의의 행위에 대해 연대하여 책임지고 각 부처 행위에 대하여 개별적으로 책임진다.

국가의 실질적인 행정을 담당하는 총리부 지원실은 그 규모가 대통령 비서실에 비하여 방대하다.[4] 먼저 총리부 지원실에는 업무를 총괄하는 사무총장 1명이 있고, 그 밑으로 사무부총장 3명이 있다. 총리부 지원실은 그 성격에 따라 크게 3개의 사무국으로 분류할 수 있다. 첫 번째는 내각 지도부 직속 사무국이며, 총리 및 각 부처의 장차관(무임소 장차관 제외)들과 직접적으로 협력하며 역할을 수행하는 15개의 사무실로 구성되어 있다. 총리 직속 사무실(uffici di diretta collaborazione del presidente)은 총 4개이며 이는 총리비서실, 홍보 및 대변인실, 외교정책보좌실, 군사정책보좌실이다. 장차관 직속 사무실(uffici di diretta collaborazione dei ministri senza portafoglio e dei Sottosegretari)은 11개이며 각 부의 장관 혹은 차관과 직접적으로 협력하며 지원하는 역할을 수행한다. 두 번째로는 독립 부처 및 사무실(dipartimenti e uffici autonomi)이다. 17개의 일반 업무 부서 혹은 사무실과 총리가 지정한 특정 업무를 담당하는 10개의 사무실이 있다. 마지막으로는 특정 업무 담당 조직(strutture di missione)이다. 특

---

4 아래 자료에 따르면 2017년 7월 기준 총리부 지원실 직원 수는 총 2128명이다. http://www. pubblicaamministrazione.net/connettivita/news/5084/dipendenti-pubblici-quanti-sono. html (검색일, 2017.10.22)

정한 목적을 가진 업무를 담당하는 8개의 조직과 2단위가 있다.[5]

### (3) 국가수반과의 관계

국가수반인 대통령은 총리 임명권을 가지고 있다. 하지만 총선 결과 다수를 차지한 정치집단에서 선발된 대표를 총리로 임명한다는 점에서 형식적인 총리 임명권이라고 볼 수 있다. 내각을 구성하는 장관들의 경우에도, 총리와 집권 연립정권내 정당들의 합의하에 선정된 장관 후보들을 이변이 없는 한 대통령이 그대로 임명한다. 그러나 이탈리아의 대통령은 정부의 위기 시 중요한 역할을 맡기도 한다. 정부의 위기인 내각의 힘이 약화될 때, 다양한 정치 세력들로부터 의견을 구하는 과정(consultazioni)을 통해 조정자로서 대통령의 역할이 중요해지는 상황이 발생한다.

### (4) 의회와의 관계

총리와 내각은 상하 양원의 신임을 기초로 출범하며, 이탈리아에서는 헌법 제94조의 내용에도 불구하고 정부의 법안이 하나라도 부결될 시 바로 정부의 위기(crisi di governo)로 이어지는 내각책임제로 운영된다. 또한 총리를 포함하여 내각의 장관 대부분이 국회의원이므로 의회와 정부는 불가분의 관계를 지닌다고 볼 수 있다. 또한 정부의 수명과 그 존폐여부가 의회의 의지에 달려 있다는 측면에서 그 특징을 살필 수 있다. 그러나 이탈리아 정치현실의 관행을 보면, 집권 여당연합내의 불협화음으로 소수 정당들이 반기를 들어 정부가 붕괴되거나, 아니면 최대 집권 여당 내부의 계파(corrente) 간 갈등으로 위기를 맞이하는 사례가 빈번하였다는 사실을 감안할 때 이탈리아의 국가 운영에서 정당정치(partitocrazia)의 중요성을 간과할 수 없다.

### (5) 내각의 구성

내각은 총리와 장관들로 구성된다. 이탈리아의 내각은 잦은 정권교체 때문에 안정적이지 못하다고 볼 수도 있으나 집권당, 인물, 자리의 연속성이 그 어느 서구 국가보다도 일관성을 보이기 때문에 어떤 면에서는 가장 안정적인 정권이라는 역설이 가능하다. 또한 내각의 장관들은 우선 자신이 소속하고 있

---

5 이탈리아 수상. http://www.governo.it/organizzazione/uffici-dipartimenti-strutture/69 (검색일, 2017.10.23)

는 정당을 대변하기 때문에 정당의 정책에 충실하게 되는데 정부의 구성이 주로 연정(coalizione, 연립내각)이므로 여러 다른 정당들의 목소리를 하나로 내는데에는 한계가 있어 총리의 노력도 한시적 조정으로 비추어진다. 이러한 결과로 정부가 집합적 결정기관으로서의 비효율성을 보이고 행정부서간의 협조체제가 미흡한 실정이다.

　내각의 각 부처 장관은 총리가 임명한다. 2017년 9월 현재 이탈리아 내각은 13개의 부처와 5개의 무임소 부처(ministro senza portafogli)로 구성되어 있다. 내각 부처의 수와 관련된 최종 법안은 2009년에 개정되었으며, 내각의 수를 13개로 규정하고 내각의 총 구성원(장관, 부장관, 차관, 무임소 장차관 포함)을 63명으로 제한한다. 내각의 장관과 차관은 국회의원 중에서 임명되는 것이 일

▌표 10-1　이탈리아 내각의 구성(2017년 10월 현재)

| 총리 | | | |
|---|---|---|---|
| 국무차관 3인 | | | |
| 부서 | 장관 | 부장관 | 차관 |
| Affari esteri e cooperazione internazionale(외무국제협력부) | 1 | 1 | 2 |
| Intrerno(내무부) | 1 | | 2 |
| Giustizia(법무부) | 1 | | 3 |
| Difesa(국방부) | 1 | | 2 |
| Economia e Finanze(재무부) | 1 | 2 | 1 |
| Sviluppo Economico(경제개발부) | 1 | 1 | 3 |
| Infrastrutture e Trasporti(시설교통부) | 1 | 1 | 1 |
| Politiche agricole, alimentari e forestali(농림식품부) | 1 | 1 | 1 |
| Ambiente e tutela del territorio e del mare(국토환경부) | 1 | | 2 |
| Lavoro e politiche sociali(노동부) | 1 | | 2 |
| Istruzione, universita' e ricerca(교육부) | 1 | | 3 |
| Beni e attivita' culturali e turismo(문화관광부) | 1 | | 3 |
| Salute(보건부) | 1 | | 1 |
| Ministri senza portafogli(무임소) | | | |
| Rapporti con Parlamento(의회와의 관계) | 1 | | 2 |
| Semplificazione e pubblica amministrazione(단순화 및 행정) | 1 | | 1 |
| Affari regionali(지방 행정) | 1 | | 1 |
| Coesione territoriale e mezzogiorno(영토 결속 및 남부개발) | 1 | | |
| Sport(체육) | 1 | | |

출처: 이탈리아 수상. http://www.governo.it/ministri-e-sottosegretar (검색일, 2017.10.15) 참조하여 저자 작성

반적이다. 장, 차관의 실질적인 인사권은 총리와 의회를 구성하는 집권 여당연
합에 있으며, 대통령은 형식적인 임명권을 갖는다(2009년 법령 제172호).


## 3. 헌법재판소

헌법재판소(corte costizionale)는 15명의 재판관으로 구성되며 대통령, 양
원합동회의, 일반 및 행정 상급 법원에서 각 5명씩 지명한다. 헌법재판소 재판
관은 퇴직 판사를 포함한 일반 및 행정 상급 법원의 판사, 20년 이상의 경력
을 가진 법학 교수와 변호사 중에서 선정한다. 헌법재판소 재판관의 임기는 9
년으로 취임 선서한 날로부터 임기가 시작되며 재임명은 불가하다. 헌법 재판
소는 법률 규정에 따라 재판관 중에서 재판소장을 선출하며, 임기는 3년이고
연임이 가능하다. 어떠한 경우에서라도 헌법재판관의 임기 만료는 지켜져야
한다. 헌법재판관직은 양원 의원, 주의회 의원, 변호사를 포함한 법률에 명시

---

**• 사례 예시 •**

1. 1946년부터 2017년까지 초대 총리(Alcide De Gasperi)를 제외하고 총리가 5년의 임기를 모두 수행한 것은 단 1회에 그친다. 이는 최장 시간의 임기를 거친 총리인 실비오 베를루스코니(Silvio Berlusconi)로 총 5년간(2001년 6월 11일- 2006년5월 17일) 총리로서의 임기를 지속했다. 총리 가 5년간의 임기를 다하지 못하거나, 이른 기간 내에 임기가 종료되는 현상은 이탈리아 내각 시스 템의 불안정성을 의미한다. 하지만 의회가 쉽게 해산됨에도 불구하고 내각의 구성원들은 대부분 동일하게 유지된다는 점에서 불안정 속에서의 안정(stabilita nell'instabilita)이라는 역설을 보이고 있기도 하다.
2. 의회의 의견 불일치에 따른 이른 해산은 총선 결과에 기초하여 다수의 정당들이 연립 정부를 구성한 사례가 아닌 기술관료내각(gabinetto di tecnocrati) 혹은 과도내각(caretaker)으로 이어졌다. 이는 정상적으로 다수를 형성하지 못할 경우에 있을 수 있는 일종의 위기관리 내각인데, 1992년 줄리아노 아마토의 내각이 첫 번째 경우였고 1993년의 카를로 아젤리오 챰피 내각에 이어 디니 내각은 세 번째의 기술관료내각이다. 1995년 1월 17일부터 1996년 5월 17일까지 유지된 람베르토 디니(Lamberto Dini) 내각에서는 장관의 수를 20개로 축소하였으며 대부분의 장관들은 대학의 교수들과 경제전문가로 구성되어 있으며 로마 대학의 교수 7인이 장관직을 맡았다.
3. 2008년 로마노 프로디(Romano Prodi) 내각은 상원의 불신임으로(반대161, 찬성156) 붕괴되었다. 프로디 총리의 사임 이후 당시 대통령이던 조르지오 나폴리타노(Giorgio Napolitano)는 상원 의장이었던 프랑코 마리니(Franco Marini)에게 과도내각을 구성할 것을 제안했지만, 중도 좌파 정당들의 이탈로 연정이 불가할 것이라 판단했고 따라서 2008년 4월 13일 조기 총선이 실시되었다.

출처: 저자 작성

된 모든 직무와 겸할 수 없다. 대통령의 탄핵 절차에서는 헌법재판소 재판관 외에도 상원 선거 출마 자격을 갖춘 국민 명단에서 추첨으로 뽑은 16명이 추가된다. 16명은 의회가 선거를 통해 9년마다 선출하는 일반 판사와 동일한 방식으로 선출된다. 그동안의 임명 사례에 나타난 특징은 대학의 법학 교수들이 많이 참가한 것이며 이는 특히 재판소의 소장직에서 두드러진다. 따라서 헌법재판소의 철학은 불명료한 헌법 조문에 대한 학문적 성향의 원칙적 해석이 주를 이룬다.[6]

## 4. 우리나라와의 비교 및 시사점

### 1) 국가수반의 비교관점에서의 특성과 시사점

기본적으로 이탈리아는 내각책임제 국가로 영국이나 일본과는 다르게 군주가 존재하지 않는 형태를 보이고 있다. 이탈리아에서는 군주제를 폐지하는 대신에 공화국의 대통령을 설정함으로써 입헌군주제에서의 군주의 역할을 담당하도록 하였다. 한국의 경우 대통령 중심제 국가여서 국가의 수반과 정부의 수반이 일치하지만, 이탈리아에서는 그 둘의 존재가 차별적이며, 내각의 총리가 사실상 실권을 갖고 있는 형태를 보인다.

### 2) 행정수반의 특성과 시사점

1946년부터 2017년까지 초대 총리(Alcide De Gasperi)를 제외하고 총리가 5년의 임기를 모두 수행한 것은 단 1회에 그친다. 이는 최장 시간의 임기를 거친 총리인 실비오 베를루스코니(Silvio Berlusconi)로 총 5년간 총리로서의 임기를 지속했다. 총리가 5년의 임기를 다하지 못하거나, 이른 기간 내에 임기가 종료되는 현상은 이탈리아 내각 시스템의 불안정성을 의미한다. 특히 1992년 이전에는 연립정부의 최대 정당이었던 기민당 내부 계파들 간의 갈등으로 정부가 붕괴된 사례가 많았다는 점을 주목할 만하다. 이는 국회의원들의 기표가 비밀투표로 진행되므로, 집권 여당 의원들이 정부의 안에 반대표를 던지는 모순 현상(franchi tiratori)이 자주 발생하였기 때문이었다. 이러한 관행은 총리와 내각의 정책집행 능력을 약화시키는 방향으로 작용하였다.

---

6 김시홍(1995), 앞의 책, p. 114.

### 3) 행정부(내각) 구성 및 운영상 비교관점에서의 특성과 시사점

이탈리아는 지난 70년간 총 63차례 새로운 행정부를 거쳤다. 이처럼 지속성이 약한 이탈리아 정부는 시스템상의 불안정성을 가지고 있다. 하지만 빈번한 의회 해산에도 불구하고 정치인들은 거의 유사하게 지속된다. 전후 이탈리아는 정부의 평균수명이 11개월에 불과할 정도로 불안정한 모습을 보여왔다(김시홍, 2017). 그 주된 요인이 단순비례대표제로 대표되는 선거법에 있다고 보아, 1993년 다수대표제를 기반으로 하는 새로운 제도가 도입되고 그 이후 여야의 정권교체가 원활하여 적어도 표면상으로는 개선된 것으로 평가받았다(김시홍, 2017: 156). 이후 2005년 비례대표제로의 회귀를 통해 새로운 선거제도가 도입되었지만 좌우 정권교체의 패턴은 크게 변모하지 않았다(김시홍, 2017: 156).

## 제2절 관료제 및 지방행정 체제

### 1. 공직사회

이탈리아 행정체계의 효율성은 오래전부터 문제시되어 왔다. 정부부처의 일관된 모델이 존재하지 않으며 지나친 다양성으로 인해 부처 간 협력과 조화가 미진하였고, 단일 부처 내에서도 고위직과 하위직 간의 유기적인 연결성이 부족하여 현실적인 행정수요에 충분한 대응을 할 수 없었다. 또한 인구대비 중앙 및 지방공무원의 수가 여타 유럽국가에 비해 많은 것으로 알려져 있다(진종순·박홍엽, 2006: 210-212).

대표적인 정부부처의 구조는 다음과 같다. 외부로부터 부임하는 장관(ministero)이 최고 결정권자이며, 직업 공무원 중에서 고위직은 관리관(dirigente generale), 이사관급의 국장(direttore generale)과 부장(capo-divisione), 과장(capo-sezione) 등이 간부직이다. 간부직은 다시 크게 이분하여 대별해 볼 때 상위직인 관리직(carriere direttive)과 중간 간부직(carriere di concetto)으로 구성된다. 하위직인 일반공무원(impiegati civili)은 사무직(carriere esecutive)과 보조직(carriere del personale ausiliario)으로 구성된다. 1980년대까지만 해도 관리직과 중간간부직이 전체 공무원에서 차지하는 수는 약 16%이며 하위직인 일반공무원은 73% 정도였으나, 최근 자료에 따르면 중앙정부의 간부직(최고위

+중간관리직)과 일반직의 비율은 각 1.83%, 98.1% 수준이다. 주 정부의 경우에는 각 6.17%, 93.82%의 비율을 보이며 자치시 정부는 2.09%, 97.9%의 비율을 보이고 있다. 현의 경우 각 2.72%, 97.3%의 비율을 보이나 현정부(Giunta Provinciale)가 2014년 이후로 폐지되기 시작하여 상당한 변화를 보일 것으로 전망된다.[7]

공무원은 공개경쟁을 통한 국가고시(concorso nazionale)로 선발되는 것이 원칙이다(DESA, 2006: 10). 그러나 많은 예외가 있을 수 있는데 대표적인 사례는 공무원 노조의 요구에 의한 상향 이동의 차원에서 나타나는 행태이다. 이 경우 새로이 신설되는 자리에 기존의 공무원들이 이동하여 승진의 기회로 삼는다. 또한 특별법을 제정하여 촉탁직이나 임시직으로 있던 자들을 고정직으로 발령내는 경우도 있으며 심지어는 국가고시가 번거롭고 비용이 든다는 이유로 이전의 시험에서 낙방한 사람들을 선출하는 경우도 있었다.[8]

이러한 비정상적 모습은 공무원 노조가 강력해진 1970년대 이후에 주로 발생했으며 이때부터 다양한 직급의 공무원 간의 임금격차가 현저히 줄어드는 상황이 발생하였다. 상하위직 간의 급여가 적은 편차를 보인다는 사실은 그 자체로는 바람직할 수도 있으나 이탈리아의 경우 상위직의 상대적인 박봉으로 인해 사회로부터 유능한 인력을 공급받지 못하는 결과를 초래하였다. 민간부문에 대한 공공부문의 이와 같은 질적 저하 현상은 결국 정부의 생산성 하락을 의미하는 것이며 중앙정부의 경우 기대치의 36% 그리고 지방정부의 경우는 21%에 그치는 비효율성을 보였다.

그러나 고위직 공무원의 보수수준에 대한 최근의 분석에 의하면 하급직과의 편차가 다시 벌어져 이에 대한 사회적 비판이 고조되고 있는데, 1992년 부패수사 이후 새로운 선거제도로 정치개혁이 실현되기를 기대하였지만 우파나 좌파 집권기 모두에서 국회의원이나 고위직 공무원의 급여 및 연금 등에서 처우가 더욱 진전된 현실은 고질적인 문제로 간주될 수 있다.[9]

----

7 Roberto Perroti and Filippo Teoldi, Alti dirigenti pubblici. Stipendi d'oro. http://www.lavoce.info/archives/16518/stipendi-pubblici-costi-politica/ (검색일, 2017.10.24)
8 김시홍(1995: 80)
9 Roberto Perroti and Filippo Teoldi, Alti dirigenti pubblici. Stipendi d'oro. http://www.lavoce.info/archives/16518/stipendi-pubblici-costi-politica/ (검색일, 2017.10.24)

## 1) 정무직 구성과 범위, 운영

대통령 궁 비서실의 대부분의 주요 직책은 정무직이라고 할 수 있으며, 중앙 정부에서는 내각의 장관들과 부장관, 차관 등과 같은 고위 관료들도 정무직에 포함된다. 주 정부의 경우 주지사는 주 의회 구성원 중에서 부 주지사 (vicepresidente)를 임명할 수 있다. 헌법에 명시되지는 않지만 모든 지방 자치법에 명시되어 있으며, 부 주지사는 정치인 중에 임명되는 것이 일반적이므로 소속 정당을 가지고 있다. 부 주지사는 주지사의 부재 혹은 해임 시 주지사의 역할을 임시적으로 대체하게 된다. 광역시/자치시장의 경우에도 현/광역시 정부 구성원들의 임명권을 가지고 있다.

내각의 경우 장관과 차관의 형식적 임명권은 대통령이 가지고 있으나, 실질적 임명권은 총리와 의회에 있다. 따라서 정권이 바뀔 때마다 각료들이 바뀌는 것을 볼 수 있다. 장차관은 의원 중에서 임명되는 것이 일반적이나, 위기관리내각의 경우 해당 분야의 전문가들이 임명되기도 한다. 정무직의 범위는 대통령 비서실, 자문, 내각의 장관, 부장관, 차관뿐 아니라 지방 정부의 구성원, 지방 정부 대표의 비서실장까지 폭넓은 양상을 보이며 고위 관료들은 정부가 바뀔 때마다 함께 교체되는 것이 일반적이다. 주지사의 비서실장, 선출된 주지사는 주 정부의 구성원을 임명 및 해임할 수 있다(헌법 제122조).[10] 자치시장도 마찬가지로 자치시정부의 구성원(assessori)을 임명할 수 있다.

## 2) 국가공무원 현황과 행정개혁

행정부 공무원의 경우 관리관 및 외교관과 법적으로 명시된 일부 공무원을 제외하고는 모두 8급수로 분류되는데, 1급은 가장 낮은 급수로 기초적인 업무를 맡으며 8급은 가장 높은 급수로 한 기관의 대표로서 관리관 수준의 역할을 수행한다. 경력직 공무원은 공개경쟁 고시를 통해 선발되며, 각 급수의 50~70%는 일반 고시를 통해, 30~50%는 직전 급수에서 5년 이상 근속한 공

---

10 주지사의 비서실장(sottosegrettario)은, 각 주의 법에 명시된 일부 주에서만 임명 가능하며, 정무직이다. 주지사의 비서실장은 헌법에 명시되지는 않은 직책이나 일부 주법(statuto regionale)에는 명시되어 있다(에밀리아 로마냐, 롬바르디아, 칼라브리아, 아브루쪼 주). 하지만 2008년 헌법재판소는 몰리세 주의 주지사 비서실장의 임무 수행 내용이 주 헌법에 명시되어 있지 않다는 이유로 본 내용이 명시된 주 조례(legge regionale)의 위헌을 판결했다.

무원들 중 동일한 시험을 통해 선발하게 된다(공무원인사법 1980년 제312호). 또한 각 급수마다 지원 자격으로서 학력의 제한을 두고 있는데, 1급과 2급은 의무 교육인 초등교육 과정을 이수한 시민, 3급과 4급은 1급 중등교육 과정(중학교)을 이수한 시민, 5급과 6급은 2급 중등교육 과정(고등학교)을 이수한 시민, 7급과 8급은 고등교육 과정(대학) 이상을 이수한 시민에게 임용 자격을 부여한다(공무원인사법 1980년 제312호).

앞서 언급한 바와 같이 공무원의 신분은 보장되고 있으며, 직급에 따른 분명한 역할과 권한 그리고 보수체계가 적용된다. 한편으로 맡은 업무를 평생 수행한다는 점에서 전문성이 있다고 볼 수도 있으나, 현실적으로는 관료제적 형식주의인 레드테이프가 강하게 작용하는 것으로 알려져 있다.

2008년 이래 국가공무원의 수치가 약 20만 명 감소하여 현재 322만 명

▌ 표 10-2  이탈리아 중앙 및 지방 공무원 현황(2013년 말 현재)

| 부서 | 고위직 | 중간관리직 | 일반직 | 합계 |
|---|---|---|---|---|
| 총리부 비서실 | 119 | 185 | 2,114 | 2,418 |
| 내무부 | 4 | 155 | 19,165 | 19,324 |
| 외교부 | 6 | 31 | 3,265 | 3,302 |
| 노동부 | 12 | 158 | 7,082 | 7,252 |
| 국방부 | 8 | 107 | 29,257 | 29,372 |
| 법무부 | 6 | 262 | 41,792 | 42,060 |
| 보건부 | 14 | 125 | 1,427 | 1,566 |
| 국토환경부 | 6 | 30 | 537 | 573 |
| 시설교통부 | 44 | 207 | 8,002 | 8,253 |
| 농림부 | 10 | 58 | 1,351 | 1,419 |
| 재정경제부 | 68 | 585 | 10,699 | 11,352 |
| 교육부 | 29 | 212 | 4,681 | 4,922 |
| 경제개발부 | 27 | 165 | 2,987 | 3,179 |
| 문화관광부 | 35 | 155 | 18,646 | 18,836 |
| 합계 | 388 | 2,435 | 151,005 | 153,828 |
| 주 정부 | 169 | 2,030 | 33,397 | 35,596 |
| 현 정부 | 131 | 1,275 | 50,356 | 51,762 |
| 자치시 정부 | 74 | 7,806 | 368,519 | 376,399 |

출처: Teresa Barone, Dipendenti pubblici. Quanti sono?. Retrieved from http://www.pubblicaamministra zione.net/ connettivita/news/5084/dipendenti-pubblici-quanti-sono.html (검색일, 2017.10.23)에서 재구성

의 수준에 이르고 있다. 교육공무원이 약 100만 명 정도이고, 65만 명이 건강의료분야, 46만 명이 주와 현 및 자치시 공무원, 31만 명이 경찰, 18만 명의 군인, 그리고 15만 명 정도가 중앙정부의 각 부처에서 종사하는 것으로 파악된다.[11]

행정개혁은 이탈리아에서 지난 수십년간 논란의 대상이 된 개혁과제였다. 그러나 다양한 입법과 정책의 시행에도 불구하고 충분한 성과를 얻지 못한 것으로 평가받았다(Bogdan Berceanu and Mihaela Carausan, 2014). 현재 이탈리아 정부에서는 공공개혁을 담당하는 마리안 안나 마디아(Maria Anna Madia) 무임소장관의 주도로 행정개혁을 제도적으로 완비하고 그 시행에 들어갔다. 핵심 내용과 논리는 단순화(semplificazione), 유연화(flessibilità), 평가와 업적중심주의(meritocrazia)로의 전환으로 대별될 수 있다.[12] 보다 구체적으로는 국장급 이상 고위 관리직의 급수 단일화, 연공제의 철폐와 업적과 평가를 통한 재임용 등이 특이하다고 보며, 시민과 기업에 대한 행정처리 기간을 단축하기 위한 전자정부의 도입 및 개별 서비스에 대한 민원인 평가 등으로 과거와는 다른 모습을 보이고 있다.

## 2. 중앙과 지방정부간 관계

### 1) 중앙-지방정부 기본체제

#### (1) 지방정부 체제

이탈리아의 지방자치제는 기본적으로 3계층, 4개의 행정구역으로 구성되어 있는데 2016년 ISTAT의 통계를[13] 기준으로 총 20개의 주, 9개의 광역시,

---

11 Teresa Barone, Dipendenti pubblici. Quanti sono? Retrieved from http://www.pubblicaamministrazione. net/connettivita/news/5084/dipendenti−pubblici−quanti−sono.html (검색일, 2017.10.23)

12 행정개혁에 관련된 법규는 다음을 참조하라. Legge 7 agosto 2015 n. 124. Deleghe al Governo in materia di riorganizzazione delle amministrazioni pubbliche.

13 2001년에는 지방자치와 관련된 헌법의 제5편(제114조−133조)의 대대적인 개정이 이루어졌다. 2001년 이전까지는 주, 현, 자치시가 존재하는 3계층으로 이루어져 있었으나, 2001년 헌법 개정으로 현재는 현의 일부가 광역시화 되며 주, 현, 광역시 자치시 네 개의 행정구역으로 구분되고 있다. Istat. Retrieved from http://www.istat.it/en/files/2016/12/ItaliaCifre2016.pdf (검색일 2017.10.15.)

101개의 현 그리고 8,003개의 자치시가 존재한다.[14] 공화국은 주, 현, 광역시, 자치시로 나누어지며 헌법에 규정되어 있는 원칙에 따라 고유의 조례와 권한 및 기능을 가지는 자치적 단체라고 명시되어 있다(제114조). 여기서 현과 광역시는 같은 수준의 행정계층이지만 서로 다른 명칭을 사용하는 것으로 이해될 수 있다.

20개의 주 가운데 5개의 주는 특별한 자치의 형태와 조건이 부여된다. 각 주는 헌법에 따라 정부 형태와 주의 조직 및 업무 수행에 관한 기본 원칙을 규정한 주법(statuto regionale)을 가지고 있다. 주는 주지사(presidente della giunta)와 입법기관인 주 의회(consiglio regionale), 그리고 행정기관인 주 정부(giunta regionale)로 구성된다. 주 의회와 주 정부의 구성 방식은 중앙정부의 그것과 유사한 논리를 취한다. 주 의회(consiglio regionale)는 주민에 의해 비례대표제 방식으로 직접 선출되는데 그 임기는 5년이다.[15] 주 의회의 의원수는 주의 규모에 따라 20명에서 90명 정도이다. 주 의회는 소속 의원 중에서 의장과 사무총장을 선출한다. 주 의회는 주에 속한 입법권뿐 아니라, 국가 의회에 법안을 제출할 수 있다. 주지사는 주를 대표하며, 주 정부의 정책 입안을 지시하고 이를 책임지며 법률과 주의 조례를 공포하고, 국가가 주에 위임한 행정기능을 중앙정부의 지침에 따라 지휘한다. 주지사는 주법(statuto regionale)에 따른 규정이 없을 경우 보통/직접 선거로 선출된다. 선출된 주지사는 주 정부의 구성원을 임명 및 해임할 수 있다. 각 주 정부의 구성은 각각의 주법에 명시되어 있다.

2001년의 헌법 제5편(제114-137조)과 관련된 대대적인 헌법 개정 이후 헌법에 명시되었던 현의 역할 혹은 권한과 관련된 조항이 모두 삭제되었다.

---

14 2001년에는 지방자치와 관련된 헌법의 제5편(제114조-133조)의 개정이 이루어졌다. 2001년 이전까지는 주, 현, 자치시가 존재하는 3계층으로 이루어져 있었으나, 2001년 헌법 개정으로 현재는 주, 현, 광역시, 자치시로 구분되어 대도시가 소재하는 일부 현들이 광역시로 재편되었다. 헌법 제123조 주지사의 보통/직접 선거에 의한 선출은 1999년 개정 이후 새로 추가된 내용이다. 이전에는 주의회 선거 결과 의회에서 의원 중에서 선출되었었다.

15 헌법개정관련법(제122조 1항) - 2004년 법령 제165호. http://www.normattiva.it/atto/carica DettaglioAtto?atto.dataPubblicazioneGazzetta = 2004-07-05&atto.codiceRedazionale = 00 4G0189&queryString = %3FmeseProvvedimento%3D%26formType%3Dricerca_semplice%26 numeroArticolo%3D%26numeroProvvedimento%3D165%26testo%3D%26giornoProvvedim ento%3D%26annoProvvedimento%3D2004&currentPage = 1 (검색일, 2017.10.20.)

▌ 그림 10-3   이탈리아 지방 계층 구조

출처: https://www.skuola.net/diritto/autonomie-locali-regioni-province-comuni.html (검색일 2017. 11.20)
　　　참고하여 저자 작성

현은 주와 자치시를 잇는 중간 단계적 행정계층으로서 최근에 와서는 점차 그 기능과 역할이 축소·조정되고 있으며, 심지어는 완전 폐지를 위한 제안과 논의가 계속되고 있다.

지난 2016년 12월 이탈리아의 국민투표에 부쳐진 안건에도 중간 지방 계층인 현(provincia)을 폐지하는 내용이 포함되어 있었다.

현에서는 현 의회(consiglio provinciale)가 현 주민에 의해 비례대표제로 선출된다. 현 의회의 규모는 2011년의 재정법 개정 이전까지는 인구수에 따라 24명에서 45명 정도의 의원으로 구성되었으나, 현재는 특별자치주에 속한 현을 제외하고는 그 수가 24명에서 36명으로 축소되었다. 현 지사(president di provincial)의 임기는 4년이며, 현 소속 자치시장들과 자치시 의회 의원들에 의해 선출된다. 현지사는 현 의회 구성원들 중에서 부 현지사를 임명할 수 있다.[16] 현 정부(giunta provinciale)는 2014년의 지방정부개혁법(법령 제56조)에 의하여 폐지되었다.

(2) 중앙과 지방정부간 관계

중앙정부에서 대도시 혹은 현에 파견하는 조정관(prefetto) 제도가 있다. 각 현에는 중앙정부에서 파견된 조정관이 있으며, 조정관은 정부지역사무소(ufficio territoriale di governo)[17]를 대표한다. 조정관은 대도시 시장, 현지사와는

16 지방정부개혁법(2014년 법령 제56조 – 14G00069)
17 정부지역사무소는 2004년 이후 "prefettura – ufficio territoriale di governo"로 그 명칭이 바

다른 역할을 수행한다. 조정관의 자리는 중앙정부를 형식적이고 상징적으로 대표하는 자리이며, 실질적인 주요 권한은 없다(박석호, 2016). 조정관은 지역 내에 문제가 생기면 중앙정부를 대신해 입장을 대변하거나 지방정부와의 가교 역할을 맡고 있다. 정부지역사무소와 현 정부의 행정기능이 중복화되는 것을 방지하기 위해 현 정부를 폐지한 것으로 보이며, 이는 결국 현의 정치적 자치보다는 중앙 행정의 분산화를 선택한 것으로 판단할 수 있다(공공지출개정법 – 2012년 법령 제95호).

광역시(citta' metropolitana)의 개념이 처음 법적으로 도입된 것은 1990년의 지방정부개혁법(법령 제142호)에 의하여 9개의 대도시지역(aree metropolitane)을 설정했던 것이다. 이후 2001년의 헌법 개정을 거치며 광역시는 현과 같은 수준에서 헌법에 명시된 이탈리아의 정식 지방 계층 중 하나로 자리 잡게 되었다. 광역시의 시장은 광역시청 소재지의 시장과 동일하나 로마, 밀라노, 나폴리 세 광역시에서는 보통 선거로 시장과 광역시 의원을 선출한다. 광역시는 광역시장, 광역시 회의(conferenza metropolitana), 광역시 의회로 구성된다. 광역시 회의는 광역시장과 광역시 내의 모든 자치시장들이 그 구성원이며 광역시 예산에 대한 의견을 표명하고, 시 운영에 대한 자문을 제공한다.

이탈리아 공화국에는 2016년 기준 8,003개의 자치시가 존재한다. 자치시는 유구한 역사 속에서 발전된 행정개념으로 중세의 자치시가 그 모태이다.

▍그림 10-4  **중앙정부 지역사무소의 구성**

출처: 중앙정부 지역사무소. www.prefettura.it/roma/contenuti/Enti_locali-11773.htm (검색일 2017.11.15)을 참조하여 저자 재구성

꾀었다. 2004년 이전에는 prefettura로 명명되었으며, 1999년 이후 중앙정부 내무부 산하 기관으로 중앙정부의 지역 사무소로서의 기능을 해오고 있다.

자치시는 우리나라의 행정계층 개념으로는 이해하기 어려운 단위이다. 200만 명이 넘는 인구 규모의 자치시가 있는가 하면 수천 명으로 구성된 자치시도 병존하는 것이 현실이기 때문이다. 이러한 문제를 해결하기 위해 최근에 규모에 따른 차별화를 시도한 것이 광역시이다. 시장과 자치시의회 의원은 보통선거에 의해 선출되며 시장은 시정부의 구성원을 임명할 수 있다. 자치시에는 시의회(consiglio comunale)가 구성되는데 도시의 규모에 따라 선출 방법이 상이하다. 시의회의 의장은 시장이며 시의회의 의원수는 10명에서 48명으로 자치시의 규모에 따라 달라진다.

자치시의 공무원은 시소속이지만 직급이나 처우는 중앙정부의 공무원과 같은 대우를 받는다. 자치시의 기능은 관할지역의 치안유지, 주택, 도시계획, 보건, 사회후생, 교육, 도로, 가격통제, 상거래 관리 등 매우 다양하며, 이들 공공서비스를 직접 공급하기도 하고 별도의 공기업을 설립하여 운영하기도 한다. 자치시에서는 의회보다 시정부의 역할이 더 중요하며 따라서 시장의 비중이 크다고 볼 수 있다. 대부분의 이탈리아 정치인들은 현이나 주에서의 역할보다 입법 및 행정권을 장악하는 자치시의 시장을 선호하는데 밀라노, 토리노, 로마, 나폴리와 같은 대규모의 자치시장은 중앙정부의 장관과도 필적할 수 있는 무게를 지닌다(김시홍, 1995: 109).

## 2) 중앙정부와 지방정부의 역할과 기능 및 권한

이탈리아에서는 주 정부가 입법을 할 수 있고, 그 법에 대해 중앙정부는 거부권을 행사할 수 있다. 하지만 주법이 주의 권한을 넘어선다고 판단이 될 경우 주법의 합헌성 문제를 해당 법률 공고 후 60일 내에 헌법재판소에 제기할 수 있다(헌법 제127조). 또한 입법에 대한 지방의 재량권은 확보돼 있지만, 재정은 중앙정부가 독점하고 있다. 주, 현 차원의 모든 세금은 일단 중앙정부로 보내고, 그 예산을 다시 나누는 구조이다(박석호, 2016). 따라서 지방정부의 자치권은 법적으로 보장되어 있지만, 중앙정부로부터 재정적으로 독립하지 못한다는 점에서 지방 자치권은 한계를 보인다. 세수의 규모를 보아도 국세가 80% 그리고 지방세는 20% 수준에 머무르고 있다. 이탈리아 지방분권의 특징으로 중앙정부에서 파견하는 조정관(prefetto) 제도가 있다.

조정관은 지역 내에 문제가 생기면 중앙정부를 대신해 입장을 대변하거나 지방정부와의 가교 역할을 맡고 있다. 조정관은 정부 지역 사무소(prefettura-

• 사례 예시 •

1. 미국의 하바드대학의 로버트 퍼트남(Robert Putnam)은 1970년 이탈리아에서 지방자치 선거가 본격적으로 시작되는 것을 계기로 장기 연구를 수행하였다. 그는 이탈리아의 자치단체별로 잘되는 곳과 그렇지 못한 곳이 있을 것으로 가정한뒤 이십여년간의 연구를 통해 2003년 <사회적 자본과 민주주의: 이탈리아 지방자치와 시민적 전통 Making Democracy Work: Civic Tradition in Modern Italy>를 출간하여 세계적 주목을 받은 바 있다. 제3의 이탈리아로 알려진 중세자치도시의 전통을 지닌 중부와 중북부의 도시들이 신뢰에 기초한 사회적 자본을 활용한 성공적인 자치를 보이는 반면, 남부에서는 조직범죄와 정경유착으로 인한 실패 사례로 대조적인 분석을 제시하였다.

2. 이탈리아의 공공행정은 인구대비 공무원의 수치가 높은 편임에도 불구하고 비효율의 대명사로 정평 나있다. 1980년대에는 부재주의(absentism)라는 현상이 나타났었는데, 일례로 1982년 로마의 한 우체국에서 매월 하루만 나와 공무원 급여를 타가는 스캔들이 있었다. 당시 공무원의 근무시간이 9시에서 2시까지의 5시간이어서 근무 이후 또 다른 일을 하는 사례가 빈번하였다. 또한 최근까지도 정부 내 부처의 부서들이 기능에 있어 중복현상이 심화되는 등 적지 않은 문제점을 노정하여 왔다. 이러한 문제를 해소하기 위해 2013년 집권한 마테오 렌치 정부 이후 행정개혁에 대한 드라이브를 강하게 걸었으며, 그 결과 슬림화되고, 유연하며, 공무원 조직을 단순화하면서도 전자정부를 지향하는 등 시민 및 기업친화적인 행정을 실현하기 위해 노력하고 있다.

3. 이탈리아는 공무원의 지역별 구성에서도 중부와 남부가 전체의 대부분을 차지하고 부유한 북부 출신들의 비중이 매우 낮은 편이며, 이는 특히 국장급 이상의 고위직에서 더욱 두드러지게 나타난다. 한편으로는 경제활동과 기업의 일자리가 부족한 남부의 현실에서 공직으로의 진출이 유일한 희망이었다는 차원에서 이해될 수도 있다. 그러나 공무원 수치가 높은 반면 일인당 소득은 타 유럽국 대비 낮은 편이어서 적지 않은 하위직 공무원들이 일과 후 제2의 일자리(secondo lavoro)에 종사하는 등 상당한 문제점을 노정하여 왔다.

출처: 저자 작성

ufficio territoriale di governo)를 대표한다. 정부지역사무소에서는 신분 등록, 운전면허, 이민, 선거활동 등의 업무를 담당한다.

## 3. 우리나라와의 비교 및 시사점

### 1) 공직사회 구성 및 운영상 비교관점에서의 특징과 시사점

대체로 유사한 측면이 많으나, 이탈리아의 경우 공무원의 자리 이동이 빈번하게 일어나지 않으며 대체로 맡은 업무를 평생 수행하는 경향이 있다. 이탈리아에서도 고위직은 정무적 성격을 띠고 있지만 공무원 노조의 발달로 한국과는 차별적인 현실을 노정한다. 즉 신분보장이 보다 확고하며, 외풍에 덜 시달리는 풍토를 보인다. 그렇지만 레드테이프와 같은 행정의 복잡다기성으로 책임을 지지 않으려는 현상도 발견된다. 다만 연립정권 성격의 여러 정당들 출신이 다양한 부처의 장차관을 맡다보니 내각의 조율은 용이하지 않은 반면, 정치인 개인에 따라 업무 성과를 보이기도 한다.

2) 지방행정체제 및 운영상 우리나라와의 비교관점에서의 특성과 시사점

이탈리아의 지방행정체계는 한편으로 단순한 면모를 보이지만 여전히 중복 계층의 현상 및 재정자립의 불충분으로 인해 비효율을 보여왔다. 중앙정부의 재정권력이 유지되는 한 이러한 현실은 한국과 차별적이지 않다고 판단된다. 그러나 지방공무원의 신분은 안정적으로 보장되고 있으며, 남부 주민들에게 선호되는 직업이기도 하다. 최근 현의 폐지론이 부각되면서 적지 않은 변화가 예상되는데, 문제는 기존의 인력을 어떻게 소화하는가이다.

## 제3절 입법부 및 사법부 차원

### 1. 의회 구성 및 운영방식

### 1) 정당제도 및 의회체제

이탈리아 의회는 상하원으로 구성되어 있는 양원제 의회이다. 상원은 주단위로 나누어진 선거구에서 315석, 하원은 전체 인구수에 비례하여 630석을 선출한다. 이탈리아의 선거법은 1946년부터 현재까지 큰 틀에서는 총 2차례에 걸쳐 개정되었다. 2017년 10월 현재 새로운 선거법 개정을 진행 중이다. 이번 선거법 개정안(Rosatellum 2.0)은 지난 10월 12일, 하원과 상원에서 모두 1차 통과되었으며, 최종 비밀 투표를 앞두고 있다. 하원과 상원이 동일한 권한을 행사할 수 있는 불완전한 제도로 인해 2016년 12월의 국민투표 당시 렌치 전 총리는 상원의 의석수를 상징적인 수준으로 개혁하려 했다. 하원은 제1당에게 55%의 안정적인 과반수 의석을 보장하지만, 상원의 경우 주단위로 프리미엄을 제공하고 있다. 이러한 제도의 문제로 인해 2013년 총선 결과 정부가 신속하게 구성되지 못하는 상황(Hung Parliament)이 발생하기도 했다. 또한 하원에서 통과된 법률이 상원에서 수개월부터 임기가 끝날 때까지 처리되지 못하는 일이 빈번하게 일어나고 있다. 대통령은 의회 의장들과 협의하여 한 원이나

**▌ 표 10-3   이탈리아의 선거 제도 변화**

| 개정연도 | 개정 내용 | 비고 |
|---|---|---|
| 1948-1993 | • 인구비례대표제 | • 하원은 인구비례대표제 + 선호도 투표 |
| 1993-2005 | • 재적 인원의 3/4는 소선거구제, 1/4은 비례대표제 | • 전국적으로 유효 투표의 4% 이상 득표한 정당에게만 의석 배분 |
| 2005-2017 | • 인구비례대표제<br>• 최대 득표 정당-연립 정당에 다수 프리미엄<br>• 정치인 선호도 투표 제도 폐지(정당에 투표)<br>• 하원 12석, 상원 6석은 해외 선거구에서 선출 | • 다수 프리미엄:<br>  하원 54%(320/630석) 보장<br>  상원(주 단위 결과로) 55% 보장<br>• 해외 선거구 제도 도입 |
| 2017 개정안 | • 재적 인원의 약 1/3 은 소선거구제, 2/3은 비례대표제<br>• 소선거구제 최다 득표 정당-연립정당에 다수 프리미엄<br>• 하원 12석, 상원 6석은 해외 선거구에서 선출 | • 다수 프리미엄:<br>  하원 231/630 석<br>  상원 116/320석 보장<br>• 선거 이전부터 정당 연합 가능 |

출처: 김시홍(1999: 31-33) 인용

양원 모두를 해산할 수 있다. 대통령은 임기 만료 전 6개월 동안은 의회 해산권을 행사할 수 없으나, 해당 기간이 의회의 임기 만료 전 6개월과 전부 또는 일부 겹치는 경우 해산권을 행사할 수 있다. 대역죄나 헌법 위반의 경우에는, 양원합동회의에서 의원 절대다수로 대통령을 탄핵할 수 있다.

<표 10-3>에서는 전후 선거제도의 변화를 보여주고 있으며, 2017년에 시도되고 있는 새로운 선거제도는 비례대표와 다수대표제를 병행하는 안을 마련 중에 있다.

### 2) 선거구 설정 및 선거관리, 중앙선거관리위원회 구성

1993년 이후로 하원 의원 선거에는 27개의 선거구(circoscrizioni)를 구분하여 선거를 진행한다. 상원 의원 선거에서는 헌법에 명시된 바와 같이 각 20개의 주(regione)가 하나의 선거구가 된다. 선출 과정에서 각 지역은 국가 차원과 관련이 없는 단일 구역이다. 지방 선거에서는 하나의 현(provincia)이 선거구가 되며, 일부 의석은 지방 차원의 의석으로 배정된다. 자치시 선거에는 선거구를 구분하지 않는다.

한국의 중앙선거관리위원회는 헌법에 명시된 기관이다. 하지만 이탈리아는 하나의 통일된 기구가 선거의 전반적인 활동을 담당하는 것이 아닌 여러 기관이 선거 활동과 관련된 업무를 분담하여 수행한다. 첫 번째는 내무부의 선거관리본부(La direzione centrale dei servizi elettorali)와 각 지역의 중앙정부지역사무소이다. 내무부의 선거관리본부는 선거의 준비 활동에 필요한 모든 업무를 수행하며, 선거의 진행은 중앙정부지역사무소(prefettura – ufficio territoriale di governo)와 함께 협력하여 업무를 수행한다.[18]

보다 세부적으로는, 선거의 진행과 관련된 기구로 자치시 선거관리사무소 (ufficio elettorale di sezione)와 선거구 관리사무소(ufficio elettorale di circoscrizioni) 가 있다. 자치시 선거관리사무소는 선거구(circoscrizioni) 내의 자치시별 선거 관리 사무소이며, 사무소장은 해당 지역의 항소원장이 임명한다. 사무소의 구성원으로는 선거감시관(scrutatori)과 서기(segretario)가 있다. 선거감시관은 2~4명으로 사무소 부소장의 역할을 한다. 현 선거위원회에서 지명하며, 서기는 현의 유권자들 중에서 선출된다. 구역선거 관리 사무소는 하원 선거 시 운영되며, 세 명의 법관으로 구성된다. 세 명의 법관은 해당 지역의 항소원 혹은 일반 법원의 장이 임명한다(선거관리법 1957년 제361호).

## 3) 의회운영 및 위원회 구성방식

의회 개원을 위한 첫 소집은 국회의원 선거일로부터 20일 내에 이루어지며, 이는 대통령령으로 명시되어 있다. 또한 헌법 제61조에 따르면 다음 총선에 임박하여 의회가 해산될 경우 입법 과정과 같은 의회 업무의 연속성을 위하여 의회 활동의 유예를 인정하고 있다.

의회의 가장 중요한 역할인 입법 활동이 이루어지는 본회의 외에도 다양한 기관들이 존재한다. 상원의장의 추천으로 국무총리는 상원의 사무총장을 임명한다. 상원의 사무총장이 대표가 되는 사무처에는 일반업무실, 입법부, 홍보실, 정보전략실, 행정업무평가실, 노동안전실, 감찰실이 있다.

의원 수, 임기 및 선출방식에서 상원과 하원은 그 권한과 동등성에 따라 조직 형태도 유사하다. 상원과 하원에 개별적으로 설치된 기구들과 양원을 아울러 설치된 기구들도 있다. 의회의 위원회에는 상임위원회(commissione permanente), 상하양원의원으로 구성되는 양원합동위원회(commissione interparlamentare), 특

---

18 외무부 선거 관리 담당. Retrieved from http://elezioni.interno.it/contenuti/normativa/Pubb _14_ Amministrative_Ed.2017.pdf (검색일 2017.09.29)

▌그림 10-5  **이탈리아의 의회: 상원과 하원**

출처: 이탈리아 의회. Retrieved from http://cursa.ihmc.us/rid=1206790500484_741225742_8503/parlament
　　o%20 erroreMorenoMascia.cmap (검색일 2017.11.13) 참조하여 저자 작성

별위원회(commissione speciale), 조사위원회(commissione d'inchiesta) 등이 있다.
가장 중요한 상임위원회는 상하원 모두 14개로 나뉘어 운영되고 있다. 각 상
임위원회의 위원수는 원칙적으로 동일하며 각 교섭단체의 건의에 따라 의장이
배정하고 선임한다. 이탈리아 의회의 상임위원회는 의안의 단순한 예비심사기
관에 불과한 것이 아니라 본회의와 함께 독자적인 입법기관으로 역할을 한다
는 점에서 특별한 위치를 차지하고 있다. 상임위원회는 본회의에 보고할 필요
가 없는 안건을 심사하며 대정부 질문을 하고 정보의 수집 및 현지조사를 행
한다.[19] 양원 합동회의시 의장과 사무총장은 하원의 의장과 사무총장이 맡는
다(헌법 제63조).

　　상하 양원의 의장은 의회가 개원된 후 일정한 절차를 거쳐 선출된다. 하
원의장의 경우 하원 재적의원 2/3 이상의 찬성에 의해 비밀투표로 선출되며,
첫 투표에서 이 조건을 충족시키지 못할 경우 4단계에 걸쳐 재투표가 실시된
다. 이는 상원의장의 경우에도 마찬가지이나, 단계에 따른 조건에는 차이가 있
다. 4차 투표 이후에도 동점자가 나올 경우 연장자를 의장으로 선출한다(김종
법, 2007: 41). 양원 의장은 선출 후 각 의장실을 구성하여 의회의 가장 중요한
정치 기구로 출범시킨다. 선출 전까지는 의회 개원 이전과 의장 선출 전의 원

---

19 하원의원과 상원의원. http://leg16.camera.it/1 & http://www.senato.it/1095 (검색일, 2017.
　　10.11)

활한 의정활동 진행을 위해 임시 의회의장실이 설치된다. 하원의 경우 임시 의장은 이전 의회의 부의장 중에서 가장 연장자를 선임하게 된다. 상원의 경우에는 일반 의원 중 연장자를 선임한다. 의장과 함께 4명의 부의장이 선출된다. 상하 양원의 의장실에는 각 3명의 감찰관도 존재한다. 이들은 의회의 일반 행정 업무를 감찰하며, 총회와 분과 회의의 질서 유지 및 의사진행규정 및 법령 적용 등의 업무를 담당한다.[20]

의회는 입법 기능 이외에 다수의 국가 주요기관의 구성원을 선출하기 위한 선거를 진행한다. 의회는 헌법재판소 재판관 5명에 대한 선거 권한과 최고사법평의회 위원 8명에 대한 선거 권한을 부여받으며, 양원 의장들은 대통령이 주재하는 군사사법평의회의 의원 2명에 대한 선출 권한을 가지고 있다.

각 원에서 제출되는 모든 법률안은 해당 원의 규칙에 따라 상임위원회의 검토를 거쳐 본회의에서 조항별로 심의된 후 최종 표결에 부쳐진다. 의회는 본회의 최종 표결에 의하여 법률안을 승인한다. 위원회의 절차를 공개하는 방식은 규칙으로 정한다. 표결은 호명 표결(appello nominale)의 경우가 아니면 거수를 통해 행한다. 본회의에서 가결된 법률안은 타 의회로 이송되어 심의·의결절차를 거치게 되며 법률안을 포함하여 모든 안건은 양원에서 가결되어야 한다. 마지막으로 법률안은 양원에서 가결된 뒤 1개월 이내에 공화국 대통령에 의하여 공포되고 법률이 스스로 시기를 규정하지 않는 한 공포 후 15일이 되는 날부터 시행된다. 대통령은 법률을 인증하기 전에 양원에 대하여 이유를 첨부한 교서로써 재심의를 요구할 수 있으나, 양원이 그 법률을 원안대로 다시 채택할 경우에는 대통령은 반드시 인증하여 공포하여야 한다. 또한 긴급한 것으로 선언된 법안의 경우 심의하는 간이 절차를 규칙으로 정한다(김시홍, 1995: 91).

원내교섭단체(gruppi parlamentari)는 하원의 경우 20인 이상 그리고 상원은 10인 이상의 의원으로 결성되는 것이 원칙이다. 그러나 하원에서 의원수가 부족하더라도 동일 정당의 표기하에 전국적으로 20개 이상의 선거구에서 후보자 명부를 제출하였고 1개 이상의 선거구에서 당선 가능 수에 도달하여 전국적으로 30만 표 이상 득표한 경우에는 의장단의 승인을 얻어 교섭단체를 구성할 수 있다. 상원에서는 15개주 이상에서 후보자를 공천하여 5개 이상의 주에서 당선자를 배출한 정당을 대표하는 의원은 10인 이하의 수로도 교섭단체

▌ 표 10-4 이탈리아 상하원 상임위원회 구성

| 상원 | 하원 |
|---|---|
| 헌법위원회<br>(Affari Costituzionali) | 헌법 및 내무위원회<br>(Affari Costituzionali, presidenza del Consiglio e Interni) |
| 사법위원회(Giustizia) | 사법위원회(Giustizia) |
| 외무 및 이민 위원회<br>(Affari esteri, emigrazione) | 외무위원회<br>(Affari esteri e comunitari) |
| 국방위원회(Difesa) | 국방위원회(Difesa) |
| 예결산위원회(Bilancio) | 예결산, 국고계획위원회<br>(Bilancio, Tesoro e programmazione) |
| 재정국고위원회(Finanze e Tesoro) | 재정위원회(Finanze) |
| 공공기관 및 문화재 위원회<br>(Istruzione pubblica, beni culturali) | 문화위원회<br>(Cultura, scienza e istruzioni) |
| 공공업무 및 통신위원회<br>(Lavori pubblici, comunicazioni) | 환경위원회<br>(Ambiente, territorio, e lavori pubblici) |
| 농업 생산 위원회<br>(Agricoltura e produzione agroalimentare) | 운송위원회<br>(Trasporti poste e telecommunicazioni) |
| 산업, 무역, 관광위원회<br>(Industria, commercio, turismo) | 생산활동위원회<br>(Attivita produttive, commercio e turismo) |
| 노동 및 사회 보장 위원회<br>(Lavoro, previdenza sociale) | 노동위원회<br>(Lavoro pubblico e privato) |
| 보건위원회(Igiene e sanità) | 사회복지위원회(Affari sociali) |
| 국토환경위원회<br>(Territorio, ambiente, beni ambientali) | 농업위원회<br>(Agricoltura) |
| 유럽연합정책위원회<br>(Politiche dell'Unione europea) | 유럽연합정책위원회<br>(Politiche dell'Unione europea) |

출처: 하원의원과 상원의원 http://leg16.camera.it/737 & https://www.senato.it/Leg17/1095 (검색일 2017.10. 20.) 인용

를 결성할 수 있다.

헌법에 나타난 의회의 주요 권한을 보면 다양한 자체의 입법권 이외에도 양원연석회의에서의 대통령 선거권(제83조), 대통령에 대한 탄핵권(제90조), 내각총리 및 각료에 대한 탄핵권(제96조), 정부의 신임 또는 불신임 의결(제94조), 정부제출 예산 및 결산의 승인(제81조), 국정조사권(제82조), 헌법 개정권(제138조) 등이 있다. 의회의 권한은 연석회의를 통하여 행사하는 경우를 제외하고는 각기 동등한 권한을 가지고 독자적으로 행사된다(제70조).

## 2. 의회의 정부/내각과의 역할관계

### 1) 대정부 차원에서의 의회/의원의 기능과 역할수행방식

입법과정절차는 헌법 제70조에서 제76조에 걸쳐 기술되고 있는데 법률안의 제출은 정부, 양원의 각 의원 및 헌법적 법률에 한하여 그것이 부여되고 있는 기관과 단체에 속하며, 국민은 적어도 5만 명의 선거권자로 이루어지는 조문에 기초된 법안의 제출에 의하여 법률을 발안할 수 있다(제70조). 법률안의 제출은 의회의원이 가장 많이 실시하고 있으나 확정되는 법률의 비율로 보자면 정부 제출안이 더 높은 것으로 나타났다. 정부는 법률안을 상하원 모두에 상정할 수 있는데 관례에 의하면 양원에 거의 비슷한 비율로 접수하고 있다 (김시홍, 1995: 91).

회계감사원(La Corte dei conti)은 정부 조치의 합법성에 대해 예방적 성격의 통제권을 행사하고 정부의 예산 운영을 감사한다. 회계감사원은 법률에 규정된 경우와 방식에 따라 국가로부터 정기적 예산 지원을 받는 단체의 재무관리에 대한 감사에 참여한다. 감사 결과는 의회에 직접 보고한다. 해당 기관과 그 구성원의 정부로부터의 독립성은 법률로 보장한다(헌법 제100조).

### 2) 사법부와의 역할관계

이탈리아 국회는 삼권분립의 원칙에 따라 사법부에 대한 특정한 간섭과 권한을 가지고 있지 않다. 다만 최고사법평의회 8명의 위원, 그리고 헌법재판소 5명의 재판관을 선출한다는 측면에서 일정 정도 영향력을 갖는다고 볼 수도 있다.

## 3. 사법부 구성과 운영체제

### 1) 사법부 구성/편제 및 운영방식

법원은 법이 모두에게 평등하다는 만민평등법사상(La legge è uguale per tutti)에 기초하고 있다. 법관의 독립성과 자율성이 존중받고 있으며, 법원은 이중 체계(프랑스의 법체계에 기초)에 근거하고 있다. 법원은 크게 보통 법원, 행정 법원, 회계 법원, 조세 법원, 군사 법원의 다섯 범주로 분류된다. 민사, 형사

┃ 그림 10-6  **이탈리아의 법원체계**

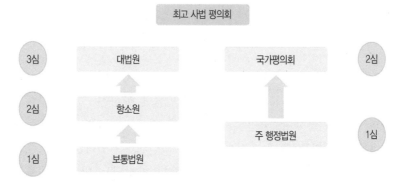

출처: 이탈리아 법무부. Retrieved from http://web.tiscalinet.it/carry/ese_giustizia.htm (검색일 2017.10.25) 참조하여 저자작성

재판을 담당하는 일반법원(corte ordinaria)은 총 3심으로 구성된다. 1심은 보통법원(tribunale ordinaria)에서 담당하며 합의가 가능성이 높은 민사, 형사 재판의 경우 평화법원(Giudice di Pace)에서 처리된다. 형사 사건 중 중범죄의 경우에는 중죄원(Corte d'Assise)에서 처리된다. 민사 및 형사소송을 다루는 2심의 역할은 고등재판소인 항소원(Corte d'Appello)에서 맡게 되며, 총 3인이 공동으로 판결을 내리게 된다(2명의 판사와 1명의 항소원장). 3심인 최종 재판은 대법원(La Corte di Cassazione)에서 실시되며 헌법적 문제가 아닐 경우 이곳이 가장 상위의 심판 기관이다.[21]

행정법원(corte amministrativa)은 공공적·행정적 문제를 처리하는 기관으로 구실하는데, 행정법원에서는 개인을 행정 기관으로부터 보호한다는 차원과 공공기금의 사용을 통제하기 위한 기능을 주로 한다. 전자의 기능에 대해서는 2단계로 구성되는데 1심에서는 주 행정법원(Tribunale Regionale Amministrativa)이 설치되어 있다. 지방행정법원에서의 결과에 문제가 있을 경우 2심이며 최종 단계인 국가평의회(Consiglio di Stato)에 소송을 제기할 수 있다. 국가평의회는 헌법에 명시된 법적 행정 자문 기관이며, 행정에 있어서의 공정성을 보호하는 기관이다. 국가평의회 의장은 행정법원의 후자의 기능인 공공기금의 통제에 대해서는 회계감사원(Corte dei Conti)에서 처리된다.

21 De Agostini (Ed.) (2005), Diritto. Tavole e schemi esplicativi, glossary. pp. 259－260 Retrieved from https://it.wikipedia.org/wiki/Magistratura_italiana (검색일 2017.10.23.)

## 2) 사법체제하에서의 구성원 선임 및 운영 방식

법관은 매년 치러지는 국가고시를 통해 충원된다. 법관(magistrato)은 여러 종류로 분류된다. 즉 재판을 담당하는 판사(giudice), 기소 및 구형의 역할을 하는 검사(pubblico ministero)로 구분된다. 초기단계에서 수사를 맡는 수사 판사 (giudice istruttore)의 경우 1989년 형법이 개정되면서 사라지게 되었다. 이탈리아의 사법체계에서는 판사와 검사가 동일한 법관들 중에서 충원되며 경우에 따라서는 판사가 검사직을 맡기도 하며 반대로 검사직을 수행하던 자가 판사가 되기도 한다(문성호, 2002). 이들은 많은 경우 동일한 건물에서 업무를 수행한다. 따라서 판사와 검사의 역할을 분리해야 한다는 원칙하에 공정성에 대한 의문이 제기되어 왔으며, 헌법에 역할 분리를 명시해야 한다는 의견이 존재해 왔다(김시홍, 1995: 98). 이에 대한 결과로 2017년 5월부터 입법을 위한 국민 서명 운동이 진행되고 있다. 해당 입법안은 헌법 제4장: 사법부의 대대적인 개정(제104, 105, 106, 107, 110, 112조 개정 및 제105-1, 105-3조 추가)을 목표로 하고 있다.

## 3) 국가 및 행정수반, 내각 등과의 관계

사법부의 자치기관으로 최고사법평의회(Consiglio superiore della magistratura) 가 있다. 최고사법평의회는 사법부의 규칙에 따라 판사의 임용, 배치, 전보, 승진, 징계를 관할한다(헌법 제105조). 최고사법평의회는 대통령이 주재하며, 부의장은 의회가 지명한 구성원 중에서 선출된다. 최고사법평의회의 경우 2/3는 모든 일반 판사 중에서 선출되며, 1/3은 양원 합동회의가 15년 경력의 법학교수와 변호사 중에서 선출할 수 있다. 최고사법평의회 구성원은 국회 혹은 주 의회 의원직과 겸임할 수 없으며, 임기 4년에 연임이 불가하다.

## 4. 입법부 및 사법부 체제와 운영상 특성과 시사점

### 1) 입법부 차원

이탈리아는 내각책임제 국가로 의회의 권한이 강한 나라이다. 한국은 대통령 중심제로 정부와 의회 권력이 차별적일 수 있으며 때로 여소야대 현상이 발생한다. 이탈리아에서는 집권 연립정부의 정당들 국회의원 상당수가 입각하는 것이 자연스러운 현상이지만 한국의 경우 이례적인 것으로 수용되고 있다.

## 2) 사법부 차원

이탈리아 사법부에서는 법관들의 기능이 교차될 수 있다는 점, 즉 한 법관이 판사와 검사를 모두 맡을 수 있는 제도가 특징적이다. 또한 이탈리아에서 최고사법평의회의 존재는 한국과 차별적인데, 한국은 법관 인사에서 법무부장관과 대법원장 및 검찰총장의 권한이 중요하다.

사법부 개혁의 과제도 오랜 염원으로 자리매김하고 있다. 이탈리아의 법관들은 많은 쟁송으로 업무 과다에 시달리고 있으며, 그 프로세스가 매우 늦게 진행되어 많은 불편이 있었다. 이러한 문제를 해소하기 위한 사법분야의 개혁은 2018년 총선을 통해 등장할 새 정부의 핵심 과제가 되리라 본다(Vecchi, 2013: 1-2).

---

### • 사례 예시 •

1. 이탈리아 공화국 헌법 제104조에 따르면 사법부는 자치 기관이며 다른 모든 권력으로부터 독립되어 있다. 하지만 사법부 내의 법관들은 정치적 성향으로부터 자유롭지 못한 모습을 보여왔으며 이는 행정부와의 관계에서도 영향이 나타난다. 이탈리아의 전 총리 실비오 베를루스코니(Sivio Berlusconi)는 임기 당시 우익 성향의 행정부에 호의적이지 않던 사법부의 좌익 성향 법관들을 붉은 의복의 법관들(toghe rosse)이라 지칭하며 일반 대중들에게 이들에 대한 부정적인 이미지를 각인시키려 하였다.

2. 실제로 제2차 세계대전 이후 출범한 이탈리아 공화국의 최대 과제는 파시즘의 유산을 극복하는 것이었다. 체제에 부역하였던 일부 고위층에 대해서는 공민권을 제한하는 등 조치를 취했으나 많은 공무원들이 공화국 시대에도 정부에서 일하였으며, 사법부도 예외가 아니었다. 1968년 학생운동을 거치면서 새로운 세대가 등장하는데, 이른바 민주법관(magistrati democratici)들은 1980년대 사법부 전체의 20%를 차지하게 되었으며, 이들이 1992년 부패수사(mani pulite)운동의 기수로 나서게 된다.

3. 1992년 밀라노 시립요양원의 비리를 시작으로 밀라노 검찰청은 대대적인 부패수사를 이어가게 되고 언론과 시민들의 호응을 얻으면서 일파만파로 퍼지게 되어 주요 정치인과 대기업 총수들이 연이어 검찰에 구속되는 상황을 맞이하게 된다. 이로서 2년여의 부패수사가 진행되는데, 일부 기업인이 조사의 강압을 못 이겨 자살하는 등 사회적 이슈로도 등장하였다. 이는 이후 부패수사에 대한 정당성 시비를 낳기도 했다.

4. 1993년 새로운 선거법으로 시작된 이른바 '제2공화국'의 역사는 그러나 표면적인 변화와 좌우 정권교체의 원활함에도 불구하고 필요한 개혁을 제대로 수행하지 못하였다는 평가를 받고 있다. 이탈리아 사회의 투명성과 부패지수는 선진국의 하위권을 맴돌고 있으며, 과거에 비해 부패는 더욱 교묘해지는 결과를 낳았다. 따라서 최근의 사법개혁, 행정개혁 등의 노력은 이탈리아 사회가 반드시 넘어야 하는 장애물로 간주될 수 있다.

출처: 저자 작성

# 제4절 시사점

## 1. 통치체제

### 1) 국가수반의 비교관점에서의 특성과 시사점

기본적으로 이탈리아는 내각책임제 국가이고 영국이나 일본과는 다르게 군주가 존재하지 않는 형태를 보이고 있다. 이탈리아에서는 군주제를 폐지하는 대신에 공화국의 대통령을 설정함으로써 입헌군주제에서의 군주의 역할을 담당하는 것으로 이해될 수 있다. 한국의 경우 대통령 중심제 국가여서 국가의 수반과 정부의 수반이 일치하지만, 이탈리아에서는 그 둘의 존재가 차별적이며, 내각의 총리가 사실상 실권을 갖고 있는 형태를 보인다.

### 2) 행정수반의 특성과 시사점

초대 총리를 제외하고 1946년부터 2017년까지 총리가 5년의 임기를 모두 수행한 것은 단 1회에 그친다. 최장 시간의 임기를 거친 총리는 언론재벌 출신의 실비오 베를루스코니(Silvio Berlusconi)이다. 총리가 5년의 임기를 다하지 못하거나, 이른 기간 내에 임기가 종료되는 현상은 이탈리아 내각 시스템의 불안정성을 의미한다.

### 3) 행정부(내각) 구성 및 운영상 비교관점에서의 특성과 시사점

이탈리아는 지난 70년간 총 63차례 새로운 행정부를 거쳤다. 이처럼 지속성이 약한 이탈리아 의회는 시스템상의 불안정성을 가지고 있다. 하지만 빈번한 의회 해산에도 불구하고 정치인들은 거의 유사하게 지속된다는 점에서 불안정 속의 안정이라는 역설을 보이고 있기도 하다.

전후 이탈리아는 정부의 평균수명이 11개월에 불과한 불안정한 모습을 보여왔다. 주된 원인으로는 단순비례대표제로 대표되는 기존의 선거법에 그 책임이 있다고 보아, 마니풀리테 수사 이후 1993년 다수대표제를 기반으로 하는 새로운 제도가 도입되고, 그 이후 여야의 정권교체가 원활하여 적어도 표면상으로는 개선된 것으로 평가받았다. 그리고 2005년 비례대표제로의 회귀를 통해 새로운 선거제도가 도입되었지만 좌우 정권교체의 패턴은 크게 변모하지 않았다.

## 2. 관료제 및 지방행정 체계

### 1) 공직사회 구성 및 운영상 비교관점에서의 특징과 시사점

대체로 유사한 측면이 많으나, 이탈리아의 경우 공무원의 자리 이동이 빈번하게 일어나지 않으며 대체로 맡은 업무를 평생 수행하는 경향이 있다. 이탈리아에서도 고위직은 정무적 성격을 띠고 있지만 공무원 노조의 발달로 한국과는 차별적인 현실을 노정한다. 즉 신분보장이 보다 확고하며, 외풍에 덜 시달리는 풍토를 보인다. 그렇지만 레드테이프와 같은 행정의 복잡다기성으로 책임을 지지 않으려는 현상도 발견된다. 다만 연립정권 성격의 여러 정당들 출신이 다양한 부처의 장차관을 맡다보니 내각의 조율은 용이하지 않는 반면, 정치인 개인에 따라 업무 성과를 보이기도 한다.

임기제 기관장의 재임기간의 경우 이탈리아에서는 정권이 교체된다고 기관장이 그만두는 사례는 없다고 보아야 하며, 오히려 임기말 기관장을 새로 임명함으로써 정권을 놓아도 구 권한을 오래 유지하려는 꼼수를 쓰는 경향이 있다.

### 2) 지방행정체제 및 운영상 우리나라와의 비교관점에서의 특성과 시사점

이탈리아의 지방행정체계는 한편으로 단순한 면모를 보이지만 여전히 중복 계층의 현상 및 재정자립의 불충분으로 인해 비효율을 보여왔다. 중앙정부의 재정권력이 유지되는 한 이러한 현실은 한국과 차별적이지 않았다고 판단된다. 그러나 지방공무원의 신분은 안정적으로 보장되고 있으며, 남부 주민들에게 선호되는 직업이기도 하다. 최근 현의 폐지론이 부각하면서 적지 않은 변화가 예상되는데, 문제는 기존의 인력을 어떻게 소화하는가이다.

## 3. 입법부 및 사법부 차원

### 1) 입법부 차원

이탈리아는 내각책임제 국가로 의회의 권한이 강한 나라인 반면 한국은 대통령 중심제로 정부와 의회 권력이 차별적일 수 있으며 여소야대 현상이 가능하다. 이탈리아에서는 집권 연립정부의 정당들 국회의원 상당수가 입각하는 것이 자연스러운 현상이지만 한국의 경우 이례적인 것으로 수용되고 있다.

## 2) 사법부 차원

이탈리아 사법부에서 법관들의 기능이 교차될 수 있다는 점, 즉 한 법관이 판사와 검사를 모두 맡을 수 있는 제도라는 점이 특이하며, 최고사법평의회가 사법부의 인사를 담당하는 반면, 한국은 법원과 검찰의 인사에서 법무부장관과 대법원장 그리고 검찰총장의 권한이 중요하다.

## 4. 시사점

이탈리아는 공화국이며 내각책임제 국가이다. 대통령이 존재하지만 대체로 상징적 역할에 국한된다. 삼권분립이 적용되지만, 의회 및 집권 여당의 권한이 가장 중요하다. 최근 동등한 권한을 지난 양원제에 대한 개혁 논의가 활발하게 진행되고 있다.

내각의 총리와 장관들은 집단적 책임을 지지만, 현실적으로는 연립정부의 사례가 지배적이어서, 총리의 조정권한이 제한적으로 작용한다.

사법부는 파시즘의 유산을 극복하는 과정에서 발전해왔는데, 1992년 부패수사 이후 개혁 성향이 보다 현시되고 있다. 그러나 과도한 쟁송으로 인한 법관들의 업무 부담이 증대되어 이 분야의 개혁작업이 필요한 시점이다.

행정개혁은 지난한 과제인데, 국민수 대비 공무원의 수치가 높은 반면 효율성은 낮은 것으로 유명하다. 최근에는 정부주도로 단순화, 유연화 그리고 업적평가로 대변되는 개혁작업이 진행되고 있다.

이탈리아 국가체제 분석을 통해 파악되는 한국 개헌에의 시사점은 무엇인가? 현재 국내에서는 개헌에 대한 다양한 논의가 진행 중에 있다. 기본적으로는 1987년 제정된 6공화국 헌법에서 5년 단임의 제왕적 대통령제가 보여준 문제점을 개선해야 한다는 데 기본적 합의가 있다. 여당과 야당에서는 각각 대통령제 보완, 이원집정부제, 순수 다당 내각책임제 등의 의견이 다양하게 표출되고 있다. 대통령의 권한을 제한해야 한다는 데는 공통의 목표가 있지만 각론에서는 상당한 의견 차이를 보이고 있다.

이탈리아는 정치문화의 중요성을 보여주는 대표적인 사례라고 생각된다. 전후 공화국의 건설과 헌법의 제정과정에서 반파시즘이 핵심적 철학으로 작용했는데, 이는 과거 무솔리니 독재체제에 대한 환멸 때문이었다. 즉 어느 정당도 과도한 권력을 갖지 못하게 하는 단순비례대표제를 도입함으로써 과거의 폐단을 극복하고자 했던 것이다. 그러나 선거 결과 국회의원을 배출하는 수십여 개의 정당들이 다당난립 현상을 보이고, 정부 구성을 위해 연립정권을 구성하는 과정에서 효율적 정책 집행보다는 이해관계를 조정하는 데 중점을 두는 관행을 보여왔다. 이는 또한 복지국가의 도입으로 정부의 경제에 대한 통제가 강해지면서 정경유착의 부정적 고리를 형성하였다.

1992년 부패수사로 인해 이러한 부정적 현실을 뒤로 하고 다수대표제 중심의 선거제도를 도입하여 양대정당제를 지향했으며 이는 집권세력에 보다 확실한 힘을 실어주기 위한 의도에서였다. 그러나 현실 정치에서는 여전히 선거 결과 십여 개의 정당 난립 현상을 야기하였고 과거와 같은 연립정권의 구성으로 인해 효율적인 정치가 이루어지지 못하고, 다시금 정치계급과 고위직들의 잔치로 귀결되면서 적폐와 개혁의 대상으로 전락하였다. 이는 우파나 좌파가 집권한 시기 모두를 아우르는 공통의 현상이었다.

2013년 집권한 약관의 피렌체 시장 출신 마테오 렌치(Matteo Renzi)는 이러한 부정적 관행을 척결하고 새로운 이탈리아를 건설하기 위해 야심찬 개혁 작업에 돌입하지만 2016년 12월 개헌에 대한 국민투표에서 패배하여 좌초되고 만다. 이후 위기관리내각이 들어섰고 2018년 봄 총선이 치러졌다. 2005년 우파에 의해 단독으로 통과된 새로운 선거법은 비례대표제를 기본으로 하면서 하원과 상원의 프리미엄 제도를 차별적으로 운영한 결과 2013년 총선 이후 정부를 구성하지 못하는 문제(Hung Parliament)가 발생하였다. 이에 정치권에서는 2017년 비례대표 2/3 그리고 다수대표 1/3을 가미한 새로운 제도를 마련하였다.

결론적으로 한국의 개헌 작업에서 이탈리아 사례가 주는 시사점은 제도 자체도 중요하지만 이를 시행하는 정치인들과 국민들의 성숙된 시민문화가 그러한 제도를 뒷받침하지 않으면 또 다른 문제점을 불러올 것이라는 사실이다. 따라서 한국은 이탈리아의 사례를 반면교사로 삼아 개헌 작업을 진행해야 할 것으로 보인다.

# 11 국가운영체제 비교와 시사점

## 제1절 정부 유형에 입각한 통치제도의 다양성과 특성

우리는 흔히 특정 국가를 대상으로 한 국정운영체제를 논의함에 있어 매우 획일적이고 단순하게 접근하고 있다. 이러한 인식과 접근은 우리나라가 현재 당면하고 있는 개헌에 대한 논의와 접근에서도 유사하게 행해지고 있다. 즉 개헌의 초점으로 단순하게 대통령제를 유지할 것인가 내각책임제로 전환할 것인가, 또는 대통령의 임기를 5년 단임에서 4년 중임으로 전환할 것인가 등에 모아지고 있다. 물론 이러한 통치 내지는 정부형태의 전환이나 대통령 임기의 전환은 절대적으로 중요하고 핵심적인 사안이기도 하다. 하지만 대통령제나 내각책임제를 채택하고 있는 다양하고 대표적인 국가를 대상으로 한 분석에 따르면 같은 유형의 통치형태 내에서도 내각의 편성을 통한 국정을 운영하는 방식이나 의회체제와 선거, 그리고 통치자와 연계된 사법부와의 관계 및 중앙정부와 지방정부간 기본적 관계체계 등에 있어 다양하고 서로 다른 차이점을 엿볼 수 있다.

국가의 통치 내지는 정부형태는 국가수반이 정부수반으로 직접 통치를 수행하느냐에 따라 크게 대통령제와 내각책임제로 분류되고 있다. 미국으로 대표되는 대통령제 국가의 경우 의회와는 무관하게 국민에 의해 직접 선출된 대통령이 국가수반이자 정부수반으로 국정수행의 최고권력자이자 책임자로서 역할을 수행하고 있다. 그에 반해, 일본을 비롯하여 영국과 독일 등 다수의 유럽국가에서 적용되고 있는 내각책임제는 상징적인 역할을 수행하는 국가수반

과는 별도로 실질적으로 국정을 운영하고 수행하는 정부수반과 정부내각이 의
회에 의존하여 구성되고 있다. 의회의 다수당에 근거하여 정부가 구성되는 내
각책임제하에서의 국가수반은 영국 및 일본과 같이 역사적으로 존속되고 있는
국왕을 통해 행사되는 경우와 독일을 비롯한 여타 국왕이 존재하지 않는 국가
에서 다양한 방식을 통해 선출되는 대통령을 통해 행사되는 경우가 있다.

▌ 표 11-1   **국가 통치 및 정부형태에 따른 분류**

| 정부형태<br>특징 | 대상국가 | 국가수반 | 행정수반 | 의회구성 | 지방정부 |
|---|---|---|---|---|---|
| 대통령 | 미국<br>프랑스※ | • 대통령이 국가수반이자 행정수반 역할 수행 (하지만 프랑스의 경우 야당이 의회의 다수당을 구성할 경우 야당의 대표를 총리에 임명하여 국정운영을 주도)<br>• 미국: 선거인단 의한 선출<br>• 프랑스: 직선제 | | • 양원제<br>• 미국: 상·하원 직선<br>• 프랑스: 하원직선 상원은 선거인단 간선 | • 미국: 연방제<br>• 프랑스: 단방제 |
| 내각<br>책임제 | 영국<br>스웨덴<br>일본<br>독일<br>터키<br>이탈리아<br>오스트리아※ | • 대통령<br> 독일<br> 터키<br> 이탈리아<br> 오스트리아<br><br>• 국왕<br> 영국<br> 스웨덴<br> 일본 | • 수상/<br>총리 | • 양원제<br> 영국<br> 일본<br> 독일<br> 이탈리아<br> 오스트리아<br>• 단원제<br> 스웨덴<br> 터키 | • 연방제<br> 영국1<br> 독일<br> 오스트리아<br>• 단방제<br> 스웨덴<br> 일본<br> 터키<br> 이탈리아 |

※ 이원집정제로 분류되기도 하나 본 분류에서는 기본적으로 대통령제 또는 내각책임제하에서의 제도 및 운영상 다
  양성의 일환으로 해석함2

- - - - - - - - - - - - - - - - - - - - - - - - - - - - - - - - - - - - - - - - - - - - - - - - - - - - - - - -

1 영국의 경우 과거 식민지 국가를 포함할 경우 영연방국가로 통용되고 United Kingdom에 한
  정될 경우 연방제가 아닌 것으로 분류되기도 하지만, 실질적으로 England, Wales, Scotland,
  Norther Island로 구성된 UK의 경우 오랜 역사상 지역정부 명칭으로 통용되고 아울러 상당
  한 자치권이 부여되고 있는 실정을 고려할 때 실질적인 연방국가로 분류될 수 있다.
2 프랑스는 의회의 다수당을 총리선임에 반영하고, 대통령의 의회해산권 등 내각제적 요소가
  적용되고 있고, 오스트리아의 경우 대통령이 국민직선제로 선출되고 행정수반으로서의 역할
  이 규정되고 있으나 실질적으로 수상(총리)에게 위임하여 수행하고 있는 점을 고려하여 이
  원집정제로 분류되기도 한다.

하지만 이러한 두 가지 유형의 대분류에도 불구하고 통치형태에서 이들 두 가지 방식이 크게 혼용되는 경우가 발생하고 있는바, 소위 이원집정부제로 불리고 있는 프랑스와 오스트리아 등이 그 대상이 되고 있다. 프랑스의 경우에는 대통령제에 기반하여 기본적인 국정통치 방식이 이루어지고 있지만 의회와 국가수반 간 관계에 있어 내각제적인 요소가 가미되고 있으며, 오스트리아의 경우 실질적인 운영방식은 내각책임제에 기반하고 있지만 외형적이고 형식적인 측면에서는 대통령제적 방식이 적용되고 있다.

정부형태에 따른 국정운영 체제상 내용과 특징은 국가수반을 중심으로 한 행정부 집행부의 구성과 더불어 의회의 체제와 운영과 크게 연계되고 있다. 하지만 본 연구에서 주요 분석대상이 되고 있는 중앙과 지방간의 관계 및 사법부와의 관계에서는 이러한 정부형태의 구분과의 직접적인 연계성을 찾아보기 어렵다.

## 1. 대통령제 국가의 행정부와 의회

미국에 의해 대표되는 대통령제 국가는 민주공화국에서 주권자인 국민의 선거를 통해 선출된 대통령이 국가수반이자 행정수반으로 내각을 구성하여 직접 최고 책임자로서 국정을 운영하고 통치하는 제도이다. 국가수반이자 행정수반으로서의 대통령은 국가와 국민의 대표역할의 수행을 위해 국민에 의한 직접적인 선출방식을 통해 선출되고 있다. 비록 미국의 경우에는 형식상 국민의 직접적인 선출방식이 아닌 국민선거의 득표에 따른 선거인단에 의한 간접적인 선출이 이루어지고 있지만 직접적인 투표와 득표율에 의존하고 있는 만큼 직접적인 선출에 준하고 있다고 할 수 있다.

국민의 선거에 의해 직접 선출된 대통령은 독자적으로 내각을 구성하여 국정을 운영하고 있는바, 내각의 구성 및 운영방식에 있어 대통령제 국가 내에서도 다양한 차이가 있다. 미국의 경우에는 대통령 유고시 승계권 외 특별하고 구체적인 역할이 규정되지 않은 부통령이 대통령과 함께 선거를 통해 선출되고, 내각의 경우에는 의회구성과는 무관하게 선출된 대통령에 의해 독자적으로 구성되고 있다. 하지만 대통령과 의회간의 견제와 균형의 일환으로 모든 내각후보자를 비롯한 정부 내 주요 보직자는 모두 의회의 인사청문회에 기초한 신임을 통해 최종적으로 임명되고 있다.

■ 표 11-2 대통령제 국가의 정부수반, 의회, 사법부 및 중앙-지방관계

| 국가/구분 | 국가수반(행정수반) | | | 의회(입법부) | | | 사법부 | 중앙-지방 정부관계 |
|---|---|---|---|---|---|---|---|---|
| | 대표적권한 | 견제수단 | 내각구성 | 구성 | 정당제 | 선거제도 | | |
| 미국 | • 상원동의 통해 내각 임명권 행사<br>• 연방요직 임면권<br>• 법률안거부권 (법률안 제출 및 의회해산권 없음) | • 의회는 탄핵심판권 통해 견제 (실제 대통령의 탄핵사례 없음) | • 대통령 임명<br>• 각 부의 장관은 인사 청문절차 거침<br>• 내각구성원 인원 및 역할 별불에 의거<br>• 내각구성원의 경우 의원직 사퇴 | • 양원제<br>• 상원은 각 주에서 2명 선출<br>• 하원은 주의 인구 비례 따라 구성 | • 양당제<br>• 24회기(1969~2015) 동안 단일정당이<br>• 상·하원 및 대통령 직을 모두 독점한 경우가 단 6차례에 불과 | • 상원: 직선제 6년 임기(전체의 1/3씩 선출)<br>• 하원: 직선제 2년 임기<br>• 소선거구 단순다수제 | • 대통령이 연방판사, 연방대법원의 대법원장과 대법관 임명 (대법관은 종신직이며 상원 인준필요) | • 연방제<br>• 역사적 배경에 따라 각 주의 독자적 법체계와 주정부 구성, 조세체계 등 확립 |
| 프랑스 | • 수상 임명, (수상제청 받아) 장관 임명 권한<br>• 행정부 고위직에 대한 임명권,<br>• 하원해산권, 법률안 거부권 등 | • 의회는 내각 불신 임권을 통해 견제 (실제 내각의 불신임권 행사 및 의회 해산 등 빈번) | • 대통령이 하원 다수당 과 일치하는 경우, 대통령이 내각구성 (동거정부시 수상 주도)<br>• 국회의원의 내각 관료 겸직 금지조항 | • 양원제<br>• 상원: 지방대표 기능을 수행<br>• 직접적인 주민의 대표로 구성된 하원만 입법권을 가졌으나 상원에도 입법권 부여 | • 다당제<br>• 비동거정부와 동거 정부 교차<br>• (동거정부 비율 15%가량)<br>• 대통령의 결선투표제가 다수 정파의 형성·유지에 기여 | • 상원: 지역의 선거인단의 선출 6년 임기 (전체 1/2씩)<br>• 하원: 직선제 5년 임기 (이회해산으로 인해 해 더 잦은 빈도로 선거) | • 헌법재판소와 같은 '헌법위원회'의 경우 대통령이 3명, 상·하 원의장이 3명씩 임명 | • 중앙집권형 국가 에서 지방분권을 추진 중<br>• 사전통제 폐지<br>• 지자체 간 위계 폐지<br>• 지자체가 과세 표준 및 세율 제정 |

하지만 프랑스의 경우에는 대통령이 임명하는 총리를 통해 국정운영이 상당부분 분담되어 이루어지고 있는데, 이러한 총리는 특히 의회의 구성을 반영 내지는 존중하고 있는바, 이러한 요소가 이원집정제로 분류되는 이유이기도 하다. 특히 의회가 야당이 다수당을 이루고 있을 때 야당일지라도 다수당의 대표를 총리로 선임하고 나아가 총리의 제청을 통해 내각이 구성되는 경우가 널리 행해지고 있다. 총리의 임명과 역할에 있어 의회와의 관계를 중시하는 프랑스의 이러한 특징은 내각제적 요소가 작용하는 측면이기도 한바, 이로 인해 프랑스는 순수한 대통령제로 분류되기 보다는 이원집정제로 분류되기도 한다. 프랑스의 이러한 모습은 비록 국민의 직접적인 선거를 통해 선출되는 국가수반으로서의 대통령에 의해 직접 통치되고 있지만 국정의 원활한 수행을 위해 대통령의 가장 중요한 국정운영 파트너인 의회를 존중하고 반영하기 위한 것이다. 즉 대통령은 의회에 대한 국민의 선택과 지지를 존중하고 반영하고자 의회를 대표하는 인물을 총리로 임명하고 총리 중심의 책임 있는 국정운영을 위해 내각에 대한 제청권을 존중하고 있다.

대통령제 국가에서 대통령은 정부수반이자 국가수반으로서 행정부 내에서는 물론 심지어 사법부와의 관계에서도 임명권을 중심으로 한 특별한 권한을 행사하고 있다. 미국의 경우 대통령은 정부 내 수많은 정무직은 물론 연방사법부를 구성하는 대법원을 비롯한 연방법원에 있어서도 판사에 대한 지명권을 행사하고 지명된 후보자에 대한 의회 청문회를 통한 신임에 기초하여 대통령이 임명하고 있다. 대통령에 대한 이러한 광범위하고 포괄적인 임명권의 부여는 대통령으로 하여금 강력한 통치수단을 부여하는 것으로 대통령의 집중적이고 과도한 권력행사가 우려될 수 있는바, 미국의 경우 철저한 의회의 인사청문회를 통한 인준권 행사를 통해 상호 견제되고 균형이 이루어지고 있다. 한편 의회의 경우 대통령제 국가로서 연방제를 채택하고 있는 미국은 물론 중앙집권제형 프랑스도 대부분의 내각책임제 국가와 같이 양원제를 채택하고 있으며, 소선거구제하에서 의원을 선출하고 있다.

## 2. 내각책임제 국가의 행정부와 의회

내각책임제는 상징적인 역할을 수행하는 국가수반하에서 의회의 다수당을 구성하는 당대표를 총리로 임명하여 의회 내 당을 중심으로 내각을 구성하고 국정운영을 수행 및 책임지는 형태이다. 일반적으로 국가수반은 전통적으로 내려오는 국왕이나 국왕제도가 없는 경우 별도의 방식을 통해 선출한 대통령에 의해 행사되고 있으나 이들 국가수반은 국정운영에 있어서는 상징적인 역할의 수행에 한정되고 있다. 정부수반으로서 국정수행을 책임지는 총리는 국민의 선거를 통해 의회를 구성하는 다수당 대표가 지명되고, 총리는 집권당 내지는 의회 다수당을 대상으로 내각을 구성하여 정부를 통할하고 있다. 그 결과 내각은 모두 의회를 구성하는 의원으로 구성되고, 총리와 내각구성원들은 상하 계층제적 관계라기보다는 의회지분이 반영된 상호 수평적인 관계차원에서 각자에게 부여된 행정부처를 관리하고 상호간에 조정 및 협조하는 관계에서 이루어지고 있다.

　　총리 또는 수상을 행정수반으로 운영되고 있는 국가들은 공직사회의 운영과 관리에 있어서도 행정수반의 직접적인 역할은 최소화될 수 있도록 접근되고 있다. 영국과 일본을 비롯한 다수의 국가들은 인사위원회 등 중립적이고 독립적인 기관을 통해 경력직 공무원의 채용과 임용에 있어 정치적 영향력을 최소화하고 실적과 능력에 입각한 객관적이고 공정한 인사관리를 도모하고 있다. 아울러 공무원에 대한 임용 등에 있어 정부수반으로서의 총리가 주도적인 역할을 수행하는 것이 아니라 개별 부처를 단위로 실질적인 임용을 비롯한 인사관리가 이루어지고 있다.

　　대통령이 국가수반으로서 상징적인 역할을 수행하는 내각책임제의 경우 대통령을 선출하는 방식은 다양하게 이루어지고 있고, 국가수반으로서의 대통령이 수행하는 역할은 다양하게 구성되고 있다. 즉 독일과 이탈리아를 비롯한 대부분의 국가들은 국가수반으로서의 대통령을 의회를 중심으로 한 간접선거를 통해 선출하고 있으나, 오스트리아의 경우 대통령을 국민의 직접적인 선거를 통해 선출하고, 또한 대통령에게 국가수반에 부합하는 다양한 권한을 부여하고 있다. 다만 오스트리아 대통령은 관례상 부여된 권한을 직접 행사하지 않고 대부분 총리를 중심으로 한 내각에 일임하고 여타 내각책임제 국가에서와 같이 상징적인 역할수행에 한정하고 있다. 이러한 특성으로 인해 혹자는 오스트리아를 프랑스와 유사하지만 구분되는 또 다른 이원집정제로 분류하기도 한다.

　　내각책임제는 의원내각제로 불려 질 만큼 국민의 선거에 의해 어떤 정당이 의회의 다수를 구성하느냐가 절대적으로 중요하게 작용하고 있다. 의회가 특정 단독 정당에 의해 다수당이 점유되지 않는 경우에는 단독 정당에 의한 내각 또는 정부가 구성되지 못하고 의회를 구성하는 정당 상호간 교섭을 통해 연립내각과 정부가 구성되고 있다. 이와 같이 내각의 수립은 의회를 구성하는 정당에 기초하여 이루어지는바, 의회를 구성하는 의원을 어떤 방식으로 선출하는가 하는 선거방법과 국민의 지지를 확보하여 의회에 진출하는 정당이 어떻게 분포되고 있는가가 매우 중요하다. 결국 내각책임제의 경우 내각의 구성 및 정국의 안정성은 의회를 구성하는 정당과 이들 의원을 선출방식과 밀접하게 연계되고 영향을 받고 있다고 할 수 있다.

　대부분의 내각책임제 국가들은 의회의 구성에 있어 대통령제 국가 등 정부형태나 연방제 또는 중앙집권제 등 정부 간 관계와도 무관하게 양원제를 채택하고 있다. 한편 내각책임제의 경우 의회를 장악한 정당을 통해 정부가 수립되는 만큼 의회를 구성하는 의원을 선출함에 있어 정당에 입각한 접근, 즉 비례대표가 널리 적용되고 있다. 대표적으로 스웨덴의 경우 의원 전체가 비례대표로 선출되고 영국을 제외한 여타 국가에서도 비례대표가 커다란 비중으로 반영되고 있다. 이와 같이 지역구와 비례대표 선거방식을 통해 구성되는 일본과 독일의 의회는 물론 영국에 있어서도 의회를 구성하는 정당이 소수의 거대 정당을 중심으로 안정적으로 이루어지고 있는바, 단독정부 내지는 연립정부가 안정적으로 구성 및 운영되고 있다. 그에 비해 과거 이탈리아나 스웨덴을 비롯한 여타의 내각책임제 국가들은 의원선출에 있어 비례대표의 비중이 높고 의회의 구성이 수많은 군소정당으로 이루어져 내각 내지는 정부의 구성과 운영이 불안정한 측면이 재현되기도 한다.

　한편 내각책임제의 경우 상징적인 역할로서의 국가수반이 별도로 구성되고 있는바, 사법부의 판사 선임 등에 있어 행정수반으로서의 총리의 역할은 대통령제 국가에 비해 전반적으로 매우 제약되고 있는 실정이다. 대표적으로 독일의 경우 연방법원 판사의 선출이 총리와는 무관하게 관련 전문가로 구성되는 선출위원회를 통해 중립적이고 전문적으로 선출되고 있다. 영국의 경우에는 의회와 행정부가 대법관 임명을 분담하고 있고, 일본의 경우 최고재판소장을 내각이 임명하며, 스웨덴의 경우 사법부의 자율권에 입각하여 운영되고 있다.

**■ 표 11-3　내각책임제 국가의 국가수반, 행정수반, 의회, 사법부 및 중앙-지방관계**

| 국가구분 | 국가수반 지위 및 선출방식 | 행정수반 및 내각 | | 의회(입법부) | | 사법부 | 지방행정 |
|---|---|---|---|---|---|---|---|
| | | 지위 및 권한 | 내각구성 | 구성 | 선거제 및 정당제 | | |
| 영국 | •국왕<br>•상징적, 의례적 역할 | •다수당의 당수를 국왕이 승인하는 방식으로 수상선출 | •장관은 대부분 하원의원이지만, 일부 상원 포함 | •양원제<br>•상원은 귀족원으로 세습신사<br>•하원은 지역구를 대표 | •하원: 소선거구제 지적선거제<br>•양당제에서 다당제 변환 | •의회와 행정부 분담 대법관이 임명 | •영란방 소속의 연립구 가의 형태<br>•지역정부 별 한정된 기능수행 |
| 스웨덴 | | •다수당의 리더가 선거 2주 내 수상으로 선출되면, 내각을 구성할 책임 부여 | •중앙부서와 수상실 등 총 12개 부서의 24명 장관 구성(복수의 장관) | •단원제[3]<br>•349명의 의원이 4년 임기로 의회 구성(의원 개인이 법안 발의 가능) | •정당 비례대표 (100%)[4]<br>•진보정당과 보수정당이 연립하여 정권구성(다당제) | •재판관 구성 등은 법원이 자율권에 따라 운영 | •중앙집권체하에서 최고 수준의 지방분권화<br>•지방자치별 지방분권에 대한 사항 명문화 |
| 일본 | | •중의원 다수당의 대표가 선출<br>•국무대신 임면을 비롯한 내각 지휘권 부여 | •총리와 국무대신으로 구성 | •양원제<br>•중의원: 실질적 의회 권한 행사<br>•참의원: 거부권 행사 | •소선거구제, 비례대표 제를 혼합<br>•절대다수의 1당과 소수의석의 군소정당 | •최고재판소장과 재판관 등 내각에서 임명 | •1990년대 중반 이후 지방분권화 강화<br>•보조금, 교부금 세행 이양개혁 |

3 과거 양원제에서 전환됨

4 우리의 개념상 광역지역을 단위로 한 비례대표가 적용되고 있음

표 계속

| 국가 구분 | 국가수반 지위 및 선출방식 | 행정수반 및 내각 지위 및 권한 | 내각구성 | 의회(입법부) 구성 | 선거제 및 정당제 | 사법부 | 지방행정 |
|---|---|---|---|---|---|---|---|
| 독일 | • 대통령 | • 기본법 62조에 근거<br>• 수상민주주의: 수상에게 대통령과 의회에 대한 주도적 권력부여 | • 장관은 정당에서 활동하는 인물로 구성<br>• 득표율 기준 내각 부처장관 배분 | • 양원제<br>• 상: 지방정부 대표 (연방주의 원칙)<br>• 하: 주민 대표 | • 다당제<br>• 지역구와 정당 비례명부(각 50%)<br>• 정당에 대한 득표 우선반영 | • 연방의회와 연방상원이 각각 50%씩 재판관 임명 | • 연방제 국가<br>• 거의 모든 자치단체장이 주민직선으로 선출, 강한 권한 행사 |
| 터키 | • 직선제: 오스트리아 | • 다수당 당수가 총리로 부임<br>• 대통령에 의해 임명, 임기 5년 | • 내각은 AKP 중심으로 전문직출신과학한 자로 구성 | • 단원제<br>• 2019년부터 임기 5년으로 선출될 예정 | • 정당명부식 비례대표 선출 | • 대통령과 의회가 최고 재판관을 나누어 임명 | • 중앙집권제 국가지만 지방분권의 변화중 |
| 이탈리아 | • 간선제: 독일 이탈리아 터키5 | • 과반 이상의 정당 당수나 연립정부의 대표<br>• 실질적으로 연립정부 가 대부분 | • 총리가 내각을 구성하게 되어 있으나, 실제 연립정권 내 합의로 배분 | • 양원제<br>• 상: 지방정부 대표<br>• 하: 주민 대표 | • 1/3은 다수대표제, 2/3은 비례대표제<br>• 다당제, 연립정권의 출현 | • 사법부인사권은 독립<br>• 사법행정기관인 '최고 사법평의회'가 행사 | • 단방제 국가<br>• 지방자치를 1970년대부터 시행하고자 했으나 여 전히 미약 |
| 오스트리아 | | • 연방헌법 69조 1항에 의거<br>• 다수당 당수가 취임하는 관례 | • 수상의 제청에 의해 대통령이 임명<br>• 수상은 내각의 파면 제청권을 가짐 | • 양원제<br>• 상: 주의 인구비례에 따른 투표<br>• 하: 주민 직선제 | • 비례대표제<br>• 일정 득점을 얻기 위해 제 2위 득표정당에 최소 1석을 부여<br>• 다당제, 연정 | • 최고재판소의 소장, 부소장 및 재판관은 연방정부의 제청을 가져 대통령이 임명 | • 연방제 국가<br>• 연방의 영향력이 자치단체에 행사 |

5 간선제에서 직선제로 개헌하였으며, 2019년 이후 본격적인 대통령제 시행예정

## 3. 중앙-지방정부 간 관계측면에서의 제도와 내용

중앙과 지방정부 간 관계측면에서의 국정운영체제는 대통령제와 내각책임제에 입각한 정부형태와 무관하게 이루어지고 있는바 크게 연방제와 중앙집권제로 분류될 수 있다. 연방제는 미국과 영국, 그리고 독일 등에서 대표되고 있듯이 중앙 내지는 연방정부는 지방정부에 기초하여 형성되고 연방정부와의 관계에서 지방정부의 독립적이고 자율적인 국정수행이 보장되고 있는 경우이다. 한편 중앙집권제의 경우 다양한 형태의 지방자치제에도 불구하고 지방정부는 중앙정부에 대비되는 별도의 독립체라기보다는 중앙정부의 합리적인 국정수행 및 관리를 위한 수단의 일환으로 특정 지역을 단위로 한 자치체가 편성되어 운영되는 방식이다. 하지만 중앙집권제인 경우에도 중앙정부가 자치단체에 얼마만한 권한과 역할을 부여하는가에 따라 분권적 운영과 집권적 운영으로 구분될 수 있다.

미국과 영국 및 독일을 비롯한 유럽의 다수 국가들은 지역중심의 국정운영 역사에 기초하여 연방제가 채택되어 있고, 연방제하에서는 중앙 내지는 연방정부의 운영에 있어 지방정부가 구조적이고 체계적으로 연계되고 나아가 지역정부는 독자적인 주체로써 연방정부와 구분되는 고유의 역할과 기능이 부여되고 나아가 운영상의 자율권이 부여 및 존중되고 있다. 대표적으로 미국연방제의 경우 연방의회가 양원제로 구성되고, 이 중 상원은 연방을 구성하는 주정부를 단위로 동등하게 선출되고 있으며, 독일의 경우 연방을 구성하는 지방정부는 연방대통령의 선출에 연계되고 있다.

한편 프랑스와 일본을 비롯한 여타 중앙집권적 국가들도 비록 중앙집권제가 지속되고 있지만 지방자치제에 대한 권한과 역할이 확대되고 나아가 운영상 자율권이 확대 부여되는 경향이 있다. 이러한 지방분권 내지는 자치권의 확대는 지방자치관련 법령을 통해 새롭게 규정되거나 지방에 이양되는 기능과 역할의 확대를 통해 이루어지고 있다.

# 제2절 주요국의 통치체제를 통해 본 이슈와 시사점

## 1. 대통령제 방식의 이슈와 시사점

우리가 헌법에 대한 개정을 논의함에 있어 가장 핵심적인 요소는 국가에 대한 통치형태에 대한 것으로 과연 대통령제를 채택할 것인가 내각책임제를 선택할 것인가이다. 국가수반이자 행정수반으로서의 대통령을 통해 국가를 통치하는 대통령제의 경우 핵심적으로 다음과 같은 두 가지 차원에서 이슈가 제기되고 있다.

첫째, 대통령에 과도하게 집중된 권한과 그 행사로 인한 문제를 어떻게 대응할 것인가이다. 실제로 대통령제를 채택하고 있는 많은 신생국가들의 경우 대통령제하에서 과도한 권한의 남용과 심지어 장기집권으로 변질되는 경우가 다수 발생하고 있다. 이러한 문제는 우리의 경우 과거 군부독재와 더불어 국정농단사건 등에서 경험하고 있기도 하다.6 이와 관련하여 우리는 미국과 프랑스 등을 통해 시사점을 얻을 수 있다.

미국의 경우에는 가장 전형적인 대통령제 국가이지만 대통령에 집중되는 다양한 권한의 집중과 남용에 대해 의회를 중심으로 한 철저한 검증과 인준을 통해 견제되고 있다. 또한 사법부를 비롯하여 의회의 인준과 대통령에 의해 임명되는 보직의 경우 순수한 정무직이 아닌 임기가 규정되고 있는 경우 정권교체 등에도 불구하고 규정된 임기가 보장됨으로써 독자적이고 자율적인 역할 수행이 확보되고 있다.7 프랑스는 대통령을 중심으로 한 행정부에 의한 권한 집중을 완화하고자 2008년 개헌을 통해 의회의 권한이 확대되기도 하였고, 총리 선임에 있어 의회의 다수당을 반영하는 관례가 이루어지고 있다. 오스트리아는 비록 내각책임제 또는 이원집정부제로 분류되기도 하지만 국가수반으로

---

6 터키의 경우 과거 대통령제에서 내각책임제로 전환되어 운영되다가 가장 최근 헌법개정을 통해 대통령제로의 재전환이 추진되고 있다.

7 우리나라의 경우 대통령의 임명권 행사와 관련된 과도한 권한이슈는 공식적인 정무직의 범위가 매우 한정되고, 많은 직위를 대상으로 비공식적으로 행사되고 있는 측면에서 논의될 수 있다. 대부분의 공공기관의 장에 대한 임명이 공식적으로 공모를 통한 임기제 임명으로 이루어지고 있지만 실질적인 정무적 임용개입과 정권교체에 따른 임기 내 교체가 행해지고 있는 실정이다. 이는 결국 제도상의 한계라기보다는 운영상의 문제로 실질적으로 정무직화 대상에 대한 새로운 지정과 더불어 객관적이고 독립적이며 안정적인 역할수행이 수요되는 직위에 대한 임기제 확립이 이루어질 필요가 있다.

서 국민의 직접적인 선거를 통해 선출되는 대통령이 제도상 부여된 권한을 실질적으로 의회 다수당을 대표하는 총리에게 위임하여 수행함으로써 대통령 중심의 권력집중과 그로 인해 비롯되는 문제를 차단하고 있다.

한편 대통령제 국가에서는 공직사회에 대한 관리에 있어서도 정무직 외 일반경력직 공무원에 대한 임용을 비롯한 관리는 개별 부처를 단위로 이루어지고 있다. 또한 공직사회가 국정운영과정에서 정치적 영향으로부터 보호되고 공정하고 합리적인 인사관리가 이루어질 수 있도록 범정부차원에서 점검과 지원 등이 이루어지고 있다. 실적에 입각하여 공정하고 객관적으로 공직사회를 관리하기 위한 접근은 내각제하에서도 중요하게 다루어지고 있는바, 즉 인사관리위원회 중심의 제도운영과 개별 부처 중심의 인력운영 및 관리를 들 수 있다.

하지만 대통령의 과도한 권한집중과 남용을 방지하기 위한 프랑스식 접근은 의회 다수당인 야당대표가 총리로 임명되어 국정을 분담할 때 대통령과의 역할구분이나 관계에 있어 갈등의 소지도 발생하고 있다. 또한 직선제 대통령이지만 관례적인 상징적 역할수행에 한정되는 오스트리아 사례는 역사적이고 문화적인 배경이 뒷받침되지 않을 때 대통령과 총리간 관계에 충돌이 예상될 수 있어 경계할 요소이기도 하다.

둘째, 의회와 무관하게 선출되는 대통령에 의해 국정수행 및 관리가 주도되는 대통령제하의 핵심적이고 전략적인 파트너인 의회에서 여당이 다수당을 구성하지 못해 상호간에 발생하는 갈등과 대립으로 인한 국정혼란을 어떻게 대응할 것인가이다. 우리나라의 경우에도 90년대 민주화 이후 실제로 대통령 소속 정당인 여당이 의회 내 소수당으로 전락하여 대통령과 의회가 상호간 협력과 존중보다는 지속적인 충돌을 경험하기도 하였다. 이러한 측면에서는 이원집정제로 명명되기도 하는 프랑스를 통해 시사점을 얻을 수 있다. 즉 프랑스는 의회와는 별도로 선출되는 대통령에게 국가수반과 행정수반의 지위가 부여되지만, 총리의 임명에 있어 의회가 야당에 의해 다수당이 구성될 경우 야당대표를 총리로 임명하고 아울러 야당 의원을 각료로 반영되게 함으로써 의회의 협력을 이끌어내고 국정수행의 안정을 도모하고 있다.[8]

8 우리의 헌법에도 내각의 구성에 있어 총리의 제청권이 규정되고 있지만 실질적으로 행사되지 않고, 나아가 총리가 의회에서의 기반이 존중되지 않음으로써 책임총리로서의 지위부여에 대한 수요에도 불구하고 그에 대응하지 못하고 있는 바, 프랑스는 이러한 측면에서 모델이 될 수 있다.

## 2. 내각책임제 방식의 이슈와 시사점

한편 의회를 구성하는 다수당에 기초하여 정부가 구성되는 내각책임제의 경우 다음과 같은 측면에서 이슈가 제기될 수 있다.

첫째, 의회를 구성하는 정당이 소수의 거대정당을 중심으로 안정적으로 이루어지지 못해 정부 수립상의 불안정을 어떻게 대응할 것인가이다. 이러한 불안정성은 의회 내에서 소수의 거대정당이 구현되지 못하고 다수의 군소정당이 남발되거나 정당 간 합의에 대한 경험과 분위기가 조성되지 못한 여건 하에서 두드러진다.[9] 이러한 측면에서의 시사점은 먼저 영국에서 찾을 수 있는데, 영국은 2011년 제정된 '고정임기법'에 입각하여 총리의 의회해산이 제한되어 총리의 임기가 안정적으로 확보되고 있다. 한편 독일과 이탈리아 등 다수의 유럽국가에서는 의원선거제도와 방식을 통해 의회구성은 물론 내각의 안정성을 도모하고 있다. 즉 의회가 정당에 기초하여 전국과 전 국민을 대표하는 형태로 선출될 수 있도록 비례대표제가 확대되고 나아가 의회를 구성하는 소수정당의 난립을 방지할 수 있도록 비례대표제에 있어 최소득표율을 일정한 수준으로 제한하는 방안이다. 한편 스웨덴을 비롯한 많은 유럽국가에서와 같이 소수 거대정당이 아닌 다수 정당 구조하에서 정당 간 연립정부 수립과 국정운영이 보편적으로 실현되기 위해서는 일반국민의 정당중심 활동이 보편화될 수 있는 사회적 기반조성이 요구된다고 볼 수 있다.

둘째, 대통령제하에서의 대통령과 달리 국민의 직접적인 선거가 아닌 의회 의원의 선출과 구성에 입각하여 정부가 구성되고 국정수반이 아닌 행정수반의 지위에 한정되는 총리가 결정되는 내각제하에서 총리의 국정수행에 대한 리더십이 확보되거나 발휘될 수 있을까 하는 점이다. 내각제하에서의 총리가 당면하는 이러한 리더십 발휘측면에서의 문제는 특히 오스트리아의 경우에 제기될 수 있다. 왜냐하면 오스트리아의 경우 여타 내각제 국가와 달리 상징적인 국가수반인 대통령을 일반국민이 직접적인 선거를 통해 선출하고 나아가 대통령에게 형식상 국가수반에 부합되는 권한과 역할을 규정하고 있기 때문이다. 비록 오스트리아의 경우 관례적으로 대통령이 이와 같은 권한과 역할을

---

9 프랑스의 경우 제3 및 제4공화국하에서 의회중심의 국정운영상 혼란을 경험하여 안정적인 리더십을 확보하고자 제5공화국에서 대통령제로의 전환이 이루어졌다.

실질적으로 행사하지 않고 총리에게 위임함으로써 문제의 소지가 발생하지 않지만, 내각제의 경험과 역사가 일천한 경우에는 상호간에 충돌과 혼란이 충분히 발생할 수 있다. 따라서 총리의 국정수행과 관리상 리더십이 확보되기 위해서는 대부분의 유럽국가에서 볼 수 있듯이 대통령을 국민이 직접 개입하지 않는 상태에서 의회를 중심으로 지역성이 반영된 가운데 간접적인 방식을 통해 선출하는 것이다.

셋째, 의회를 통해 정부와 내각이 구성되는 경우 모든 행정부처의 기관장, 즉 장관이 의원신분의 정치인으로 구성됨으로써 업무에 대한 전문성과 안정성이 훼손될 수 있다는 우려가 제기되고 있다. 특히 우리나라와 같이 정무직의 범위가 매우 협소하여 행정수반이나 기관장이 관련 전문가를 임명할 수 있는 범위가 제한되고 있는 경우에 문제가 예상될 수 있다. 이러한 경우에는 일본과 독일을 비롯한 다수의 내각책임제 국가에서 채택하고 있는 정치인 출신의 정무차관과 함께 경력직 공무원 출신의 사무차관제를 도입함으로써 업무의 연속성과 전문성을 보완할 수 있을 것이다.

의회를 기반으로 한 내각과 집권정부의 수립에도 불구하고 내각책임제하에서는 공직사회에 대한 실적중심의 공정한 관리가 엄격하게 접근되고 있다. 즉, 공직사회에 대한 정치적 영향력이나 여타 불합리성이 작용하지 않도록 중립적이고 독립적인 지위가 부여되는 인사관리위원회를 통해 인사관리가 기획 및 점검되고 있음을 볼 수 있다. 어떤 정부형태하에서도 공직사회에 대한 관리가 정치적 영향을 받지 않고 합리적이고 객관적으로 운영될 수 있도록 접근되고 있는 것이다. 이는 임용을 비롯한 공직사회에 대한 실질적인 인사관리가 국가수반이나 행정수반에 의해 형식적으로 관리되기보다는 개별 부처단위에서 이루어지게 함으로써 인사관리 수요에 효과적으로 대응토록 하는 데서 엿볼 수 있다.

## 3. 의원 선출을 위한 선거 측면에서의 이슈와 시사점

의회는 내각책임제는 물론 대통령제하에서 국정수행의 주체이자 동반자로서 매우 중요하다. 특히 내각책임제의 정당에 근거한 의회 다수당이 내각을 구성하고 국정운영을 주도하는바, 정당을 중심으로 한 국민의 인식제고와 활성화가 전제될 것이 요구되고 있다. 정당과 의회에 기초한 내각책임제가 활성

화되기 위해서는 일반국민의 정당에 기초한 가입과 활동이 어려서부터 생활화
될 필요가 있다. 아울러 의회가 국민에 대한 실질적인 대표기능과 역할을 수
행하기 위해서는 의원의 선출방식이 매우 중요하게 작용한다.

　미국의 경우에는 지역을 단위로 한 소선거구제도가 전면적으로 이루어지
고 있지만 거대 양대 정당의 역사가 뿌리 깊고 아울러 당내 경선이 국민이 직
접 참여하는 프라이머리를 통해 이루어짐으로써 국민의 참여와 대표성이 확보
되고 있다. 하지만 거대 소수정당의 역사가 뿌리 깊지 못한 여건하에서 소선
구제는 다수의 국민투표를 사(死)표화하고, 아울러 지나친 비례대표제는 다수
의 군소정당이 난립하게 하는 계기가 될 수 있다.

　이러한 점을 고려할 때, 의회 의원의 선출을 위한 선거제도는 의회의 정
당에 기초한 국민에의 대표성 확보에 초점을 두어 지역구와 더불어 정당에 대
한 지지율에 근거한 비례대표제가 활용될 필요가 있다. 이때 과거 이탈리아의
사례에서와 같이 비례대표제로 인해 의회가 지나치게 많은 군소정당으로 분산
되지 않도록 일정한 수준의 최소한 득표율이 반영될 필요가 있다. 스웨덴의
경우 일정한 광역지역을 단위로 한 비례대표가 100% 적용되고, 아울러 거대
정당보다는 군소의 다수당이 의회를 구성하고 있지만 의회진출을 위한 최소한
의 요건을 4%로 규정하여 군소정당의 난립을 방지하는 한편 안정적인 연립정
부의 수립과 국정운영을 도모하고 있다.

　한편 의회구성에 있어 단원제 또는 양원제 이슈는 중앙정부와 지방정부
간 관계는 물론 의회의 국민대표 기관으로서 신뢰 및 운영상의 효율성 등 다
양한 측면에서 고려되고 접근될 필요가 있다. 분석대상이 되고 있는 다양한
국가의 경우 정부형태나 연방제 여부와 무관하게 의회가 구성 및 운영되고 있
는바, 이들 사례가 참고가 될 수 있을 것이다. 내각제와 연방제를 채택하고 있
는 영국의 경우에도 상원의 경우 실질적인 기능의 수행보다는 상징적인 의미
에서 운영되고 있고, 단원제를 채택하고 있는 스웨덴의 경우에도 의회의 기능
과 역할수행에 대한 신뢰와 안정성이 이루어지고 있다. 이러한 측면에서 우리
나라의 경우를 보면 연방제가 아닌 중앙집권제 국가로서 지역정부에 대한 별
도의 대의 기능 수행에 대한 의미가 크지 않고, 의원규모를 비롯한 의회의 운
영과 역할에 대한 국민의 신뢰와 지지가 높지 않은 여건하에서 양원제에 대한
수요는 높지 않다고 할 수 있다.

## 4. 사법부 및 지방정부와의 관계 측면에서의 이슈와 시사점

사법부와의 관계측면에서 제기되는 가장 대표적인 이슈는 사법부가 대통령을 중심으로 한 정치권에 예속되지 않고 독립적이고 자율적이고 안정적으로 사법부에 부여된 고유의 기능을 수행하도록 하는 것이다. 이러한 측면에서 사법부에 대한 국민의 불신과 문제제기는 국정농단 사건과 같은 대형 정치적 사건에 대한 판단과 더불어 정권교체 시기에서의 대법관 임기확보 등을 통해 이루어지고 있다. 대통령제와 내각책임제를 채택하고 있는 분석대상 국가들은 사법부의 정치적 중립성과 독립성 및 안정성을 확보하기 위한 다양한 접근과 방식을 구현하고 있는바, 우리에게 시사점을 주고 있다.

무엇보다 대법원 판사를 비롯한 재판부의 구성에 있어 대통령의 직접적이고 실질적인 개입과 역할을 최소화할 필요가 있다. 그러기 위해서는 가장 이상적으로 독일에서와 같이 의회의 협의를 거쳐 구성되는 별도의 선출위원회를 통해 판사가 선출 및 구성되도록 하는 것이다. 미국의 경우에는 연방법원 판사에 대한 대통령 임명권이 행사되고 대법원 판사의 경우 종신제로 운영되지만 대법관을 비롯한 연방법원 판사 선임 및 역할수행을 둘러싼 정치화 문제가 제한적으로 제기되고 있다. 이는 대통령의 대법관을 비롯한 판사 임명에 있어 철저하게 의회의 인준이 전제되고, 나아가 연방법원을 구성하고 있는 대법원, 항소법원 및 지역법원 판사들이 대법원(장)을 중심으로 위계 형태로 구성되지 않고, 동일한 과정과 방식을 통해 선출되고 나아가 이들 법관의 임기나 재임이 철저하게 보장되고 있기 때문이다.

한편 문재인 정부는 연방제에 준하는 지방분권화를 도모하겠다고 천명하고 있다. 연방제의 실현을 위해서는 지방자치단체에 대한 단순한 기능강화와 자율권확대에 머물지 않고 헌법개정에 기초하여 지방정부의 정체성을 중앙정부와의 관계에서 동등한 지위에 입각하여 역할이 분담되도록 새롭게 규정하고 접근할 것이 요구된다. 비록 연방제는 아니지만 말 그대로 연방제에 준하는 지방자치 기능과 권한을 확대하기 위해서는 중앙정부의 선심으로 지방정부의 기능수행과 운영이 이루어지는 것이 아니라 지방정부가 고유의 기능과 자율권에 기초하여 운영될 수 있도록 접근할 필요가 있다. 이러한 접근은 그간 행정안전부를 중심으로 한 중앙정부가 지방에서 수요되는 다양한 기능과 자율권을 개별적인 검토에 기초하여 이양하던 접근방식과 차별화될 필요가 있다.

　　중앙집권제하에서 지방분권이 활성화되고 있는 프랑스와 일본 등 주요국가들의 사례를 보면 헌법이나 지방자치법 등을 통해 중앙정부와의 관계에서 지방정부의 존재 의의와 더불어 그 의의가 실현될 수 있는 기본적인 기능 및 역할, 자율권이 규정되고 제공될 필요가 있다. 즉 개별 기능에 입각한 이양여부의 판단과 확대수준을 넘어 보다, 기본적으로 지방정부의 존립근거로서의 담당역할과 이를 실현하기 위해 요구되는 자율권이 규정되고 제공되도록 하는 것이다. 이러한 접근을 위해서는 선행적으로 시·도 등 지방정부의 기본단위에 대한 규정과 이들 기본단위로서의 지방정부와 하위단위 지방정부간 관계 등이 설정될 필요가 있다.

## 5. 결어

　　헌법 개정에 대한 관심과 수요가 증가하면서 현재 우리나라의 민주화 수준, 정치발전 수준, 정치제도 등에 부합하는 국정운영체제는 무엇인지, 보다 민주적이고 효율적인 국정운영을 위해서는 어떠한 형태의 통치체제로 변화하는 것이 바람직한지, 과연 헌법적 요소의 보완은 민주적이면서도 효율적인 국정운영을 보완할 것인지에 대한 논의가 무성하다. 그런데 많은 논의들이 국정운영체제에 대한 단편적 지식에 근거하고 있어서 실제로 우리나라 상황에서 보다 효과적인 국정운영체제가 어떤 것인지에 대한 판단을 내리기 어렵다.

　　이러한 상황에서 본 연구는 어떤 체제가 더 효과적이라는 결론을 내리기보다는 헌법개정의 수요에 대응하여 그러한 결론을 내리는 데 요구되는 보다 폭넓고 다양한 관점을 제공하고, 해당 국가에 대한 심층적인 정보를 제공하고 있다. 외견상 동일한 형태의 정부형태처럼 보여도 세부적이고 구체적인 내용을 보면 개별 국가의 역사와 문화, 그리고 다양한 정치적 여건을 고려하여 매우 다양한 제도와 방식으로 이루어지고 있음을 볼 수 있다. 즉, 각국이 채택하고 있는 정부형태와 그에 입각한 통치와 국정운영방식은 낫고 못함 또는 좋고 나쁨의 문제가 결코 아니라, 개별 국가가 지니고 있는 정치문화와 역사적 배경과 연계하여 이해되고 고려될 수밖에 없다고 하겠다.

　　이러한 차원에서 본 연구는 두 가지 정부형태, 즉 대통령제와 내각책임제를 중심으로 대표적인 국가로서 미국, 영국, 독일, 프랑스, 일본뿐만 아니라 정부형태와 국정운영체제 측면에서 많은 변화와 다양한 내용을 경험할 수 있는 오스트리아, 이탈리아, 터키, 스웨덴까지 확대하여 제공하고 그에 기초한 다양한 시사점을 도출하고자 시도하고 있다. 다수의 국가를 대상으로 한 국정운영 체제와 방식에 대한 논의를 통해 무엇보다 본 연구에서는 대통령제가 제기하는 대통령 중심의 권력집중과 남용문제, 내각제하에서의 정권의 불안정성 문제, 그리고 정권과의 관계에서의 공직사회 운영, 그리고 중앙과 지방정부간 관계형성 등의 측면에서 시사점을 제시하고 있다. 아울러 본 연구에서는 외형상의 체제나 제도의 도입여부에 한정되지 않고 특정한 체제나 제도가 그 내용이나 운영에 있어 정치문화나 역사적 배경과 밀접하게 연계되고 나아가 이를 위한 환경조성이 요구되고 있음을 강조하고 있다.

# 찾아보기

# 참고문헌

## 제1장 서론

국내문헌

강원택. (2016). 통치형태의 특성과 운영의 원리. 「대통령제, 내각제와 이원정부제」. 인간사랑.

전진영. (2017). 이원정부제 권력구조의 특징: 프랑스·오스트리아·핀란드의 비교. 국회입법조사처. 「이슈와 논점」. 제1267호.

김선화. (2017). 분권형 대통령제(이원정부제) 국가의 갈등사례. 국회입법조사처. 「이슈와 논점」 제1271호.

박찬욱. (2004). "대통령제의 정상적 작동을 위한 개헌론". 진영재 편. 「한국 권력구조의 이해」. 나남출판. 171－223.

김종갑. (2017). 국회의원 선거구제 및 비례대표 선출방식의 현황과 과제. 국회입법조사처. 「이슈와 논점」. 제1366호.

김세희. (2017.4.12). 대선주자 "2018년 지방선거 때 개헌 국민투표". 전북일보, http://www.jjan.kr/news/articleView.html?idxno＝1125598 2017.4.12. (검색일, 2017.12.1.).

조기원. (2017.09.25). "아베 돌연 중의원 해산 선언 이유는". 한겨레, http://www.hani.co.kr/arti/international/japan/812480.html#csidxa0c4ad477834c0a979f0d9c1c091b7c (검색일, 2017.12.3).

오마이뉴스. (2017.10.22.). "아베의 자민당, 총선 압승 전망… '전쟁 가능한 국가' 박차" http://www.ohmynews.com/NWS_Web/View/at_pg.aspx?CNTN_CD＝A00023701

40&CMPT_CD (검색일, 2017.12.1)

윤범기. (2017. 11. 29). "다당제 정치의 빛과 어둠…한국, 1988~1990년의 기억" 프리미엄 정치뉴스 레이더 P. http://raythep.mk.co.kr/newsView.php?no=15342 (검색일, 2017.12.8).

연합뉴스. (2017. 8. 28). "행안부 '연방제 수준 자치분권·안전선진국 도약'" 연합뉴스. http://www.yonhapnews.co.kr/bulletin/2017/08/28/0200000000AKR201708280738 52004.HTML (검색일, 2017.12.8).

News 1. "에르도안, 막강 권력 갖게 되나…16일 터키 개헌 국민투표" 2017.04.12 http://news1.kr/articles/?2964901 (검색일, 2017.10.24).

## 제2장 미국

국내문헌

곽진영. (2013). "연방 법원," 미국정치연구회 편. 「미국정부와 정치2」. 오름. 219-239.

권성욱. (2009). "미국의 정부 간 관계와 지방행정." 오시영 편. 「미국의 행정과 공공정책」, 법문사. 239-275.

김선혁. (2009). "미국 정치체제 및 거버넌스." 오시영 편. 「미국의 행정과 공공정책」. 법문사. 87-125.

미국정치연구회. (2013). 「미국 정부와 정치 2」. 오름.

박찬수. (2008). "청와대, 인사가 만사(晚事)?", 한겨레21, http://h21.hani.co.kr/arti/politics/politics_general/24029.html (검색일, 2017.12.18).

박찬욱·이현우 외. (2004). 「미국의 정치개혁과 민주주의」. 오름.

박천오 외. (2011). 「비교행정」. 법문사.

배정훈. (2007). 「대통령학」. 형설출판사.

신유섭·이재묵. (2013) "연방 의회" 미국정치연구회 편. 「미국의 정부와 정치2」. 오름. 143-183.

오시영 편. (2009). 「미국의 행정과 공공정책」. 법문사.

유종성. (2017.1.6.). "제왕적 한국 대통령, 미국 대통령보다 더 강하다." 프레시안, http://www.pressian.com/news/article.html?no=147925&ref=nav_search (검색일, 2017.12.6)

이옥연. (2006). 미국의 연방주의: 탄생과 유지의 비결. 「미국학」. 29(1): 163-199.

조태준. (2009). "미국의 행정조직과 행정문화" 오시영 편저. 「미국의 행정과 공공정책」. 법문사. 129-160.

주미영. (2004). "미국 대통령직의 개혁과 향후 과제," 박찬욱·이현우 외. 「미국의 정
치개혁과 민주주의」. 오름. 133-170.

함성득·남유진. (1999). 「미국정치와 행정」. 나남출판.

## 국외문헌

Barber, J. D. (2008). *The Presidential Character: Predicting Performance in the White House*, 4th Ed. New York: Prentice Hall.

Bardes, B. A., Shelly, M. C., and Schmidt, S. W. (2004). *American Government and Politics Today: The Essentials*. Belmont: Wadsworth.

Berman, D. R. (2003). *Local Governments and the States: Autonomy, Politics, and Policy*. Armonk, New York: M.E. Sharpe.

Bowman, A. O'M. and Kearney, R. C. (2008). *State and Local Government*. Boston, MA: Houghton Mifflin.

Brudnick, I. A. (2011). "The Congressional Research Service and American Legislative Process," CRS Report for Congress, CRS 7-5700, RL33471.

Cronin, T. (1982). Rethinking the Vice Presidency. Boston: Little, Brown.

Gaziano, T. F. (2001). "The Use and Abuse of Executive Orders and Other Presidential Directives". Legal Memorandum #2. The Heritage Foundation.

Hamilton, A., Madison, J. and Jay, J. (1961). Federalist Papers. Penguin Books.

Jacob, H. (1988). *The Silent Revolution*. Chicago: University of Chicago Press.

Kelly, J. M. (1994). *Anti-Mandates Strategies: Reimbursement Requirements in the States. National League of Cities*. Washington, D.C.

Kincaid, J. (2002). "Intergovernmental Relations in the United States of America." in J. Peter Meekison, ed. *Intergovernmental Relations in Federal Countries: A Series of Essays on the Practice of Federal Governance*. Ottawa: Forum of Federations, pp. 33-44.

Kincaid, J. and Stenberg, C. W. (2011). ""Big Questions" about Intergovernmental Relations and Intergovernmental Management: Who Will Address Them?" *Public Administrative Review*, March-April 2011.

Joyce, P. (2015). "The Congressional Budget Office at Middle Age," Working Paper #9, Hutchins Center on Fiscal and Monetary Policy, Brookings Institution.

Lineberry, R. L., Edwards Ⅲ, G. C. & Wattenberg M. P. (1991). *Government in America: People, Politics, and Policy.* New York: Harper Collins Publishers.

Lowi, T. J. (1986). The Personal President: *Power Invested, Promise Unfulfilled.* New York: Cornell University Press.

Mead, T. D. (1997). Federalism & State Law: Legal Factors Constraining and Facilitating Local Initiatives. in John J. Gargan, ed. *Handbook of Local Government Administration.* New York: Marcel Dekk, 31−45.

Neustadt, R. E. (1990). *Presidential Power and the Modern Presidents.* New York: Free Press.

O'Connor, K. & Sabato, L. J. (2004 / 2006). *American Government: Continuity and Change.* New York: Pearson.

Patterson, Jr., Bradley H. (2001). *The White House Staff: Inside the West Wing and Beyond.* Brookings Institution.

Patterson, Jr., Bradley H. (1988). *Ring of Power: The White House Staff and Its Expanding Role in Government.* New York: Basic Books, Inc.

Relyea, Harold c. (2008). "The Executive Office of the President: An Historical Overview," CRS Report for Congress. Order Code 98−606 GOV. Congressional Research Service.

Ross, S, G. & Wikstrom, N. (2000). *Metropolitan Government and Governance: theoretical perspectives, empirical analysis, and the future.* New York: Oxford University Press.

Schroeder, R. C.. (2004). 이덕남 (역). 「미국의 정부(Outline of U.S. Government)」. 주한 미국대사관 공보과.

Stanley, H. W. & Niemie, R. G. (2015). *Vital Statistics on American Politics, 4th ed. and 2015−16 Version,* London: CQ Press.

Wilson, J. Q. (2009). *American Government: Brief Version,* 9th Ed. Boston: Houghton Mifflin.

Wright, D. S. (1988). *Understanding Intergovernmental Relations, 3rd ed.* California: Brooks/Cole Pub.

## 인터넷 자료

내각. Retrieved from https://www.whitehouse.gov/administration/cabinet (검색일, 2017.11.5.).

미국 삼권분립과 견제와 균형. Retrieved from https://www.lsusd.net/cms/lib6/ CA01001390/Centricity/Domain/230/Learning_Center_9.pdf (검색일, 2017.11.05).

미국 인사처. Retrieved from https://www.opm.gov/ (검색일, 2017.11.5).

미국 행정 명령. Retrieved from https://en.wikipedia.org/wiki/List_of_United_ States_ federal_executive_orders (검색일, 2017.12.18).

미국상원. Retrieved from http://www.senate.gov/ (검색일, 2017.11.5).

미국하원. Retrieved from http://www.house.gov/ (검색일, 2017.11.5).

미대통령의 법적 권한. Retrieved from https://www.thoughtco.com/legislative−powers−of−the−president−3322195 (검색일, 2017.11.18).

백악관 종사자 수. Retrieved from https://www.quora.com/How−many−employees−does−the−White−House−have (검색일, 2017.11.5).

백악관. Retrieved from https://www.whitehouse.gov/ (검색일, 2017.11.5).

오바마 대통령실. Retrieved from https://obamawhitehouse.archives.gov/administration /eop (검색일, 2018.1.4).

자문위원회 ACIR. Retrieved from http://www.library.unt.edu/gpo/acir/Default.html (검색일, 2017.11.5).

Federal Judicial Center. Retrieved from https://web.archive.org/web/2016073011 5701/ (검색일, 2017.11.5).

Federal Judiciary Center. "List of_federal judges appointed by Barack Obama," Bibliographical Directory of the Judges, 1789−Present Retrieved from http://www.fjc.gov/public/home.nsf/hisj (검색일, 2017.11.5).

Federalism. Retrieved from http://www.wwnorton.com/college/polisci/american−politics−today2/full/ch/03/outline.aspx (검색일, 2017.12.18).

Office of the Federal Register, National Archives and Records Administration. 2014. U.S. Government Manual 2014.

The Supreme Court's Rightward Shift. Retrieved from http://www.motherjones. com/politics/2012/06/supreme−court−roberts−obamacare−charts/ (검색일, 2017. 12.18).

U.S. Census Bureau. Statistical Abstract of the United States, 2007. U.S. Census Bureau, U.S. Census 2008, 2014 https://www.census.gov/en.html (검색일, 2017.12.5).

U.S. Judicial Clerkship. Retrieved from http://law.wisc.edu/career/documents/ JudicialClerkshipHandbook_000.pdf (검색일, 2017.12.18).

## 제3장 영국

국내문헌

강성철·김판석·이종수·진재구·최근열. (2011). 「새인사행정론」. 대영문화사.

고영미. (2017). 영국의 법학 교육 및 변호사 양성 제도. 「경영법률」. 27(3): 645-707.

국회입법조사처. (2014). 해외 주요국의 대법관 구성방법과 시사점. 국회입법조사처. 「이슈와 논점」 제798호.

_____. (2013). 예산결산특별위원회의 상임위원회 전환시 쟁점. 국회입법조사처. 「이슈와 논점」 제604호.

김석은. (2017). 미국, 영국, 프랑스의 정부조직개편에 관한 비교연구: 한국의 정부조직개편에 주는 교훈. 「정부학연구」. 23(1): 255-276.

김석태. (2005). 지방분권 근거로서 보충성 원칙의 한국적 적용. 「한국거버넌스학회 영·호남 공동학술대회 발표논문집」.

김순은. (2005). 영국 중앙정부와 지방정부간의 정부간 관계의 혁신적 모형: 거버넌스 모형의 시도. 「지방행정연구」. 19(2): 3-34.

_____. (2001). 영국과 일본의 지방분권 비교 분석. 「한국지방자치학회보」. 13(2): 101-121.

김승조. (2000). 입법절차에 있어서 입법부와 행정부의 협력관계. 「법제논단」. 36-51.

김용훈. (2015). 영국 사법개혁의 특징과 도전. 「법학논고」. 51: 1-37.

김윤권. (2017). 「행정환경 및 행정수요의 변화에 따른 정부기능과 정부조직의 정합성에 관한 연구」. 한국행정연구원 KIPA 연구보고서 2017-11.

안경환. (1998). 영연방(The British Commonwealth of Nations) 법제에 관한 연구(총론 1). 「서울대학교 법학」. 34(2): 248-265.

양현모 (2010). 「영국의 정부조직」. 신조사.

양현모·조태준·서용석. (2010). 「영국의 행정과 공공정책」. 신조사.

외교부. (2013). 「영국 개황」. 외교부 유럽국 서유럽과.

이병규. (2010). 영국 헌법의 본질과 특색. 「동아법학」. 48: 61－103.

이영우. (2013). 영국의 의원내각제에 관한 연구. 「토지공법연구」. 62: 421－438.

이원섭. (2017). 영국의 지역발전 정책 분권화와 분권협상. 「국토정책 Brief」. 국토연구원. 625.

이재석. (2007). 2005년 헌법개혁법(Constitutional Reform Act 2005)에 나타난 영국의 사법개혁에 대한 개괄적 고찰: 대법원 신설과 법관인사제도 개혁을 중심으로. 「외국사법연수논집」. 27(2007).

이종수. (2010). "영국 정부의 인력자원관리", 양현모·조태준·서용석. (2010). 「영국의 행정과 공공정책」. 서울: KIPA 연구보고서, 2010－33－2.

임도빈. (2016). 「개발협력시대의 비교행정학」. 박영사.

한인근. (2010). 영미 고위공무원단 설립의 역사적 배경에 관한 연구. 「한국인사행정학회보」. 9(1): 59－82.

## 국외문헌

Blunt, D. (2015). Parliamentary Sovereignty and Parliamentary Privilege. A Seminar on The Fundamentals of Law: Politics, Parliament and Immunity.

Boundary Commission for England. (2016). *Guide to the 2018 Review of Parliamentary constituencies*. Boundary Commission for England.

Civil Service Commission. (2015). *Annual Report and Accounts* 2014－15. Civil Service Commission.

Cromartie, A. (2006). *The Constitutionalist Revolution: An Essay on the History of England, 1450-1642*(Vol. 75). Cambridge University Press.

Delaney, E. F. (2014). Judiciary rising: constitutional change in the United Kingdom. *Northwestern University Law Review*, 108(2).

Everett, M. & Faulkner, E. (2017). *Special Advisers. Briefing Paper*, no. 03813. (2017.2.1).

Galligan, B. & Brenton, S. (2015). *Constitutional Conventions in Westminster System: Controversies. Changes and Challenges*. Cambridge University Press.

Haddon, C. (2012). *Reforming The Civil Service: The Centre for Management and Policy Studies, 1999－2005*. Institute for Government.

Hancock, M. D. (1998). *Politics in Western Europe*. London: McMillan.

Harris, J. (2013). *Legislating for a Civil Service*. Institute for Government.

Horton, S (2010). *Competency management in the British central government*. K.U.Leuven, Public Management Institute.

House of Commons. (2017). *General Election 2017: Results and Analysis*. Briefing Paper Number CBP 7979, 8 Sep 2017. 1−109.

House of Commons. (2009). *The Balance of Power: Central and Local Government*. Sixth Report of Session 2008−09.

House of Lords. (2007). *Relations between the executive, the judiciary and Parliament: Report with Evidence*. House of Lords.

House of Lords. (2006). *Relation between the Executive, the Judiciary and Parliament*. Select Committee on the Constitution 6th Report of Session 2006−07. 1−232.

JUSTICE. (2017). *Increasing judicial diversity*. A Report by JUSTICE Chair of the Working Party Nathalie Lieven QC. Retrieved from https://2bquk8cdew 6192tsu41lay8t−wpengine.netdna−ssl.com/wp−content/uploads/2017/04/JUSTICE −Increasing−judicial−diversity−report−2017−web.pdf (검색일, 2017.12.13).

Kavanagh, D. (1991). Why political science needs history. *Political Studies*, 39(3): 479−496.

Kingdom, J. (1991). *Local Government and Politics in Britain*. Hemel Hempsted: Philip Allan.

Larson, P. E. & Coe, A. (1999). Managing Change: *The Evolving Role of Top Public Servants*, Strategies for Improvement Series No 7, Commonwealth Secretariat.

Lodge, G., Kalitowski, S., Pearce, N. & Muir, R. (2013). *Accountability and Responsiveness in the Senior Civil Service: Lessons from Overseas*. Institute for Public Policy Research(IPPR).

McCrae, J. & Gold, J. (2017). *Professionalising Whitehall*. Institute For Government.

Ministry of Justice. (2012). *Appointments and Diversity 'A Judiciary for the 21st Century': Response to public consultation*. Ministry of Justice.

Murkens, J. & Masterman, R. (2014). *The New Constitutional Role of the Judiciary*. LSE Law, Policy Briefing 2.

Nagata, Y. (2017). *Policy Networks of Central−Local Government Relations in the*

*UK and Japan and Linkage of International Relations in the EU.* The IAFOR International Conference on the Social Sciences - Hawaii 2017 Official Conference Proceedings.

Office for National Statistics. (2016). Civil Service Statistics. Retrieved from https://www.ons.gov.uk/employmentandlabourmarket/peopleinwork/publicstorp ersonnel/datasets/civilservicestatistics (검색일, 2017.10.25).

Paterson, A. & Paterson, C. (2012). *Guarding the guardians? Towards an independent, accountable and diverse senior judiciary.* CentreForum.

Paun, A., Harris, J. & Magee, S. (2013). *Permanent secretary appointments and the role of ministers.* Institute For Government.

Paun, A. & Harris, J. (2012). *Reforming civil service accountability: Lessons from New Zealand and Australia.* Institute For Government.

Riddell, P. (2013). *Ministers and Mandarins: How civil servants and politicians can work better together.* Institute For Government.

Sandford, M. (2017). *Local government in England: structures.* Briefing Paper, number 07104. (2017.12.19).

Street, A. (2013). *Judicial Review and the Rule of Law: Who is in control?* The Constitution Society.

United Kingdom Judicial Office. (2016). The Judicial System of England and Wales: A Visitor's Guide. *United Kingdom,* 1-52.

Waller, P. (2014). Understanding Whitehall: A short introducing for special advisers. Retrieved from http://www.ucl.ac.uk/constitution-unit/spadsresources/understat nding_whitehall_peter_waller (검색일, 2017.11.20).

Wilson, D. & Game, C. (1998). *Local Government in the United Kingdom.* London: Macmillan.

Zinyama, T. & Tinarwo, J. (2014). Minister-Permanent Secretary Relationships: Lessons from Zimbabwe's Government of national Unity. *Journal of Public Administration and Governance,* 4(1): 23-44.

## 웹사이트 자료

선거구획정위원회. Retrieved from https://en.wikipedia.org/wiki/Boundary_commi ssions_(United Kingdom) (검색일, 2017.12.3.).

영국 대법원. Retrieved from https://www.supremecourt.uk/news/index.html (검색일, 2017.10.9).

영국 법원 및 사법부. Retrieved from https://www.judiciary.gov.uk/about−the−judiciary/the−judiciary−the−government−and−the−constitution/how−the−judiciary−is−governed/ (검색일, 2017.11.18).

영국 의원 구성. Retrieved from http://www.parliament.uk/mps−lords−and−offices/mps/ (검색일, 2017.10.9).

영국 의회. Retrieved from http://www.parliament.uk/ (검색일, 2017.10.25).

영국 의회 권한. Retrieved from https://www.parliament.uk/about/how/role/scrutiny/ (검색일, 2017.11.18).

영국 의회 구성도. Retrieved from http://news.bbc.co.uk/2/hi/uk_news/politics/6999499.stm (검색일, 2017.10.29).

영국 의회 구성 및 현황. Retrieved from http://www.parliament.uk/mps−lords−and−offices/lords/composition−of−the−lords/ (검색일, 2017.11.7).

영국 의회 및 정부 관계 Retrieved from https://en.wikipedia.org/wiki/Parliament_of_the_United_Kingdom (검색일, 2017.10.9).

영국 의회 역할. Retrieved from https://www.parliament.uk/about/how/role/ (검색일, 2017.11.15).

영국 의회 입법권. Retrieved from http://www.parliament.uk/archives (검색일, 2017.10.30).

영국 의회 위원회. Retrieved from http://www.parliament.uk/about/how/committees/ (검색일, 2017.11.17).

영국 의회와 사법부. Retrieved from https://www.judiciary.gov.uk/about−the−judiciary/the−judiciary−the−government−and−the−constitution/jud−acc−ind/ (검색일, 2017.11.18.).

영국 의회 전반. Retrieved from https://en.wikipedia.org/wiki/Parliament_of_Great_Britain (검색일, 2017.11.7).

영국 의회주권. Retrieved from http://www.parliament.uk/about/how/role/sovereignty/ (검색일, 2017.12.2).

영국 정당. Retrieved from http://www.parliament.uk/about/mps−and−lords/members/ partysystem/)(검색일, 2017.10.9).

영국 정부. (2017). Retrieved from https://www.gov.uk/ (검색일, 2017.10.24).

영국 지방정부 재정비. Retrieved from https://en.wikipedia.org/wiki/Local_governm ent _in_England (검색일, 2017.12.18).

영국의 내각(The Cabinet). Retrieved from https://www.gov.uk/government/how— government—works (검색일, 2017.11.20).

영국의 사법 권한 문제. Retrieved from https://www.slideshare.net/Philosophical Investigations/is—the—judiciary—too—powerful—or—not—powerful—enough —june—2013 (검색일, 2017.12.22).

영국의 사법 권한 취약성. Retrieved from https://www.slideshare.net/aquinaseconomics /the—judicial—branch—the—us—supreme—court (검색일, 2017.12.22)

영국의 사법 관할. Retrieved from https://en.wikipedia.org/wiki/Judiciaries_of_ the_United_Kingdom (검색일, 2017.12.15).

영국의 사법부. Retrieved from https://www.judiciary.gov.uk/ (검색일, 2010.10.25).

영국의 사법제도. Retrieved from http://blog.naver.com/PostView.nhn?blogId=mbc 761225&logNo=220941760069 (검색일, 2017.10.28).

영국의 사법체계. Retrieved from https://www.judiciary.gov.uk/about—the—judiciary /the—justice—system/court—structure/ (검색일, 2017.11.18).

영국의 정무차관. Retrieved from https://www.gov.uk/government/ministers/parliamen tary—under—secretary—of—state—56 (검색일, 2017.11.3.).

형사소추제도. Retrieved from http://gbr.mofa.go.kr (검색일, 2017.10.25).

British Judiciary. Retrieved from http://www.pompeicollege.in/pdf/ba—ivth—sem/ BRITISH%20JUDICIARY.pdf (검색일, 2017.11.18).

Encyclopedia Britannica. (2017). Privy Council, United Kingdom Government. Retr ieved from https://www.britannica.com/topic/Privy—Council—United—Kingdom —government (검색일, 2017.10.23).

EU 가입. Retrieved from http://www.mofa.go.kr (검색일, 2017.11.24).

Fast Stream. Retrieved from civilservicecommission.independent.gov.uk/wp—content /uploads/2014/02/Fast—Stream—report.pdf (검색일, 2017.12.3).

General Election 2017. Retrieved from http://researchbriefings.parliament.uk/ ResearchBriefing/Summary/CBP—7979 (검색일, 2017.10.29).

Governing Principles. (2010). A blog about government and politics. Retrieved from https://ourgoverningprinciples.wordpress.com/the—uks—westminster—system (검색일, 2017.10.20).

Government of United Kingdom. Retrieved from https://en.wikipedia.org/wiki/Government_of_the_United_Kingdom (검색일, 2017.10.5).

Her Majesty's Government. Retrieved from https://en.wikipedia.org/wiki/Her_Majesty%27s_Government_(term) (검색일, 2017.10.5).

LEP. Retrieved from https://en.wikipedia.org/wiki/Local_enterprise_partnership (검색일, 2017.12.15).

Local Government in the United Kingdom. Retrieved from http://slideplayer.com/slide/2962138/ (검색일, 2017.12.13).

PeopleLoving. (2017). 영국의 정치제도. Retrieved from http://www.peopleloving.co.kr/aboutuk/0105.html(검색일, 2017.10.20).

The British Judiciary. Retrieved from slideplayer.com/slide/57044731 (검색일, 2017.12.22).

Whitehall. Retrieved from https://en.wikipedia.org/wiki/Whitehall (검색일, 2017.10.5).

## 자문

윤성일 박사(한국지방재정공제회) (2017.11.2)
이건 교수(경기대) (2017.11.15)
이경호 서기관(행정안전부 조직진단과) (2017.11.11)
조태준 교수(상명대) (2017.11.5)

# 제4장 스웨덴

국외문헌

Holm, F. (2014). *Primus Inter Pares? An Institutional Comparison of the Office of Prime Minister*. Ann Arbor: ProQuest LLC.

Lindström, A. (2015). Swedish Local and Regional Government in a European Context, in Pierre, J. (ed.) *The Oxford Handbook of Swedish Politics*, Oxford: Oxford University Press, 414−428.

Michallef, I. & Behr, K. (2005). *Local and Regional Democracy in Sweden*, The paper was presented in the Congress of Local and Regional Authorities, 12th Plenary Session, Strasbourg, 8. June.

Ministry of the Presidency (2010) *Public Employment in European Union Member States*, Madrid: Ministry of the Presidency, Technical Secretariat General.

Sveriges Riksdag. (2016). *The Constitution of Sweden: The Fundamental Laws and the Riksdag Act*. Stockholm: The Riksdag Administration.

The Ministry of Finance. (2005). *Local Government in Sweden: Organization, Activities, and Finance*. Stockholm: MOF.

## 인터넷자료

The Swedish Institute. (2014). Fact about Sweden: Government. Retrieved from http://sharingsweden.se/wp−content/uploads/2015/06/Government−low−res.pdf (검색일, 2017.10.12).

Arvetsgivaverket: Swedish Agency for Government Employers. Retrieved from http://www.arbetsgivarverket.se/in−english/ (검색일, 2017.10.18).

Berling, Å. E. (2009). Swedish Local Self Government. Retrieved from http://alt.gemeindebund.at/rcms/upload/downloads/EB−DirectorofInternationalAffairs.pdf (검색일, 2017.11.27).

Eurostat Statistics. Retrieved from http://ec.europa.eu/eurostat/statistics−explained/index.php/Public_employment_−_Sweden (검색일, 2017.10.17).

Government Offices of Sweden. Retrieved from http://www.government.se/government−of−sweden/prime−ministers−office/organisation/ (검색일, 2017.10.16).

Government Offices of Sweden. (2016). Retrieved from Swedish Government Offices of Yearbook 2015. Retrieved from http://www.government.se/4aca88/contentassets/af7c76f44ea8423486f6ce4c02e1acd2/swedish−government−offices−yearbook−2015.pdf (검색일, 2017.10.14).

Retrieved from https://www.parliament.uk/documents/commons−committees/political−and−constitutional−reform/PresentationSweden.pdf (검색일, 2017.11.24).

Kungahuset, The Royal Court. Retrieved from http://www.kungahuset.se/royalcourt/monarchytheroyalcourt/theroyalcourt.4.396160511584257f2180003480.html (검색일, 2017.10.15).

Sveriges Riksdag(2017). Retrieved from http://www.riksdagen.se/en/members−and−parties/ (검색일, 2017.11.27).

Sveriges Riksdag: The Swedish Parliament. Retrieved from http://www.riksdagen.se

/en/committees/the−parliamentary−committees−at−work/ (검색일, 2017.11.27).

Sveriges Riksdag: The Swedish Parliament. Retrieved from http://www.riksdagen. se/en/how−the−riksdag−works/democracy/elections−to−the−riksdag/ (검색일, 2017.12.8).

Sveriges Riksdag: The Swedish Parliament. Retrieved from http://www.riksdagen. se/en/how−the−riksdag−works/democracy/elections−to−the−riksdag/ (검색일, 2017.11.27).

Sveriges Riksdag: The Swedish Parliament. Retrieved from http://www.riksdagen. se/en/how−the−riksdag−works/what−does−the−riksdag−do/determines −the−budget/ (검색일, 2017.11.27).

Sveriges Riksdag: The Swedish Parliament. Retrieved from http://www.riksdagen. se/en/how−the−riksdag−works/what−does−the−riksdag−do/examines−the −work−of−the−government/, (검색일, 2017.11.27).

Sveriges Riksdag: The Swedish Parliament. Retrieved from http://www.riksdagen. se/sv/global/sok/?q=riksdag+act+(pdf,&st=1, (검색일, 2017.11.25).

The Ministry of Justice. (2006). The Swedish Judicial System. Retrieved from http://polis−cp.osce.org/countries/f/71/185/The%20Swedish%20judicial%20syste m.pdf, (검색일, 2017.11.28).

The Ministry of Justice. (2015). The Swedish Judicial System. Retrieved from http://www.government.se/49ec0b/contentassets/9ebb0750780245aeb6d5c13c1ff5 cf64/the−swedish−judicial−system.pdf, (검색일, 2017.10.13; 2017.11.27).

Riksdag. Retrieved from https://en.wikipedia.org/wiki/Riksdag, (검색일, 2017. 11.25).

## 제5장 일본

### 국외문헌

川人貞史(가와토 사다후미). (2015). 「議員内閣制」 東京大学出版会.

内閣官房内閣人事局(내각인사국). (2017). 『国と地方公共団体との間の人事交流の実 施状況』

真渕勝(마부치 마사루). (2009). 「行政学」 有斐閣.

曽我謙悟(소가 켄고). (2015). 「行政学」 有斐閣アルマ.

総務省(총무성). (2017). 『地方の財政状況』.

법령

国家公務員法(국가공무원법)(2016년 4월 1일 시행).
国家行政組織法(국가행정조직접)(2016년 4월 1일 시행).
内閣法(내각법)(2015년 6월 3일 시행).
日本国憲法(일본국헌법)(1947년 5월 3일 시행).
地方公務員法(지방공무원법)(2016년 4월 1일 시행).

인터넷자료

일본 궁내청(宮内庁) 홈페이지(1). '組織·所掌事務' Retrieved from http://www.kunai cho. go.jp/kunaicho/kunaicho/soshiki.html (검색일, 2017.11.1).

일본 궁내청(宮内庁) 홈페이지(2). '職員' Retrieved from http://www.kunaicho.go.jp /kunaicho/kunaicho/shokuin.html (검색일, 2017.11.1).

일본 재판소 홈페이지. '裁判所データブック2017' Retrieved from http://www.courts. go.jp/vcms_lf/db2017_p1−p21.pdf (검색일, 2017.11.1).

일본 재판소 홈페이지. '裁判所データブック2017' Retrieved from http://www.courts. go.jp/vcms_lf/db2017_p22−p32.pdf (검색일, 2017.11.1).

일본 중의원 홈페이지(1). '国会の構成' Retrieved from http://www.shugiin.go.jp/ internet/itdb_annai.nsf/html/statics/kokkai/kokkai_kousei.htm (검색일, 2017.11.1).

일본 중의원 홈페이지(2). '衆議院と参議院の議員定数等の比較' Retrieved from http://www.shugiin.go.jp/internet/itdb_annai.nsf/html/statics/kokkai/kokkai_kousei. htm (검색일, 2017.11.1).

일본 중의원 홈페이지(3). '会派名及び会派別所属議員数' Retrieved from http://www. shugiin.go.jp/internet/itdb_annai.nsf/html/statics/shiryo/kaiha_m.htm (검색일, 20 17.11.1).

일본 참의원 홈페이지. '会派別所属議員数一覧' Retrieved from http://www.sangiin. go.jp/japanese/joho1/kousei/giin/195/giinsu.htm (검색일, 2017.11.1).

일본 총무성 홈페이지. '国と地方の役割分担について' Retrieved from http://www. soumu.go.jp/main_content/000467822.pdf (검색일, 2017.11.1).

# 제6장 프랑스

국내문헌

배준구. (2012). 프랑스 지방분권 이후 지방자치단체의 개혁과 특징. 「프랑스문화연구」. 24: 69−95.

오시영 편저. (2008). 「프랑스의 행정과 공공정책」 법문사.

임도빈. (2002). 「프랑스의 정치행정체제」 법문사.

김영우. (2002). 프랑스 공무원제도의 경직성과 유연성. 「한국행정학보」. 36(1): 99−116.

_____. (2008). 프랑스의 정치적 임명직제도에 관한 연구. 「한국인사행정학회보」. 7(1): 87−108.

성낙인. (2011). 프랑스 재판기관의 다원성과 헌법재판기관. 「공법연구」. 39(3): 169−198.

전학선. (2009). 프랑스의 사법관 선발의 다양성과 지위. 「세계헌법연구」. 15(3): 391−416.

_____. (2015). 프랑스 이원정부제의 실체와 현황. 「헌법학연구」, 21(3): 49−97.

정종길. (2009). 프랑스 동거정부안에서 대통령과 수상의 권한배분에 관한 연구. 「세계헌법연구」. 17(1): 131−147.

한동훈. (2011). 프랑스 의회의 자율권의 내용과 범위. 「유럽헌법연구」. 9: 193−213.

_____. (2016). 프랑스 헌법상 상원의 지위. 「세계헌법연구」. 22(1): 107−128.

인터넷 자료

Wikipedia. Retrieved from https://fr.wikipedia.org

Vie−Publique. Retrieved from http://www.vie−publique.fr

# 제7장 독일

국내문헌

길준규. (2001). "연방 상원의 구성과 기능". 박응격 외. (2001). 「독일연방정부론」. 백산자료원.

김성수. (2010). 독일 분권형 내각제의 효율성 메커니즘 : 정당 및 권력구조 측면에서. 「국제지역연구」. 14(4): 155−183.

박응격. (2001). "독일연방공화국의 기본법적 구성원리". 박응격 외. (2001). 「독일연방정부론」. 백산자료원.

양현모. (2006). 「독일정부론」. 도서출판 대영문화사.

이원우. (2001). "독일 법원의 구성과 체계". 박응격 외. (2001). 「독일연방정부론」. 백산자료원.

정연주. (2001). "독일 연방헌법재판소". 박응격 외. (2001). 「독일연방정부론」. 백산자료원.

한부영·신현기 (2002). 「독일행정론」. 백산자료원.

황도수. (2010). 사법개혁 – 우리나라와 독일의 최고법원 비교 고찰. 「인권과 정의」. 411: 34 – 66.

## 국외문헌

Bogumil, Jörg & Werner Jann(2009). *Verwaltung und Verwaltungswissenschaft in Deutschland*. VS Verlag.

Deutscher Bundestag. *Bekanntmachung von Rechenschaftsberichten politischer Parteien für das Kalenderjahr 2014 (1. Teil – Bundestagsparteien)*, 2014 (연방하원 원내정당 회계보고서 2014년도)

Hesse, Joachim & Thomas Ellwein(2004). *Das Regierungssystem der Bundesrepublik Deutschland*. Band 2. Gruyter Verlag .

Kempf, Udo & Markus Gloe (2008). "Die Regierungsmitglieder der rot–gruenen Bundesregierungen: Sozialstruktur und Karriereverläufe". in Udo Kempf and Hans–Georg Merz. *Kanzler und Minister 1998 – 2005*. VS Verlag .

Helms, L. (2005). *Regierungsorganisation und politische Führung in Deutschland*. Vs Verlag November 2005.

Rudzio, V. (2006). *Das politische System der Bundesrepublik Deutschland*. Vs Verlag May 2006.

Schwanke, Katja & Falk Ebinger. (2006). Politisierung und Rollenverständnis der deutschen Administrativen Elite 1970 bis 2005 – Wandel trotz Kontinuität, in: Bogumil, Jörg/Jann, Werner/Nullmeier, Frank (Hrg.) *Politik und Verwaltung*. PVS–Sonderheft 37, 228 – 249.

인터넷자료

Wikipedia. Retrieved from https://de.wikipedia.org/wiki/Ergebnisse_der_Bundestag
  swahlen (검색일, 2017.11.20).

## 제8장 오스트리아

국내문헌

강현호. (2005). 오스트리아의 송무제도에 관한 연구. 「스페인 및 오스트리아의 송무
  제도에 대한 연구」. 법무부 용역과제 보고서. 사단법인 한국공법학회.
김정현. (2015). 오스트리아의 권력구조와 연립정부. 「헌법학연구」, 21(1): 389－434.
김종갑・이정진. (2017). 오스트리아 비례대표제의 주요 특징 및 시사점. 「이슈와 논점」
  1250호.
김태호. (2015). 「오스트리아 사법제도 연구」. 사법정책연구원 연구총서. 2015: 8－103.
안병영. (2013). 「왜, 오스트리아 모델인가」. 서울: 문학과 지성사.
이옥연. (2015). 연방제도 다양성과 통일한국 연방제도의 함의. 「한국정치연구」.
  24(1): 55－81.
장영철. (2015). 오스트리아 연방헌법체계 내에서 연방대통령의 지위와 권한. 「헌법학
  연구」. 21(3): 99－132.
사법정책연구원. (2014). 「오스트리아 사법제도연구 － 최고재판소, 행정재판소 및 헌
  법재판소의 상호관계에 대한 헌법규정 분석을 중심으로 －」. 서울: 대법원.

국외문헌

Stelzer, M. (2011). *The constitution of the republic of Austria : a contextual
  analysis*. Oxford and Portland, OR: Hart Publishing.
Bundeskanzleramt Österreich. (2017). *Das Personal des Bundes 2017 Daten und
  Fakten*. Bundeskanzleramt: Wien.
Pelinka, A. (1999). "Das politische System Österreichs,"Wolfgang Ismayr(Hrsg.).
  Die politischen Systeme Westeuropas, Leske＋Budrich: OPladen.

인터넷 자료

독일연방법. Retrieved from https://www.ris.bka.gv.at/GeltendeFassung.wxe?Abfrage

= Bundesnormen&Gesetzesnummer = 10000138 (검색일, 2017.11.10).

오스트리아 연방수상청. Retrieved from https://www.bundeskanzleramt.gv.at/bunde sministerinnen−und−bundesminister (검색일, 2017.10.30).

오스트리아 연방수상청. Retrieved from https://www.bundeskanzleramt.gv.at/ documents/131008/368859/BKA + Organigramm + Stand + 04.07.2017/d0d6c4bf−9 110−491b−a2c4−58e537870b67 (검색일, 2017.10.30).

연방대통령 홈페이지. Retrieved from http://www.bundespraesident.at/fileadmin /user_upload/Organigramm_3.8.htm/ (검색일, 2018.01.03).

연방대통령 홈페이지. Retrieved from http://www.bundespraesident.at/index.php? id = 190&no_cache = 0&L = 0 (검색일, 2017.10.25).

연방대통령 홈페이지. Retrieved from http://www.bundespraesident.at/fileadmin/ user_upload/Organigramm_3.8.htm (검색일, 2018.01.03).

Staatsbuergerschaft. Retrieved from http://www.staatsbuergerschaft.gv.at/index. php?id = 6 (검색일, 2017.10.15).

Verfassungen. Retrieved from http://www.verfassungen.de/at/verfassungheute.htm (검색일, 2017.10.22).

Derstandard. Retrieved from http://derstandard.at/1358305737439/Die−unklaren− Machtstrukturen−der−Verwaltung (검색일, 2017.10.19).

Diepresse. Retrieved from https://diepresse.com/home/innenpolitik/amtshilfe/ 1283047/Jongleure−der−Macht_Vorstoss−fuer−politische−Beamte−in−Minist erien (검색일, 2017.11.20).

Wikipedia. Retrieved from https://de.wikipedia.org/wiki/Liste_der_politischen_ Parteien_in_%C3%96sterreich (검색일, 2017.11.20).

OECD. Retrieved from http://www.oecd.org/gov/gov−at−a−glance−2017−austria. pdf (검색일, 2017.11.20).

Blogspot. Retrieved from http://imagistrat.blogspot.kr/2011/01/25_8226.html (검색 일, 2017.11.20).

## 제9장 터키

국내문헌

김대성. (2010). 「터키의 정치와 경제 제도 및 국회」. 최신외국법제정보. 2010−1호.

한국법제연구원.

오종진. (2016). 세계의 민주주의: 경제성장과 안보에 발목 잡혀 역주행하는 터키 민주주의. 「민주누리」. 5: 48−51.

조장현. (2001). 터키의 지방자치. 「지방자치」. 통권 157.

## 국외문헌

Ismalil Aksel. (2010). Türk Yargı Teşkilatı, Seckin, Ankara

Ali Ulusoy, "Idarenin Yapilmasi: TC Idari Teskilati", Ankara Universitesi Hukuk Fakultesi, 2013. Retrieved from www.law.ankara.edu.tr/?download=%2F 2013% 2F10%2FKitap−teskilat−g%C3%BCncel.pdf (검색일, 2017.11.1).

## 인터넷 자료

### 터키 정부 부처 사이트

터키 60대 정부. Retrieved from https://m.haberler.com/60−hukumet−kuruldu−isim −isim−bakanlar−haberi/. (검색일, 2017.11.9).

터키 65대 정부. Retrieved from https://m.ahaber.com.tr/galeri/turkiye/.65−turkiye −cumhuriyeti−hukumeti (검색일, 2017.11.20).

터키 통계청. Retrieved from http://www.tuik.gov.tr/PreTablo.do?alt_id=1090 (검색일, 2017.12.01/ 현재 통계청사이트 폐쇄됨)

Ab. Retrieved from https://www.ab.gov.tr/34353.html (검색일, 2017.12.01).

Danistay Retrieved from http://www.danistay.gov.tr/ (검색일, 2017.12.01).

Tbmm. Retrieved from https://www.tbmm.gov.tr/develop/owa/milletvekillerimiz_ sd.dagilim (검색일, 2017.12.01).

Tbmm. Retrieved from https://www.tbmm.gov.tr/develop/owa/tbmm_internet. anasayfa

Tbmm. Retrieved from https://global.tbmm.gov.tr/index.php/EN/yd/ (검색일, 2017. 12.01).

Tbmm. Retrieved from https://global.tbmm.gov.tr/index.php/EN/yd/icerik/19 (검색일, 2017.12.01).

Tbmm. Retrieved from https://global.tbmm.gov.tr/index.php/en/yd/icerik/21 (검색일, 2017.12.01).

Tccb. Retrieved from https://www.tccb.gov.tr/ (검색일, 2017.12.01).

Yargitary. Retrieved from https://www.yargitay.gov.tr/sayfa/kurulus−semasi/673 (검색일, 2017.12.01).

Yargitay. Retrieved from https://www.yargitay.gov.tr/ (검색일, 2017.12.01).


## 터키 헌법 및 법 개정 관련 참고 사이트

KOTRA 정치 사회동향. Retrieved from http://news.kotra.or.kr/user/nationInfo/ kotranews/14/userNationBasicView.do?nationIdx=165 (검색일, 2017.12.1).

터키 개정헌법 관련 신문 기사. Retrieved from https://www.cnnturk.com/video/turkiye /anayasa−degisikligi−maddeleri−tam−metni−yeni−anayasa−maddeleri−nel erdir (검색일, 2017.11.01).

터키 개정헌법 비교 사이트. Retrieved from http://anayasadegisikligi.barobirlik. org.tr/Anayasa_Degisikligi.aspx (검색일, 2017.11.01).

터키 국민투표. Retrieved from http://secim.hurriyet.com.tr/referandum−sonuclari −2017 (검색일, 2017.12.01).

터키 국회 관련 위키백과. Retrieved from https://en.wikipedia.org/wiki/Grand_ National_Assembly_of_Turkey (검색일, 2017.12.08).

터키 대통령 선거. Retrieved from https://en.wikipedia.org/wiki/Turkish_presidential _election,_2014 (검색일, 2017.11.1).

터키 대통령실 조직도, Retrieved from http://www.haberturk.com/gundem/haber/ 1025420−cumhurbaskanligi−semasi−ortaya−cikti (검색일, 2017.12.01).

터키 대통령제. Retrieved from http://www.voicesnewspaper.com/turkeys−evet−to −presidential−system/ (검색일, 2017.12.01).

터키 사법 체계. Retrieved from http://www.turkishlegal.net/wp−content/uploads/ 2015/09/turkish−judicial−system.jpg (검색일, 2017.12.08).

터키 통치체제. Retrieved from https://www.msxlabs.org/forum/siyasal−bilimler/ 87889−turkiye−cumhuriyeti−devlet−yapisi.html#top, (검색일, 2017.12.01).

터키 헌법 및 개정관련 위키 백과. Retrieved from https://en.wikipedia.org/wiki/ Turkish_constitutional_referendum,_2017 (검색일, 2017.11.01).

터키헌법. Retrieved from https://global.tbmm.gov.tr/docs/constitution_en.pdf

Ahmetfidan. Retrieved from http://www.ahmetfidan.com/turkiye−cumhuriyeti−devlet −teskilati−cizelgesi/29366/

# 제10장 이탈리아

## 국내문헌

김시홍. (1995). 「이탈리아 사회연구 입문」. 서울: 명지출판사.

김시홍. (1999). 이탈리아의 선거제도. 「국제지역연구」. 3(2): 27－43.

김시홍. (2017). 마테오 렌치 정부의 개혁. 「유럽연구」. 35(2): 153－177.

김종법. (2007). 이탈리아 의회 개혁. 「이탈리아어문학」. 26: 31－52.

문성호. (2002). 이탈리아 사법제도와 경찰. 「한국경찰학회보」. 4: 119－149.

류시조. (2011). 이탈리아 헌법의 특징과 통치구조. 「비교법학」. 22: 47－66.

안영훈. (2016). 이탈리아와 스페인의 헌법과 지방자치. 「지방행정」. 65(755): 32－35.

진종순·박홍엽. (2006). 정부인력규모의 국제비교분석. 「정책분석평가학회보」. 16(1): 209－236.

## 국외문헌

A Chiare Lettere. (2011). Il ruolo del Presidente della Repubblica, Stato, chiese e pluralismo confessionale, Rivista telematica, 5.

De Agostini (Ed.) (2005). Diritto. Tavole e schemi esplicativi, glossary, 259－260

DESA. (2006). Republic of Italy. Public Administration Country Profile, UN, 10－11.

Fabrizion Di Mascio & Alessandro Natalini. (2013). Analysing the role of ministerial cabinets in Italy: legacy and temporality in the study of administrative reform. *International Review of Administrative Sciences*, 79(2): 329.

Paolo Bilancia & Eugenio De Marco. (2015). *L'ordinamento della Repubblica*. Le istituzioni e la società, Milano: CEDAM, 105－6.

Giancarlo Vecchi. (2013). Systemic or Incremental Path of Reform? The Modernization of the Judicial System in Italy, *International Journal for Court Administration*, February, pp. 1－2. & Sergi Lanau et al., Judicial System Reform in Italy, IMF Working Paper February 2014.

Bogdan Berceanu & Mihaela Carausan. (2014). The Civil Service Reform in the Context of Sustainable Development. A Comparison between Romania and Italy, *Acta Universitatis Danubis*, 6(1): 27.

## 인터넷 자료

2009년 법령 제172호. Retrieved from http://www.normattiva.it/atto/caricaDettaglio
　　Atto?atto.dataPubblicazioneGazzetta＝2009－11－28&atto.codiceRedazionale＝009
　　G0182&queryString＝%3FmeseProvvedimento%3D%26formType%3Dricerca_semp
　　lice%26numeroArticolo%3D%26numeroProvvedimento%3D172%26testo%3D%26a
　　nnoProvvedimento%3D2009%26giornoProvvedimento%3D&currentPage＝1　(검색
　　일, 2017.10.18).

공공지출개정법－ 2012년 법령 제95호 Retrieved from http://www.normattiva.it/atto
　　/caricaDettaglioAtto?atto.dataPubblicazione Gazzetta＝2012－07－06&atto. codice
　　Redazionale＝012G0117&queryString＝%3 FmeseProvvedimento%3D%26 formTy
　　pe%3Dricerca_semplice%26numeroArticolo%3D%26numeroProvvedimento%3D9
　　5%26testo%3D%26annoProvvedimento%3D2012%26giornoProvvedimento%3D&cu
　　rrentPage＝1 (검색일, 2017.10.22).

공무원인사법 1980년 제312호 Retrieved from http://www.normattiva.it/atto/carica
　　DettaglioAtto?atto.dataPubblicazioneGazzetta＝1980－07－12&atto.codiceRedazio
　　nale＝080U0312&queryString＝%3FmeseProvvedimento%3D%26formType%3Dric
　　erca_semplice%26numeroArticolo%3D%26numeroProvvedimento%3D312%26testo
　　%3D%26annoProvvedimento%3D1980%26giornoProvvedimento%3D&currentPage
　　＝1 (검색일, 2017.09.29).

박석호. (2016.10.17). 중앙정부가 독점한 재정권도 일부 이양 필요. 「부산일보」
　　http://news20.busan.com/controller/newsController.jsp?newsId＝20161016000108
　　(검색일, 2017.10.20).

선거관리법 1957년 제361호. Retrieved from http://www.normattiva.it/atto/carica
　　DettaglioAtto?atto.dataPubblicazioneGazzetta＝1957－06－03&atto.codiceRedazio
　　nale＝057U0361&queryString＝%3FmeseProvvedimento%3D%26formType%3Dric
　　erca_semplice%26numeroArticolo%3D%26numeroProvvedimento%3D361%26testo
　　%3D%26annoProvvedimento%3D1957%26giornoProvvedimento%3D&currentPage
　　＝1 (검색일, 2017.09.29).

외무부 선거 관리 담당. Retrieved from http://elezioni.interno.it/contenuti/normativa
　　/Pubb_14_Amministrative_Ed.2017.pdf (검색일, 2017.09.29).

이탈리아 법무부. http://web.tiscalinet.it/carry/ese_giustizia.htm (검색일, 2017.10.25).

이탈리아 수상. Retrieved from http://www.governo.it/ministri−e−sottosegretar (검색일, 2017.10.15).

이탈리아 수상. Retrieved from http://www.governo.it/organizzazione/uffici−diparti menti−strutture/69 (검색일, 2017.10.23).

이탈리아 의회. Retrieved from http://cursa.ihmc.us/rid=1206790500484_741225742 _8503/parlamento%20erroreMorenoMascia.cmap (검색일, 2017.11.13).

지방정부개혁법(2014년 법령 제56조−14G00069) Retrieved from http://www.norma ttiva. it/atto/caricaDettaglioAtto?atto.dataPubblicazioneGazzetta=2014−04−07&a tto.codiceRedazionale=14G00069&queryString=%3FmeseProvvedimento%3D%26 formType%3Dricerca_semplice%26numeroArticolo%3D%26numeroProvvediment o%3D56%26testo%3D%26annoProvvedimento%3D2014%26giornoProvvedimento% 3D&currentPage=1 (검색일, 2017.10.15).

총리부 지원실. Retrieved from http://www.pubblicaamministrazione.net/connettivita /news/5084/dipendenti−pubblici−quanti−sono.html (검색일, 2017.10.22).

하원의원과 상원의원. Retrieved from http://leg16.camera.it/1 & http://www. senato.it/1095 (검색일, 2017.10.11).

하원의원과 상원의원. Retrieved from http://leg16.camera.it/737 & https://www. senato.it/Leg17/1095 (검색일, 2017.10.20).

헌법개정관련법(제122조 1항)−2004년 법령 제165호. Retrieved from http://www. n ormattiva.it/atto/caricaDettaglioAtto?atto.dataPubblicazioneGazzetta=2004−07−0 5&atto.codiceRedazionale=004G0189&queryString=%3FmeseProvvedimento%3 D%26formType%3Dricerca_semplice%26numeroArticolo%3D%26numeroProvvedi mento%3D165%26testo%3D%26giornoProvvedimento%3D%26annoProvvediment o%3D2004&currentPage=1 Istat. http://www.istat.it/en/files/2016/12/ItaliaCifre20 16.pdf (검색일, 2017.10.15).

Italian constitutional referendum 2016. Retrieved from https://en.wikipedia. org/wiki/Italian_constitutional_referendum,_2016 (검색일, 2017.10.15).

Quirinale. Retrieved from http://www.quirinale.it/qrnw/amministrazione/uffici/uffici. html (검색일, 2017.10.03).

Roberto Perroti and Filippo Teoldi, Alti dirigenti pubblici. Stipendi d'oro. Retrieved from http://www.lavoce.info/archives/16518/stipendi−pubblici−costi−politica/ (검색일, 2017.10.24).

Teresa Barone, Dipendenti pubblici. Quanti sono?. Retrieved from http://www. pubblicaamministrazione.net/connettivita/news/5084/dipendenti－pubblici－quanti －sono.html (검색일, 2017.10.23).

# 저자소개

**박중훈**

미국 University of Georgia 대학원(행정학석사)
미국 University of Georgia 대학원(행정학박사)
한국행정연구원 선임연구위원


**조세현**

이화여자대학교 행정학과 대학원(행정학석사)
미국 University of California, San Diego(사회학박사)
한국행정연구원 정부혁신연구실장/연구위원


**김윤권**

서울대학교 행정대학원(정책학석사)
서울대학교 행정대학원(행정학박사)
한국행정연구원 선임연구위원


**임성근**

숭실대학교 대학원 정치외교학과(정치학석사)
일본 도쿄대학교 국제사회과학(학술학석사)
일본 도쿄대학교 국제사회과학(학술학박사)
한국행정연구원 부연구위원


**김경래**

국민대학교 대학원(정치학 석사)
독일 베를린자유대학교(정치학박사)
국민대학교 정치외교학과 조교수


**김성수**

서울대학교 행정대학원(정책학석사)
독일 베를린자유대학교 정치학과(정치학박사)
한국외국어대학교 행정학과 교수

**김시홍**

이탈리아 로마 그레고리안대학교 대학원(사회학석사)
이탈리아 로마 그레고리안대학교 대학원(사회학박사)
한국외국어대학교 서양어대학 이탈리아어과 교수

김영우

프랑스 파리제2대학교 행정학 석사
프랑스 파리제2대학교 법학(행정학 전공)박사
서울시립대학교 행정학과 교수


박상철

독일 기센대학교 정치학과(정치학석사)
독일 기센대학교 정치학과(정치학박사)
스웨덴 고텐버그대학교(경제학박사)
한국산업기술대학교 지식기반기술 에너지대학원 정교수


오종진

싸이프러스 Eastern Mediterranean University(국제관계학과 석사)
터키 Bilkent University(국제관계학과 박사)
한국외대 터키-아제르바이잔학과 학과장, 교수


이종원

서울대학교 행정대학원(행정학석사)
미국 Northwestern University 대학원(정치학박사)
가톨릭대학교 행정학과 교수

**비교정치행정** 주요 국가의 국가운영체제 및 방식에 관한 연구

초판발행　　　2018년 7월 30일

지은이　　　　박중훈 외 10인
펴낸이　　　　안종만

편　집　　　　전채린
기획/마케팅　　손준호
표지디자인　　조아라
제　작　　　　우인도·고철민

펴낸곳　　　　(주) **박영시**
　　　　　　　서울특별시 종로구 새문안로3길 36, 1601
　　　　　　　등록　1959. 3. 11. 제300-1959-1호(倫)

전　화　　　　02)733-6771
f a x　　　　02)736-4818
e-mail　　　　pys@pybook.co.kr
homepage　　　www.pybook.co.kr
ISBN　　　　　979-11-303-0593-6　93350

* 이 책은 한국행정연구원 2017년 수시과제 보고서에 기초하였습니다.

정　가　　　　29,000원